HERMES

在古希腊神话中，赫耳墨斯是宙斯和迈亚的儿子，奥林波斯神们的信使，道路与边界之神，睡眠与梦想之神，亡灵的引导者，演说者、商人、小偷、旅者和牧人的保护神……

西方传统 经典与解释 **HERMES**
Classici et Commentarii

古希腊礼法研究

程志敏 ◉ 主编

希腊人的正义观

—— 从荷马史诗的影子到柏拉图的要旨

The Greek Concept of Justice:
From its Shadow in Homer to its Substance in Plato

［英］哈夫洛克 Eric A. Havelock ｜ 著

邹丽 何为等 ｜ 译

华夏出版社

古典教育基金·"资龙"资助项目

"古希腊礼法研究"出版说明

近代以来,西人即便在诗歌戏剧方面也从未"言必称希腊",但在礼法方面,却往往"言必称罗马":罗马政制和罗马法的确比古希腊礼法显得更为条理分明,而且也是西方现代制度和法学的基础。但这并不意味着希腊城邦政制没有"法理学"(jurisprendence),实际上,在更为根本的政治哲学和法理学方面,古希腊人比发明了 res publica 这一术语以及 juris prudentia 这一学科的罗马人有着远为丰厚的思想资源——这或许就是希腊与罗马巨大差异的一种缩影:在具体的实施技巧上,罗马人无与伦比,而在学理的深思明辨方面,希腊人则更胜一筹。

罗马人曾遣使"抄录希腊人的制度、习俗和法律"(李维语),虽非信史,亦属有自。但希腊礼法却远不及罗马法有名,甚至连希腊法律的研究者也怀疑"希腊法律"之说是否成立。其实,古希腊思想家感兴趣的是礼法的来源、依据和目标等颇为抽象的问题,而不是"分权"、"监察"、"物权"、"继承"和"诉权"之类具体的礼法问题。以法律为例,在庭审中,普通希腊人往往更多就制度、法理或立法精神展开辩论,看重"正义"和"公平"甚于"真假"和"对错",更重"城邦的福祉"而非个人的自由。所以,希腊人十分重视礼法所带来的"德性"、"幸福"和"美好生活"——这些更为根本的诉求在现代政治学和法学中几乎已踪迹全无矣,正所谓"古之民朴以厚,今之民巧以伪。故效于古者,先德而治;效于今者,前刑而法——此俗之所惑也"(《商君书·开塞》)。法理不能代替法律,德治不能取代法治,但离开了法理和德性,法律就变成了单纯的技术,不再有收拾人心、进德修业以求优良生存之鹄的。

与现代法学不同，古希腊法律思想与政治、宗教、哲学和伦理学联系十分紧密，"由最好的人来统治还是由最好的法律来统治更为有利"（《政治学》1286a8－9），诸如此类的元问题乃柏拉图和亚里士多德思考法学的出发点。古希腊"礼"、"法"密不可分，而法律的兴起与发达，本身就与民主政治互为因果：法律就是民主，或者说法律就是民之"主"。因此，"筚路蓝缕，以启山林"（《左传·宣公十二年》）的"礼法"就成了一个颇为宽泛的概念，与政治、伦理和宗教交织在一起，所谓"编著之图籍"均可为"法"（韩非语），都是"城邦的纽带"（欧里庇得斯语）。

所幸近半个世纪以来，古希腊礼法研究在西方学界渐始蓬勃——这才是我们的法学理论界应该与国际接轨的地方之一。编译这套译丛，不为救世，不为解惑，惟求提醒。苟能"以属诸夏"（《左传·襄公十三年》），则有益于我们远离空疏的自大和滑稽的空想。

古典文明研究工作坊
西方经典编译部戍组
2010 年 7 月

目　录

中译本说明

程志敏

哈夫洛克这本书看起来题目很大,不明就里的读者会以为它是整个古希腊的正义史论,研究正义观念的发生、发展、成熟、转意和终结,但实际上该书一大半篇幅都在讨论荷马史诗。其正标题"希腊人的正义观"和副标题"从荷马史诗的影迹到柏拉图的要旨"(from its shadow in Homer to its substance in Plato),似乎都有些名不副实:难道作者仅仅讨论了希腊正义论的"影子"(shadow)?

尤为让人惊讶的是,该书没有专章讨论亚里士多德,全书仅有六次作为背景顺便提到这位"古希腊"的大师。众所周知,亚里士多德的《尼各马可伦理学》大量讨论"正义",但《希腊人的正义观》却一次都没有引用或提及这部重要的正义论著作。全书正文结尾有一小段话总结"柏拉图之后的诗学",作者认为亚里士多德在希腊诗歌评判方面可能不如柏拉图,因而他对乃师的批评很不公正(原书,页334,下同)。西方有不少学者说亚里士多德故意曲解前人,甚至"无中生有"解释老师的著作,①所以,当我们听说其他人这样的评语:"亚里士多德无疑是西方最伟大的哲人之一,还曾在

① W. D. Ross. *Aristotle's Metaphysics*: *A Revised Text with Introduction and Commentary*. Oxford: Clarendon Press, 1924, pp. 132, 137, 171. W. K. C. Guthrie. *A History of Greek Philosophy*, Cambridge University Press, 1962, v. 1, p. 75. A. E. Taylor. *Aristotle on His Predecessors*. Chicago: The Open Court Publishing Co. , 1907, pp. 36, 37, 41. H. Cherniss. *Aristotle's Criticism of Presocratic Philosophy*. The Johns Hopkins University, 1935, p. 347.

柏拉图身边生活达二十年之久,然而我们却看到,他常常异常激烈地反驳柏拉图,但往往又完全没有理解柏拉图。"②我们对此不知道应该表示惊讶,还是感到气愤,甚或只有对此后思想发展的悲悯。

哈夫洛克故意忽视亚里士多德,也许不能说明什么问题:既然几乎所有的篇幅都给了前苏格拉底时期的思想家及其作品(尤其荷马史诗),那么柏拉图和亚里士多德当然就无法过多涉及——专门讨论柏拉图正义观的篇幅还不及埃斯库罗斯(可能是因为哈夫洛克翻译和评注过他的作品)。哈夫洛克以柏拉图诗学为研究对象的专著《柏拉图序论》(Preface to Plato),同样花了很多篇幅讨论荷马史诗和赫西俄德,也同样很少谈到那位写过《论诗术》的作者亚里士多德!

这样的情形也许是因为哈夫洛克在学术上喜欢另辟蹊径以挑战传统,往往故作惊人之语,但效果总不大好——强调口头传播理论的多伦多学派影响不小,③也误导了不少后生。《希腊人的正义观》大量使用 oral 及其相关词,因为他的理论资源就是口头诗学理论的创始人帕里(Milman Parry),他称之为"口传风格的杰出学者"(the scholar par excellence of oral style,页15,另参107),哈夫洛克另外还写过一本讨论口传与书写关系的书。④ 这都是多伦多传播学派理论上的共同爱好。

哈夫洛克的著作,尤其《希腊政治的自由气息》,⑤遭到过施特劳斯(Leo Strauss)详尽而深刻的痛批,说它"不是一般的糟糕",施

---

② 克吕格语,见《〈王制〉要义》,张映伟译,华夏出版社2006年,页4。

③ 梁颐:《贡献于媒介环境学基本问题成形的古典学家——多伦多学派代表人物埃里克·哈夫洛克评介》,见《新闻世界》2013年第9期。

④ *The Muse Learns to Write: Reflections on Orality and Literacy from Antiquity to the Present.* Yale University Press, 1988.

⑤ E. Havelock. *The Liberal Temper in Greek Politics.* New Haven: Yale University Press, 1957.

特劳斯因其"堕落的自由主义"而表示绝不宽容,并上升为这样的普遍评价:"学术本是文明社会用于防御野蛮的壁垒,却更经常成为回归野蛮时代的工具。"⑥哈夫洛克在去世两周前的 1988 年 3 月 16日,也就是施特劳斯去世 15 年以及上述批驳文章问世近 30 年后,发表了自己最后一次公开演讲"柏拉图的政治学与美国宪法",专门批评施特劳斯及其门徒(尤其布鲁姆)对柏拉图的阐释,并力挺波普尔的解读,在哈夫洛克看来,施特劳斯学派的方法不能把我们带回到柏拉图那里。⑦

　　施特劳斯及其弟子和再传弟子的方法当然能够带领我们进入古典思想的深处;同样,如果正确对待的话,哈夫洛克也能够把我们带回到那个他颇为熟悉的年代,毕竟这位古典学家在古希腊思想的研究中下过很深的功夫,在加拿大和美国一些著名大学的古典学系教书,担任杰出讲座教授。他与施特劳斯学派的恩怨不是我们关心的问题,我们也无意于施特劳斯学派在美国曾经引起的激烈论战,我们去西方学者那里"留学"的目的不是看热闹,更不是充当哪一派的志愿军甚至雇佣军(更不用说文化殖民下的思想亡国奴了)——近现代中国的惨痛教训已成后事之师,我们的目的是学成归国,解决自己的问题,因此,只要有教于我,统统拿来。更何况良性的学术争论本身就是思想生产的有效机制,这种再正常不过的现象自然不值得深入纠缠。

　　我们既没有必要把哈夫洛克捧得太高,把他与莱维纳斯、德里达相提并论,甚至还把他与尼采和海德格尔联系起来讨论,认为哈

---

　　⑥　施特劳斯:《古今自由主义》,马志娟译,江苏人民出版社 2010 年,页72。W. K. C. Guthrie 也认可施特劳斯的看法,见克雷:《一种被遗忘的阅读》,陈开华译,见刘小枫、陈少明编:《古典传统与自由教育》,华夏出版社 2005 年,页 53。

　　⑦　E. Havelock. Plato´s Politics and the American Constitution. In *Harvard Studies in Classical Philology*, Vol. 93 (1990), p. 24.

夫洛克在解读柏拉图著作,尤其在解读《斐德若斯》和《王制》方面有启迪之功(enlighten);⑧我们也没有必要彻底否认哈夫洛克的颇有学术价值的工作,尽管哈夫洛克这本《希腊人的正义观》试图以语言学(linguistics)而不是"语文学"(philology)的方法来研究古希腊最重要的哲学概念,⑨遭到过麦金太尔的批驳,⑩但亦不乏高明之见。这本语言朴实、通俗流畅的专著,大量引用古典文本作为分析的材料,对于我们理解古人的思想,的确是一本非常不错的读物。

我们这样说,丝毫没有贬低该书学术价值的意图,恰恰相反,这种由很多大大小小的豆腐块札记式短论构成的书,比那些装模作样的高头讲章更让人觉得亲切,尤其符合现代的"微阅读"习惯。其简洁明快的文风比那些靠堆砌术语(更不用说生造乖僻字样)来表现深度的现代学术著作来说,更容易吸引读者进入古典的世界,而不是用各种各样的"专业"术语把读者挡在门外。认真阅读就会发现,这本书其实并不"通俗",仅仅从它专辟一章讲最高深的形而上学问题"存在"(to be),就可见一斑。⑪ 这对我国最近十多年热闹非

---

⑧　Seán Burke. *The Ethics of Writing*:*Authorship and Legacy in Plato and Nietzsche*. Edinburg University Press, 2008, pp. 42, 44, 56 – 60, 70 – 101。所引见页 60。颇为奇怪的是,这本书没有提到施特劳斯及其弟子的名字或著作,更没有谈到他们对哈夫洛克的"恶毒"批评。该书也没有提到麦金太尔对哈夫洛克的批评。

⑨　原书,页 14,25 – 26,254,275 – 276,321,325 等。尽管他在第十三章第一个注释中解释说,自己把语言现象当成技术性的而不是本体性的(页356 注释 1),但他的确在语言学的沼泽里陷得太深。

⑩　Alasdair MacIntyre. Review of *The Greek Concept of Justice*:*From its Shadow in Homer to its Substance in Plato*. In *The American Historical Review*,1980, Vol. 85, No. 3.

⑪　另参 C. H. Kahn. *The Verb ' Be ' in Ancient Greek*. Hackett Publishing Company, Inc. , 2003。哈夫洛克在注释中提到了卡恩这本书,但刻意表明自己与他理解有异。

凡至今不衰的"是"与"在"之争不无参考价值。

尤为难得的是,作者力图以"希腊人的正义观"之名表明自己这本书的"希腊性"(greekness),也就是尽量维护古代思想的原貌,避免现代观念的干扰(页5,7,31)。哈夫洛克看到了正义问题的古今之异(页37,52,108),也知道现代观念(如现代的神话概念)会把我们引入歧途(页47;另参"英雄"概念的不同含义,页71和101)。不过,他的现代路数可能让他的一些洞见大幅度缩水,变成仅有一定"学术"参考价值的资料汇编。哈夫洛克认识到:

> 实际上,古典研究近来已经意识到,希腊古风时期的思维意识与我们极为不同,它尤其意识到我们文化中所熟悉的道德责任观念在古希腊要么不存在,要么至少有着相异的表达。这样的看法不可避免地会招致反驳,因为它一再断定,一种普遍的正义法则在古希腊思想中占有首要的地位。争辩双方或许都从各自的立场假设了与那个时代不相宜的问题。我们难以摆脱如下的习惯:寻找我们习惯了的事物消失的地方,或者相反,重申它必定存在于那些地方(页339)。

这是哈夫洛克这本书的"结语"(Epilogue)中的一段话(这个交代研究方法的"结语"其实应该是本书的"导言")。哈夫洛克虽然看到了古今之异,也看到了很多现代问题对于那个时代来说"不相宜",但他试图超越论辩双方,似乎显得不自量力,因而必然走到岔路上,终归为现代观念羁绊住了。

比如说,作者不认为荷马社会是一种"部族君主制"或"宗族王权"(tribal kingship),其理由在于没有铁证表明那个时代曾存在过这样一种政体(polity),因为那些统治者不是"君王",而是tyrants(该词是现代人对希腊语tyrannos的"误译"),那时的含义是"城邦公民大会(agora)授权的大众领导者"(页99)。但哈夫洛克这样的理解实际上站在了古往今来几乎所有学者的对立面,因为"君主制"或"部族王权"被公认为最初的政制形式,而荷马时代的政体就是这样一种由家长权力演变而来的统治模式。⑫

哈夫洛克这本书最大的学术价值在于指明了"正义"等观念在古希腊时期的"内涵",也就是"内向性的涵义"。哈夫洛克看到了古希腊思想中的内在化过程,人们的思想以及表达这种思想的概念或术语都有一个由外而内的发展历程:最先表示外在属性的词汇渐渐用来表示内在的品质。因此,与现代观念不同,正义不是外在的要求,而是内在的自律(autonomous),⑬也是灵魂的真正内在德性。⑭

哈夫洛克认为这个内在化的过程在柏拉图那里得以完成,柏拉图"通过将正义作为一种灵魂中的'德性',并用这个词来象征人性,他完成了作为一种个人品质的正义的内在化"(页307)。在哈夫洛克看来,柏拉图甚至"鲁莽地"(incautiously)认为,灵魂内部的正义或正义的内在信仰,就已经足以解决一切问题(页216),这样的评价显然过头了。但正义的确如柏拉图(苏格拉底)所说(《王制》443c9 - 444a2),正义的"内在"(entos,王扬译作"内心"),在于"自己统治自己",也就是自己管理自己,一切事物从"多"变为"一",便井然有序(kosmesanta),它的本质就在于"节制"(sophrona)而"和谐",这种美好而高贵的品质或精神状态(heksin,布鲁姆译作condition,王扬译作"精神和谐")就是正义,而能够教导这种行为(praxis)的知识就是智慧。

正义不仅是内在的品质,也是外向的行为。也许儒家"内圣"如何开出"外王"的千古难题在"正义"这个词的整全含义中能够得

────────────

⑫ 摩尔根认为荷马史诗记录了军事民主甚至原始共产主义,这种说法为马克思和恩格斯所继承并发扬光大,但仅仅就荷马史诗来说,可能不合适。参氏著《古代社会》,杨东莼等译,商务印书馆1977年,页243 - 245。

⑬ E. Havelock. *Preface to Plato*. Harvard University Press, 1963, p. 19 n. 48.

⑭ Ibid, p. 204.

到一定程度的解决。儒家《大学》"八目"过于浓缩的推导过程中不大容易理解的"欲……先……"和"而后"这两个逻辑界点,其实可以训作"德","德者,得也",这里所说的"得"不是儒家古代经生所理解的内在收获,而是精神外化的现实成就。

所以,柏拉图所完成的内向"正义"论,主要还不是一种"理论",而是"行动"。他所说的"道理"不是"正义"(justice per se)的哲学定义,尽管他用了"定义"一词(443d6),该词在这里却是"部分"或"阶层"之意。实际上,苏格拉底在整个《王制》多层次多结构的探讨中,早已表明,对于美好生活来说,任何逻辑上的定义都于事无补。苏格拉底虽然一上来就以克法洛斯的描述不合"定义"(331d2 – 3)击退了这位可敬的长者,但自己后来接替克法洛斯成为谈话的"头儿"之后,却再也没有提到"正义"的"定义"(551a12 和c2 的 horos 仅仅"界定"具体的寡头制),他只是说,我们不能"一心扑在没有止境的物质追求上,跨过了人生基本需要的界限"(373d9 –10;另参"城邦大小的限度",423b)。

"正义"本身是"德性"之一,而"德性"一词同样出现了含义内向化的过程。该词本来指物体(比如马匹)的优良特质(希罗多德《原史》3. 88,西塞罗《论法律》1. 45),后来才转而表示人的道德品质。这样的"德性"才是人应该有的"自然",也就是内在的本性,否则阿奎那所谓"自然倾向"能够让我们判断好坏善恶(《神学大全》1. 94)这一说法就显得像毫无根据的武断,同时也失去了正确理解"自然法"的钥匙。

正义的内在性已经很难为现代人所理解,因为我们在高喊"自由"和"平等"等权利的时候,不知道这些东西本身不假外求,不需要用生命去换取,它们就在我们身上。柏拉图《王制》中的克法洛斯所说的"自由",不是外向的政治权利,而是灵魂摆脱欲望的逍遥状态(329c;另参西塞罗《论老年》14. 49),"自由"与"勇敢"和"审慎"一样,是内在克制之后的无所挂碍,像"自由人"一样,不受饮食男女和钱财富贵的统治。人因自由而宁静,生活才会美好(329a),

与后世想干什么就干什么、甚至想不干什么就可以不干什么的外在
权利,自然不可同日而语。

　　从这个意义上说,远古至希腊逐渐实现的"内向化"成果被后
世抛弃或反转了,又走回了"外向化"的道路,正如苏格拉底辛辛
苦苦从天上拉下来的哲学又被后人送回了天上,与人世越来越没
有关系,哲学就好像黑铁时代的"羞耻"和"报应"神,离开凡夫俗
子,回到不朽的天神那里去了(赫西俄德《劳作与时令》行197 -
200)。所不同的是,哲学被送到天上,是为了取代诸神的位置。
哲学是属人的理性产物,因此哲学上天就是人义论的胜利。哲学
胜利,理性膨胀到为万物立法的程度,诸神退隐,宇宙中便再也没
有羞耻(这个词在希腊语中还有"敬畏"之意),这样的僭越当然
会遭到"报应"。

　　不管哈夫洛克出于何种目的,但他终归看到了哲学上升为"最
高的音乐"或"文教之教主"(见柏拉图《斐冬》61a3 -4)所带来的问
题:"希腊从此就委身于一场危险而让人神魂颠倒的游戏,在这场游
戏中,荷马笔下的英雄争斗已转变为概念、范畴和原则之间的战
斗。"⑮活生生的思想世界,在哲学一统天下的封闭世界中,变成了
充满头盖骨的战场(黑格尔语),到处是"知性的尸体"和"概念的木
乃伊"。

　　欧洲自此之后便一直生活在这样的"影子"(shadow)中,几千
年都使用着干瘪的语言,还用抽象的概念来交流和教学,而"荷马
式的'教化'(paideia)不知不觉滑落成为往昔,变成一种记忆,而
一旦如此,希腊人在古风和黄金古典时期(high classical periods)
所展现出来的特殊天才,也会变成一种回忆"。⑯ 事实上,那些美
好而异质的珍宝,的确已经变成凭吊的对象,渴望拯救的现代人
已不能靠吟咏"只是当时已惘然"来打发日子:回归古典,也许是

----

⑮　E. Havelock. *Preface to Plato*, p. 304.

⑯　Ibid, p. 305.

一个不错的主意,哈夫洛克不是已经大致指出病根和相应的疗法了吗?

本书 1 – 3 章由邹丽和江晓东翻译,4 – 10 章由邹丽译出,后面9 章由何为遂译。

2015 年元月
于天高鸿苑

自　序

　　我同时代的学者们会在文本和注释中发现很多他们曾经给予我指导的证据,即便在我那看上去似乎特立独行的研究方向上,也是如此。若不是根提利(Bruno Gentili)的热情——受某些设想激发,他在追求这些设想上与我同步——延伸到我的研究中,情况也不会如此。更为遥远但更为有力的是,读者会在文中察觉到斯奈尔(Bruno Snell)和多兹(E. R. Dodds)的影响。我同样感谢年轻一代的某些学者们给予我的陪伴与批评,他们在近些年耐心地倾听了、评论了和纠正了许多我曾经说过和写过的事,它们会以修正的形式含蓄地出现在本书中。我特别受惠于科尔(Tom Cole)、克劳斯(David Claus)、罗布(Kevin Robb)、吉尔(Christopher Gill)、加加林(Michael Gagarin)、赫什贝尔(Jackson Hershbell)、西蒙(Bennett Simon)、鲁索(Joseph Russo)和莫雷拉托斯(Alexander Mourelatos)通过私人通信和出版作品给我的帮助。在我大部分的努力中,帕里(Adam Parry)是我的指南,如果他还健在,我的手稿就不会缺乏他的可靠判断。与耶鲁大学另外两位同事基尔克(Geoffrey Kirk)和琼斯(Hugh Lloyd‑Jones)的珍贵交往中,友好的辩论极大地磨砺了我的智慧,并澄清了我的视野。最近,卡根(Donald Kagan)激励的和同情的鼓舞也让我受益。感谢哈佛出版社的特约审阅人(reader)为此书早期的草稿提出的有力批评,让此书的最终版本有了许多改进。

　　任何长期的写作都是孤独的工作,不管创造性的还是学术性的,这种孤独因我的妻子克里斯汀(Christine)不断的支持和学识渊博的智慧得以缓解。

国际人文基金会（National Endowment for Humanities）1969 – 1970 年提供的高级研究员奖学金（Senior Fellowship）让我有了完成这本书所需的闲暇，在此深表谢意。

前　言

[1]在《柏拉图序论》(*Preface to Plato*，1963)一书中，我曾对古希腊思想的发展作了初步探讨，本书接续了此前的研究。在那本书中，柏拉图哲学中的一个问题——柏拉图建议将希腊诗人从雅典学园的课程中排除——成为重新考虑希腊诗人自身文化角色的出发点，尤其是荷马和赫西俄德。他们先于柏拉图的创作在希腊形成了专门的口头教育，并很少依赖书面语言。这正是柏拉图想要用自己的哲学规划来代替的口头——诗歌的——教育。他在《王制》中拒斥诗人，并试图将"正义"——通常被认为是主要的希腊"德性"——概念化。我们可以推断，柏拉图看到了正义的培育是任何教育系统的核心。这引出了一个问题：在纯粹口语的和诗性教导的背景下，正义是怎样的？此书从荷马开始，直奔这一问题。

考虑到这一目的，我们必须更为全面地分析古代希腊文化中诗人的道德教导作用。但分析的方法并不是在他们的书中寻找道德指引，然后先验地推理。[2]通常，交流的方式会习惯于交流的内容，接受这个前提的研究者就会发现他不得不去审视首先被称为口述的和人类记忆中的——即荷马、赫西俄德或埃斯库罗斯所说的正义——而不是写下来的或可以阅读的那些事。在这一点上，研究者就在一种更为普遍和理论化的背景下直接接触到了文化历史和文化行为的问题。荷马或赫西俄德的正义或许被看作纯粹的希腊问题。但一旦将这种正义观放置在口述转换成书面文字这一背景中，它一方面变成了口传主义中的问题，另一方面，又是社会人类学中的问题。在当今美国的口传主义学派(oralist school)中，尤其是与麦克卢汉(McLuhan)和昂(Ong)的名字有关的学派，他们区分了线性文明意识与口传学派的对应物,大体上来说不利于前者,并且在很多现代通讯技术的鼓舞下,见证了当代口传主义的复兴。希腊经验是否与这种观点有关?它是否阐明了或支持这种观点?至于社会(或文化)人类学,从穆勒(Max Mueller)和涂尔干(Durkheim)到马林诺夫斯基(Malinowski),到列维·施特劳斯(Levi-Strauss),他们在上个世纪都研究了这一领域,熟悉这一研究领域的人会发现我已经把古代的希腊文化看作其本身就类似于社会——通常被归为"原始的"和"未开化的"社会,但对我而言,这种相似性并不在于任何假设的原始性,而在于为了交流采取的科技。但愿我陈述的荷马的作用和内容(在《柏拉图序论》一书中被称为"部落百科全书")在重要的细节上可能与部落神话的作用和内容——尤其是马林诺夫斯基叙述的——相符。如果这样,应该添加什么限制条件把我眼中希腊"神话"所做之事与它如何起作用区别开来?

相比之下,当叙述从荷马走向柏拉图——为了考虑书面文字中的正义,口述的正义就被搁置——文章就进入了一个为哲学家预留的领域,不管这一领域是语言的、逻辑的还是伦理的。在伦理学的语境下,一篇论文——将概念性句法的或甚至是抽象思想的发展看作从耳朵到眼睛、从听到看、从记忆到阅读这种相互交流的结果——的职业性命运可能是什么?有种论点似乎面临将那种伦理学归纳为是柏拉图首创的危险,这种论点会是什么?

像这些问题的答案可能既暗示了这些学科与我所说的相关性有多大,[3]又表明了我与这些学科之间的距离有多远。我认为,答案可能会有争议。在未进入文本之前就想要预测它们是什么,这是不成熟的做法,只有在阅读文本时,这些答案才可能出现。没有耐心想要知道在人类学家和哲学家的伴随下我持怎样的观点的读者,可参考我在后记中所做的一些尝试性的比较。

第一章　从荷马到柏拉图

问题的轮廓

[4]我们现在从很多书籍了解到了荷马诗歌,有种共识认为它们属于通常被称为口头诗歌(oral poetry)的那一类。对诗歌的措辞、尤其是对诗歌口头惯用语(formula)的研究最初地表明了这一结论,将其与如今仍能被找到以及被研究的口头诗歌的歌者采用的技能(尤其是在巴尔干半岛上)相比,这一结论更加得到证实。

作为艺术家的荷马

无论古或今,史诗的目的表面上是在叙述故事,试图解答荷马问题(Homeric Question)的答案如今大部分是评论者们对故事叙述方式的评价。情节的凝聚性、描绘角色时情节的延续或中断、主题的意象或想象反复出现的重要性,所有这些问题已吸引了评论界的注意。首先,这些诗歌不管成功与否,都是文学作品。对它们感兴趣是出于美学赏析。由于诗歌创作的口头方式也引起了注意,因此,它在同一评论性的文本中也会同样得到赏析。[5]程式化(formulaic)的技巧被理解为一种有效率的故事叙述的辅助,主要(但非特地)使即兴创作或重复通顺流畅。它对诗歌风格的影响已得到了评估。关于内容,这些诗歌被认为是庆祝英雄人物的功绩,它们因某种原因强烈地吸引了当地的听众,塞尔维亚－克罗地亚(Serbo－

Croatian)的歌者们在弦乐器的伴奏下歌唱过或吟诵过这些诗歌,如荷马那样。那不正是荷马的诗歌为古希腊人所做并且也意欲如此?因此,当今的这种类比加强了荷马是一位艺术家的观点,他的作品被评判为叙述性的艺术作品,不管是历史的还是虚构的。他如南斯拉夫诗人一样,是一位"故事的传唱者"。这种观点不可避免地导致了关于作者身份的问题,无论这种观念在一个纯粹口述传统的语境下是否可能不相称。诗歌是口头材料堆积的结果——在这一点上如今已达成共识。但它们现在的形态代表了无文字记录时期一位(或者两位,分别创作了《伊利亚特》和《奥德赛》)"不朽创作者"的作品吗?在没有文献资料的情况下,口头创作的资源会允许作品的长篇大段和错综复杂吗?或者写作的艺术阻止了这种可能?这些问题已经成为学界争论的问题,但并非此书①关注的首要问题。

作为教师的荷马

有一种被视为次于美学的参考体系,将诗歌放进这个体系中是可能的,古人熟知这种体系。自近代以来,人们将荷马价值更多地设定为希腊的教导者和老师,而非文学艺术家,他们要么认同这个角色,因为对他而言自然且合适;要么不认同,因为这个角色不令人接受。历史上记载的最早的荷马研究者——公元前6世纪后半叶,利吉姆(Rhegium)的特阿格涅斯(Theagenes)——认为这些诗带有讽寓性。他并不常评论作品,但他的观点似乎预设了荷马带有教导式的目的。

---

① 对于近期的争论和自传,查阅康贝拉克:《米尔曼·帕里与荷马的艺术技巧》(Combellack, *Milman Parry and Homeric Artistry*, 1959)和《荷马史诗中若干惯常性矛盾》(*Some Formulary Illogicalities in Homer*, 1965);鲁索:《反传统的荷马》(Russo, *Homer against His Tradition*, 1968);洛德:《作为口述诗人的荷马》(Lord, *Homer as Oral Poet*, 1967);帕里(Anne Parry, 1971);鲁索:《荷马传达了什么以及如何传达的?》(Russo, *How and What Does Homer Communicate?*, 1976)。

哲学家克塞诺普法涅斯(Xenophanes,旧译"色诺芬尼")和赫拉克利特也有同样的观点,前者认为"所有的人因荷马而得到教导",并将荷马和赫西俄德一同定义为无神论的老师。后者在不同的论述中攻击了赫西俄德是"大多数人的导师"以及荷马是位无价值的吟诵者的言论。之后的希罗多德像克塞诺普法涅斯一样,将荷马和赫西俄德联系在一起,[6]这次是将他们定义为希腊神学②的建立者。在阿里斯托芬的一部戏剧中有更为著名的评论(《蛙》1030 – 1036):

> 那些高贵的诗人是多么有用啊!俄耳普斯把秘密的教义传给我们,教我们不可杀生;穆赛俄斯传授医术和神示;赫西俄德传授农作术、耕种的时令、收获的季节;而神圣的荷马之所以获得光荣,受人尊敬,难道不是因为他给了我们有益的教诲,教我们怎样列阵,怎样鼓励士气,怎样武装我们的军队吗?③

荷马和赫西俄德再次被放到一起,但他们教导的领域被区分开来,分别属于战事和农业,并且与宗教仪式、神谕智慧、道德引导以及医学知识一同呈现,这四种领域从传统的战事和农业领域中被分离出来。这类诗歌的目的被认为是功利主义的。

埃斯库罗斯和欧里庇得斯曾为此段属于何领域而争论,其结果是得出了更令人惊讶的假设,即所有诗歌都是具有教导性且功利性的,并且诗歌的成功与否也由这种标准来衡量。④ 约20年后,正是

---

② 特阿格涅斯(Theagenes)*FVS* 8.2,克塞诺普法涅斯21B10,11。赫拉克利特(Heraclitus)22B57,42。希罗多德2.53。普遍地讲,希罗多德和修昔底德在引用荷马时,都视荷马为教师。

③ [译按]:参《罗念生全集·第四卷·阿里斯托芬喜剧六种》,上海人民出版社2007年版。

④ 《蛙》1053 – 1055,1009 ff;古思里《希腊哲学史》(Guthrie, *A History of Greek Philosophy*)III,29 – 30。理查德森(Richardson)解释了在同一时期引领了荷马式评论的教诲性推测,被智者和有识之士所采纳。

这种假设为柏拉图提议改革希腊教育体系提供了起点：

> 这个教育究竟是什么呢？似乎确实很难找到比我们早已发现的那种教育更好的了。这种教育就是用"体操"来训练身体，用"音乐"来陶冶心灵……音乐的内容是故事……有真有假……你当然知道一开始我们给孩子讲故事，大部分假，部分是真……看看那些伟大的故事，我们会发现为小孩设立的模型……这些伟大的故事由赫西俄德、荷马以及其他诗人讲述。他们是向人类叙述虚假故事的创造者，并且这些故事还继续被讲述着。⑤

柏拉图继续建议审查这两位史诗的作者，并非否定之前的作者赋予他们的角色，他这样做只是更为坚定地关注他们教导性诗歌的类别，在这一点上，柏拉图又将荷马和赫西俄德放在了一起。[7]现在，柏拉图认为史诗本身而非包含在诗歌中的次要素材具有教导性的功能。

在此之后，柏拉图在同一篇著作中的立场变得强硬：审查还不够；诗人也必须被禁止。他现在不仅为学童，也为哲学家和政治家立法。同样，他对希腊社会中史诗角色的敌意只会让史诗实际的角色更加清晰：

> 我们接下来必须考察悲剧诗人及其领袖荷马了。既然我们听到有些人说，这些诗人知道一切技艺，知道一切与善恶有关的人事，还知道神事……荷马试图谈论的那些最重大、具有最高价值的事，战争、军事指挥、城邦治理、人的教育……如果荷马真的有能力教育人并提高人的美德……难道不会有许多青年追随他吗？他不会被尊敬、被爱戴？……难道与他同时代

---

⑤　《王制》2.376e2 – 377d6。此处和其他地方都由我翻译，除非注明。

的人会愿意让他,以及赫西俄德,以卖唱为生吗? ……⑥

这些评论似乎表明,对于这些生活在离最早抄录史诗的时间不超过三百年的人而言,荷马和赫西俄德就是希腊最早的导师。荷马被称赞的教导不是文学或美学,而是社会学和功利学。他的教导涵盖了科技、军事技能和(赫西俄德笔下的)农事技巧,同样还有公民行为、道德和宗教。

从当代评论者的眼光来看,荷马的视角并非一流,甚至可能不合常理,但有没有如下可能,即古人是正确的——荷马叙述了诗歌占有的地位,这种地位实际上在他们的时代和环境下是最为重要的。提到这里,留意到帕里(Milman Parry)准备将研究重点转向社会实体而不是风格问题,会变得非常有趣,他被认为是研究口传风格(法语论文《论荷马的风格问题》[*Essai sur un probleme de style homerique*]宣布了他的发现)的杰出学者。论文发表后的第八年、在他去世一年后出版的一篇散文中,他从伍德(Robert Wood;阿诺德[Arnold]的论文《论翻译荷马》也引述了)那里引用了格兰维尔爵士(Lord Granville)的故事。七年战争(Seven Years War)的后期,身为国会主席的格兰维尔,重病缠身,却不允许用生病的借口延迟审阅《巴黎条约》(Treaty of Paris)的紧急事务,[8]条约确认了英国在北美的征服:"他坚持说,忽略职务的人也不会延长他的生命。"然后,格兰维尔用希腊语背诵了《伊利亚特》(12.322–328)中萨尔佩冬(Sarpedon)对格劳科斯的话:

> 朋友啊,倘若我们躲过了这场战斗,
> 便可长生不死,还可永葆青春,
> 那我自己也不会置身前列厮杀,
> 也不会怕你投入能给人类荣誉的战争;
> 但现在死亡的巨大力量无处不在,

---

⑥ 《王制》10.598d7–600d6,部分省略;参看哈夫洛克:《柏拉图绪论》,页28。

> 谁也躲不开它,那就让我们上前吧,
>
> 是我们给别人荣誉,或别人把它给我们。⑦

"他用特别的重读强调了第三行,'那我自己也不会置身前列厮杀',这让他想起自己在公共事务上承担的重要职责。"

帕里接着说:

> 由于历史方法的特殊训练,如今,我读到这些诗句的感受是格兰维尔爵士不曾有过的。我将萨尔佩冬这段演讲的前几句诗牢记在心,当然,这是格兰维尔公爵未曾做过的,一开始,萨尔佩冬陈述了驱使他们做出高尚行为的"道德"原因:因为他们的乡亲在宴会上给他们头等肉肴,让他们酒杯装满美酒,拥有广阔的土地。从我对萨尔佩冬整个讲辞的理解,从我对其他早期英雄诗歌的知识,从诸如克尔(Ker)和查德威克(Chadwick)这些学者那里得到的英雄年代人类的普遍图景,从我自己观察到的仍在黑塞哥维那诸座山峰吟唱的英雄史诗,我看到,萨尔佩冬的演讲真是一篇荷马时代的社会中——男人数量不多,社会团体少,社会成员互相认识,机械技艺还未发展,战事在某种程度上来说是生活常态——关于威望的"奖励"和"责任"的陈述。这一陈述以带有英雄气概的措辞讲述了他们自己的生活方式……不仅如此,那是对那种生活方式的"赞许"和"理想"……荷马的这种影响力在之后的几个世纪虽然微弱,但仍是同一种类型。在柏拉图的一篇对话中,我们发现他因为《伊利亚特》中的战车竞赛而称赞了它。

我用引号标出的词语让我们注意到一个事实,即英雄史诗有一

---

⑦　见第六章,"萨尔佩冬的情操"。[译按]翻译参照了罗念生和王焕生的译文,略有改动,下同。

种道德维度。这种结论本身并非一种革新；"英雄理想"已经是评论荷马的老生常谈。[9]帕里观察到的是，荷马式英雄的"道德"被陈述为由荷马生活中相应的一系列社会关系所强加的一系列责任。这些责任因普遍的行为规则得到规制。这种理想（更好的一个词应该是道德观念[ethos]）首先并不被认为是某人渴望的一系列原则，而是对普遍规则——它为战绩强加了"责任"以及赋予了"奖励"——的一种实用性的反应。如果我们要在荷马那里寻找一些最初被认为的"正义"原型，它可能就在那里。

早期希腊文化的无文字时期

史诗如何扮演归功于它的教导角色？如果某人考虑到以下事实，答案的轮廓就凸显了：不管出于何种原因让游吟诗人选择了口述，口述诗歌不仅仅是风格问题，而且也是整个口述的反映。这是个无文学知识的社会，诗歌存在于这种社会中，也是为这样的社会而作。当口述诗歌这一论题被提出来时，学者通常无意识地假设这种类型的创作是在一种要么有文字或部分地区有文字的社会中创作出来的，创作的时间通常是在公元前 1000 年到公元前 700 年，有人还倾向于更早的时间。⑧

但对于希腊而言，由于被发现的碑文越来越多，认定这种说法的正确性变得逐渐困难。迈锡尼王朝衰落后，没有证据证明线性文字 B 使用过，或者证明雅典字母的引进早于公元前 8 世纪的最后三十年。一位研究荷马和远古时期史诗的重要权威甚至曾宣称"字母直到阿尔基洛库斯（Archilochus）生活的年代才被普遍使用。但无

---

⑧ 帕里的论文《荷马史诗中的绰号传统》(*L' épithéte traditionelle dans Homère*)发表于 1928 年。字母出现在公元前 8 世纪，卡朋特（Carpenter）于 1933 和 1938 年首先为这一观点辩护。

论如何,我们没有权利认为字母的使用甚至到了那时才普遍"。⑨
这似乎证明了,无文字或半文盲的状态——依赖于学者的判断——
在希腊延续到了公元前 7 世纪中期。

如果这是正确的,这位历史学家提出了难以攻克的问题。正是
在这几个世纪中,希腊发明了他们引以为荣的社会组织和艺术成就
的雏形,也许一开始进程很慢,从公元前 1100 年到公元前 900 年期
间,成就积累也并不多。考古学证明了迈锡尼宫殿的毁灭,并且通
常由此推断出,[10]曾产生过商业、艺术以及固定生活方式的政治
与社会组织同样遭到了毁灭。甚至紧随迈锡尼时代之后是完全黑
暗时期这种假设在最近也遭到质疑。不管真相如何,我们没有理由
怀疑,正如最近强调的那样,公元前 900 年之后的世纪是"黑暗的",
其含义仅仅是我们对那个时代一无所知。如果我们将公元前 900
年—公元前 650 年考虑为一个年代单位,很明显,在这期间,我们看
到的是古典文化的产生,这在公元前 6 世纪和公元前 5 世纪的文献
考察中才非常明显。这种产生是以何种形式出现的?最开始的形
式是机构性的,即包含在希腊城邦形成的过程中。这种希腊生活方
式的所有主要特征似乎在公元前 10 世纪就已经被组织并运作起
来。这以希腊人追随早期移民者在安纳托利亚(Anatolian)海岸定
居为标志:"爱奥尼亚人的贵族式政府以及联邦制度可能在公元前
9 世纪之前达到中等水平,并在公元前 9 世纪达到非常高的程
度。"⑩如今广为所知的是,与内陆相比,爱奥尼亚在公元前 7 世纪
中叶并未很富有。⑪何况,希腊内陆的城镇在公元前 10 世纪时就
被认为已经有支持社会生活不同形式的能力,这是乡村所不具有

---

⑨　佩奇:《阿尔基洛库斯与口述传统》(Page, *Archilochus and the Oral Tradition*),页 121。

⑩　基尔克:《荷马之歌》(Kirk, *Songs*),页 130;斯诺德格拉斯(Snodgrass, 436 页以及 416 页以下)认为希腊"觉醒"时间是在公元前 8 世纪中期左右。

⑪　汉夫曼(Hanfmann)。

的。在当时的科技水平下,这些共同体已经能够造铁,或许可以炼铁(iron),这样的技术是迈锡尼不能比拟的。但他们在商业和航海方面的能力可能没有超过迈锡尼人的水平。他们在不晚于公元前8世纪修建的寺庙构造已经超出了古风时期在木制构造上的概念和精细程度,古风时期的部分建筑以石制的形式保存至今。在艺术领域,这一时期见证了初期几何风格装饰的发明以及完善,⑫此后出现了所谓的东方化(orientalizing)时期自然壁画的引进,确切地说,这一时期开始于腓尼基字母(Phoenician letters)在希腊得到运用。同一时期孕育了荷马的口述(verbal)艺术。

文化储存的概念

在没有文献记录的情况下,这类社会如何存在且持续了相当长的一段时期? 可以推断的是,就那一时期的建筑和艺术而言,[11]技工可以在不识字的情况下使用几何原理,并且,在材料和设计方面,高水平的技艺和品味可以在师父和学徒、父亲和儿子之间口口相传。但这一问题对于希腊政治组织以及由之产生的社会以及道德意识尤其重要。希腊文化(Hellenism)就是在这一时期产生的,它可以被看作是迈锡尼文明的再生或者标志了一个新的开始,这取决于不同的强调重点,要么传统,要么新颖。真相毫无疑问就存在于这些选择之中。但历史学家似乎认为城邦(city‐state)这种希腊特有的组织也酝酿于这一时期,在此后的千百年里仍然受人喜欢的古典希腊语也是如此。尽管语言被划分为不同的方言,城邦之间即将相互战斗,但所有这些现象似乎依赖于并且表达了一种希腊身份。这种身份在以下途径中表现了出来:对共同神明的认同,对共同仪

---

⑫ 库克(R. M. Cook)认为(页16)几何不仅代表了农民的风格,还代表了城市的风格,在概念上是抽象的,在表达上是解析的。

式和习俗的祭拜,对同一神话的接受,以及同等重要的是,对社会秩序的假设和所有自称为希腊人的人群对这种假设的规范使用。事实上,这种文化已被毗邻的野蛮人所知并且后者也表明了想要分享的迹象。这就是帕里所称的"生活方式",或许这能在两个希腊单词最初使用的含义中得到最好的概括:nomos,ethos。⑬

社会人类学家已经将注意力转向我们人类可以自我进步的这种独特能力中。我们在基因遗传——由自然选择决定——的基础上又附加了一系列文化的演变,当人类社会变得更城市化时,这变得尤其引人注目。为了解释这是如何发生的,一种来自基因学的概念被引进:文化信息(cultural information)为了再使用而被储存。正如生物信息被编码在活细胞中一样,文化信息也被编码在语言中。人类文化不是通过继承,而是在一代代语言的传播中被习得。⑭

普遍适用于智人(Homo sapiens)的理论可能与发生在特殊历史时期的希腊"文化"现象有关⑮。但此处仍存在一个问题。文化储存的比喻表明了存在着可以被如此看待的对象。"信息"这一术语即使并不必然与文献资料有关,[12]但也倾向于带上这种特色。另一种通常被生物学家和人类学家使用的比喻,编码,也明显与写作工具有关:一张纸,一张穿孔卡片。诸如程序、体系和结构这些被运用于信仰、制度或习俗——一个既定社会的特征——方面的俗语,则让人想到可以被看到或者被触摸到的物体。如果这些术语已经变得很容易被接受,肯定是因为当代科学家依赖的信息已经物质化了。信息存在,是因为它被保存了下来。不管是书、小册子、报告、纸片或密码、规则或规定、法律或文学、哲学或宗教,不管是流通中的还是书架上的,它们主要是被储存起来、被再利用、被修正、被延

---

⑬ 第二章注释 10。

⑭ 梅尔(Mayr),页 635–636、650–652,参后记注释 1。

⑮ 本书中这一词汇的可行性定义,参照里奇在《文化与社会凝聚力》(*Culture and Social Cohesion*)中的讨论,页 24–32。

伸、被再次引用、被阅读和被重复阅读的文献信息。自希腊人之后，思想体系、上诉法院、知识源头、信仰基础以及行动指导，都被放置在了文献中，它们形成文本或论文、权威著作、诗歌或散文、纪实或科幻著作，人类之后就会处理、阅读、教授、教导、消化、咨询、引用或偶尔记住这些文献。结果，在处理语言中表达的任何问题时，我们使用的术语似乎都反映了语言变成文献的条件，即被写了下来。[16]即使像"文学"这种基本词汇也描述了刻画在字里行间的语言，正如"语法"暗示了表面上呈现为图像的语言符号和象征所使用的逻辑依据。[17]

无文字时期的储存问题

在一个没有文学意识的文化中，当语言还未成为明显的人为产物时，这种储存是如何办到的？观察通常被使用的比喻并不仅仅是一种语文学方面的实践，它还显露了存在着一种历史的和科技的问题，这些比喻则试图保护这些问题免受审查。语言在无文字时期的存在以及起作用的环境严格来说与声学有关；人们通过耳朵普遍熟知了任何种类的语言信息，而非用眼睛；正是人类依赖的耳朵在储存信息时起着协助作用。如果早期希腊文化是无文字的，社会上必定存在着符合这种环境的储存方法。那么，是如何办到的呢？口语又不能成为化石；关于荷马之后文化时期的特性，并无史料依据。

---

[16]　比如法则、模型和结构（列维·施特劳斯）、宪章（马林诺夫斯基）以及最近出现的"观点"（Ong）；对于最后这一点，克莫德（Frank Kermode）说："他不止一次使用这个使人苦恼的视觉词汇，甚至为此而道歉，但它被证明是不可缺少的。"

[17]　使用视觉性词汇来描述说话的声音可以追溯到亚里士多德：哈夫洛克：《西方文化的起源》（*Origins of Western Literacy*），页 10。

我们首先只能尝试用理论回答这一问题,一部分从逻辑层面上,一部分从心理层面上,还得借助已经观察到的无文字社会时期已保留下来可供审查的行为。⑱[13]这是第二章和第三章的任务,假设一种相似的无文字时期的情况,这是思考希腊问题所有可能性的准备。

无文字时期语言中的正义

在这些可能性的语境下,根据我们探寻的论点,归因于荷马的教导性职责就可以得到解释了:"他"(即两篇有他之名的史诗)使口语储存的问题有了早期希腊式的答案:首先,那是一个早期沿海的希腊化社会,但不是古老的迈锡尼风格,荷马叙述了这一点(第四章和第五章);其次,以这种方式讲述诗歌中的故事,是为了包含大量指示性信息,它们涵盖了 nomos 和 ethos 以及生活方式和生活方式的得体性,这些信息与诗歌传唱的、诗歌所指引的社会相称。这种"信息"在口语储存中被包含以及被如此放置的方法与理论上得到概括的原则一致。从这一角度看,诗歌构成了两个关于得体性的主要叙述,一个是社会方面的,另一个是私人方面的,这两方面以保守的道德观身份被实践,并在千百次得体的行为中得到贯彻(第六章)。它们采用了一种规定的象征,自荷马之后,这种象征获得了特殊的意义,并且可预计的是获得这种结果的原因是由于荷马使用它的方法。这种方法在希腊词汇 dikē 以及其派生词中得到了体现,dikē 不能被简单地翻译为严格意义上的概念性词汇,但却提供了我们可能称为荷马式"正义"的一种原型。每篇史诗的情节都可以被看作具有间接的教学性作用,因为在《伊利亚特》的法律层面和《奥德赛》的道德层面上,情节有阐明和执行 dikē 的效果,此处的 dikē

---

⑱ 后记的结尾处指出了这些限制条件。

被当作一种规定的原则（第七章－第十章），虽然这种区分不应该如此形式化。

文学形式中的正义

如果讨论就此停止，我们就设置了基础，但并未表明它必须支持的上层建筑。dikē 衍生于 dikaiosunē，它包含了希腊道德和政治哲学中至关重要的概念，在欧洲传统中，希腊的后裔将之代代传诵。荷马诗歌并未将正义等同于这种概念化的意义。即便说 dikē 是一种规定性原则，也是具有误导性的。赫西俄德首先感受到了在史诗叙述中偶然出现的正义，他将之单独提了出来，并把它转换成了一个正式的讨论话题（第十一章）。我认为这是史无前例的进步，他之所以能办到，[14]是因为赫西俄德尽管是一位口头诗歌创作者，但他能够读懂用字母写成的荷马诗歌。除此之外，他只单独形容了正义做了什么或者正义是如何行动的，而未阐明什么是正义（第十二章）。为了记忆要求叙述句法的条件在那时仍然流行，尤其是他们限制了动词"存在"（to be）的使用，因此定义变得不可能（第十三章）。这并未阻止作者们在赫西俄德和柏拉图之间试图象征性地使用"正义"，但仍是非概念化的。他们提到的正义附带了其他目的，而且，他们的文章仍然是诗化的，因此口头创作的句法继续在他们的作品中流行。为了定义正义的句法，很多人做出了努力，但从未成功（第十四－十六章）。在已有的依据中，柏拉图看起来是赫西俄德之后将正义问题处理为一种论题的第一人，并将之转换为一种概念性存在，使之成为一种规范的原则。在柏拉图写作的时代，dikaiosunē 已经被用来代替 dikē，这意味着"正义"含义的重要扩展正在形成（第十七章）。赫西俄德是首位不仅是听说了荷马、而且读懂了荷马的文学创作者。他首创了导致哲学产生的教导性文章模式，但柏拉图系统化的写作使得文章本身完全被"阐述"之后，这

一过程才得以完成(第十八章)。考虑到柏拉图取得成就的条件,
否定这一说法——柏拉图以前的诗歌是定义正义以及描述正义的
合适工具——就情有可原了(第十九章)。

如今,正义成了一种概念。由于语言学的成功,它从一种幻影
发展成一种实体,这也让我可以在这里不考虑亚里士多德教义的情
况下结束我的论证;除非此处有可能表明亚里士多德的"分配正
义"主要代表了荷马 dikē 的合理性。柏拉图创立的概念性方法已
经延伸到往日的历史中,以至于涵盖了根植于希腊传统的礼仪和
态度。

第二章　史诗在无文字社会中的功能

[15]埃及和美索不达米亚的文明在法律、政府和宗教的辅助下,在基督诞生之前的 3000 年就开始使用书写,这容易让我们认为保持和传播一种文化特性的能力应该与某种识字能力的存在相关,不管多么有限。① 但当我们想到人类社会中社会变革涉及的时间跨度时,很明显的是,口语文化比文字文化在遥远的过去拥有更长的存在时间;除此之外,从手工艺品来看,当写作已经成为普遍现象时,口语文化似乎在世界上的某些地方——比如南美——继续成功地存活了下来。希腊在公元前 1100 年 – 前 700 年之间的文化是无文字的,并且在这方面也并不是只有希腊才是如此。就算将文化信息放置在语言储存中的能力对文化的存在至关重要,在无文字的社会中,达到这种目的的方法也必定与文字社会时期的截然不同。

语句(statements) 保存的固定性

当我们审查文献的特征时,弄清口语保存特征的第一步是:为什么它在某种意义上是"富含信息的",[16]而我们说的方言却不是? 为什么它提供了裁判依据和参考资源? 这当然是因为语句包含了这些信息,可以说,信息被冻结在文本中保持不变,且正如我们

---

① 　古蒂(Goody) 和瓦特(Watt) ,尤其是第一篇论文的引言(页 1 – 67) 。古蒂:《蒙昧思想的驯化》(*The Domestication of the Savage Mind*) 将写作与认知联系在了一起。

所说，是"可靠的"；在文献没有被修改或替代的前提下，信息也不能被修改，这实际上意味着文献保存了信息，因为它保存了信息的语词（words）。更改语词是被禁止的，更改语词摆放的位置同样不被允许，简单地说，也就是不能更改句法；因为语句的稳定性依赖于语序的保存。要达到这种稳定性，反过来它又取决于文献作为裁判依据的可行性。

这些必要性在口语规则——支配了专业性的步骤——中表现得尤为明显；代数方程中符号的顺序只是同一原则中极端的例子。所有声称阐明了某个准则、原则或真理的依照句法的语句，或构成了情节、论点、理论的延展性语句，或已经达到了永久性状态，或成了保存语言的一系列"含义"，全部受限于固定不变的书面版本，而非受控于随意操纵或错误回忆的一时兴起。我们说的"原创"，总是在那里。

第二次世界大战时期，现代炸药以及运输手段的发展使得物质文化受到了大面积的摧毁。德国人和日本人采用的被称为战略性爆炸的计划减少了大批人文产物变成瓦砾的可能。建筑、工厂以及设备在战火和尘土中全部消失，尤其是在大城市中。如果同样级别的摧毁遇上古代文化，比如科诺索斯（Knossos）中心的克里特，那么这种文化通常会被终结。但德国文化的物质基础可以在战争期间被修复或者被转移：从军事上来说，战略性爆炸计划是失败的。战争之后，西德的整个结构在相当快的速度中被重构和重建。没有逃过摧毁的是对文化而言的文献基础：德国境内的蓝图和他们的文本，幸好，在欧洲或美国还可找到相应的文献。准确和具体的信息在语言学和数学固定的语句中可以找到。如果全部这些信息都已被摧毁，那么就会出现文化倒退现象。但这种毁灭必定是全世界的，[17]因为当代西方文化依赖于如今已经全球化的文献储存基础。

从毁灭的建设性方面来说，它涉及的不是文字文化的重建，而是转移，新英格兰殖民就是一个事例。法律和宗教为新英格兰的行为模式提供了网络，它们也一同越过大西洋，不仅与定居者的个人习惯相融合，也在定居者携带的书和文献中保留或定居后被人们从别处引进来。哈佛学院为了这一目的从捐赠的一摞摞书中获得了制度性的形式,这不是劳而不获的,并且,在一些定居者到达之前的其中一个预定任务就是创作航海、建筑等技术手册,这模仿了已经存在于英格兰的存储信息。简言之,定居者不仅每周听布道,还热心阅读可获得的布道书。

语言得体的法则②

在没有文献资料帮助的情况下,在语言的特性(behavior)中,首先可感知到的固定语序规则在哪里? 当然是在语言本身的语法中。以英语为例,语法会要求一些规约,这在语句的不同部分以及这些部分所起的作用的区别中得到体现:主语通常在谓语前面并且需要谓语,二者在单复数上必须一致。但这种顺序只是形式化以及分析性的。它仅仅处理了语词的抽象特性。还有第二层级的语法,我们将之称为语言的得体,或"人类学的语法。"③这要求语词组合在一起时可以说得通,也就是说,它们的意思要与群体使用语言的共同经验相一致。因此,语言的规约将一些语句排除在外,比如"人咬狗"或葡萄集自荆棘、无花果集于蓟等语句。它不允许我们应该"爱敌人"。如果这种语句一旦形成,就反映了故意的悖论:它们(语句)违背了常识;它们想象了恰好使用这种语言的文化,而我们将会彻底改变对这种文化的看法。

这种语词安排的得体延伸到了语言群体的成员在描述他们的相互关系时、描述他们对彼此的行为时所用的语言中。"朋友"和"敌人"这一语言涵义习惯性地与其他分别与它们相符的含意配对

---

② 读者之后会记住使用这一词语的条件。

③ 里奇:《自己与他者》(*Ourselves and Others*,页 772:"文化系统的排序……正如语言系统的结构……我们的问题是探寻其他文化语法。"

在一起,比如"爱"对"恨",或者"可亲的"对"危险的"。[18]除了这种类型的配对以外,当特定语言的语词被说出时,它们可能不仅会自动识别不同类型中的不同人,还会识别它们通常被牵涉到的关系。家一旦形成后,家庭成员行为从一代到下一代都得到规制,当成员关系在语词中被表达出来、被重复发音后,我们就会识别家庭成员之间的关系,并且也会记住以及保存这些关系要求的一些用法。当最简单的语词发音是在实际而不是理论的言辞中,诸如"父亲","母亲","儿子","女儿","外祖父","外祖母",它们的出现伴随的是某些自动的反应,要么是父亲对儿子说话或父亲谈到了儿子,或者儿子对父亲说话或儿子谈到了父亲,诸如此类。"父亲"的语言涵义描述的是一位总是比被称为"儿子"的人年纪更大的人,并且首先也更为强壮。但是,在一般情况下,父亲总是会先离开这个世界,并且可能会随时发生,儿子则仍然存在于这个世界。父亲会对儿子负责,直到照顾他到既定年龄为止(这取决于文化观念),父亲可能在年老的时候期望得到儿子的照顾。这种期望会在语词被有规律使用的句法中得到体现,并且这种期望构成了可以被后代持续循环使用的信息。

　　荷马为我们提供了示例,在他那里,家庭结构比我们的更为复杂。《伊利亚特》的结尾处,海伦悲伤地为赫克托尔唱挽歌。当代翻译者④将海伦使用的相关家庭术语翻译为:

> 赫克托尔,在所有的伯叔中,你令我最喜欢……
> 但没有从你那里听到一句恶言或骂语;
> 如果有其他人,你的弟兄姐妹,穿着漂亮的
> 弟媳,或是你的母亲在厅堂里开口斥责我,
> 你父亲除外,他对我很温和。
> 你就苦口婆心,对他们再三劝说,

---

④　此处指的是拉蒂莫尔(Lattimore)。

用温和态度、温和语言阻止他们。

"我的伯叔"(lord's brothers)、"你的姐妹"(lord's sisters)、"你的弟媳"(sife of some brother)、"我的母亲"(my lord's mother)以及"他的父亲"(his father),这五个英语表达译自五个不同的希腊单词,他们互不相同,每一个语词表示了家族谱系中不同的人物类别。因此,它们暗含了与海伦五种不同的关系。在英语表达中,他们都可以被翻译为她丈夫的家属。[19]而希腊词汇表明,与帕里斯结婚后的海伦就成了复杂的家族体系中的一员,在这个体系中她也分享复杂的成员关系,并且期望在成员那里得到支持,因为他们面对海伦时,是具体的某个角色,而这些角色由语词暗示。她被孤立的悲伤是因为她被排除在了这种家族关系之外。因此,她的婚姻是失败的,但这种失败对于当代的我们来说无法理解。婚姻并不只是关涉到海伦和帕里斯。这类词汇暗示了一套得体性;因为它暗示了得体性,它也会建议得体性。单词变成了语言习俗中的一部分,它们包含了一种假设,即被表征的这种关系会一直持续下去,因此,与这种关系相称的行为也会延续下去。这样,语言本身就携带了文化的传统。⑤

通过维持词汇和句法的稳定性,一种无文字的文化为自身保持了一种基本的特性。方言可以办到这一点。在使用这类词汇时,人们获得信息之后,就可以记住娶谁或不娶谁、陪伴谁或远离谁、爱谁或恨谁、吃什么或穿什么;人们学会了对既定环境下的自动反应;文化期望储备了起来。

---

⑤　另参《奥德赛》8.582–583。结构主义理论会对海伦的困境进行更宽泛的阐释:她并没有在一个既定的亲属关系"模型"中被恰当地互换,但已经侵犯了这种模型,它被暗示为亲戚之意。因此术语的"命令"(我这样称呼它们)对她不起作用。另参舍夫勒(Scheffler)对亲属问题的叙述(77–88)以及列维–施特劳斯处理的问题。

得到储备后,文化期望就"掌控"了词汇的使用者:当对其他人或他自己说话时,他会持续约束自己。"只要看看实际的语言群体,我们就会发现言辞中的变化首先是普遍的,其次是高度形式化,最后它才与文化和亚文化环境紧密相连。也就是说,人们不仅知道他们自己的语言,还知道如何使用它。人们说话方式的形成不仅仅是因为他们拥有他们知识中抽象和系统化的知识。他们同样掌握了知识,语言人种论的研究——对文化中语言的使用和理解的科学性描述——如今已经明确地确立了对知识的掌握与知识一样是形式化的。"⑥

个性化和无秩序

这类存储信息会自动化运作;它对行为的直接影响发生在有意识的思想层级之下。它位于群体中每个人的大脑里。这些个体可以自动反应并且总是一致地遵守语言的共同符号吗?[20]这些符号将会由自动反射的回应补充吗?男人和女人,无论他们是谁,总是会根据交配的法则配对吗?他们会在照顾孩子时自然而然地按照培育和保护的规定法则行事吗?他们会一直满足正当继承的财产吗?他们总是会完成群体按照劳动分工分配给他们的任务吗?或者他们偶尔想要不遵守共同守则而行为反常吗?他们会想要僭越,想要用暴力秘密地偷或公开地抢吗?他们会用敌意对付朋友而不是真正的敌人吗?他们只是会倒退到无知和懒散吗?

这些只是人类个性化现象的随意例子,⑦人类的大脑行为可以

---

⑥ 提特(Teeter),页95-96。

⑦ 不要与马林诺夫斯基所称的"新需要"创造的"新动力和新欲望"(《文化的科学理论》,页143)相混淆;这可能会产生"技术表现的不完美,合作原则的不服从以及实体或人的处理不当",但这些错误"通过仪器序列的失败为有机体提供了最终的惩罚"(页142);这种过程用生物学词汇来讲就是自我调节。

感知这种个性化,并且在人类身体中发生变化。尽管某些动物也展示了一些个性,但程度是有限的;动物群体在交配行为、食物收集、后代养育以及诸如此类的社会行为的进行中根据的似乎是本身会自我执行的程序。在人类社会中,成员的行为体现出一方面他们是群体中的一员,另一方面好像他们又生活在群体之外。人类在文化中的行为反映了这种相反趋势的张力,而这种张力在语言使用中得到了体现。因为语言的角色是矛盾的:一方面是被接受的道德观念,是一种稳定的预期关系,被编织进了句法;另一方面,语言又可以为拒绝预期关系而辩护;可以说,语言既可以按照常规使用,也可以被违抗地使用;它可以被用来表达个体的傲慢,用以对抗共同舆论的主张。与动物世界不同,人类社会内在地包含了不稳定性的因素。赋予了这种可能性的个性化本身就是语言的功能。

1769 年 4 月,当库克船长(Captain Cook)第一次将船停靠在塔希提岛(Tahiti)的玛塔瓦海湾(Matavai Bay)时,他遇见的是一个拥有大约 50,000 人却没有文字的社会。这是个具有组织的社会——

> 并未安置在村落中,而是分散于可见的平原边缘周围单独的帐篷中,望尽峡谷、站在高地也不太容易看见他们。高出的峡谷同样为难民和被压迫者提供避难所;尽管绝望的战事很少,却人尽皆知……塔希提人其余的建筑[21]不是堡垒,而是院子(marae)——有院落和“圣坛”的珊瑚石结构,或小或大,他们几乎繁星般地装点着大地,是家庭或群体或手工团体的宗教仪式中心;当这些院子是首领的家庭时,家庭成员的重要性可能由院落中他们的座位衡量,院落会极度禁忌或神圣,被圣树包围,由一位牧师看管,他的祷告语言是秘传的;当院落主人的社会地位下降时,院落就没有以前重要,不管它是人们献祭或普通仪式的中心还是敬畏的住所和神会降临的地方。塔希提社会,也就是——逐渐地被欧洲人了解——常说的波利尼西亚(Polynesian)社会,是一个极度宗教化的社会。

这种结构中,语言维系的责任似乎由特定的专职团体承担,即
arioi:

> 他们受过训练,有等级之分,在丰收季节会以舞相庆,这意
> 味着群体生活中的大事件——出生、结婚或首领的就职——很
> 大一部分在模仿喜剧和摔跤这种让人喜欢的娱乐活动。他们
> 坐在被视为神圣的木舟上,排列成队,周游全岛,迎接礼物,共
> 享欢乐;他们的神是和平与肥沃之神。或许 arioi 经常拿库克
> 船长开玩笑,比库克自己知道的还多。

. 然而,在这种口语社会中,不管规制个休行为的社会礼节多么
稳定,政府结构都是不稳固的,这个事实长期困惑着库克。他应该
和谁交涉?一方面,"首领(即 ari'i)在他们的团体中备受尊重;而
最受尊敬的是 ari'i rahi,尤其是氏族的三个最高首领,他们表现出
来的品质多少可以用另外一个世界的词语来形容:'国王'。首领
下令,并得到拥护……首领的第一个孩子被致以特别的尊敬,如果
他是男孩,程度则更深:他会立即被视为家族的首领,他的父亲或他
的母亲则扮演摄政王的角色"。

然而,另一方面,将权力从一代移交至下一代的安排似乎是不
稳定的:

> 但首领的权力或他的摄政与他的特权、社会影响并不相
> 符;他不能命令其他首领服从他,即使在自己的管辖区内;个性
> 化的范围很大。既然瓦利斯(Wallis)承认了奥博瑞阿(Oborea)
> 或普瑞阿(Purea)为王后,她的名字在英国就是魔法;因此,当
> 库克经验积累得越多,他应该与哪位最重要的人物交涉的问题
> 就越困惑他……这些首领家族并不仅仅是[22]相互关联(这
> 解释了普瑞阿在瓦利斯眼中表面上的卓越),偶尔还是会被残
> 忍地分开;这由家族分裂和战争所致,因为普瑞阿为了她年幼

的儿子产生了过于自负的野心,作为一位战败者(defeated),普瑞阿的地位次于胜利的组织者图特哈(Tuteha)。库克知晓了这一点,并在7月的最后几天与班克斯(Banks)在岛上环游时知道了更多。[8]

这段话引自为库克船长撰写传记的作者 J. C. Beaglehole,展现了一个幼稚的或原始的社会中存在的悖论——说它原始,是从受过教育这一角度来说的——所有"现代人"社会都不得不面对的一个悖论:个人行为的武断干涉(不可预见)持续性地妨碍了传统所坚持的合于传统习俗的稳定性(可预见)。

方言本身的句法并没有为控制或纠正这种个体化的影响提供准确的方法。[9] 可以肯定的是,方言是规范的,但暗含其中的约定俗成已经正在被侵犯或威胁。当这种情况发生时,我们需要的语言是它可以警告这种可能性并且提出纠正的方法。社会将会需要超乎方言之外的可操作的某种语言形式。支配行为的语言符号将不得不更为明确。

口语命令

我们可能会认为,这些结论与首领、法官、法庭、国王、寡头发布的口头法或成文法一致,群体中的成员必须服从法律,否则将受罚。但这种眼光会因为加速了历史进程而使得历史进程被过度简化。文化已经让当代社会熟知法律——一种复数的存在,是制度、程序

---

⑧　比格尔霍尔(Beaglehole),页 174 – 176、186;另参后记。

⑨　我强烈主张这一点,与以下这些人形成对比,他们只依赖于语言的交流概念(后记注释 2),强调在口语社会中,"所有信仰和价值观,所有知识形式,都是人与人之间的面对面交流"(古蒂和瓦特,页 28 – 29)。

和惩罚的合集——的概念。然而,这些只是发展中的社会在制定特殊语句——用来指导、控制和纠正——这一必然经历中所产生的最终产品。我们称这些为命令,虽然它们在影响和重要性上不尽相同,但都有着关于什么才是应当做的明确声明。本质上来讲,它们阐述了会被应用和被重复使用的社会信息;从历史角度来说,它对群体的相关重要性会根据时间的跨度有所变化,在这期间,命令也被寄期望于是有效的。[23]因此,它们可以在上升的持续性秩序中被有意义地归类。

由政府权威发布的谕旨(为方便起见,用了一个很古老的词汇)本质上是一种“公告”——这词语在词源上忠于最初过程的口语形态——为战争征税、宣布和平条约、征税等。它想要产生的效果是暂时的,只会持续几天、几周或几个月。因此,人们的记忆也相应地是短暂的。但在口语社会中必定有残留记忆。接下来就会有社会机制产生的判决,不管这种机制是什么,它都管制着合同关系、结婚、离婚、继承、偷盗和谋杀等。由于它们的有效性,这些判决依赖于准确措辞的保存,不管这些措辞多么简单;在一个口语社会中,这种保存要得以保障,得避免个人意愿的变幻莫测或现场听众不好的记忆力,这些听众也就是见证誓约和听取誓言交换的见证人。只要产生这些誓约的情形还存在,所需的效果也会与之同在。解决婚姻合同的誓言交换功能不像上诉法院的功能,也就是说,当双方离婚或死亡后,婚约需要被人记住。这对管理群体之间关系的条约是一样的,战争会让关系改变或变得严峻。家族谱系——另一种确定身份或特权要求的明确声明形式,它们历经几代人后为重复使用而形成了命令——在不经改变的情况下,不太可能在经过四次或五次这种失效的情况下会存活下来。家族联系和连续性总是流动的;在尚无文字的社会中,口传家谱被抛弃,新的形式被恢复。《旧约》中详尽的谱系法则的确是法则,是文字时期技艺的产品,而不是鲜活的口语记忆。

尽管这些可能是短暂的,但普遍观点认为,它们依赖于或大体上说受限于第二套命令,这种命令有更长的寿命和更广泛的有效性。据说它们支持和保证了社会行为的基础。从某个群体在描述特别过程时带有某种精确性这一角度来说,它们是具有技术的:某些人会描述群体崇拜的神和他们的特征,并且尤其是描绘这种崇拜要求的宗教仪式,在一个受过教育的人眼中,这种行为保存了称之为团体"信仰"的东西。这同样适用于某些技艺:如果农业是实践性的,那么日历就支配着农业;星座图也是一个例子,如果导航是实践性的,星座图也影响导航。

[24]除此之外,人为语言也要求它本身具有技艺,并且社会也可能将社会中词汇和俗语的形成这一语言学任务交付给专家。如果将所有这些都教给整个群体,后者在保存这方面就变成了合伙人;如果这些被秘密贮藏,群体就会对权威发布的命令遵守顺从。

法律(nomos)和习俗(ethos)

不管政府形式如何,有一种文化知识在一个口语社会中必须是共有的。我们可以将之描述为习惯法的普遍觉醒,它不是具体的法令,而是一套行为准则或者描述个人和社会行为得体性的言论。用拉丁词来说,这些得体性构成了社会道德观念;在希腊语中,我们通常将之等同于单词 nomos 和 ethos 以及其复数 nomoi 和 ethe:习惯法、民俗,也就是人们的生活习惯。有趣的一点是,词源学上来讲,这些词的最初用法象征的不是原则或信仰,而是当地的人类活动,nomos 指人们在分配的或受到管理的土地上的活动,ethos 指人们在一个居住地或常住地的活动。这种灵感是行为主义的,而非哲学的、法律的或道德的。⑩

───────────

⑩ 这两个词在赫西俄德《神谱》行 66 中共同出现,是最早的示例(哈夫洛克《柏拉图绪论》,页 62):奥斯特瓦尔德(Ostwald)认为后一种用法在有文字的情况下才出现;同样参照他在 9 – 10 页与 21 页的评论和注释。

这一系列的行为准则(它们的形成源于被写在了人为的语句中)代表了群体的共同意识,是一种关于什么是恰当、合宜以及得体的概念。这多少符合受过教育的人心中公正(equity)的概念,不管是法律的或道德的。它反映得更多的是社会中持久的得体性,而不是统治主体的特殊决定所要受限的框架。二者都代表了存在于储备中的知识形式,但有效性时间不同。在苏格兰,口语交流的形式比欧洲其他地方残留较久,直到 7 世纪早期,这两种语言形式仍并行不悖地在使用:

> 巴伦法院(Baron Court)的制度作为一种实现合作的办法,补充了对传统的遵循。它有两个功能。一方面,法院就成了地主财产——通常包括很多农场——的租借者经常聚集并解释风俗的地方。另一方面,它是地主个人的审判法庭,地主可以对社会施加自己的影响力,迫使佃户交租以及为他提供的服务索要报偿,[25]并且惩罚农民针对他或针对群体犯下的罪行。一些小的法院大楼仍然残留了下来,在法夫(Fife)的科瑞斯(Ceres),某一个法院门上雕刻的箴言还未脱落:上帝保佑正义。[11]

最终,任何社会都想要保存某类历史。这对一个有教育的社会来说显然是正确的,尤其是他们采取了带有野心的民族 - 国家(nation - state)形式,这种形式要求爱国情感和表现,并且这种野心得由预设的已过去的历史验证。但似乎野心也同样将自己附加在了无文字时期的共同体中。或许它的心理基础可能只是通过将群体与它生存的环境相联系,达到宣称和保护文化群体认同的必要性。宇宙景象似乎穿上了永恒的外衣,它是永生的,同样无处不在。既然人类不想死——不管由于何种神秘的进化论——他们便会宣称

---

⑪　斯莫特(Smout),页 115。

群体与永恒的事物有某种联系,进而寻找永恒。因此,口语的历史
会通过以下形式来叙述群体的成就:战胜其他群体的胜利、勇敢的
技艺或勇气等,除此之外,它会首先将群体与其祖先联系在一起,然
后将群体与创造祖先的神明联系在一起。因为神明们世代相传,代
表着从一开始就产生的宇宙。他们创造了群体并统辖着它的成就。
用文雅的词语来说,我们倾向于将这种保存下来的表达称作民族史
诗(national epic),但它们的功能和起源比这种描述表明的含义要
更为普遍。

　　总的来说,在有学识的人眼里,以智慧或历史的形式保存下来
的知识表面上是"宗教的"。整个知识的世俗部分与技艺不得不在
语言准则中保存下来,这些语言准则以仪式化的形式被记忆下来,
并且,在重新演绎的时候也会以仪式化的形式展现出来。站在群体
历史之上的神明们统辖着所有的知识。他们鉴定知识。他们代表
的与其说是一种信仰的载体,不如说是一种身份。

有韵律的记忆

　　口语文化要求的全部特殊语句在语言句法或"人类语法"中,
可以被视为代表了第二层级的储存行为附加在了最初的层级上。
当然,在这第二个层级上,保存的规则作为一种管制行为的控制,它
们独自就会让存储有效,它们也会继续要求语句具有稳定性,这样,
语句可以在免受随意改变或错误记忆的情况下流传下来。[26]但
如今,这种规定不得不超越词语连接中的普遍得体性;在精确的陈
述中,这种规定必须要求语句中的单词以及它们的句法关系都保持
不变。如今,特殊语句也被如此要求,但它本身就可以在不用更改
的情况下流传下来。

　　我们会对口语文化提出这样一个问题:当语言被口口相传、在
记忆与记忆中传递时,在语词间的联系不会被改变次序的情况下,

你有某种像当今世界中的文献那样可以确保一系列语词在口语记忆中被保存下来的工具、并且它会保存被选语词中独特的句法，而不是语言的普遍句法吗？答案是：有，有种办法可以办到：用有韵律的顺序排列语词，这种顺序不依赖于语词本身，但语词又会在听觉上对这种韵律顺序做出回应。嘴已经学会了使说话音调符合语言规则的语法，它一定也学会了如此选择这些音调的更多技能，以至于它们不仅可以"说得通"，而且会在说话者和听者那里形成某种音乐，这种音乐会受到不断重复的韵律乐段支配。当然，对这类"音乐"的回忆需要记忆，但回忆的举动相对来说容易，因为韵律是重复的；那就是它们的精华所在；它们可以规定一种拼写，一种必要语句的语词可以适应的标准化符号，因此，一旦被这样发音，就产生了韵律。一旦语词被这样放置，相对来说，它们就会免疫于随意的改变或不完善的回忆，因为它们的次序已不能被改变。

追随这种韵律风格的保存会融入一种新的记忆，[12]这在学习语言规则能力之外。这种次级的能力是否会像语言那样被基因般地编码？或者它是否只是一种人类为自身开发的能力，即认知的能力？这还是个未解决的问题。我们阅读识字的习惯似乎妨碍了口语记忆和背诵的习惯，这一事实可能意味着支持第二种选择：人类为自身学习，同样可以为自身而忘掉和抛弃习得之物。

方言无能力施行这种必需的任务，这可以通过简单的设计得到测验：A 编造的信息传播给 D，信息被首次记录下来，文本被放置一旁。另一方面，A 将信息叙述给 B，B 叙述给 C，C 叙述给 D，然后 D 将他理解的被告知的信息写下来。[27]例如，原版可能是这样的："如果你想要去农主家，你要走到最远的那棵榆树下，然后往左转，朝太阳落下的方向走，当你可以看到一个谷仓的屋顶时，你就快到了。"将两个书写的版本对比时，二者并不相同，甚至偶尔会有巨大

---

⑫ 这样就会为口语历史提供某种稳定性，削弱了雅各比（Jacoby, *Atthis*）的消极悲观看法，他认为只有文字记录的稳定性才是可依赖的。

分歧,这通常都因某个相关的宾语被其他词代替、语法被简化或被复杂化造成。因此产生了另一种版本:"要到农场去,走过那块地边缘的榆树,然后朝西走,你就会看到谷仓。"有时,听者生动的想象力会用新的信息修饰陈述,比如"跨过那块地旁边的沟渠"或者"看到谷仓屋顶的顶端"。

但在有韵律的语言中,保存的问题得到了解决,我们可以在最简单层次的童谣里发现这一点。比如,"唱一首六便士(sixpence)之歌,口袋里装满黑麦(rye)"。这首熟悉小调的韵律阐明了存储语言的第一和第二层级,也阐述了语言得体性和韵律规则的第一和第二层级。语言的得体禁止女王而不是女仆来晾晒衣服,尽管韵律上允许这样。它禁止画眉(blackbirds)在猪圈里(sty)而不是在馅饼(pie)里或是在被用来做饭的容器里烘烤。它要求国王面前的一道菜必须有讲究或伴有相同赞美的形容词。但与韵律一起的头韵、谐音和其他韵律的变种,就可以确保那首歌唱的是"六便士"(sixpence)而不是"十便士"(tenpence);确保"黑麦"(rye)与"馅饼"(pie)形成韵律,确保"烘烤"(baked)的宾语是"画眉"(blackbirds),确保从国王到王后到女仆的降序叙述,确保王后吃的是"蜂蜜"(honey)而不是鱼子酱(caviar)等等。

谚语

韵律只是节奏的一种。节奏的组成原则比韵律更为广泛。在声音的层次上,谐音、头韵等可以创造节奏;[13]在涵义的层次上,言辞中的平行、对偶以及诸如交错等更为简单的语言特征可以产生节奏。当然,很多这些词汇只有在文字的框架内,即在被书写时才能

---

[13]　贝耶:《荷马式战争的叙述和名录》(Beye, *Homeric Battle Narrative and Catalogues*)广泛地处理了声学的联系。

修饰语言或语词。但当我们谈到"谚语"时,我们会选择诸如荷马"飞翔的话语"这种词汇,而不是适宜地描述保存的口语语言的最初形式,因为"谚语"表明了某些词语的重复,尤其是用来表达智慧含义的词语。[28]我们恰好可以从箴言合集之中引用一例,即《旧约》中的《箴言》:

> 我儿,要听你父亲的训诲,
> 不可离弃你母亲的法则,
> 因为这要作你头上的华冠,
> 你项上的金链。

韵律的设计在听觉的层级上可以帮助语句的记忆,至于它的存在价值,只能从原版中被恰当地观察到。即使英语翻译也产生了平衡、平行以及对比的体系,这在主旋律的层级上又构成了谚语的整个节奏。情感以成对的形式出现:首两句列出了两个指令,提到了两个对比形象,父亲和母亲,同时又运用了父亲和儿子与训诲和法则之间的对照;后两句提到了与之前的指令相连的两个平行陈述,是对前两句的评价,并且在相同的平行和对偶的帮助下合成一体。

尽管大量诸如《箴言》的谚语不可能在没有碑铭的情况下保存下来,但《箴言》的组成部分是根据口语原则而形成框架的。在谚语中,韵律的安排至关重要,它自身是完整的且不允许延伸。谚语与口语才能无关,因此可以这样说,像寓言、神话和仪式性的祭祀(incantation)一样,谚语很长。通常,尤其是对神话而言,现在文字文化中流通的谚语版本自身就是文字释义的产物,只是在释义中,一些原来的韵律元素被抑制了。比如,这一点对于伊索寓言(the fables of Aesop)可能是真的,尽管它的原型可能是埃及人,当这些寓言在希腊可得时,未受过教育的希腊人应该曾把它们镌刻下来,因此,希腊人应该在早期就获得了散文叙述的形式。但即使是散文,神话和寓言所坚持的词干韵律,也提醒我们在口语文化中它们的起源以及作用。我们也不能忘掉谦卑的童谣,它们在自己独特的标准中可以保持一种单独的产生记忆的叙述语句。儿童欣然背诵这种言辞的形式表明童谣可能在远古时期韵律的控制下就已经是一种训练的模式。因此,儿童[29]习惯于通过听觉来记忆,等同于阅读中的口语指导。所以儿童倾向于沉溺在无意义的语言中,这种语言因其正确的价值观而被选为一种记忆。尽管在一些残存的希腊文献中发现了童谣的广泛使用,但就文化记录而言,童谣出现的时间不算长。就其长度以及内容而言,童谣与扩展后的谚语有些相似。它可以被看作是为记忆所做的更为有意义以及长时间的准备,这种努力在之后使得大脑的能力变得更为有效地被调动起来。

事实上,所有这些保存下来的语言形式的韵律,不管是听觉韵律还是词干韵律,都是自我限制的,这一事实限制了它们可以叙述的内容。神话、寓言或童谣的韵律停滞了。如果不这样,其独特的韵律就会被毁。它们不允许长语句,也不允许开放式的结局。

史诗

当文化发展到想要将传统合并到可记忆的语言中的阶段时,它当然希望语言采取一种长语句的陈述形式,一种前后有联系的报告形式,这种形式会获取注意力,并形成一种文化意识可以聚集的口语网络。谚语或寓言可以为一个民族的意识提供线索,但不是那种文化意识的关键。为了使语句扩展,必须发明一种可扩展的韵律,将语句简化并形式化、同时将语句转化成一种反复的韵律就可以办到这一点,这种反复的韵律就产生了被称为具有同等音律(acoustic)长度的一系列谚语,在这扩展的过程中,它们一句接一句出现。口语记忆经由这种方法就可以回忆起顺序,并且因此掌握教诲的全部内容。有人认为这就是史诗的起源,因为它存在于所有口语文化中。⑭ 它的产生不是对艺术冲动而是对实用需要的一种回应。在文化信息处于口语储存阶段时,它促成了重新使用文化信息的大量努力。

口语韵律可以被安排成不同形式,并且在不同的层次上具有规律性和复杂性。我们将其常用的形式视为诗歌,它利用方言的散文形式达到自己的特殊目的。既然我们倾向于视这种目的为外来的且深奥的,我们就的确破坏了其重要的本质。假如诗歌在雅典人眼中被理解为一种人工发明、一种口语技术,那么不可否认的是,它的确是一种艺术。[30]但对语言的诗性处理首先不是来自外来灵感或个人天赋,而是人类在稳定保存社会有机体的过程中一种实用需要。⑮ 在整个人类文化的历史背景中,诗歌被看作口语储存的一种机制。在识字的条件下,文献利用文字科技资源保存重要的语句,诗歌原有的作用就丧失了。被剥夺了服务社会的功能后,诗歌可以自由探索和表达深奥之义、非典型之事以及个人的发展。几个世纪以来,这道理只有一部分是正确的。欧洲的伟大史诗,例如《神曲》和《失乐园》,在创作时仍然考虑了以口语形式为目的。它们代表了口语形态与完全单调乏味的文献读写之间的中途驿站。

人为语言的飞地(enclave)

在严格的无文字文化中,从封闭的谚语(通过仪式化的赞歌)到长一点的神话,到更长的史诗,存储都覆盖了这些领域。很显然,长度的延长将越来越提高对大脑能力的需求,我将会在下一章谈到这个问题。但是,我们可以概括并认为口语文化将会发现自己建立

---

⑭　同样参照后记注释 7。

⑮　口语诗人必须"强调他所处社会中的道德":巴肯(David Buchan),页171。

在简明的、指令性的或描述性的存储信息之上,后者在除方言以外的一种有节奏的语言中被表达,并且可以被认为是存在于方言中的一种人为语言飞地。它的词汇与方言对话相比可能在某种程度上被专业化,但不管这种专业化是古老的残留或人为发明的结果,都会增强语句的节奏。对这种语言飞地而言,口语社会将委托社会中的律法和道德、风俗和"价值"的公开表述由一种清晰流畅的而非令人误解的词汇来表达。当方言的句法背叛群体行为的得体性时,语言飞地会记住它们的重要性;它会描述得体性被违反时发生了什么;它会警告和提醒;总之,它会在语言中激发团体的身份意识。

我曾指出,要发明一种特殊的语言必须要有一定程度的技艺,而这种技艺要求专业人员的贡献。考虑到人类才能的多样性,这种记忆可能会成为一种专门职责(province)。更确切地说,专业人员会提供典范和生活艺术的模式,民众用耳朵来记住它们,并在不同程度上进行模仿。用现代的话来说,牧师、游吟诗人、先知和圣人定义了不同专业人员的类型。[31]他们可以被认为最初代表了一种常见技艺的不同方面,技艺的使用给与了这类专业人员在口语社会中的权力。应当注意的是,由于文字技艺的开始,崇拜的礼制被合并到文献惯用语中,即礼拜仪式、咒语等等,它们有可能被贮藏于不同程度的神圣性中,这也就意味着保密。因此,在文字－技艺的社会中,比如所罗门统治时期之后的犹太社会,牧师权力的增加就以游吟诗人和先知的减少为代价。牧师已经获取了抄写员的职能。在纯粹的口语社会中,牧师的神圣职责和游吟诗人的世俗化功能是被正式分开的,这种想象是否现实很值得怀疑。

飞地的管理

在共同体中,这类专业人员的共同职责和荣耀依赖于他们对包含在诗歌中信息的掌控,他们的技艺使得这种信息可以在一代代中得到传播。他们是"权威",但同样,在缺乏文献的情况下,对这种权威的接受依赖于他们的歌曲、赞美诗、咒语、史诗和舞蹈被总体传达给民众以及个人的记忆保持的程度。这会要求听众持续的参与,以确保整个人为语言的口语飞地的安全传播。当文字－技艺垄断文献并允许从业人员控制在其他地方不可获得的神圣著作的解释时,情况就改变了。在语言学的意义上说,所有口语社会都不得不是功能化的"民主",如果那种程度的误用是允许的话。

口语社会中,如果将诗人与牧师和先知区别开来是错误的,那么将诗人仅仅看作单纯的艺人也是错误的。当然,娱乐是表演的目的之一,我在下一章还会谈到这个问题,但娱乐属于以吟诵保存语句为身份的表演者的功能。在吟诵诗歌和史诗、并伴有舞蹈的节日里,其神圣性与在神龛前的仪式化歌唱的神圣性相同,它也不具有娱乐性。当我们接触无文字时期的诗歌时,我们必须放弃现代文化意义中诗歌仅仅是审美价值的表达这种概念。库克对管理歌曲、吟诵、[32]舞蹈和仪式的塔希提专业人员的印象,前文已经提到。尽管库克不知道那种语言,但他开始意识到语言的存在,尤其是人为语言。院落(marae)——包括了院落和圣坛的由珊瑚石构成的家庭建筑结构,被圣树包围——被"一位牧师管理,他的祈祷语言神秘莫测"。但真的是那样吗?祈祷语的韵律结构和功能目的本质上与首领在庆祝"节庆日和公共大事件"时所安排的模仿、跳舞、吟诵和歌唱这些表演中的韵律结构和功能目的完全不同吗?[16]库克是受过文化教育之人,这类表演在文化中只是娱乐,因此,他将首领视为"云游艺人"(strolling palyers),却没理解他们真正的社会作用。[17]

苏格兰社会在封建时期以前的组织方式以及历史背景非常不

---

[16] 比格尔霍尔,页175;另参页541－544。
[17] 芬利(Moses Finley)也没注意到这一点,页38－39。

同,它已经毗邻欧洲文化,但它仍然为了法律和社会监视的目的而利用飞地语言的资源:

> 在大卫(David)统治之前,我们对苏格兰的原住民组织知之甚少,但凯尔特社会明显是部族化的,它基于一种每个自由人及其部族首领之间真实的或虚构的亲属关系。显然,部落占领了国家不同的地区,已经在部落与部落间达到每个人都占有土地的阶段,部落在不同的社会阶层中组织起来(英国和苏格兰的法律提到伯爵、乡绅、自由民和无赖)并拥有不同的部族法律,法律靠部族当中的智者记忆,他们再不加修改地将法律传给子孙后代。如果去设想在这样的安排中会存在简单明了或一致统一,那就大错特错了——原始社会通常是一个复杂的社会,社会混乱可能是诺曼国王们想要引入严格的和整齐划一的封建主义的原因之一。⑱

这种惯用语由父亲传给儿子,这一点又提出了一个更大的问题:口语社会已经准备好将带有韵律言语的任何规则教授给儿童和青少年了吗? 此处,我们应该区分在专业人员的家庭内传播的专门信息与被看作是为整个社会而组成的一种普遍教育计划的信息。在塔希提岛观察到的行为似乎解释了民众与专业人员之间某种程度上的合作,专业人员在听众面前表演并且持续地吟诵,听众观看并聆听,可能还会参与其中。持续表演的影响可能会在民众中[33]散播一种人为语言的记忆。因此,口语智慧因为简单地重复吟诵在一代又一代中传播开来。

---

⑱　斯莫特,页22,相比之下,他在其他地方(页137 – 138)指出了在接近16世纪末期,"法律如何依赖于并不考虑不成文传统的罗马原则"。但直到1693年,一位苏格兰首领可以"因废弃自己的高地故乡以及解散他的诗人和音乐家而被游吟诗人控诉"(页315)。

荷马史诗中有个段落可能反映了一个更有条理地保证延续传统的方法。安德洛玛珂在丈夫赫克托尔死后,悲叹儿子未来的命运,用以下话语描述了儿子成为孤儿后的惨景(《伊利亚特》22.490-499):

> 无依无靠的孤儿不会有玩耍的伙伴;
> 他将终日垂头伤心,以泪洗面。
> 贫困迫使年幼的他去找父辈挚友,
> 掇掇这人的外袍,扯扯那人的衣衫。
> 直到引起人们的怜悯,把酒杯传给他;
> 也只沾沾唇沿,仍是舌燥口干。
> 一个父母双全的孩子会把他推开,
> 横暴地对他拳脚相加,肆意欺凌。
> "快滚开,你又没有父亲在这里宴饮。"
> 孩子只好哭着回来找他的寡母。

当这种习俗被废弃后,这一段落被认为是不恰当的离题,并被加上了疑问号加以标注。[19] 但我们可以看出这个段落在某个瞬间掀开了一层面纱,这层面纱通常遮盖了在口语社会中教育孩童的做法。男童会加入父亲被分配的餐桌上,同父辈一起共享食物(希腊语在使用"同伴"[associates]一词时也意味着"餐友"[messmates])。父亲的出现就确保了孩子参加的权利。为什么参与其中对孩子来说很重要?这一段只提到了食物和饮料,但他可以从母亲那儿得到这些。然而,这样的宴会同样是吟诵颂词、歌曲和史诗叙述的音乐表演场合。[20] 这种做法贯穿了希腊历史,但在之后

---

[19] 阿里斯塔库斯(Aristarchus)曾标注了一部分,但当代编辑者则大段大段地标注(比如 Leaf 的版本)。这是故事中插入的"修辞储存"(之后的第六章)的一个例子。

[20] 正如《奥德赛》9.5-11 中描述的场景。

以及有文字的情况下,其特征有所改变。记忆中的音乐吟诵被书呆子气的引用代替,正如在《晚宴上的教授们》(*The Professors at Dinner*)一书中,由公元二世纪某位学者所做,其本意是描述某个这种场合中有学问的谈话。识字能力已经消除了年轻一代出现在餐桌上的必要性,因为他们可以在学校里学到这些。但在口语文化中,男孩在餐桌上聆听父母的庆祝,他们自己也掌握了一定程度的人为演讲的技巧。[34]在这样的社会背景中,在私人导师的帮助下,像阿喀琉斯这样的英雄自己会学会唱诵英雄事迹的艺术。学到了这些,他同样就学会了如何成为一名"演说家"以及"务实之人"。大约公元前430年,阿里斯托芬写了一部名为《宴饮者》(*The Banqueters*)的喜剧,描述了餐桌上的父亲们和儿子们。这种习俗在当时仍然存在,或者还未被剧作家因其喜剧目的而被用尽。在美国小城镇,有一种男性友谊社会的项目,"父亲和儿子"的宴会形式也在其中,这可能反映了对这种联谊类型的同样需求。

社会得体性对抗个人道德

我已为支撑了口语文化的人为语言飞地赋予了特征,为了叙述这个问题,可以再增加两个注脚。道德(ethos)和法律(nomos)准确的内涵是什么?这种行为规则为了存活,必须在可存活的语言中被表述,而这种语言依赖于记忆。但为此目的的人类记忆的极限是有限度的,即使与记忆靠文字的限度相比,它的限度更为广泛。与无数文献资源相比,韵律言辞的飞地也受限于语句的数量和多变性。需要被记住的习惯性模式会相应地简练,并由在运用上受限的能力来补充,这样就会对情形产生可能的回应,因为这些习惯性模式在语言中的表达与文字文化和反射性存储文化相比,多样化、古怪和个人主义要更少。

因此,习惯性模式带着强烈的传统印记,不愿意创新,对改革主义者或推理的审问持敌视态度。这种行为最初的道德品质是什么？它存在于任何会辨认得体性、合礼性以及适当性的措辞中。品行端正的行为在于它在周边环境下是合适的并且它会显得如此突出，因为它仅仅指出了依附于被整个团体含蓄接受的一种规则，并且它也不可能因条件变化而改变。

我们可以贴切地以某位美国政治家为例，他的成长环境使他通常与他的口语天赋和文化有着密切的联系。亚伯拉罕·林肯的一些演讲一直被公认为尤其适用于某些正式场合的记忆和背诵。这是因为语言节奏采用了[35]呼应的重复、平行、谐音和平衡对比，这反映了英语语言声学和谐（acoustic harmony）的规则，还因为演讲的内容通常反映了那时美国社会的基本价值观。这种道德和法律虽然不完全是，但在很大程度上是依据《圣经》的；这也往往是口语理解的问题。

因此，注意到他的葛底斯堡演说也与这点相关，这是这类艺术一个显著的例子，包括了规范的术语在描述演讲场合的得体性："我们来到这里，是要把这个战场上的一部分土地，作为在此为使这个国家能够生存下去而献出了自己生命的人的安息之所。我们这样做是完全应该而且是非常恰当的。"

在他第二次就职演说上，同样的强调再次出现：

> 同胞们：在这第二次宣誓就任总统职位时，我不必像第一次那样发表长篇演说了。那时，对任期内的方针作出比较详尽的说明似乎是恰当且适宜的。现在，4 年任期已满，在这期间，对于这场仍然吸引着全国的注意力，且占用了全民精力的巨大斗争的每个要点和方面，公告会持续发布，因此在这里我没有什么新情况可以汇报……居然有人敢要求公正的上帝帮助他们从别人脸上的汗水中榨取面包，这看起来似乎不可思议……"因为罪过，这世界有难了；因为罪过不可避免，但让那带来罪过的人去受罪[引自《圣经》]"……信仰上帝的信徒们把神性

归于永存的上帝,我们能从中看出任何有悖于神的地方吗?

　　演讲的理论背景是犹太－基督教,在那种背景下是文雅达理的,但其深层次的感情是:侵犯行为已强加于一种规范秩序之上,这是不体面、不合时宜且非传统的,治疗这种问题的方法在于回归得体性,在于回应无文字时期人类内心深处的本能。

　　如果这是口语社会中决定道德行为的压倒性规则,那么,口语社会除了在一个稳定和谐的特定文化中保存一系列特定的行为模式外,它没有能力设想出除公共道德以外的个人道德,或者它确实根本无法理解正式意义上的道德观念。这就是口语记忆能够在文化当中运用的程度;记忆会排除古怪行为和想象的问题。理查德(I. A. Richards)讲述了他在北京口述哈代(Hardy)《德伯家的苔丝》(*Tess of D' Urbervilles*)中的高潮部分时发生的一件事:[36]"学生听到黑旗升了起来,意味着苔丝已经吊死,他们不约而同地鼓掌叫好,这是演讲中唯一一次掌声。当被问及为何他们会有如此奇怪的反应时,他们的礼仪(protocols)揭露了答案:苔丝是个不孝的女儿,她没有给父亲应有的尊重。中国人希望她受罚,托马斯·哈代,这位伟大的作家,看到了她的应得之果:吊死。"㉑在这个例子中,尽管理查德的课有"四十位认真积极且聪明伶俐的中国学生",但他确实遇到了一种文化反应,这种文化习惯于接受由任何现存法律制度施行的得体性。

口语伦理的实用性

　　但这一关于口语"道德"的真理包含了令我们困惑的悖论。行为模式紧密相连,基本准则、人类情感,更不用说神话和包含了智慧的故事,都会毫不犹豫地在它们的惯用语和情节中颂扬大部分不同

　　㉑　理查兹:《阅读的前景》*The Future of Reading*,页5。

类型的行为。调解与挑衅、满足与贪婪、勇气与谨慎、前进与后退，负责任的行动与自私的撤退、骄傲或谦卑、蔑视或服从，它们都可能在格言、箴言以及具有扑朔迷离的缺乏道德一致性的传统事例中找到支持者，这相当不同于《圣经·箴言》中更为一致的虔诚。但现实似乎是，没有了成文演讲——会按照固定原则来安排词汇——的帮助，口语智慧会更为自由地根据情况出现时的需要不同而表达不同的实用性态度：它可以指出日常生活中的矛盾。在人类社会中，不稳定性持续与稳定性抗争，人类之间的关系容许变动，他们要求不断地临时调整，这一过程是在全部依附群体认同和稳定的模式中持续进行的。口语伦理会承认这一点：在整个保守的得体性领域中，公认存在的不是某一行为的某个单一原则，而是实用的、经验性的以及可表现出矛盾的保存语句中反映的许多原则。当人类学家无意中发现一小部分无文字时期的文化——并且这种偶遇的重要性不能被高估——文化审查从其自身的道德立场来看，可能会看到似乎是令人疑惑的、奇怪的甚至是违法的事件。正是这些[37]不符常规的发现可能包含了所遇到的这一文化特征的重要线索。

所有这些都意味着口语文化无关乎伦理，并且不能由道德或道德原则指引和防卫？客观的判断是，目前为止我们观察到的他们的社会和个人行为并不比当下这个世纪的社会和个人行为更为友好或残酷、合作或分裂。我们可以说，口语社会无关乎被系统阐述的、可以判断生活中常见矛盾的原则。㉒ 如果我们愿意用概念化且长期使用的"正义"一词来辨认现代道德中变动的原理，我们就必须允许社会只依赖于口语储存，因为社会在没有口语储存的情况下也会良好运转。但社会仍然会意识到一种不同的、优先排序的正义吗？这种正义作为一种在行动中表现出来的得体性规则让人辨认出来，并且人们会辨别出来它是程序（procedure）——与不同的结果合作来维持整个社会的稳定性——而不是原理（principle）。

㉒ 雷丁（Radin）表达了相反的观点。

第三章　韵律记忆的心理

[38]口语教诲只有保存在不会改变的语句中才会恒久不变，要做到这一点，可以将措辞放置在语词保持了既定顺序的韵律模式中。到现在为止还没问题。但如何说服记忆保存这种韵律顺序呢？有人可能会说，语词在诗歌韵律的安排中帮助了口语记忆。这一点毫无疑问。但言辞记忆是一件非常难的事。说话的时候，我们还是喜欢用方言表达对当下情形的瞬时反应。这种活泼的交谈，我们最容易纵情其中。因为它最不消耗脑力，或许总是如此。如何说服大脑代替这种方言习惯？代替这种人为语言飞地的记忆？

有韵律的催眠

语词在既定顺序中的韵律发音本身是不够的。还有其他韵律概念的根本资源可以利用。在韵律被运用于文化时的最初表现中，它产生于人类身体可以运动的部分。一定的空气量被压缩在人类喉咙中，被压制或被释放以帮助我们发音说话。但这种能量并不只用于[39]这一目的。它可以被发声器官有节奏的活动所控制，这样就产生了纯粹的旋律，也就是一种韵律的声觉运作。运动的同时，手臂和腿可以被调动起来制造有节奏的、与声音协调的动作，不管这一结果被认为是一种手势或者是一种舞蹈。① 这样的运动在物质器械的辅助下,再加上手或嘴,一种新的声音就在有节奏的秩序中产生:打击物体表面,如鼓、铜钹或响板;弹拨或敲击拉伸的绳子,如里拉、竖琴和琵琶;用嘴里压缩的空气或对芦笛或管乐器吹气。在我们人类发明的所有工具中,这些是最不重要的。②

有理由认为,未经训练的大脑比语词自带的语词模式更容易记住这类节奏。因此,与言辞一致的节奏出现时,节奏挨着节奏,它们就有帮助记忆语词和强化回忆语词的效果。似乎所有无文字时期的文化都采取了这种办法来帮助它们存储必要的信息。③

---

① 在希腊人眼中,二者的结合可以由词语 cheironomia(Lawler,页 12)表示。费顿(Fitton)的演讲"希腊之舞"("Greek Dance",在其去世后出版)是对以下两者创造性的重构:希腊舞蹈的身体运动与它在诗性文化中扮演的角色,但我描述的他们的助忆功能并未被注意到。

② 最近在乌克兰 Chternigov 的考古发现猛犸象的骨头在旧石器时代被用作打击乐器(Bibikov)。

③ 打击乐器和吹奏乐器在无文字时期本身就可以传递强大的指令信息。美国种植园主人禁止击鼓,否则处死(黑人灵歌成了爱好和平的代替品)。弗朗哥管制下的巴斯克地区,不仅是牧师会因为布道被逮捕,"演奏 chiustu(一种像笛子的乐器)的民众也会因为发出了破坏性的信号而被控告"(《纽约时报》,1975 年 2 月 25 日),这可能使柏拉图要审查音乐这一点更为明晰。音乐从属于口语语句,倾向于保持独唱的形式。约翰逊的《音乐与社会》(Johnson, *Munic and Society*)为二者在苏格兰复杂的历史关系提供了视角。泰德洛克(Tedlock)的"走向口语诗歌"(Towards an Oral Poetics)同样如此,只是不那么令人满意(后记注释 13)。有可能希腊人专注的长短步音律(牛顿"韵律与重音"[Newton"Meter and Stress"])为口语记忆提供了较好的技术帮助,因此就扩大了其内容——即早期希腊"文化"的内容。这些韵律反过来又与吹奏乐器(在更轻微的程度上?)和弦乐器,而不是打击乐器一致。在帕里得出结论的三十年前,巴尔托克(Béla Bartok)在巴尔干半岛和中欧就开始收集和记录"口头音乐",他认为这是国家文化的基础,表现出了农业社会时期"内在的淳朴"(巴尔托克:《文选》[*Essays*])。关于鼓乐,参看 Ong:《谈论鼓的非洲人》(*African Talking Drums*)。

为什么这种节奏更容易让人记住？常识的回答是，我们在创造韵律中得到了快乐；人类对有规则的节奏有种爱好，这种爱好似乎反映了某种程序存在于我们的基因中。如果自然选择的压力的确已经指向了这一点，为什么会有这种结果？节奏行为对人类而言拥有怎样优越的生存价值？似乎除了身体节奏帮助了语言——是信息之源，信息独自保证了人类实现的优越生存类型——的记忆以外，很难给出其他答案。不管这种推测的真相什么，不可争辩的是，生命必需的身体功能有着编码的乐趣来保证身体预备的表现；我们在欲望的指引下吃饭、睡觉、排泄以及繁殖。难道我们不应该同样承认我们对身体节奏的预备反应显露了同样的编码乐趣的因子吗？街上走过的鼓队和横笛乐队、观众等待的美好歌剧唱腔、吸引我们至舞池的爵士乐队、让人上瘾着魔的摇滚音乐会——所有这些都产生一种听者自己会发现无法抵挡的反应：值得注意的是，通常在有文化的社会中，[40]尤其是年轻人和半文盲，他们对这些表演的反应可以变成一种本能。这种节奏的乐趣与身体功能的节奏乐趣判然有别，或许前者的特别之处在于，乐趣的集聚要参加到群体活动中才能实现。因此，他们有能力使大量的意见机制运转起来，这在极端情况下可以导致歇斯底里。这一事实再次表明了这类特殊的编码乐趣已经被演化成服务人类交流的需要。

因此，跳舞、唱歌和乐器演奏需要一种瞬时反应，而语言自身却做不到，即使它也有韵律。将文化信息放置在记忆中这一艰难的任务，无文字社会纵情于将两种节奏结合在一起：一种是歌曲、舞蹈和乐器的节奏，另一种是人为语句的节奏。因此，可以支持传统并让传统有效的记忆行为已经被转变为屈从一种魔力，④在这种几乎催眠的效果下，它可以将必需的教诲信息雕刻于记忆中。

新古典主义时期，诗人们的熏陶来自一种遗产，它书写于并保

---

④　关于早期古希腊作家常用的注释，比如《奥德赛》17. 518 – 520，《神谱》98 – 103；另参哈夫洛克：《柏拉图绪论》，页 152 – 155。

存于印刷作品中,这些诗人并未处在欣赏这一事实的心理基础上。德莱顿(Dryden)和蒲柏(Pope)的散文就是高度的文化现象,可以理解的是,反对这一事实的华兹华斯(Wordsworth)偏爱于诗歌返回到方言的简朴中。处于这种承诺中的他背弃了诗歌陈述的传统来源,幸运的是,他并未始终如一地贯彻他的教义。准确地唤醒了最初的力量和保存语词拥有的能力被恰当地保留在浪漫派诗人最浪漫的诗歌里:

> 请把我枯死的思想向世界吹落,
> 让它像枯叶一样促成新的生命!
> 哦,请听从这一篇符咒似的诗歌,
> 就把我的话语,像是灰烬和火星,
> 从还未熄灭的炉火中向人间播散。
> 让预言的喇叭通过我的嘴唇
> 把昏睡的大地唤醒吧! 西风啊,
> 如果冬天来了,春天还会远吗?⑤

在之前提到的塔希提岛上,库克船长遇到了一个专业群体,歌者、舞者、演员和音乐家的高度组织化飞地,他们服务于社会,社会也尊敬他们。对库克而言,[41]他们只不过是"云游艺人";但对当地人来说,他们是智慧、历史、神话和法律的守护者。这是两种文化代表之间的古典冲突,一种是无文字时期文化,另一种是文字文化。后者如何理解前者依赖于节奏所有形式的使用来确保传统、社会道德和文化认同的延续性? 在与文字文化接触了两个世纪以后,波利尼西亚(Polynesia)的大部分地区正在失去或已经失去了了解其口语历史的线索,因为这种需求消失了。但直到最近,当代探险者在非洲文化中遇到了同样的现象。比如在冈比亚(Gambia),"在非洲

---

⑤ [译按]参查良铮译文。

大部分的部落生活中,口语历史学家承担着维持部落和宗教年谱的职责,大部分情况下……他同样会被称为表演者、宣传者和使节。他朗诵时,"两个助手会用科拉(korahs,非洲的 21 弦琴,用两只拇指演奏)弹奏轻音乐……其他时候,他会自己用巴拉风(balafong,硬木制作的条状木琴)伴奏……有时,他会用竖起的手指、挑起的眉毛或满面的笑容来强调故事……一群男人和小孩……闭着眼睛听他讲,头也跟随着卡拉琴弹奏的音乐摆动"。⑥

叙事性句法

在无文字社会中,只有当音乐节奏和言辞之间有了密切的联系时,一种足以维持文化认同的传统才可以代代相传。基于这种特征的合伙关系和陈述的内容可能会产生怎样的影响?用当代歌剧为例,我们可以很容易得出以下结论,在这种情况下表达的言辞会比平常说话中通常使用的言辞更具有抒情性、戏剧性,更具感情和激情。但这未能理解潜在的或控制性的原则,它在口语文化中预示了保存语句的句法。当代歌剧是文字社会中的一种现象,它依赖于音乐和言辞之间的联系,这种联系要提供解释还太过肤浅。考虑到无文字社会的条件,在工作中发现简单的法则是可能的。所有形式的节奏,声音的、乐器的和舞蹈的,都融入了循环的、有规则的身体运动,并且这种运动是人类身体的器官运

---

⑥　约翰逊(Thomas A. Johnson)从巴瑟斯特发回的报告,《纽约时报》,1973 年 3 月 9 日。与荷马相比,这可能是最为原始的东西,直到某人在一个物质上更为"发达的"文化中劳作时发现类似的记忆规则,即使是残存的:"引起共鸣的诗行"介绍了"引言的和弦并宣告了《海克的故事》(*The Tale of the Heike*)的主题……现在的日本小学生仍然在学习这个故事"。——来自莫里斯(Ivan Morris)翻译的评论。

动。因为节奏要与表达的语词一致,因此节奏可能会诱使大脑
[42]选择描述了行为和举动的语词。这种语句使用的动词会被
看作是以行为或事情、行动或事件的形式来突出举措。这种动词
的主语因此就成了媒介或是被视为永恒的戏剧陈述的框架之中
的代理人和演员。在保存语词的戏剧中,代理人的举动会倾向于
被描述为好像他们在节奏的模式中得以表现,而不是根据当下杂
乱无章的活动来表现。保存语句内容的形成,就像其形式一样,
是由方言中的飞地创造的,这可能会倾向于代表方言活动中一种
特殊类型活动的飞地。

　　简而言之,在文化信息不得不被记忆的无文字文化中,表达信
息的语词可能表现出了一种喜欢叙述句法而不是分析句法的强烈
倾向。这种包含了信息的语句的主语可能是一个人,他的行为可能
会落入有节奏的模式中,后者在某种距离呼应音乐表演的实际节
奏。这种体系出于助忆(mnemonic)的需要,因为被编织进体系的
语词就能适合行为的节奏,语词在行为本身的伴随下会更容易被回
忆起来。

　　根据人类交谈的可能性逻辑,一种很重要的结果产生了:口
语储存对我们可能称之为"是"(is)的句型充满敌意;也就是
说,它不喜欢动词"是"(to be)或者在任何语言中等同于"是"的
句型的使用,在这种语言中,动词"是"(to be)的使用要么是本
质或存在之意,要么意味着逻辑正确或形而上学上的存在的事
物。⑦ 口语信息可能不喜欢这种语句:"一个三角形的内角和等
同于两个直角相加。"但如果你说:"三角形在战场中,同等长度
的双脚分开,摆好姿势,为保护它的两个直角坚定地迎敌战
斗。"你就让欧几里得(Euclid)着上了荷马的外衣,将无文字时
期的形式赋予了欧几里得。但三角形不是人的媒介,荷马对它
们也不感兴趣。

---

　　⑦ 参见第十三章。

因此,口语储存并不喜欢诸如此类的原则或纲领的表达,但描述行为或描述程序化的事件除外。如果我们喜欢,我们可以说,那样说话的人不会这样想:我们最好能约束争辩来决定说什么,优先于我们想什么,并且重点是,所说内容的句法可能要被[43]能够靠节奏记住的句法管制。口语储存不喜欢法规和原则的表述,因为表述它们的词汇因永恒的当下而相互联系。口语储存也不喜欢将因果放置于分析性关系的陈述中。人们常说,最初的言辞敌对于我们所说的抽象或概念。这种处理问题的方式侧重于单独语词的假定特性,并且它也不会特别满意。口述歌曲和口述历史可以唤起我们称之为抽象的东西,并且用语句表达它们。这个问题不仅取决于单独的语词,也取决于它们在口语言辞中是如何被表现的。它将会倾向于将言辞本身变成一种媒介,正在做某事或对它做了某事。

一旦意识到某些类型的积极叙事化过程是一种原则,这一原则必须被运用到口语记忆中被保存的语句,那么,要理解无文字社会时期储存机制中神话和史诗扮演的广泛角色就成为可能。但在其他领域的对话中——同样服务于口语社会中的储存需要——也发现了同一原则的运用。比如,运用到口语社会或技艺–文化社会中的法律规定变成判例法或分词法则时:"如果某人犯了某种错误,他将要遭受相应的惩罚";"如果他的牛戳伤了另一人,他将要赔偿";或者"正在做某一特定行为的人在没有法律时也可以被宣判"等等。在有神论的背景下,法律对听者而言是一种来自上帝的命令:"你不可做出如此行为"。被避免的法律陈述类型是,"谋杀被定义为可以被判死刑的罪行";"财产所有权意味着维护财产的责任";"个人债务与投资成比例"等等。总之,为了制定一种法律命令,需要构想和陈述一种情形,这种情形被投射在某个既定媒介做出的一件事或行为的形式上,而不是投射在普遍原则上,因为在这种原则中,特定的案例可能会不适合。《汉谟拉比法典》和《摩西五经》中不同的希伯来法典都表现出了这种句法类型。⑧ 惯用语本身有时是诗性的,但它们不需要这样,但不管诗性与否,它们都反映了制定出行为反映出来的可令人记忆的口语需要。⑨

因此,所有储存在口语中的信息类型都可能以叙事性的形式反映出来,并被表现为一种行为。要描述一座岛屿的地理情况,你不会说它相对于坐标的位置你会说:"如果你朝夕阳航行两天,会看到一座面朝你的悬崖,[44]悬崖上有一座寺院。"如果你要叙述一系列名目,他们会被描述为连续的行为:"十艘船从雅典来,他们由 X 带领,皮洛斯(Pylos)派遣了二十艘船并指挥他们。"如果你要陈述一个家谱,它不应该是亲戚列表,而应该是"A 爱 B,与之同寝,生了 C"等等。

俄罗斯心理学家 A. R. Luria 记录了他偶然遇到的某个人,这个人拥有超凡的记忆力。智力的测试和探索在心理实验室进行。那个人恰巧是个记者,他有奇特能力记住和回忆起含有对象和事项或单词的大量列表,而他都没有事先准备或被提醒。回忆行为将会发生在"他第一次回忆那些语词的 15 或 16 年后。当然,(这期间)总是成功的。在测试的时间里,他坐着,闭上眼睛,然后回应说'是的……当我们在你的公寓时,你曾列出了这一系列……当时你坐在桌子上,我坐在摇摆的椅子上……那时你穿灰色套装,并且像这样看着我……当时我听见你说……'于是,他一口气准确说出了当年我测试他的那些语词"。⑩

这一报告明显说明,触发了重复那一清单的记忆必须是在叙述的情形中,列表贯穿这个事件始终。但它本身同样保留了一种叙述形式:"当他记忆名词的清单时,他需要在看到每个词后停顿几秒。

---

⑧ 《导言》(*Introduction*),页 211 - 218,斯特劳德(Stroud),页 40,注释36(可比较的赫梯惯用语)。

⑨ 罗斯(C. P. Roth),页第 335。

⑩ 来自哈丁(Harding)对卢里亚《记忆术专家的思维》(A. R. Luria, *The Mind of a Mnemonist*)的评论。

这给了他时间得到单词视觉化的图像,并且在想象的背景中将之放置在某个特殊的点,通常是间隔地放在一条熟悉的街道上。这样做以后,他便可以沿着街道的任何一方走向另一方,或者在途中的任何一点开始,说出他之前在那儿放置的名词。"

这一行为的影响就会需要将包含信息的语词转换成一系列有效的情形。他需要持续地将语词本身变成媒介,或变成报告中所说的语词:"对他而言,语词牢不可破地与视觉或其他图像联系在一起"。很可能这种图像帮助记忆的奥秘在于它们可以移动,它们是活动的。

这位特别的人士很明显有独特的大脑秩序,一种基因的"运动"。事实上,他发现很多概念上的操作很困难,尝试过一些工作,最后他成了一名专业的研究记忆术的职业者,成为一名[45]在观众面前表演的人,观众拿出一张列有不同类型的物品和材料的清单,只要听一遍,他就能完全记下来。

这篇关于他的报告并没有注意到他在一字不差地回忆时用的节奏,并且他很可能那样做过。据记载,他说自己无法带着与诗歌相同的同情心去理解诗歌,因为"这些生动具体的图像出现在诗歌中的每一个细节,有时相互间有着与众不同的联合,以至于他会完全失去对它们的感觉"。人们不禁要怀疑,这并没有讲述一个有文化的人可能无法理解无文字时期的思维方式。难道唤醒这种图像并不是口语诗歌的根本事务,而是"言之有理"的、道德的或哲学的一种陈述?

当然,这个人被要求用识字的人给他规定的列表来锻炼他的记忆力,因此,他是在文献知识的储存上锻炼自己。他不大可能有能力在任何绝对的方法中表现出完全口语化的文化中标准的回忆习惯。但他对句法的依赖与识字时代以前千百年来口语记忆依赖的其中一个言语要求一致。⑪

---

⑪　助忆专家建议的用图表表示数据实现了同样的句法,将对象变成了事件。

表述性语句

除了这种信息,还存在着由口语社会保存的、明显为了实用的一套口语法则,它们可能被标榜为具有道德的或伦理的风格,这套法则被用来表现、此外也用来命令行为和态度的得体性,社会中的成员在他们的相互关系中遵循这些得体性。同样,只要指令的形式仍然是真正口语化的,行动主义的句法就会盛行。这在比喻和寓言中表现明显,它们将伦理放置在短小精悍的叙述背景中。箴言和格言也同样如此,只要它们保持谚语真正的口语化形式,而没有文字编辑和总结的帮助。我曾说过,谚语是口语储存的初级单位。因此,它是有节奏的。但可以这么说,那也是行动主义的。在口语文化中,这种简短的指令经常挂在成员的嘴边,持续地传递到孩童的记忆里,它们要么出现在禁止特定行为的命令中,要么在简短的、富于想象的情形中——描述了已经发生或者会再次发生的事——被找到,或者它们会采用简短的对话,即两个人之间的语言交换。当然,口语箴言可以使用速记,接近我称为"是"的陈述语句。这种倾向在归于希腊七贤的一系列箴言中尤为明显,[46]即使它们是口语重复和文字释义的混合物。但这种格言不会走得太远以至于接受"陈腔滥调"的句法——其本身就违背了以下事实:口语性的、叙事性的措辞可以被文字代替,然后被改编成文献语言的句法。我们必须警惕文字的欺骗。比如,"诚实是最好的办法"并不是真正的口语箴言。

神话和史诗

行为主义句法的角色在简短的命令形成中已经可见,现在它在

长篇大段的陈述中变得更为明显。文化的全部指导和群体的普遍
教育被委任于部族故事。正是部族故事构成了人为语言飞地的卓
越性,只要故事给与机会,人为语言飞地就会记录人的行为,在句法
上最终构成活动和一系列重大事件,或许会被叙述为史诗、或许会
被模仿为戏剧,其中包含了大量有用的信息和道德教诲。

我描述的口语人为语言飞地这一术语不可避免地借自希腊经
验。"史诗"这一词事实上出现较晚且复杂,反映的是文字出现以
后的范畴。生活在能够读写时代之前的希腊人仅仅会简单地说一
些神话(mythos),它们基本上只是意味着一种口语的表达,比如一
种命令或一种训诫,或甚至是一种对话,但 mythos 在最初的运用中
同样被扩展至描述一种故事、一种传说或一种叙事。也就是说,之
前描述过的内在于所有保存语言类型中的一种开创性叙述品质,似
乎已经在我们翻译为"神话"的这个语词的早期使用中出现。最初
的希腊人并没有在传奇、史诗、神话和民间故事之间做出区分,而它
们已经成为当代文化评论的一部分。就此而言,在有文字的条件
下,我们通常在故事(story)与陈述(statement)之间做出区分。将既
是故事又是陈述的言辞形式概念化存在着困难。因为 mythos 是二
者最初的口语术语。也就是说,保存下来的任何言辞、保存在口语
文化中的任何储存、历史和命令,都以一种神话的形式反映出来。
这是在早期文化中对什么是神话的最基本解释,考虑到文字上对神
话与陈述、[47]故事与事实的区分,它同样表明了我们是如何被当
代神话概念引入歧途以及我们如何试图在非技术因素中———一些
假定可能由未开化民族发现的奥秘———发现对神话的解释。[12]

所有语言类型的基本要素是行为主义句法,它被要求同化对人
的行为描述或同化发生于人身上的事件。尽管 mythos 是希腊词汇
并且反应的是希腊在其口语时期的文化经验,但似乎没有内在原因
解释为什么它不能被恰当地运用于识别言语飞地的类似种类,因为

---

[12]　参见后记对"事实"和"神话"的使用。

后者在其他口语社会中也存在并且也被叙述。

因此,我们得再次求助于非洲经验,海鳘神话(the Myth of the Bagre),最近在学者们的努力下被音译和翻译过来,也有印刷文本,⑬它表现了"洛达加(Lo Dagaa)民族每年的庆典传诵给下一代的伟大神话,告诉他们社会的图像以及引领着社会的神秘力量"。以两个世纪前库克在塔希提的遭遇为例,它的不朽似乎依赖于一群专业的人员,并且"洛达加的大部分人……在他们生活中的某个时期也会进入这种阶段"。材料:

> 被分为两个周期,几周才能叙述完……初学者首先开始学习白色海鳘(White Bagre)神话,它讲述了这个地区的各种农作物是怎样被首次发现,以及什么样的自然事件可以支配收割谷物的顺序。在适合收割的季节和准备不同作物时,初学者在神话的指导下学习接下来的内容,这样他们实际上就是在制定仪式,正如第一批出现在地球上的人制定仪式那样……黑色海鳘(Black Bagre)神话简洁有力地讲述了大蟒蛇教给了妇女第一对夫妇结合的知识,第一次谋杀,第一次狩猎远征,第一次熔铁以及其他人类社会进化中的重要事件……因此,创世以及其最终丰富和复杂但不是非常全面的社会、起源、仪式和生活方式的图景出现了。⑭

公认的结论是甚至这个神话也不是无文字时期创作的。但不

---

⑬　古蒂(页7)指出了一些荷马式的类比。神话有两部分,初学者学习白色海鳘神话,高级者学习黑色海鳘神话。

⑭　引自1972年7月21日《泰晤士报文学增刊》(*Times Literary Supplement*)第848页的评论。关于神话作为一种表演,参见古蒂,页41－43、56;大众参与,页39;乐器伴奏,页47、58;记忆中的教海,页49、56－57、59－60、79;对季节和庄稼种植的指导,页53、79－80;对健康的指导,页39;政治决议和文化身份,页42。

管它是否已经受技艺知识步骤——传播《旧约》教义的穆斯林版本——所染，甚至即使我们允许神话不可避免地被篡改，因为它[48]由识字的人首先转换成音译版本，然后再翻译，⑮它的保存仍然是叙述的飞地如何变成了一种飞地的现代珍贵示例，专家用技能在方言中培育新形成的飞地，然后再详细地传播给民众。它娱乐了大家，但这种乐趣是飞地根本目的——储存文化信息和文化命令的口语储存工具——的附带品。

有人可能会认为飞地的创制者仅仅只是承袭了白话故事讲述者的习惯。在口语社会中，这位人物在没有专业知识的帮助下肯定经常在炉边、井边或者市场表现他的才能。这种说法不完全正确，至少在口语社会中不是这样，因为传说的讲述在口语社会中拥有自己的主题和语言。但飞地的特征取决于助益的需要，后者又超出了普遍使用范围。白话故事本质上是一种短暂的现象。它不能形成固定的陈述，也不能在自身中保持固定的陈述。即使我们承认口语主题可能在故事叙述中延续，但叙述这些主题，正如它被讲的那样，是不定的，它可能太过于顺从叙述者个人的心血来潮，可能太过于服从某个特定时刻或观众的暂时兴趣，可能在创作上太过于随意。即使它在口语叙述中重复自己，它也会经历从一个版本到另一个版本的改变过程。

单独固定的节奏将保证这种保存类型，它接近于文字社会中纪录片的准确性，并且这可能是一种激励，如果不要求习语和词汇——与方言保持着一定的距离——的专业化。扩展的飞地、主要的陈述、全面的文化神话，要记住这些会要求一种开放式的节奏；并且这意味着节奏有规律且有周期性，它在行与行之间重复，略带变化，事实上，节奏就是我们试图称为史诗韵律的东西。但戏剧的重

---

⑮ 古蒂（页61）注意到了文字翻译者的调解，"其贡献程度很不明显"；事实上，相关文化并不是严格的口语化：葬礼上的挽歌欢迎"持手杖的占卜者……创作歌词的主人们拿着笔……这些读沙之人"（页51）。

演和戏剧本身在口语文化中不能作为一种保存的可能并行模式而被排除,这种形式可能会使得多种韵律以及非史诗韵律的使用成为必要。但可能史诗的叙述而不是戏剧的重演是口语文化中保存的所有冗长陈述的雏形。史诗韵律在这些带有简短陈述的独特节奏中获得了什么优势?答案非常明显:在大致相同的周期内重复的规律节奏开辟了扩展的语句次序在记忆时被联系起来的可能性。记忆就会——[49]在对韵律的规律性重复产生顺从反应的过程中——期待一个又一个语句,不管这种韵律是根据长短还是根据重音。⑯

作为代理人的神明和英雄

言辞本身是一种行为的形式,并且代理人——也就是角色(character),不管是人或神,他们的行为主宰了口头上保存的语词——被期待着会通过修辞以及特殊的行为施加他们的影响。故事处境以这样的方式构建才能吸引观众,后者才会招致讲道、劝告、建议、责备、敌意或友谊,或与谁互换这种谈话。修辞对话是所有口语史诗的中心元素。事实上,在发展中的某个行为中,一位角色向另一位角色说话时,被说的话同样可以在故事的框架外运作,它可以向听众或向吟诵者讲话,那么,当听众或吟诵者重复故事的时候,就好像在对自己说话。飞地的任务终究是以可记忆的形式重申所关注的社会中的社会命令。这种编码信息通常采取以下的形式:"我们必须这样做",或者"让我们这样做",或者"这件事必须被做"。必要的故事框架应该频繁地为劝告、责备、警告、鼓励、谴责和挑战等等创造时机,在这过程中,各式各样的格言、箴言、共同体的道德法就会在说话者的言语中找到自然的位置,没有比这更自然

---

⑯　参见本章注释 3,长短步音律的优势。

的了。

因此,在西非的海螫神话中,哥哥和弟弟,一个老男人和一个老女人,[17]这四位角色在谈话中占据了主导角色,谈话间接地变成了展示传统智慧的媒介。这种对话在口语史诗中接近于戏剧以及戏剧的重演,这在《创世纪》很多场景中很明显,因为,在《创世纪》中,基本真理的教义就是以这种方式被间接地传达的。

扮演着我们称为角色的代理人在史诗的故事中必须在某种意义上是超人,或女超人,如果关注的社会不完全是父权制。他们的行为和言语被作为部族智慧的集合体在飞地中被勾勒和被保存起来,这一事实可以加强以下结论:并不只是作为诗歌的史诗在形成后去服务文化传承的功能需求。这道理同样适用于我们称呼为英雄的典型史诗角色。只有国王、王后、公主、军事指挥者、[50]地主、拥有特别权力或非凡能力的人是故事要求的教诲目的的适合传媒者。更好的是让上帝去做这些必要的行为以及发表必要的演说。这会提醒我们不能采取过于文化的方法来研究无文字时期的风格。在文学方面,英雄变成了一种特殊的心理学研究的对象,并且神变成了宗教信仰或宗教活动焦点的化身。被保存言辞的口语飞地利用英雄和神明作为记忆的一部分辅助工具。他们存在的本质是,他们做的事和说的话比他们作为凡人做的事和说的话更容易被人记住。

但神明在这个辅助记忆的组织中有特殊的角色。他的行为和决策被当作自然现象的象征性等同物,这些自然现象为了适应记忆,需要被代理人转译为行动。人们常说,所谓的原始族群的神话中神明的出现是人类理解能力的失败造成的;他们被用来为人类解释不能理解的神秘自然力量的因果关系。但他们可能的行为中神秘的特性并不是他们功能的真正线索。他们的功能类似于速记员,提供了一个叙事框架,其中,水灾与火灾、地震、风暴、沉船、城市的掠夺、庄稼歉收、流

---

[17] 古蒂(页 62 – 63);全部出现在了黑色海螫神话中。

行病等可以在没有损害现象的重要特征中被描述为代理人的行为。一种神秘的理解——其目的也是有根据的——替代了因果关系链，在因果关系链中，言辞同样会设法安排同样的现象。

在康拉德(Joseph Conrad)的一部著名小说中，江轮缓缓地驶向尼日尔一望无际的绿色地带，一位船员为江轮的锅炉添加燃料。他知道自己必须一直添燃料，因为锅炉内的神明需要温度。他同样知道自己要观测水位表，因为神明总是会口渴；如果供应不足，神明会怒气冲冲地从锅炉中迸发出来，将他吞没。这是口语记忆的短篇小说中神明辅助记忆功能的简单范式。水加热产生水蒸气与对热空气加热导致爆炸是因果关系链，它描述了按照法则会发生的事，并且为了做到这一点，它也利用了一种在事件和能力的形式下将事实归类的语言。同样的有关联的事件发生在无文字时代，它会绕过对事件的解释，并且让事情变成更为简单和更为容易的画面，画面中，代理人有既定的权力和激情。隐藏在锅炉中的愤怒神明是[51]司炉用自己的语言可以同时记住和表达的东西。但他想象力的具体性并未阻止他成为神明的有效仆人：即一位有能力的锅炉照管者。当他为锅炉添加燃料以便让神明保持温暖舒适时，他也中断了向锅炉倾倒水以便让神明保持湿度的过程。这就是神明喜欢他的方式，并且在仆人恰当的礼仪中被不断安抚，他制造了他的仆人在寻求的结果。桨轮旋转，旅程继续。叙事化处理的理解力已经不仅足以与现象共存，还在限度内使用这种现象。当然，在没有文化训练的情况下，那个非洲人不可能造出一台引擎。这种语言可以表达他对引擎的接受以及描述他与引擎共处的恰当方法。但这种语言不能帮助他制造出一台机器，因为他不能用因果关系重组自己的经历。⑱

――――――――

⑱ 哈夫洛克《前文字时期与前苏格拉底哲学家》(*Preliteracy and the Presocratics*)，页 49 – 50，以及注释 13、14。哈里森(J. Harrison)灵敏地觉察到荷马的神明是人为的，"仅仅是思想之物"(pp. xi, xxi)这种想法使他接近去感知神明助忆的功能。

同样,我们也可以看到,这种神明的行为和决定在我们的意识中并不是伦理的或道德的。神明的主要特征不是他上等的道德性,而是他出众的持久性(durability),这也许同样适用于受崇拜的人甚至某些案例中的英雄。代理人的不朽与感觉到的必要永久性一致,在这包含了信息的必要永久性的存活当中,代理人是重要因素。所有口语史诗都试图处理死亡问题。我们可以推测人类对自身必会死亡的疑惑意识以及对死亡的抵触产生于保存在口语飞地中那种知识的自我认同,这种知识的不朽似乎是社会延续的必要条件?这是预留给柏拉图在《斐多》篇中去合理说明的问题,使得灵魂的不朽成了"相"(理念)不朽的功能?

间接教导

尽管口语传统如此深刻地与社会生活交织在一起、如此紧密地控制社会活动,但它的身份感和行为模式用间接的方式完成了所有教诲。鲜活的记忆并不容易因为乐趣而掌握未被实现的教义;药剂得变得更甜才行。

我们可以在信息——比如历史的或地理的——事实上是如何在我们的意识中被合并的这个过程中明显地看到这一点。听者并未拿着一个列表去记忆。这在故事中是顺便准备好的,他可能会在高兴的情况下想要把故事唱出来并且背诵,因此也顺便回忆起了里面包含的内容。[52]这种间接启蒙的一个突出事例是《士师记》中所谓的"底波拉之歌"(Song of Deborah)。一个无文字时期的希伯来的真正幸存者,它绝无仅有,包含了希伯来部落和地理位置的记录,它为以色列国家的形成提供了最早的现存言语身份。[19] 但这个

---

⑲ 《士师记》5;另参法依弗《〈旧约〉导言》(Pfeiffer, *Introduction to the Old Testament*),页151、326–327;在创作时期只有十个部族。

信息没有像这样被直接给出来;这首歌本身就是一首小史诗,但在我们当今的文本中已经被腐化了很多,它可能只是最初的缩短版本,庆祝了希伯来人入侵迦南居民的难忘胜利。战斗在风暴中进行,迦南的溃败和迦南指挥官的死亡会迅速获取听众的注意。但当一些部落团结一致取得胜利时,其他的部落却宁愿置身事外。因此,这首歌纵情于歌颂战场上奋力拼杀的人,对其他中立的人则施以严厉的谴责。这样,名字、人物和地点都被扼要重述,诗歌吟诵的对象,即"饮水处"的听众喜欢这个故事的同时,同样也会记住他们国家的组成,并且明白他们作为一个民族的身份。不可否认的是,这推翻了当代文化评论家在判断作品时所依靠的价值,但这些价值反映了不同文化的类别。

因此,成功的作品不仅在于情节的设定,因为它含有文化背景,还在于情节与其教诲内容相关联的设计。故事必须在这样的方式下继续,然后自然地引入局势,阐述什么行为是合适的、正面的或负面的,并且局势同样为包含文化的大量格言的频繁出现提供了机会。如果讲故事的人会因为自己的故事感到兴奋,并且尝试去创造新奇的事物,在口语传统要求的条件下,他不会是一个非常成功的诗人。

因此,故事里描述的场景与其说独特不如说典型,角色因其做事及说话的活力也同样如此。但典型的必需并不意味着完美典范(ideal)。这种观点必须被捍卫。看到人为语言飞地在社会中执行其功能,我们可能会尝试着将它的内容描述为提供了适合模仿的角色和行为的范本、模式或范式。除了这些话中隐含的建议——传统或多或少都被记载了下来(当然这是不可能的)——它们可能同样促使我们相信另外的东西,即人为语言飞地提供的[53]施行行为的完美角色遵循了运用传统的社会中合适的得体性。当然,得体性和合乎礼节为口语道德提供了有效的定义——与其说是定义,不如说是确认;用学童的话来说,"合乎规矩的事"就是"正确的事"。但如果认为代理人事实上在故事中做的事本身就受得体性管制,这就错了。记忆的叙事喜欢跟随的不仅有韵律的而且有主旋律的节奏,并且这种节奏激励了代理人之间以及段落与段落之间的模式两极化。以战争为主题的史诗有帮助我们记忆的优势,任何有冒险的事业都是如此。因此,记忆言辞的情节中有英雄出现,并且有时神明非但不会提供受认可行为的样板模型,反而会通过蔑视得体性来阐述得体性。他们会暂时的成功;但储存功能的逻辑会要求在最后实施惩罚,或者补偿或实现平衡。简而言之,传统的教义倾向于被负面地而非正面地展现出来,或至少它倾向于构想在道德上是负面的情形,之后再修正。代理人不可能全都是邪恶的;他们可能展现了对人类或社会的敌意,但正如我们所说,他们有补偿的特征;不管僭主还是狡猾之人,他们并未被完全排除在传统之外。他们在非洲神话中的出现以及在希伯来神话中的足迹表明了一种想要总结好的坏的、被社会熟知的全部经验的愿望。正是这种海纳百川促成了文化信息被储存起来,之后得以被重新使用。

此处必须加上一条限制。口语传统的一些记录现在仍可看到,《旧约》是最为突出的一例,它显示了在一个更为有文化的框架下、在人类更有文化视角的兴趣下被改写的明显迹象。好与坏,正义与邪恶,已经从对方中分类出来,导致代理人——其行为被描述在故事中——变成了德性和罪行的典范代表。

作为得体性的正义

在上一章末尾,我认为如果正义被定义为当代德性的主要原则,口语社会在没有正义的情况下也会良好运转。口语社会为了凝聚统一——正如任何社会所做的那样——所依赖的是一系列得体性及一系列行为的普遍原则,它们总共构成了"什么是正确"的判断。如今,我们可能得被迫承认这些"原则"并不是从所做之事——[54]它们是偶然发生的——当中提取出来的,并且它们没有必要累积起来成为一个可持续规划的系统。公认的事实是，所有社会都在特殊的案例当中分辨出了是与非。"生活方式"（帕里的话）解决了二者的区别。史诗的储存保存了这种生活风格并且保证它能够被代代相传。因此，它会在既定案例中传达绵延不绝的、关注"生活方式正确性"的教诲。但故事中运用的正确性符号或象征并不被期待着作为原则去行事。它们宁可愿意以某个过程或程序的标志这种姿态出现，这样就暗示了特性，而不是普遍性。它们不得不观察叙事规则：只有当它们偶然在积极的活动中出现时才会被叙述，主题是声张或呼吁。同样不被期望的是，这类符号的表现会与哲学家要求的相一致。

第四章　荷马叙述的社会

[55]柏拉图说:"现在是考虑悲剧及其主人荷马的时候了。"他在《王制》中通过单独考察荷马实现了这一诺言。如果将任何文化集合体视为一个系统——通过将信息储存起来以便再重新使用,它就可以生存并繁盛起来——的看法在理论上是正确的;如果无文字时期的文化用记忆就可以办到这一点;如果记忆需要节奏;如果在一个高层次的级别,记忆需要人为节奏言辞飞地的重构,且被塑造着去遵循这类信息被记住所依靠的规则;如果希腊文化出现在无文字时期的情形下:这种文化要如何生存并繁盛? 它的飞地在哪里? 假如我们将这个必需的角色归于荷马,这还不能解释自荷马去世后、在300多年期间流行的他是位教诲诗人这个观点? 答案只能在他的作品中寻找,我们假设文本在其独特的风格中保存了最初的重音、成语以及词汇。它展现了作品的功能并遵循了口语储存的规则吗? 它是通过间接方式来说教的吗? 神话是被用作法律和道德的网络吗? 更为特殊的是,诗歌叙述并且建议了与概念性内容无关的口语道德,[56]是实用的、程序化的以及多变的? 如果有的话,如何识别荷马式"正义"?

回答诸如此类问题前首先要清除一个障碍。有一种普遍的观点认为"荷马"是迈锡尼时代的诗人,尽管现在他被认为"生存"于早期希腊时代(我用这个词是为了方便速写),那意味着他诗歌中大量描述的是迈锡尼的文化和生活方式。"希腊人荷马讲述的是组织完善的国王体系,他们可以共同参与军事战斗,国王们住在奢华的石制宫殿里,由黄金、象牙和其他珍贵的金属装饰……赫菲斯托斯为阿基琉斯制作盾牌的场景展现了高超的艺术能力……为了找到与希腊人荷马描述的相符场景，我们需要回到迈锡尼时代，回到公元前 12 世纪甚至公元前 13 世纪。"这是一位作家最近发表的言论（1976）。另一位作家曾说（1956）："诗歌在其古典政治的意识中并没有城邦的足迹。城邦在荷马的作品中只不过意味着是加固的地点或城镇。"在这两种论断中，①诗歌描述的物质和政治情况都属于一个或许在作品完结的 400 年前就不存在的社会。就物质情况的论调而言，公认优秀的《荷马史诗指南》（1962，*A Companion to Homer*）表达了同样的观点。②

荷马的想象

如果存在着相反的论断，那必然意味着荷马的作品是矛盾的。迈锡尼假设并非空穴来风：作品中有些因素可以被认为支持了这种假设。③ 但我的观点是，诗歌主要描述的社会在物质和政治方面都与诗歌完成时期是同步的。表明事实就是如此，找出这些有着伪装成如此之效的因素，这是讨论内容和审查荷马风格之前的必要任务，并且审查的前提是，荷马事实上创作了一本文化百科全书。

本质上说，迈锡尼的伪装是一种想象的形式。但既然这种看法可能会烦扰这些希望荷马因其真正价值而被欣赏的人，我可能会将注意力放在想象 [57] 赋予荷马——既是一位诗人也是希腊的导师——的优势这一点上。如果他的希腊语是人造的且广为使用，它

---

①　查德威克（Chadwick），页 180，芬利，《迈锡尼世界》（*The Mycenaean World*，页 35）。劳伦斯（Lawrence），页 88，这些都明确且武断地认为："荷马……忽视了当下，他关注迈锡尼荣耀下的传奇，并尽可能忠实地传递了古代生活的图景。"

②　斯塔宾斯（Stubbings）指出了荷马的伊塔卡与他实际上想要描述的岛屿之间的差异（《荷马史诗指南》页 398－421），并让步说"荷马在创作史诗时并不想使其成为一本指南"；但这让步并不适合这里的事例。

③　基尔克，《荷马之歌》页 110、179 回顾了证据。

同样也是国际化的(在泛希腊化的意义上),利用这种语言,神话在具有不同方言的、具有野心的城邦中被传唱。假如舞台上的演员被刻画成迈锡尼人,他们就是生活在各处的所有希腊人的祖先和原型,但同时,他们的行为也具有同时代的风格。他们生活在遥远的过去,这为背景——当下的情形也会被陈述和暗示——提供了普遍性。演员们穿上戏服,回到了传奇的过去,生活在当下的我们要揭开面纱。④

　　这类优势在英国的 16 和 17 世纪时就已经得到了解释。那段时期的历史剧,尤其是莎士比亚的,反映了伊丽莎白和詹姆士一世时期男与女、平民与绅士的生活方式和道德关怀。但由于演绎历史的演员们一点也不像伊丽莎白和詹姆士一世时期的绅士,他们的举动也离我们还太遥远。与当下的绅士相比,莎翁时代的人们不同凡响,英雄辈出,因为遥远、原始且高贵。并且,听演员说话的观众同时也会在当时的场景下辨认出演员间的关系。

　　丁尼森(Tennyson)的《卡梅洛特》(*Camelot*)属于另一个不同的流派,妇女和绅士表现和辩护的则是维多利亚时期的礼仪和价值观。在这过程中,在这些人物被创造的时代,它们的有效性被他们在骑士的和理想化的逝去社会中表面的关系加强。这两个对比在作为荷马诗歌的例证时都有其局限性。它们涉及了个人在某个特定的时期设想和创作的文本文化,而不是由时间和数个世纪的口语艺术传统塑造的提纲。当同时代的经验以这种方式被叙述,以至于在故事和观众之间有一道历史鸿沟时,它们就表明了以此获得的优势。

荷马式的现实:城市(City)

　　那么,与荷马同时代的场景是什么? 每一部史诗都因为包含了

---

④　用帕里的话说(页411),荷马"反映了他们生活时代的英雄式夸张"。

一个事件——精准地呈现出了插入在故事中的某个"场景"——提供了一个可能的答案。《伊利亚特》中,帕特罗克洛斯(Patroclus)从马上摔下,他借来的盔甲被敌人夺去。阿基琉斯需要新的装备,赫菲斯托斯于是为他造盔甲。听众[58]从战场转移到作坊,看到了盾牌的制作和装饰——

> 在盾面上,他刻了两座城市,
> 美丽无比……

接下来,秩序井然的场景是公民的生活:有婚娶场景,妇女们站在门前观看;有发生在集市上为男人之死仲裁的场景;有战争场景,城市被围困,有人提议谈判,有人提议奋力抵抗;有腹地里对牧人的突袭;然后是平静祥和的农事,耕种、收割、绿荫下的午餐、收获、狂欢、牛在农场里、猎食者环绕四周、羊圈、假日和跳舞。只有国王(basileus)是农场——专用的一块土地(temenos)——的主人,这是独有的统治,他才让我们想起是在古代,但他是做什么的? 他在农田中,站在三个捆麦人和帮忙的男孩旁边,同时观看着收麦人。这不是迈锡尼国王,而是一位乡绅,其余人是雇的帮手。

《奥德赛》中,奥德赛遭遇海浪后成功游上岸,赤身裸体、筋疲力尽。他的冒险之旅已经结束。他受到欢迎,并发现自己在一个高度文明化的共同体中,在遣送他回家之前,他们给他衣物、食物,招待并敬重他。尽管这里由一位"国王"和"王后"统治,但却有着城邦轮廓,毗邻大海,海上技艺和商业兴盛,诗歌煞费苦心地强调了这一点。这里有城墙、街道、集市、庙宇和公共建筑,还有港口、造船厂,船队也排列在岸。这表明,这里是希腊海上殖民的理想之地,他在宫廷的所见补充了少许迈锡尼文明的想象。⑤

---

⑤ 韦伯斯特(Webster):《荷马史诗指南》,页454,《从迈锡尼到荷马》(*From Myceanae to Homer*),页157、221–222。

　　第一个描绘公民生活的段落重在强调陆地、农事和战事；第二个场景则意在描述船只、航海技术和沿海商业。二者互补，在诗歌中互为希腊化和希腊意识的正面和背面。在赫西俄德的《劳作与时令》中，它们会同时出现。任何段落因为其重要就可以反映两首史诗中的社会背景，如果大多数评论家不允许这种情况发生，那是因为他们倾向于精确地将这些段落看作是穿插部分（inserts），叙事会暂时在这里背离叙述迈锡尼传统的任务。这种处理已经与荷马口中对特洛伊的描述一致，[59]其中诸如阿波罗和雅典娜的庙宇、女神们不朽的雕像，都被看作是"年代错位"（anachronism）。⑥　一种论证认为，与这个说法相反的才是真理，迈锡尼的记忆才是年代错位，这一论证保留了在故事中，而这些故事牢牢地根植于希腊历史上的生活方式，这种论证必须依赖于对荷马诗歌结构的审查。比如，一个接近于四百行的段落可以被作为示例，但初见它时会认为毫无助益。

战船名录

　　对于无文字记载的历史胜过史诗内容的争论，没有比《伊利亚特》卷二后半部分叙述的希腊联军战船列表更有说服力。此处的记载当然有史前凭据，史诗中一长例在古典时代被忘记或遗弃的地名保证了这一点。这个名单传达的信息明显与当时的希腊文化有关系，我们也会更加期待同样的效果可以在两首史诗的大部分地方找到。插入战船名录是因为：在试图攻下特洛伊的第九个年头，希腊人以厌倦战事为由，在愤怒的匆忙中打乱了船队的队形。九年前的占卜预示胜利将属于他们，在被提醒这一点后，他们重整旗鼓，在集会上（assembly）重聚军心，对抗敌人。战争在这一节点有了新的开

---

　　⑥　韦伯斯特《从迈锡尼到荷马》第八章，"《伊利亚特》和《奥德赛》中的一些晚期元素"。

始,在准备的过程中,希腊船队的集合被重新回顾了一遍——与重新回顾特洛伊军队形成互补——好像两只庞大的军队在平原上重新对峙(《伊利亚特》2.484－877)。

既然攻打特洛伊要求阿开奥斯人(Achaean)的军队乘船到达战场,因此描述船只的数量就是在介绍希腊军队各个分队的情况。特洛伊则要捍卫城市,与希腊军队形成对比的是他们完全在陆地上,但特洛伊人的同盟来自更远的地方,这似乎是非常不现实的。阿开奥斯人的名录更长,共266行(494－795),与特洛伊的62行(816－877)形成对比。对希腊军队势力的回顾呈现在特洛伊地盘上,它或许由阿伽门农带领,准备战争。考虑到这一意图,有人会简单幼稚地问:"为什么出现的是船队名录而不是人的名字?"事实上,列表上既有战士,也有船只;二者结合的方式承担得起一定的检验。

[60]诗人呼唤文艺女神的帮助,邀请她们不是为了唤起诗人的记忆,而是要女神们亲自讲述。他明确地说,她们的任务是列举出希腊英雄们的名字——"谁是达那奥斯人的将领和主人"——并叙述"所有来到特洛伊的战士"(492),让诗人列举那么多战士,他说不清,也道不明(488－490)。一番呼吁之后,他附加了一行:"此外,我来叙述他们的舰队司令和船只。"这一行读起来像后来添加的,好像船只是后来被要求增加的。此外,这一行的"作者"用了第一人称,用自己代替了文艺女神。他将人称修改为"第一人称",其工作变成了将陆战军队名单转变成了一个在海上作战的军队名单,他是"第二位作者"? 要确定这种推测,得依赖于分析名单本身被放在一起的方法。

一开始的15行(494－508)就列举了波俄提亚(Boeotian)的首领和城镇,叙述句法皆在描述他们如何各自"统领"、"居住"或"统辖"或"占据"某地。最后附上两句:"所有这些当中,去了50艘航船,每艘载有120名波俄提亚人。"舰队不仅以英雄名单的附录出现,还伪装于行进(否则,这一动词只能用于人)的军队中,好像诗人的心思仍集中在他的陆地军队上,这是否有点奇怪? 下一个名单短一些,句法与之前相同,讲述了居住在奥耳科墨诺斯(Orchome-nos)地区的居民和随同他们的首领,随后加了一行:"他们的 30 艘舰队有序地来到(marched)这里。"动词再次不适合于海军部队,为什么要用如此奇特的动词? 在其他地方,动词用于行动中的人或物,很少用来描述行至特洛伊的成排舰队,尤其是名录中偶尔加插船员留意"登船"。当然,有可能它令人信服地描述了战场上被安排的舰队,有这种可能吗? 下一个七行的名单也是同样的句法,福基斯人(Phocaean)的首领和居住在这片地区中不同地方的人,然后诗人也附加上如下的话:"有 40 艘船随(follow)他们而来。"(524)我们可能会问,为什么船会跟着人而来? 动词照例描述了跟随首领的"连队";随后,这些舰队被呈现为随行人员。然后诗歌话锋一转,提到首领和纯粹军事化的术语:

> [61]将领们忙于布置福基斯人的行列,
>
> 他们靠近波俄提亚人,全副戎装。

我们是否可以推测关于舰队的段落是插入叙述中的,而叙述着重的是基于陆地的军事信息?

在接下来组成了整个希腊联军的大部分名单里,船只的数量都是在名单的最后出现,以军事信息的附录形式加上去的,要么是"跟随者",要么是"有序地前来"。

第一种惯用语是平民(commoner),用在了以下舰队中:埃阿斯(Ajax)和洛克里斯人(Locrians)(534),阿班特斯人(Euboeans,545),雅典人和墨涅斯透斯(Menestheus,556),阿尔戈斯(Argos)和提任斯(Tiryns,568),埃利斯(Elis,618b – 619),埃基奈群岛(630),奥德赛和伊塔卡(Ithaca,637),埃托利亚人(Aetolians)和他们的将领(644),克里特人和他们的将领(645),普罗特西拉奥斯(Protesil-aus)和波达尔克斯(Podarkes)的王国(709),奥尔墨尼奥斯(Orme-nius)地区和它的将领(737),阿尔吉萨(Argissa)地区和它的将领

(747)，马格尼西亚人（Magnesians）和他的将领（759）。

第二种惯用语用在皮洛斯（Pylian）名单最后（602），爱琴海群岛（Aegean Islands，680），依托墨（Ithome，733）。似乎这样安排是为了让风格有所变化，较少枯燥乏味。

但除了增加或插入像脚注一样的单独诗行，诗人偶尔也会用句法的技巧达到同样的目的，这种方法首先用在了拉西戴蒙人（Lacedaemonian）的名单中。一系列表示属性的关系从句——"这些人，他们……"等——逐条列出了拉西戴蒙的居住者。以论断句结束：

> 带领他们的［属格］是墨涅拉奥斯。

但下一行同样使用了属格：

> 甚至超过了六十艘航船。

这种插入改变了动词的宾语，但之所以可以办到，得益于希腊语二格复数的含糊性。当这一行结束时，才显示出来是插入句并且是随意的：

> 他们在另一处布置戎装（harness）。

此处，译者在翻译戎装（harness）时可能会被诱惑，认为它指涉的是海军装备（比如，拉蒂莫尔就翻译成："航船在另一处被配置。"），但并不是这样的。荷马已经多次使用这种策略，它让航船与军队并列，以至于军队几乎被转变成了航船，这种策略出现在了阿尔卡地亚人（Arcadian，610），[62]弗提亚－阿基琉斯（Phthia－Achilles，685）、费赖－阿德墨托斯（Pherae－admetus，713b）以及买索尼－菲洛克特特斯（Methone－Philoctetes，719）的名单中。

这些特色只有一种假设可以解释：陆军成员的最初名单被看作只

能在陆地上有效,如今,名单已经转变成了为海上的远征军所用。这种转变被概括且机械地照搬了出来。关于这一点的更多证据,有人注意到了住在陆地的阿尔卡地亚人(Arcadian),诗人意识到将他们包含进航海人员中的荒谬,因为他们"不关心航海事业"(614),并且补充解释说阿伽门农馈赠了他们不少于60艘航船(612–613)!

结束这些名录后,诗人重复了他一开始呼唤文艺女神时对其名单的界定(487):

这些就是达那奥斯人的首领和君主。

但并未提到船只。然后他请缪斯女神告诉诗人,前来的人中谁最骁勇,谁的马最好,答案非常详细(763–779)。第780行,整个军队行军,攻向战场(他们的脚牢牢地踏在土地上)。

陆军力量集结的起源和最初元素成了被兴致盎然推断的主题。那是迈锡尼最初的集结名单吗?⑦ 它是否结合了两个不同的名目,一个是地理方面的,是文字记载历史前希腊的地名索引;另一个与个人生平有关,是拥有谱系和趣闻的传奇英雄名单? 不管这些问题的答案是什么,考虑到我们看待《伊利亚特》的传统方法,有一个让人有点疑惑的基本事实似乎出现了。最初的陆地远征军名录已经被巧妙地处理成了海上远征军名单的模样,后者在最初的名录中并无地位。它的不自然由归于数量众多的分队船只数量得以证实,如果不荒唐,也显得夸张。⑧

这种操作是在哪个时期发生的以及出于何种兴趣? 既然它代表的是迈锡尼背景,有人就可以说,如果阿开奥斯的军队是围城之前即将到达特洛伊的远征军,船只当然就是恰当的。迈锡尼人是航海

---

⑦ 佩奇《历史与荷马的〈伊利亚特〉》(*History and the Homeric Iliad*)页120及其各处,韦伯斯特:《从迈锡尼到荷马》,页122。

⑧ 佩奇《历史与荷马的〈伊利亚特〉》,页151–152。

家,即使在艺术中船只的出现只有到了希腊文明时期才变得普遍。另一方面,[63]叙述名录的上下文如果要求两只军队在平原上集结,这些船只又与之不相干了。更为重要的是,如果名录在创作之初,只是在奥立斯(Aulis)发生的传奇海军集结的记录,是远征军的预备(在之前的文本中就曾回忆过的事件),那么就没有编辑的必要了。

一个合理的解答是,名录的最初版本是基于一种理念,即希腊英雄是在战场上厮杀的战士。修改这种理念的愿望产生后,就采取了海军形式,伪装成海员的英雄就可能会出现在公元前 8 世纪和公元前 7 世纪早期,也就是希腊殖民时期,那时,希腊海军迅猛扩张,需要大量海军技艺,希腊精神以一种独特的气质做出回应:他们纯粹地集中于活动、承担大量风险、在危险的情况下寻求大胆和充满想象力的探索程度——以之前近东帝国的标准,这是独特的,并且希腊精神独特地在两百五十年的巅峰中关注雅典海上帝国的组织。文学评论家在编辑时为其标注的风格实际上是口语上的处理,并且这种处理除了与几何学晚期和东方化时期众人所知的海军活动相符合以外,这种处理发生在游吟诗人活动的时期——视荷马语言的成熟为人为语言的飞地,深深地受到了同时代伊奥尼亚经验的渲染——不也是合理的吗?

有人在六十年前就提出,经过持续的口语再形成过程,名录中真正史前的信息已经与领航员指引的爱琴海上口语话创作和歌唱的信息合并,这可以追溯到伊奥尼亚时期。[9] 对英雄的研究转变成了对名录的研究,这与结论一致,但这一点并未得到证实。另外,也有人指出,特洛伊名单中的很多居民团体生活在河边或河口处,一些部落的称号就表明了水的特质(825,839,845,849 – 850,854,869,877)。在古代,住在淡水资源旁对于航海员来说是居于首位的要素,其重要性与水之于库克船长一样。记录了这一信息的最初创作的诗歌形成于这一时期——公元前 7 世纪前成功殖民黑海时

---

⑨　尼尔森(Nilsson),"Kataploi"。

期——也是可能的。在阿开奥斯人名录中同样有一些暗示,[64]它们指向了陆地(ēpeiroi)、海湾和海滩。两个名录的合并在公元前650年或甚至更晚,将这些信息以当前的形式写下来也是合理的。

　　反对这种时间界定的人认为希腊名单中忽略了萨摩斯(Samos)和吉奥斯(Chios),后者是著名的荷马后代(Homeridae)的家乡,并且荷马在任何地方都没有提到福凯亚(Phocaea)和士麦那(Smyma)。希罗多德说,在古风时期,萨摩斯和福凯亚在长距离航行方面首屈一指,并且在萨摩斯的考古发现了数量可观的希腊庙宇。将两个名单合并起来,现存名录的地理联结点就是罗德岛(Rhodes)⑩。名录的最终形式是罗德岛人的成果? 我们记得字母产生于罗德岛的可能性。最初的阿开奥斯人名单独特地以线性文字 B 的方式下保存下来,线性文字 B 作为一种媒介的有效性也受限于这种目的,那么有可能字母被偶然运用于誊写阿开奥斯人的名单? 如果这是真的(这只是猜测),这类名单就是由公元前 8 世纪晚期或公元前 7 世纪的某位游吟诗人或一群游吟诗人编辑的,他们的兴趣是塑造一种神话来反映海军时代的状况。不过,古时祖先的记忆胜于这些海军时代改写的人,并牢不可破。被遗忘的城市和王朝以及宏伟的建筑对这些聆听并反复吟诵它们的人来说,仍然有着循环的韵律和骄傲的光环,阿开奥斯人的名录对于荷马两首史诗的颂扬而言仍然是历史想象的组成部分。

特洛伊名录

　　与前相比,特洛伊的部队则驻扎在陆地,不是派遣到海上的远征军。从宙斯那里带来消息的伊里斯(Iris)促成了特洛伊军队的集结。当她到达时(2.788 – 789):

---

　　⑩　尼尔森,同上;佩奇的《历史与荷马的〈伊利亚特〉》讨论过亚该亚的名单有着迈锡尼的渊源。

> 他们正在普里阿摩斯的大门内商讨着集会，
> 老少聚集齐开大会。

她督促普里阿摩斯（796 – 797）：

> 你总是喜欢没完没了的言谈（mythoi），
> 正如你在太平时期一样。但不间断的战争又开始了。

[65]在和平时期，特洛伊在广场上（agora）处理公共事务，agora可译为城镇会议（town meeting），不管这种会议是否暗示的是一个特定的地方。它在宫殿门前举行，这种设置保持了同时代与古代的混合。议程即将被外面的武装袭击中断，《奥德赛》中也有类似的场景，会议匆忙召开，第一位发言者焦急地询问："我们深受威胁？"圣使（divine messenger）——她确实只是一位充当哨兵的侦查员（792 – 793）——提醒到，一支数量庞大的远征军正从平原攻向城内（801）。她转向赫克托尔，催促他部署军队（803 – 806）：

> 普里阿摩斯的巨大的都城里有许多盟军（epikouroi），
> 在那些分散的人当中有不同的语言，
> 让每个身为将领的人发出信号，
> 让他把自己的同胞（poliētai）带出去，列成阵线。

这些命令大多与早期希腊时期城邦的军队布置有关，不是发生在内陆，而是在安纳托利亚（Anatolia），在那里，居民可能包括了盟军，少数民族在此处被称为同胞（citizen），他们住在城邦中，跟随他们自己的将领。这些官方的条例由常用的希腊动词 archein，而不是古风时期的 anassein 表达。为了抵抗军事威胁，同胞们以不同的群体在他们当地将领的带领下被召集起来。伊里斯在她的提议中插入的箴言表明了语言交流可能是个问题。有趣的是，里夫（Leaf）在此处的评论提醒读者要忽视 803 – 804 行。任何认为荷马的历史需要被认真对待的评论家都会不得不这样做。

　　与不同的民族混居在一起,这些希腊人长期受到居于内陆的非希腊人的威胁,由这几行判断,这座城市不是位于米利都(Miletus)就是位于士麦那或福凯亚并受之统治。当然,《伊利亚特》的神话要求特洛伊的位置与海岸有些距离,伊奥尼亚也同样如此。

　　赫克托尔对伊里斯的提醒立马做出了反应(808 – 810):

> 他很快解散大会,人人奔向武器,
> 城门全部打开,步兵将士冲出去,
> 巨大的吼声爆发出来,响彻云端。

　　[66]为了有效战斗,同胞群体不得不被动员起来。这发生在面对城邦的斜坡最高处(815):

> 特洛亚人和他们的联军在那里分队。

　　随后的特洛伊联军名单虽然没有希腊名单的三分之一长,仍遵循了叙述希腊名单的同样规则,但未提及船只:特定的民族中,有些被命名,有些并没有,他们被视为某个城市或地区的居民,跟随于某个或某几个将领指挥的部队。特洛伊领头,然后是特洛德(Troad)和赫勒斯蓬特(Hellespont)的城市,从东到西的色雷斯人(Thracians),然后回到安纳托利亚(Anatolia)提及帕弗拉贡人(Paphlagonians)、阿里宗尼亚人(Alizonians,不管他们是谁)、密西亚人(Mysians)、弗里基尼亚(Phrygians)、迈欧尼亚人(Maeonians)、卡里安人(Carians)和吕西亚人(Lycians)。这种效果展现出阿开奥斯人的对手也组成了某类“帝国”(尽管普里阿摩斯并未被提到)。军队由不同成分组成,并且有些名字是编造的。尽管(853 – 855)提到了希腊黑海(Greek Black Sea),但位于赫勒斯蓬特的塞斯托斯(Sestos)和阿比杜斯(Abydos)不太可能指涉历史上某个地点。人种史(ethnography)和地理大体反映了安纳托利亚临近伊奥尼亚人。弗里基亚人、迈欧尼亚人(即吕底亚人)和克珊托斯旁的吕西亚人不属于英雄时代,安纳托利亚内陆的银矿也不是,色雷斯人更不是。米利都可能或不可能将自己包含于迈锡尼传统,但与卡利安人通婚导致的居民混血已经在公元前7世纪被验证是事实,比如哲学家泰勒斯。由名单可知,其民族"说着糟糕的希腊语",毗邻城邦的最高处被称为"莱斯山"(Lice Mountain),听起来像个绰号。那斯特斯(Nastes)——其中一个米勒西亚(Milesian)将领(另一将领的名字是创造的)——"战斗时如穿金戴银的女人,十足傻气",被阿基琉斯所杀。这些充满恶意话语的暗示比英雄时代以降的任何传统更能反映在那个历史阶段对米利都的伊奥尼亚邻居的态度,尤其是对来自岛上的同胞,并且在这个缺乏详细地理信息的列表中,少有笔墨描述吕底亚(Lydian)和米勒西亚领地,这对于一位同一时期熟悉海岸和直接腹地的游吟诗人来说是可获得的材料。当然,伊奥尼亚城市(有一个除外)被省略了,荷马在其他地方也同样如此。但这种省略[67]是保护其想象的必需,有了想象,观众就将自己认同为英雄后代的子孙。⑪

很多关于荷马的书会让读者猜测特洛伊除了作为阿开奥斯英雄们的必要目标外,几乎不可能存在。实际上,它是一个大都市。它的城墙和城门、街道、房屋和神庙在卷3、6、22和24中有所描述。住在其中的"民众"是laos或demos。它的雅典娜神庙里存放着女神的不朽雕像,特洛伊妇女在向女神乞求的时候曾来过此地。考古学家已经发现了这种城市不应该有如此面积狭小的堡垒,这已众所周知。荷马口中的特洛伊拥有希腊语、希腊神明、希腊礼仪以及一种希腊生活方式。它经受了

---

⑪ 库克(J. M. Cook)在一些名字中发现了创造的成分,对于一位爱奥尼亚诗人来说,熟悉吕底亚和卡利亚地质学的迹象是可能的。

希腊城邦共有的危险。它可能是米利都或艾弗所(Ephesus)、塞巴里斯(Sybaris)、叙拉古(Syracuse)、雅典或科林托斯(Corinth)的合成图。荷马在描述普里阿摩斯的家室时,想象跃然纸上:儿孙满堂、宫殿宏伟,还有他一手创造的独裁政治和帝国。但这只是想象。

伊塔卡的生活方式

《奥德赛》围绕着一位丈夫(亦是父亲)的回归这一情节展开,在他离家期间,财富被闯入者占有。读者可能更为熟悉他在想要返乡的途中经历的陆地和海上遭遇,但这些只是加插在重要主题——家——中的陪衬情节。当奥德修斯的庇护人及保护者雅典娜从奥林匹斯山下降到伊塔卡,幻化成外乡人模样来到英雄家时,故事开始了。背景的展现可能会为荷马处理的现实问题提供第二个事例(1. 103 - 104,106 - 112):

> 她来到伊塔卡地区(township),奥德修斯的宅院,
> 站在院门前(front door)……
> 她看见了那些傲慢的求婚人,这时他们
> 正在厅门前一心一意地玩骰子取乐,
> 坐在被他们宰杀的条条肥牛的革皮上。
> 随从和敏捷的伴友们在为他们忙碌,
> 有些人正用双耳调缸把酒与水掺和,
> 有些人正在用多孔的海绵擦抹餐桌,
> 摆放整齐,有些人正把许多肉分割。

[68]有人坚持认为,即使这不是真实的迈锡尼场景,至少也重建了无历史记载时期的回忆,因此在已接受的史前意义上来说也是英雄时代的回忆。他们支持这一观点是基于以下事实:很多描述物

体和人们行为的语词同时指涉两个可以选择的层次。它们可以被翻译为指涉历史的希腊单词;但同样可以被翻译为对这种指涉持中立态度,或者将这种指涉转变为相等的浮夸辞藻。第二种翻译方法赋予了这些语词史前的味道,更不用说也是英雄的。因此,"伊塔卡地区"(township)可以被概括为仅仅是伊塔卡的"土地"(land);奥德修斯的"院门"(front door)变成了"奥德修斯家大门的入口"(the entry of the gate of Odysseus),"院子入口"(yard threshold)变成了"庭院的入口"(the threshold of the courtyard)。"忙碌的佣人"(busy servants)变成了"整装的护卫"(ready squires)。这些例子摘自巴彻(Butcher)和朗(Lang)的仿古翻译。但一小部分荷马词汇中的含义就是专指史前的,词汇的大部分经历了语义的变化,变化源自对希腊时期经济和社会状况改变后的回应。比如,希腊单词 aulē,可以被认为暗指与门厅、柱廊和入口一起的迈锡尼人宫殿。它同样也可以暗指一家大户门前的院子。在这里指的是哪一个? 因为在之后的某处,荷马间接地提到,牛羊被系在柱廊上(20.189),这里有可能真是迈锡尼人的前院吗? 在这个例子中,不受欢迎的客人在屋外的院子内,玩着游戏,坐在吃肉后剩下的动物皮上,大概是为了不让自己沾染灰尘。场景如下(114,115 – 120):

> 特勒马科斯正坐在求婚人中间……
> 幻想着高贵的父亲,或许从某地归来,
> 把求婚人驱赶得在宅里四散逃窜,
> 自己重享荣耀,又成为一家之尊。
> 他坐在求婚人中这样思虑,看见雅典娜,
> 立刻来到宅门边,心中不禁懊恼,不该让客人久待门外。

因此特勒马科斯欢迎他,给他食物,准备聆听他的故事(126 – 130,132 – 134):

> 他们走进院里,进入高大的厅堂,

把手中握着的长矛插进高大立柱前的
一座制作精美的矛架里,那里摆放着
饱受苦难的奥德修斯的根根矛枪;
他请女神在宽椅上就座……
[69]他再为自己搬来一把华丽的座椅,
远离求婚人,以免客人被吵嚷声烦扰,
身处狂傲无礼之人中间,无心用餐。

　　这种事前交代假定了最简单的建筑结构。房屋装置不炫耀;风格也正规且家常。特勒马科斯的问题很实际:父亲对财产的权力在其不在家时是怎样得到保护的?

　　客人被侍奉洗手并填饱了肚子。求婚人进入厅堂,坐在便椅和宽椅上,大吃大喝,听歌享乐。所有这些描述的场景风格符合古时(antique)的礼节和韵味。但关于正在发生的事,没有一件是古时专有的,更不用说是英雄时代的。

航海、战争和农业

　　特勒马科斯靠近陌生人的耳朵说话,以免被偷听,解释房屋的主人不在家,可能已在海上溺亡,可能已在岸上被杀,无人知道。此处没有可以打破沉默的任何交流。但特勒马科斯很想知道他是在与谁说话(170 – 172,175 – 177)。

你是何人,来自何部族?城邦父母在何方?
你乘什么船前来?航海人又怎样
把你送来伊塔卡?他们自称是什么人?……
你第一次来?或者是家父的客人?
因为往日里有许多人都来过我们家,

我的那位父亲也一向好与人交往。

特勒马科斯所想的并不是特洛伊的某位神明。他的父亲是一位具有流浪精神的伊奥尼亚商业海员,待客大方,在一次航行后再也未归并被认为已无生还的希望。特勒马科斯期许着因其姓名、城市、父姓而认出眼前人,与克塞诺普法涅斯在古风时期的晚些年月使用的惯用语一致。⑫ 特勒马科斯并没有把客人看作是有仆人伴随的将领,而是将船停在了某处的商人,船上的船员对他来说皆是陌生人——他们是被雇佣的或者做着自己的生意。

[70] 客人说了自己的名字、父姓以及居于何处(181 – 188)。

> 喜爱航海的塔福斯人(Taphians)归我统治。
> 我现在偕同伙伴们乘船航行前来,
> 循酒色的大海前往操他种语言的种族,
> 去特墨塞岛(Temese)换铜,载来闪光的铁。
> 我们的船只停靠在离城市很远的地方,
> 在港口瑞特隆,泊在荫蔽的涅伊昂崖下。
> 我敢说我和你父亲早就以朋友相处,
> 你若想探明此事,可去询问老英雄拉埃尔特斯。

这些话足以勾勒出关于海上贸易与海外殖民的状况。为了更清楚地说明这一点,仅仅指出这一点——对青铜器时代文化的描述,却出现了一船铁,这是时代错乱——是不够的。我们已不再处于青铜器时代。这一画面的地点可以属于任何早期希腊时期的希腊海上城镇,或许在伊奥尼亚,或许在岛上,或许在内陆,或者在西

---

⑫ 《奥德赛》7. 237 – 238(Arētē 对奥德修斯说的话),24. 298(拉埃尔特斯对奥德修斯说的话);另参 8. 550 – 553(阿尔基诺奥斯对奥德修斯说的话);克塞诺普法涅斯 B22. 4。

方。在那时的条件下,一小部分这类城镇存活了下来,可供考古研究。吉奥斯南端的安普里奥(Emporio)正好满足这一点。⑬ 就此而言,不管瑞特隆和涅伊昂是否真正是伊塔卡的名字,这一时期的希腊城镇在公元前 5 世纪和公元前 4 世纪仍然被保存了下来,建筑群包括一个城镇据点,未设防,但有城墙环绕,受保护的海滩与城墙相隔但不远,还有一个农业腹地。所有这些都是那一时期在岛屿间活动的航海家的第一选择,因为他们的生意范围跨越了东地中海。他们都是海员,也是时刻就绪的桨手以及农民和商业家。

生意的扩大使他们与安纳托利亚、非洲、西西里以及意大利这些"操他种语言"的非希腊人有了接触。冶金术在这种商业中也变成了一个重要的项目。政治上来讲,城镇或城邦都是自发形成的。它们感兴趣的事不多,参与军事战斗是其中之一。经济上说,只有在交流和商业保持开放的时候,这种希腊文化才可以变得可行并且一直维持。⑭ 这取决于在希腊同胞港口上出入的所有航海者的安全行为体系,正如他们所做的那样,也取决于他们中断出游或航海的权力。在

---

⑬　韦伯斯特:《荷马史诗指南》,页 454,《从迈锡尼到荷马》,页 157。

⑭　即使爱奥尼亚的商业扩张并不早于公元前 700 年(Roebuck, Hanfmann),少数的农业货物和各种人工制品肯定在那之前就在海上的航船里季节性地交易着(赫西俄德《劳作与时令》618－632,641－648,672－688)。芬利的《奥德修斯的世界》第 75 页为《奥德赛》的"英雄"背景辩护,指出了存在"贸易者"一词(emporos,2.319;24.300－301 指的是乘客,与航船主人有着区别)。但奥德修斯在他的其中一个谎言中说自己变成了航船主人的一部分交易品(14.295－296)。拉埃尔特斯在接待奥德修斯时,已经把飘零海上看作一种生活(24.298－299;另参 7.238)。奥德修斯坐的船(schediē)是一个商船(phortis,5.250)。在费埃克斯人中,他被嘲弄为一船的船长(archos,在名单中用到的头衔),船员都是生意人,眼里只有利益,而不是一位 athlētēr,有能力参加竞赛。这种势利在戏剧上讲是有效的。职业化在运动员中已经变得令人厌恶(克塞诺普法涅斯 B.2)。但它并没有证明一种概念,即"奥德修斯生活世界的伦理禁止将贸易变成一种职业"(芬利,《奥德修斯的世界》,页 73);赫西俄德描述的商业也不是一个分离出来的职业。

所有城市中保留"联络员"(correspondents)这一问题就得到了解决,正如欧洲在19世纪以前跨国旅行和商业问题得到解决一样。[71]只有在口语时代,这些人才不可能是文字上的"联络员"。如果当诚意以及身份的证据得以显示,这些联络员就通知各自的主人和客人,带有相互招待与保护的义务。之后,这一系统扩张到一定程度,就产生一整个外国居民群体,他们居于某城,但与其他地方的人保持生意往来。

客人提到特勒马科斯的祖父拉埃尔特斯,为描述他的境况提供了机会(189 – 193):

> 拉埃尔特斯,听说他现在不再进城,
> 远在乡下居住,忍受着无限痛苦,
> 身边唯有一老姬伺候他饥食渴饮,
> 每当他因繁重的劳动累得困乏无力,
> 疲惫地缓缓爬上葡萄园地的斜坡。

这是与城市临近的农业园地。客人在歇息时详细地讲述了此事,因此让我们有机会了解拉埃尔特斯。此处居住的是城镇里来此处经商、探望亲属及诸如此类的农民,但从乡下到城里路程很远,对于一位要在老姬的帮助下才能照管斜坡上葡萄园的老人来说,路程太远了。他的劳作就正如赫西俄德笔下农民的劳作,勤勤恳恳,对于他和赫西俄德笔下的农民而言,现实的生计比生存水平高不了多少,但这可以因为商业和旅游得到改善,这也正是他的儿子擅长的生意。他的儿子更为富有,在城镇的郊区有一座宅邸。在阿里斯托芬生活的时代,阿提卡的生活水平得到了改善,但他的很多戏剧将会证明城镇(town)与乡下(country)之间的相似关系。

诗人的吟唱肯定并未忘记他对观众的义务。他必定要赋予其作品浪漫主义的特征。因此,他的伊奥尼亚商人⑮变成了"塔福斯

---

⑮ [译按]此处指客人,也就是雅典娜。

的主人",那一神秘的名字(那是否与萨摩斯或福凯亚有关?),就好像他是位迈锡尼君主,为了得到他想要的铜币(copper),不得不远行至"特墨塞岛",另一个传奇的名字,很明显是作者创造的。年老的祖父被尊以"英雄"之称,⑯但其含义并不是我们当今"英雄"意义上的勇士,因为他当然不是,而是在古时荷马意义上的勇敢男人,对游吟诗人、使者、医生、王子以及普通市民而言,这一称号都是可接受的。客人继续说(194－199):

> [72]我这次前来,只因耳闻他业已归来,
> 就是你父亲,却谁知神明们阻碍他归返。
> 神样的奥德修斯还活在世上没有死,
> 可能被浩渺的大海阻拦,生活在某个
> 环水的海岛上,凶暴之人强把他羁绊,
> 一伙野蛮人,逼迫他不得不在那里留驻。

虽然我不是预言家,但他继续说(203－205):

> 他不会再长久地远离自己亲爱的乡土,
> 即使铁打的镣铐也不能把他锁住;
> 他仍会设法返回,因为他非常机敏。

这种言论并未将奥德修斯看作一位远离故土、被围困在特洛伊长达近20年的勇士,而是如眼前这位讲话者一样的旅人,在离海岸有些距离的海上与某些危险的客人做生意,后者暂时将他扣留了下来。然后,客人细看特勒马科斯,惊呼(207):

> 你不是奥德修斯已成年的儿子?

---

⑯　参第五章。

他注意到相似之处,又说(209 – 212):

> 我和他往日经常晤面,
> 在他前往特洛亚之前,阿尔戈斯人的
> 其他英雄也乘着空心船前往那里……
> 从此我和奥德修斯便未能再相见……

这样,诗人就快速地回到奥德修斯在很久以前的神话中英雄的角色。但他并未就此停止,因为特勒马科斯立即回应(214 – 220):

> 客人啊,我也完全真实地向你禀告,
> 母亲说我是他的儿子,我自己不清楚,
> 因为谁也不可能知道他自己的出生。
> 我真希望我是一个幸运人的儿子,
> 那人能享用自己的财产,颐养天年。
> 现在有死的凡人中数他最不幸,都说
> 我是他的儿子,既然承蒙你垂询。

客人赞美了特勒马科斯的母亲,给了他礼貌性的安慰(222 – 223):

> 显然神明并不想让你的家族湮没,
> 既然佩涅洛佩生了你这样的好儿子。

[73]特勒马科斯已经记不住他父亲的模样。父亲已离家太久,以至于存在着特勒马科斯不是合法继承人的可能性。如今,他已长大,父亲不在身边,他既不能在父亲死后继承属于他的财产,也不能自己掌管这笔财产,因为他没有凭证。海上航行在希腊几何时期和古风时期普遍流行,在这种情况下,确切地讲,像特勒马科斯这样的

情形发生的频率有多高？

家庭内的礼节

　　客人与主人交谈甚欢，他注意到了屋内似乎不太寻常的场景。他继续问，你能解释一下（225 – 229）：

> 这是什么盛宴或聚会？你为何要如此？
> 是共饮还是婚筵？非寻常聚会可相比。
> 我看他们是一帮狂妄之徒，在你家
> 放肆地吃喝，任何正派人遇见他们，
> 眼见这种恶行，定都会满腔气愤。

　　家庭聚会和招待是这种文化的普遍特征，总有食物相伴。婚礼、重聚、颂餐以及更多的朋友凑份子聚在一起并献出自己的微薄之礼这种亲密场合——如果客人偶然出现在这种场合，他可能会期望看到其中的某种场景。但当前聚会的参与者对未来主人并不礼貌，这让客人吃惊。他们不适合任何适当的场合。他们触犯了特勒马科斯已经习惯的社会基本法则之一。这个问题让特勒马科斯有机会更清楚地解释他心灰意冷背后的事实（232 – 243）：

> 我的这个家往日曾经富裕而显赫，
> 当我的那位父亲在家主持家政时……
> ……但如今他在凡人中间杳无音讯。
> 我也不会为他的故去如此悲痛，
> 倘若他和同伴们一起战死特洛亚，
> 或是在战争结束后死在亲人手里。
> 那时全体阿开奥斯人会为他造坟茔，

他也可为自己博得伟大的英名传儿孙。

现在他却被狂烈的风暴不光彩地刮走，

无踪无影，音讯荡然，给我留下

忧伤和痛苦。

[74]奥德修斯身在何处？为什么？客人的意图必须直截了当。为了让故事——想象——继续进行，特勒马科斯简洁地谈到了奥德修斯在特洛伊神话中的英雄背景，然后又立即将其从中抽离出来。儿子与父亲的角色，以及儿子在言语中的意图，都属于当时的伊奥尼亚场景。在所有的社会中，物质安全与社会地位通常是相连的，一个是另一个的功能。人的姓名就是他的身份，姓氏与名气（希腊语 kleos）越大，他的社会地位也就越高，行使的权力也更为有效，基于这种权力，他的财产才会得到保障。直到主人去世，财产的保留依靠的不仅他有成功的事业，还依赖于这一事业被社群、被朋友以及亲戚熟知，因为后者才是确定这些权力的见证者。这种确定依靠口头传播，口口相传，因为还未有文字记载。这种社会认同的依赖——某人的 *kleos*——由父及子，具有同等的效力，以至于儿子可以继承父亲的财产。但首先需要考虑的是，父亲的一生为人熟知且他的行为为人称道；其次，为他盖棺定论的人是他的见证人；第三，孩子与父亲的父子关系被同一见证人承认，这样他才能继承父亲的地位。以特勒马科斯的情况为例，他一个条件也没满足：无名的父亲失去音讯，熟悉奥德修斯也不能断言奥德修斯的儿子在共同体中就有地位以及具有无可争辩的继承权。

特勒马科斯的反应折射出了这样一个社会，不仅交流是完全口语化的，所有的记录也同样如此，这个社会脱离不了言辞，脱离不了宣告的、重复的和记在脑里的语句。线性文字 B 在此处并没有提供视觉上有效的法律体系。财富的一些积累是可能的，但财富的继承经常冒着海外旅行和海外战争的危险。在此例中，这种危险被想象成了发生在"特洛伊"与其他希腊城邦作战的场景中。然而，同一城邦中的臣民都是希腊人，"全体阿开奥斯人"（Pan – Achaeans）分享共同的文化、共同的贸易经济以及频繁相互作战的城邦成员。这不是迈锡尼官僚统治的联邦，而是阿尔基洛库斯生活的世界，一个充满士兵冒险精神的世界，"泛希腊人"（Panhellenes）去往塔索斯（Thasos），可能掠夺财物，可能占领庄园，可能在战斗中牺牲，或可能在去那儿的途中或归途中溺亡，所有希望和野心都失败了。

> [75]神明们又给我降下其他种种不幸：
> 统治各个海岛的一个个优秀之人（aristoi）……
> 或是巉岩嶙峋的伊塔卡的众多首领，
> 都来向我母亲求婚，耗费我的家产。
> 母亲不拒绝他们令人厌恶的追求。
> 又无法结束混乱，他们任意吃喝，
> 消耗我的家财，很快我也会遭不幸。
>
> （244 – 245，247 – 251）

　　毋庸多言，这里是这片地区中的一个庄园，为了获得庄园，与寡妇结婚也值得，为了获得她的芳心，与对手撕破脸皮也值得，如果事情真的到了那一地步。而地位低下的人无力竞争。这一片区的所有首领，包括这些来自毗邻的岛屿上的首领，都在相互竞争。对合格人数的夸张扩大了合理性，但仍然再次符合英雄式想象的背景，因为奥德修斯最后会将他们一一击败，获得胜利。求婚者采取的步骤是待在寡妇的门阶上，等待她宣告决定。她的丈夫音讯全无，他们为什么不可以这样做？但他们的行为已经太过分了。他们占领庄园，对仆人呼来唤去，将前提——不能违背不成文法——忘得一干二净。丈夫杳无音讯，在这种情况下，你有权力对一位妇女施压，但不是以求婚者那样的方式。狂妄（hubris）已经成为他们的标志：在客人眼中，他们被烙上了狂妄的印记。当故事渐渐显现丈夫并未去世时，情节的结尾将转向道德问题。但他们会以什么方式知道？

每个人是如何知道的？知道这一背景的读者不会把奥德修斯错当成迈锡尼国王，一位雇用了随从并统治卑微农民的人。客人在知道所有事实后，得出了最明显的结论(253－254)：

> 我知道了！你确实需要奥德修斯——但如今未归返。
> 让他显身手对付这些无耻的求婚人。

然后他回忆了他认识的奥德修斯(257)：刚毅勇猛(256)、纵情宴饮(258)、情深义重(259－264)！这是回忆主角英雄的一面，一位很快就会击败求婚者的男子(265－266)。但现实是：

> 不过这一切全都摆在神明的膝头。
> 他会归来在这个家狠狠报复求婚人，还是他不再归返？

[76]我们仍然不知道。

政治现实

但当客人接下来置身于眼前的情形时，对英雄的回忆让位于现实：特勒马科斯需要做的，是谋划出怎样赶走求婚者的计划(270)，因此，他必定注意以下的建议(272－280)：

> 明天你召集阿开奥斯英雄们会商，
> 并向人们发表讲演，求神明为你作证。
> 你应该要求那些求婚人各自回家；
> 至于你母亲，如果改嫁合她的心愿，
> 就让她回到她那强大的父亲家里。
> 他们会给她安排婚礼，筹办嫁妆，

嫁妆会丰厚得与可爱的女儿的身份相称。
你需要做的
是准备一条最好的快船,配桨手二十……

实际上,特勒马科斯必须下定决心暂时离家,虽然那有点冒险。他必须远航,寻找与父亲有关的讯息,不管是吉是凶。他可能获得的任何消息,一旦被确定(282–286),就可以使自己的身份变得更清楚(287–296)。这种冒险的举动必须有准备措施。他必须召集一次公民大会(agora):故事开始紧抓当前的政治现实了。

公民大会的程序是口头的,它将一个需要解决的问题放到公共历史中的必要性加以说明,并阐述这个解决办法应该是什么。在这些见证者面前,宣告将会有效,首先是因为会议的成员们,其次是神明们,他们是支持诺言、约定或威胁的必要见证者,因为发言者缺乏直接执行它们的权力。

会议被恰当地组织起来,第二卷记录了过程,现实情况贯穿其中。长者掌控了会议,在他们面前,特勒马科斯像原告或诉讼当事人。但为了呈现他是一位英雄主角的模样,荷马为他的开场简明地使用了想象(2.2–5):

奥德修斯亲爱的儿子就起身离床,
穿好衣衫,把锋利的双刃剑背到肩头,
把编织精美的绳鞋系到光亮的脚上,
迈步走出卧室,仪容如神明一般。

[77]对于失踪父亲的描述证实了奥德修斯暂时失踪的现实,这里带有一些古风的味道。这对虚构来说是必要的。此处,对于特勒马科斯的描述也带有同样的味道。他即将面对在公民大会上发言的严酷考验,并暂时从一位失望的、愤世的、无助的人转变为了一位年轻的迈锡尼英雄人物。为了达到这一目的,荷马采用了这些用

语:剑、鞋以及神性的模样。因此,他以英雄的级别出场(10-14):

> 特勒马科斯也来到会场,手握铜矛,
> 他不是一人,有两只迅捷的狗跟随。
> 雅典娜赐给他一副非凡的堂堂仪表;
> 人们看见他走来,心中无比惊异;
> 他在父亲的位置上入座。

为了支持这种转变,荷马提到了神性。这确实是迈锡尼王子坐在君主房间里的画面,他的面前是顺从的朝臣。考虑到实际的情节设置,不协调性显而易见,即这个座位在过去二十年在哪儿?

市民社会

特勒马科斯所处的社会以及生活的社会是"荷马口中的城邦"。[17] 当奥德修斯在之后以变装的形式归来,想要用计谋重新夺回财产控制权时,奥德修斯也被带进了与这种共同体接触的情形中。奥德修斯与人们的接触始于他与他的牧猪奴在乡下村舍的相遇,那里成了他暂时的家,从这里开始,他即将进入自己真正的家而不被认出来。欧迈奥斯(Eumaeus)的帮助会助他一臂之力。这是情节需要的安排。但他对欧迈奥斯最初的提议并未在这些术语中表达出来。他说(15.307-310):

> 我意欲明晨离开此处,去城里(astu)乞讨,
> 免得让你和同伴们无端耗费添艰难。
> ……引我进城(ptolis);我进城后将自己游荡,

---

[17]　参本章注释1。

也许会有人递给我一杯水或一块面饼。

　　此段证明一个有着街道的城市化中心是存在的,在那里,奥德修斯必然可以乞讨,对于穷困潦倒之人来说是必要的自我救助之法(可参 18.1－2),而不是继续依赖欧迈奥斯为生。他接着说下去,确切地说,是诗人为他这样安排(313－314):

　　[78]或许我会前往奥德修斯的宅邸,
　　并向佩涅洛佩报告消息……

　　因此,当村舍(cottage)里的人准备进城时,诗人描述他们的言辞是去往"城"(city)中,而不是去往中心(megaron),奥德修斯富丽堂皇的家。所以,当特勒马科斯让欧迈奥斯告诉他母亲,儿子现已安全时:"他把绳鞋系到脚上,前往城里(cityward,16.555)。"当他回来后,特勒马科斯问他"城中有何消息",然后"决定亲自去一趟城"(17.5),他告诉他的牧猪奴(17.6,9－11):

　　老公公,我现在就要进城(city),让我的母亲亲眼见见我……
　　你能把这位不幸的外乡人带进城(city)去?
　　让他在那里乞讨,也许会有人给他
　　一杯水或一块面饼。

　　听到这些,奥德修斯说:"对于一个求乞人而言,在城里游荡乞讨胜于在乡间(countryside)"(18)。但他会等到气温渐暖再出去,因为他们说"城离这里很遥远"(25)。特勒马科斯实际上"来到了那座华美的高大宅邸"(28),这似乎暗示,这是其中一条街,与母亲说完话后,离开了屋子,遇到了他的枪兵(spearman)佩赖奥斯(Piraeus),他"带领客人穿过城市,来到广场"(agora,72)。当他们"正准备启程上路"(183)时,牧猪奴对主人说:"既然你急于今天就要进城去……"(185)。故事继续:"牧猪奴领着主人进城……"(201)

> 距离城市已不远,来到一座美丽的、
> 建造精美的水泉边,公民们(politai)从那里汲水。
>
> (205–206)

当他们出现在安提诺奥斯——主要的求婚人——面前时,他气愤地问欧迈奥斯:"为什么把他带进城?"(375)。这种城里人的说话方式用得随意且无意识。现在我们面对的城中心有定期的市场以及民众会议的议席(15.468;16.361;17.72);特勒马科斯的船停泊在城外的港口处(16.327等处)。

高潮的情节发生在院墙之内。宏伟的大厅为奥德修斯铲除敌人提供了施展的舞台。但在这场战斗前的宴会[79]事实上与城里的公民节日冲突了(20.155–157):

> 晚宴会早些举行;
> 求婚的人们不会长久地空着这厅堂,
> 他们会早早前来;今天是全民的节日。

120行以后,诗人在他的叙述中加了一段自己的话作为旁白(275–277):

> 传令官们带着献祭神明的丰盛的百牲祭,
> 这时正走过城市,长发的阿开奥斯人
> 聚集在远射的阿波罗的幽暗圣林里。

原来,诗人挑选阿波罗是因为他与箭术之间象征性的联系,奥德修斯之后会用这一方法置敌人于死地。

因此,如果求婚人在室内被围攻,感到绝望无助,想要寻找一条出路逃到外面向人民寻求帮助时(22.132),我们也没必要感到惊讶。尽管他们假设一旦他们这样做,会得到迅速的回应,但他们不可能办得到。只有当他们被杀后,屠杀的消息才传到全城,史诗的结尾描述了这一事件的余波。

海上综合体

从这些细枝末节中体现出的荷马描述的城邦因为其偶然性而更令人信服,为理所应当的行为提供了背景。史诗中的一段插曲为精确陈述提供了机会。奥德修斯在回忆与库克洛普斯(Cyclops)的相遇时,他如此描述这些庞然大物(9.106-108,112-115,125-130):

> 我们来到疯狂野蛮的库克洛普斯们的居地;
> 他们受到不死的天神们的庇护,
> 既不种植庄稼,也不耕耘土地……
> 他们没有议事的集会,也没有法律,
> 居住在挺拔险峻的山峰之巅,
> 或者阴森幽暗的山洞,各人管束
> 自己的妻子儿女,不关心他人事情……
> 库克洛普斯们没有红色涂抹的舟楫,
> 也没有技艺高超的工匠为他们造出
> 排桨坚固的船只,让库克洛普斯们驾驶,
> 去到一个个人间城市,就像人们
> 驾船航行与许多城市联络结友谊,
> 巨怪们也可使那小岛归附自己变富庶。

[80]这些段落描述了库克洛普斯人的缺乏,从反面说明了奥德

修斯的所有。他所属的城市构造"完善",在历史上被人熟知,它建立于农业和商业经济协同实践的基础上,居民中不乏享有名望的工匠,并且这些人随时准备殖民未被占领的领土——尤其是岛屿。在听众面前,这种定义是足够恰当的,因为听众也生活在相似类型的共同体中。除了这些地理细节外,这一段还显示了一种文化意识状态。希腊人意识到自己享有公民社会的好处,而野蛮人对这种状态并无体会。

希腊军队的公民行为

可能有人会辩驳,认为《奥德赛》的创作晚于《伊利亚特》,可能更为接近地反映了公元前8世纪甚至是公元前7世纪的希腊情况。但就目前所见,与荷马同时代的现实世界有关的证据可能并不符合《奥德赛》中的描述。城邦以希腊化的形式存在,且它是海上综合体中的一员,这两种背景纯粹渲染了《伊利亚特》中的叙述。在我们最不可能想到的地方——希腊军队的行为——也可以感知到这一点。表面上,这是驻扎在异乡领土上的远征军,远离任何公民基地。但除了由军队以城镇会议的形式频繁主持集会外(之后的章节会谈到),军队周期性地表现出了像城市那样运转的倾向。

比如,在城邦的战事中,为了埋葬死去的人,双方协议停战已是标准的仪式。为了说明这种仪式,荷马中断了故事情节。这是对同时代听众的一种让步?即他们期望在完整的战事图景中看到自己的身影?或者希腊人表面上代表了被派遣到海外、掠夺异国领土的远征军,为了获得战利品而决心掠夺他们围攻的城市。但当他们与当地势力对抗遭遇了严重的失败时,他们并未打一场已经预备好重新登陆的后卫战,而是用全部的深思熟虑,着手建立一道有城门的防护墙,当舰队仍然停泊或靠在临近的港口时,他们仍可以继续防守。用火毁掉这个舰队成了[81]敌人的目标。叙述过程的结果则是一篇攻城战(siege warfare)的史诗介绍,占据了大量篇幅。希腊人已经变成了希腊海上居民,船队停在海港,将士们在陆地上因城墙的保护免受来自腹地敌人的袭击。冲破城门变成了敌人的目标,而保持海军资源变成了防卫者的目标。这是史前的记忆还是让希腊殖民地持续面对危险的回忆?诗人自己似乎意识到,整个插曲试图强调神话的想象,这就要求英雄们占领特洛伊。他用第一人称告诉我们,随后自然而然的掠夺已经将所有这些精美堡垒的痕迹从平原上清除。这一解释带有道歉的意味。⑱

故事的英雄气质(ethos)没有比战斗的描述中更清楚,这也是我们期望的。当勇士与勇士对抗时,矛盾就私人化了,要么追捕或逃亡,要么受伤或死亡。这些场景中主角通过名字和血统被确认,这似乎有纯粹的史前光环。神话通过将战斗个人化简化了正规战斗的混乱场景。

在历史上,不只存在一处有纪律的、具有邦与邦之间的战事特点的军事组织痕迹。学者们在第12、13 和16 卷中发现荷马提到了重装步兵(hoplite)策略,⑲但影响的普遍性不止于此。实际的战斗场景发生在第4 卷。命令一下达,大部队开始行进(4. 427 – 432):

> 一队接一队,达那奥斯人的队伍准备出动,
> 奔赴战场;每个将领给自己的士兵下达命令,
> 士兵们默默地行进;甚至有人会以为
> 那些跟随的人胸中没有声音,
> 他们保持缄默,是因为惧怕长官;
> 身上的彩色铠甲却不断闪烁光灿。

---

⑱ 《伊利亚特》12.5 – 34;修建的城墙并未得到神明的"庇佑"(1.6),或许在指涉需要为神明献祭的公民礼仪;《伊利亚特》24.446:城门为普里阿摩斯打开。

⑲ 韦伯斯特:《从迈锡尼到荷马》,页 214 – 220;基尔克:《荷马之歌》,页 186 – 187。

　　这正好描述了在连队将领的带领下公民军队在敌军面前行进的状况,因为它就是假定的迈锡尼军队。这就解释了为什么重装步兵时代的诗人提尔泰俄斯(Tyrtaeus)会自然而然地将爱国训道词置于荷马言辞中,也解释了为什么公元前5世纪和公元前4世纪的城邦公民阿里斯托芬和柏拉图会毫无疑问地将荷马指认为军事教育的公认来源。至于故事中的盔甲、武器和军事装备的细节用语都是希腊化的。[82]长短矛、刺刀、铜盔或羽盔、胸甲、胫甲、剑、弓与箭、战马、甚至是马车,都是希腊所有历史阶段士兵的普遍装备。此处的要点是,如果战士要上马作战,然后再下马车,这种步骤就展现了对迈锡尼习俗的不完善回忆。它可能也反映了一个事实,即在希腊精神中,马车是一种值得炫耀的装备,并且在史诗中是占有一席之地的竞赛工具,这在卷23的马车竞赛中显露无遗,但不是重要的军事武器。荷马式勇士的装备并不那么容易与城邦中武装公民的装备相区分,并且试图证明这一点的努力反而最后产生了不满意的结果。⑳

城中的建筑

　　《伊利亚特》中的普里阿摩斯(Priam)、涅斯托尔(Nestor)、墨涅拉奥斯(Menelaus)以及《奥德赛》中的阿尔基诺斯(Alcinous)都是住在宫殿里的国王,其中三个都有配偶,即王后。正如目前为止建筑显示的那样,整个生活方式是帝王式的(也有例外)。这些建筑是权力集中的所在地,是迈锡尼的回忆,也是荷马式想象的一部分。但它们却穿插在了主要是城市化的——我们也可以说是分散化

---

　　⑳　《荷马史诗指南》页504 – 522(斯塔宾斯,"兵器")总结说:"但此处同样说明了与其他装备相关的兵器:简而言之,诗人提到的是适合于任何时代的希腊战车的特征。"基尔克:《荷马之歌》,页190 – 192区别了《伊利亚特》对迈锡尼长盾和长矛的指涉,与圆盾和短矛形成对比。

的——被偶然提到的场景中。荷马诗歌中的城市构建于一种街道
地图之上,并且街道宽阔——一个常用的词语。帕里斯和赫克托尔
在特洛伊占有私人战马,并且城中的妇女在大众队列中穿过街道到
达庙宇。奥德修斯的家是郊区外的庄园,与邻居相隔不远。其建筑
在情节中扮演了一定的角色,但对它的描述需要一定程度的现实。
当奥德修斯在阔别家乡 20 年后第一次看到他的家时,它的外表被
适当地夸大了,他终究是一个乞丐,成长于象征他真实身份的院墙
内(17. 260 – 268):

> 奥德修斯和高贵的牧猪奴
>
> 在宅前停住,但听得空肚琴声音嘹亮,
>
> 诗人(the bard)费弥奥斯(Phemius)正在为求婚人演唱。
>
> 奥德修斯抓住牧猪奴的手这样说:
>
> "欧迈奥斯,这定是奥德修斯的华丽官宅;
>
> 即使在众多住宅中间也很容易辨认;
>
> 这里房屋鳞次栉比,庭院建有
>
> 防护的卫墙和无数雉堞,双扇院门,
>
> 结实坚固,任何人都难以把它攻破!

[83]这里是一位绅士的家,而不是一所宫殿。它比得上其他耗
资较少的建筑,应有的标示(notice)从建筑上被取下,院门由能工巧
匠建造。细节显现得越来越多,更多的则是家常之物。为了到达大
门,必须穿过堆积的骡子粪便和躺卧在草堆上的牛群(17. 296);庭院
变成了猪群吃食的院子(20. 164);并且柱廊也是羊群和牛群系绳的
地方(20. 176, 189,即使在斯巴达,马群也拴在墨涅拉奥斯的庭院里,
马车靠在门边,4. 40)。奥德修斯的家有两层,配有楼梯,诗人试图将
这里与涅斯托尔宫殿的结构关联起来。但城邦里的木制房屋在早些
时候都只有一层? 大厅的墙上挂着盔甲与武器,长久未用,布满了烟
囱里的灰尘(16. 284 – 290)。求婚者必定不会使用这些装备,因此奥

德修斯指导他儿子将它们"立即搬进高大的 thalamos㉑ 的角落里贮存"(16.285),"将它们全部放置起来"(19.4－9)。然后,特勒马科斯让女仆们全部回屋,这样他才能"将武器放进 thalamos"(19.17－19)。这是一个"军工厂"还是更为简陋的贮藏室?后来我们知道,那是楼上,女仆们若没有得到必须呆在屋里的命令,就可以在楼上观望事件的进展。奶妈告诉特勒马科斯他需要一位仆人在身后为他掌灯,去 thalamos 的路漆黑一片。事实上,雅典娜为他们照亮了道路,特勒马科斯看到了投射在房屋顶梁和柱廊顶端的光线(33,38)。

当求婚人的处境变得严峻时,牧羊人背叛了奥德修斯,猜出武器藏在了哪里——"除了里面别无他处"——因此,他"沿着墙破裂的地方(rhoges)""爬上"了 thalamos。这个单词很独特,没有人确定那是什么意思。有些译者用想象,将其译为"天窗",好像他们的行动在一个非常小的教堂里进行。㉒ 牧羊人第二次搜寻这个房间时,被捉住并"绑在了屋顶梁木上"。这些武器放到哪里去了?最大的可能性就是二楼之上屋顶梁木下的阁楼或顶楼里。在光的帮助下才能到达那里,如果阁楼的门未关,光就会反射到大厅的屋顶上,事实上特勒马科斯后来悔恨地想起来他忘了关门。这些建筑暗示,背脊似的屋顶(有可能是茅草所盖)在早期庙宇和希腊化时期房屋的建造中具有代表性,与史前时期宫殿扁平的屋顶形成对比。[84]《伊利亚特》同样熟悉这种类型的屋顶(23.712)。任何大小的房屋都会有这种杂物堆放室,储存多余的东西,它是希腊房屋中真正现代的房子。任何人要用阁楼时都得小心越过这些托梁,"大厅的隔断"指的是天花板托梁之间的间隙?

在背叛的牧羊人决定拿到武器之前,另一个解救求婚人的方法被提了出来,即他们跑到大厅的外面,让邻居们惊觉到他们的困境

㉑ "任何种类的屋子"(韦斯[Wace]:《荷马史诗指南》,页493)。

㉒ 布里根(Blegen)在《荷马史诗指南》页425中描述了涅斯托尔宫殿中(可能)存在的储藏室。

并施出援手。奥德修斯把守前门,后门没有出口可以逃离。但有另一个出口,它"在最外面的门槛的墙上",荷马称之为 orsothura(高门),它通向称为 laure 的地方,并且门扇紧闭。奥德修斯让牧猪奴守在那儿,以防任何人通过。其中一个求婚人问,为什么不能从 orsothura 逃出,然后告诉人民? 背叛者说不行:出口离院子的门口很近,通过 laure 也困难,一个人就可以把众多人挡住(22.126 – 138)。这种构造安排是怎样的? 抬高的"旁门"是通向"比所有门槛都高"的更高一点的走廊? 或者是通向"天窗"? 或者它是围绕整个屋子的通道? 这些观点都与想象的概念一致,但建筑需要的复杂增添物却是不太真实的。词源学和相似的普遍用法都表明了 orsothura 和 laure 的粗陋含义。Orsotura 字面意思为"后门",与大厅的主要出口邻近,通向"厕所"(laure),外面同样可以通达这里,因此人可以通过这里逃到外面。这种厕所的地板因卫生原因被抬高,并且从大厅内部到此处还有阶梯,双扇门紧闭了大厅到此处的入口,气味也不得而入。这些布局都服务于屋内用餐者的需要,也服务于这些不用进入屋内就可以使用厕所的人。荷马对建筑的描述按照新英格兰的早期建筑布局来看㉓偶尔会比较清晰。

荷马叙述的一些职业

《伊利亚特》中的某位波吕达马斯(Polydamas),在特洛伊一方

㉓　格雷(Gray)认为这是迈锡尼背景,包括 orsothur,一种独特的构造:参韦伯斯特:《从迈锡尼到荷马》,页 113。我引用了巴彻(Butcher)和朗(Lang)的翻译来阐述适合"英雄的"华丽辞藻,也就是迈锡尼式的描述。我根据词源学和古典用语来释义 orsothura 和 laurē(《希英大词典》词条)。弥尔东人(Myrmidons)为阿基琉斯建造的木屋(klisia:《伊利亚特》24.449 –456)以及欧迈奥斯为自己建造的农场(《奥德赛》14.5 –14,在这里 rhutos 意思是破烂的,而不是"有沟的")同样还有(6.267)表明了古风时期家庭建筑的级别,混杂了木料、石头和茅草,但并未保存下来。

扮演着审慎的参谋一角(但在危险之际,他的建议被忽略了),他在一场危机中责怪赫克托尔,因为赫克托尔自认为是一位杰出战士,也就因此比他人更善于谋划,[85]波吕达马斯用以下话语支持自己的结论(《伊利亚特》13.730 – 733):

> 神明让这个人精于战事,让另一个人
> 精于舞蹈,让第三个人谙于竖琴和唱歌,
> 鸣雷的宙斯又把高尚的智慧置于
> 第四个人的胸中,使他见事最精明。

这种对成就类型的惯用定义无疑反映了游吟诗人的偏心——这在两首史诗中都有所见。这一段以扮演的角色(erga,作用)为基准将社会归类,战士的角色是百里挑一的。这不是以战士为中心的社会的语言。《奥德赛》也有与这并行的一段。当欧迈奥斯带着他的主人、伪装成乞丐的奥德修斯进入屋内,一位求婚人不欢迎他的到来,因为餐桌周围已有太多等待食物的乞丐,为什么还要多增加一个?欧迈奥斯不赞成这种说法,用以下话语解释说(17.382 – 387):

> 谁会自己前来,又约请外乡客人,
> 除非他们是懂得某种技艺的工匠(demiourgoi),
> 或是预言者、治病的医生,或是木工;
> 或是感人的歌人,他能歌唱娱悦人;
> 那些人在世间无际的大地上到处受欢迎,
> 谁也不会请一个乞求人给自己添麻烦。

public worker 是通常翻译为"技工"的直译表达。游吟诗人被看作是像木匠那样有技艺的人,都属于技工阶层,谁需要,他就前往,并且他们的技艺也得到赞扬,邀请人通常以提供伙食或住宿的

形式付酬。如果他们是异乡人（xenoi），他们仍可以在城邦服务，但却不是城邦中的公民。这些服务就是泛希腊化的，暗示了大量劳动的流动性。英雄式想象并不喜欢工匠的出现，因为后者的活动是军队的反面。但这并未阻止奥德修斯扮演为自己造床造船的熟练工匠的角色（《奥德赛》23. 188 - 204；5，243 - 262；卡吕普索提供帆布）。甚至普里阿摩斯的儿子吕卡昂（Lycaon）也在无花果林中砍伐树枝做战车栏杆。他正在果园中砍伐，也正是阿基琉斯捉住他的地方（《伊利亚特》21. 35）。史诗中的女性都擅于纺织，[86]并且通常被呈现为无视社会地位的女性，不管她们扮演的是主妇的角色（安德洛玛珂和佩涅洛佩）还是女王或公主（海伦和阿瑞特）的角色。当然，史诗中作为勇士的男性具有良好的素养。但通常他们都会在普通人承担普通任务的行动中被背叛。普里阿摩斯作为辽阔帝国的王，在准备赎回赫克托尔的尸身时，他打开箱子的盖子，看到最好的衣服和毛毯静放其中，于是将它们取出（《伊利亚特》24. 228）。他拿着王杖，将好奇的邻居赶出屋子（247）。他不由分说地将剩下的儿子叫到跟前，备好马车，装上他已准备好的东西（262）。他们动作敏捷，像马夫或车夫那样准备着（266 - 277）。普里阿摩斯登上马车，亲自挥鞭，跟在装满货物的马车后（322 - 324）。当他与阿基琉斯的会面提上日程时，他因此也就从王变成了一位老人，像其他任何处于这种情形下的老人一样，只不过他是位容易受到惊吓的亡子之父，为完成这件任务充满了勇气。这不是迈锡尼也不是克里特的君主。阿尔基诺奥斯在宫殿中拥有无上的尊荣，但仍亲自上船，把为客人准备的礼物放置在长凳下面，以免妨碍桨手划船（《奥德赛》13. 20）。热气腾腾的沐浴一定已为赫克托尔和奥德修斯备好。当然，他们有仆人服侍；安德洛玛珂和佩涅洛佩也有人服侍。但诗人将注意力转向这类细节是有暗示性的。两首诗歌中，英雄层面下都有一种可令人察觉到的感觉，一种吸引注意力的焦点，即几乎是中产阶级的品味。《奥德赛》中"勇士"的联合努力击败了"敌人"——求婚人。在想象的意义上，"勇士"是两类真正的英雄，一类是既是父亲又是儿子的奥德修斯,另一类就是两个农业劳动者,他们不仅被视为朋友,也被视为战友。㉔ 在这背后,有两位女人的重要支持,即佩涅洛佩和奶妈。他们最危险的对手则是另一位变成了背叛者的庄园帮手。

最后,明喻构成了两首史诗不变的特征,它也叙述了在农场、田地里和家中发生的事,多产的技艺、动物的行为与天气的变化、无边无际的大海,所有这些都被囊括在叙述中。这些都不是史前的记忆,这一点已得到公认。㉕ 但这些内容是后来被添加到这样一部在灵感和内容方面都是史前的作品中的吗? 当然不是。如果一位诗人持久地用对比的手法尝试着说明他叙述的是什么,[87]并且习惯性地运用这种方法,被对比的对象以及这种比喻必定有某种一致、某种被公认的直接联系。

总之,两首史诗的故事和段落以这种方式被塑造,以至于被理所当然地认为是那个时代的政治和生活风格,也就是说它们反映了诗歌最后创作时期的希腊生活。角色的言谈举止就是那时社会中人们的言谈举止,即使他们通常穿着带有迈锡尼传奇的华丽外衣。风俗、家庭财产、军队和海上装置、农业、商业、建筑和艺术,我们还可以加上娱乐,所有这些都是早期希腊化城邦中的海上综合体,这可能起源于公元前 10 世纪,但在公元前 9 世纪和公元前 8 世纪才获得全面发展。当地的地形、农业、商业、海上航行、地方战乱、家庭和财产的合法性、公民的身份认同、决议时的口头步骤,所有这些似乎孕育着梭伦和伯里克勒斯(Pericles)生活的社会在进化时的主要元素——它们适应、扩大、完善、繁复,但从未远离这些特征。《伊利亚特》和《奥德赛》都揭开了历史上希腊模样的面纱。这也正是为什么伯利克里时代的雅典人仍然觉得自己是"荷马时代"的公民。

如果两首史诗中叙述的时期同样是无文字的,根据对其他口语

㉔ 那个农业劳动者被两次称为民众的首领(orchamos andrōn,《奥德赛》20. 185,254)。牧猪奴通常被称为高贵的(dios,17. 508;21. 80;22. 157,162)。

㉕ 希普(Shipp),第一和第二版。

社会习俗的类推,我们有理由期待史诗不会将自己囿于故事讲述。他们可能把神话当作储存——储藏听众实际的价值观——的工具。史诗可能形成根据口语记忆形成的、口语社会发现对其目的有用的人为语言的飞地。为了执行这种功能,迈锡尼式想象可以提供重要的帮助,赋予文化标志以距离和庄严,这是记忆所欢迎的。当前的道德风尚变成了之前的风尚,历史上的希腊化变成了史前传统。这一假设现在还有待检验。

第五章 荷马式想象中的一些要素

[88]两首史诗都充满浓郁的古代气息,涉及某些主要角色具有的合适名字和称号时,这种气息更为浓烈。尽管与故事相关的场景属于早期古希腊时代,但用古语称希腊人为阿开奥斯人(Achaeans)、阿尔戈斯人(Argives)或达纳奥斯人(Danaans),这种命名在历史时期(historical period)还未适用(在此处的引用中)。阿基琉斯、埃阿斯、伊多墨纽斯(Idomeneus)、赫克托尔(还有一些不那么明显的例子)这些名字曾在线性文字 B 的木板上被含糊地辨认出来,并且阿伽门农的人物特征在赫梯人(Hittite)的记载中①仍然令人生疑。与之相比,奥德修斯这个名字可能没有谱系。② 在历史上,"堆金积玉"的迈锡尼是一个村庄,而特洛伊则是杳无人烟之地。

敌对关系

形式多于术语表明了传统影响的结果,以至于两首史诗情节的构造方法反映了便于记忆的规则,而不是一种想要记录同时代历史

---

① 伊多墨纽斯只是从假定的阴性形式中推论出来的。韦伯斯特——使用了线性文字泥板——定义(页 115 – 121)的级别更为宽泛;基尔克较为保守(《荷马之歌》页 36):"荷马式对应物比预想当中的还要少。"与荷马的"真实世界"更为相关的是,赫克托尔作为伊奥尼亚的国王,可能在公元前九世纪或公元前八世纪统治着吉奥斯(Wade – Cory,页 6 及其以下,韦伯斯特:《从迈锡尼到荷马》,页 152)。

② 莱斯基(Lesky),页 41。要再举一例,参见奥斯丁(N. Austin)注释 4。

事实的欲望。

当奥德修斯踏上故土,思虑着他可能会遭遇的接待时,他已经被乌托邦岛上的费埃克斯人(Phaeacians)接纳。如果伊塔卡的严峻形势表现出了现实主义,[89]那么他在费埃克斯人岛上的待遇被浪漫主义渲染了。到达国王的宫殿后,乞求者奥德修斯庄严地从床上起身,得到国王明日护送他回家的允诺,并由后者带至集会,他的外表被雅典娜神奇的魔力伪装。国王下令为奥德修斯备船。之后,奥德修斯在城邦优秀之人的带领下来到一个正式的宴会,这是国王为了给奥德修斯准备适当的装备而举办的。国王传唤游吟诗人得摩多科斯(Demodocus)参与宴会并叙述英雄事迹(8.73 – 78,81 – 82):

> 缪斯便鼓动歌人演唱英雄们的业绩……
> 那光辉的业绩已传扬广阔的天宇……
> 奥德修斯和佩琉斯之子阿基琉斯的争吵(neikos)……
> 他们怎样在祭神的丰盛宴席上言辞激烈起争执(dērisarto)。
> 民众的首领阿伽门农心欢喜,
> 看见阿开奥斯人中的杰出英雄起纷争(dērioonto)……
> ……因为当时灾难已开始降临特洛亚人
> 和达那奥斯人,按照伟大宙斯的意愿。

这一英雄事迹除了评论者们对这一段的评述外并无记载,因此听起来像《伊利亚特》的另一个版本。其主题是,希腊军队中两位势均力敌的男人间的冲突给特洛亚人和阿开奥斯人带来了无数的灾难,这与宙斯自己的决意一致。这些措辞等同于《伊利亚特》卷首叙述的措辞,不同之处在于奥德修斯代替了阿伽门农,成了阿基琉斯的敌人。

两个版本都表明了似乎是为了让神话的创作便于口语记忆的其中一个法则。冲突以双方或多方的矛盾形式出现。正是具有冲突性的故事和斗争对记忆而言才具有最大的诱惑性并且在回忆中具有最大的乐趣。以战争为主题是和平期间喜欢的题材。这满足了言辞记忆——不仅要遵循韵律节奏，还有主旋律节奏——的其中一个理论要求，采取了争执的双方在配对的安排中最为明显的形式。占据上风的人物被放置在敌对的关系中。用希腊词表示就是neikos 和 eris。最容易被记忆的故事就是斗争的故事。其中的人物变成了摔跤手、角斗士、好战者——agonistae（但这一术语是后于荷马时期的）。希腊文化中的竞争元素近期吸引了学者们的注意。[90]此处，我认为，在口语构成的文化中，对于正在发生事件的口头记录无论如何都会被创作成人物个性之间围绕竞争而展开的对立事件。在这方面，记录中的人物就由助忆的考虑支配。

这种创作原则是所有史诗的特点，自成一派。其踪迹再现。在故事的中心部分构成冲突的最自然办法，就是将故事安排在战争展开的背景中。口语史诗中，这样一个靠部分回忆和部分创造的伟大战争变成了人们文化信息储存的必要贮藏工具，人们的功绩在这种方式中也被吟唱。这并不是说这种口语储存没有回应人类社会中的某些现实。大部分为自身赢得文化认同的语言群体已经通过与邻里的战争开始这样做。但需要铭记于心的焦点是去吟唱记忆之事的冲动不可避免地导致了历史的创作，好像历史几乎全部由军队历史独占。这类史诗在构建自身时就是在回应储存、重复和铭记信息的一种需要。但那种涵盖了普通民众日常生活的道德和律法在军队的背景中被淹没，以至于语言群体涉及的历史意识变得有点扭曲。有可能在《伊利亚特》之后，战争作为一种生活方式已经成为一种观念，它通过口语史诗的助忆要求，被部分地强加在了西方文化中。③

此处要处理的是我们称为"英雄"诗歌的功能性和技术性的阐述。它们的存在通常由人类意识和诗歌的对象——听众——假定的理念来解释，同样的解释也对我们想象的勇士－贵族社会负责，

---

③ 哈夫洛克：《古典文化中作为生活方式的战争》（*War as Way of Life in Classical Culture*），页 51－52。.

不管是在希腊或是在其他地方。这接近于浪漫主义,但荒谬之极。人类文明发展进程中,没有任何一个社会的任何阶段曾持久地生活在如荷马称为英雄的人生活在《伊利亚特》中那样。事实上,如我们所见,在军事叙述的层面下,完全标准的、政治的和家庭的社会轮廓开始凸显。特洛伊战争本身是一种叙述性想象,被用来唤醒文化中的同情反应,这种文化太过于熟悉战争,却从未以这种规模或者以如此的专注描述战争。

情节被安排成了冲突,成了创作的原则,除此以外,[91]情节还可以采取第二种形式,即一场危险的旅程,其中,某位个体或家庭要同时对抗自然的和人类的敌人,在这过程中,他们一直朝向自己设定的终点,即归家的路。④ 从圣经叙事背后最初的希伯来史诗到大卫开始统治,都结合了这两种创作原则:族长们(patriarch)搜寻新家与老家的旅程;然后是以色列人寻找新家的旅程;然后是"耶和华的战争",这在《约书亚记》和《士师记》中有迹可循,大概由征服迦南而起,但被描述成回到长久应允之地的家——简而言之,就是希伯来的《奥德赛》或者很多不同版本的《奥德赛》,希伯来的《伊利亚特》跟随其后。⑤ 涉及范围广的冒险旅途是故事讲述者的技艺储备,比如战争,并且也是为了同一个原因。它们是可以被记住的。两种类型都提供了一种总体背景,它是记忆的一种合成,其中,当记忆中的节奏再次在同样的路径上时,文化数据就被包含其中并被回忆起来。

因此,特洛伊战争和奥德修斯的返家是想象,是为了分别解释非想象元素出现的。它们带着想象的许多特征,其中一点就是维度

---

④ "因为这些一般都是旅程中男人的性情,以至于他们很少对自然会发生的困难和危险感到满意,他们会增加其他几乎从未有过、只在他们脑中存在的困难和危险……因此子孙后代们就会被教育着去敬仰这些具有最大危险程度的旅途。"《库克船长的日记》,页460–461,——转引自比格尔霍尔,页266。

⑤ 法依弗用《希伯来的伊利亚特》这一标题讲述了迦南人统治时期的《圣经》记录以及扫罗和大卫的统治事业。

的夸大。战争历时十年,归家的路途也是十年。这场战争召集了整个阿开奥斯集结的勇士,敌人生活在诗人鼓励我们想象的城市中,而且是既富贵又繁荣的王国首都。战争在一系列决斗和冲突中小心展开,最终由一位将士富有创见且不可思议的猛攻完成,但他应该将自然本身的力量作为自己的对手。战争甚至蔓延到了天庭中,神明们阵营敌对。

同等的奇异旅行被如此设计,以至于在遭遇外来危险、敌意人类和怪物、风暴、饥饿和沉船等事件后,主角可以在结合超人类能力、审慎和勇气的精神中独自存活下来。之后,他的完全独立还要对抗一群敌人,人数在百人以上。他在他们面前显现时带有某种惊喜的优越,并且这难以置信的碰面有着不可能的结果,即他可以将他们全部杀光。因此神话不得不对可能性做出了某种让步,让一位神明和三位比他年纪更小且地位更低的人成为他的帮手。

国王们和王后们

[92]如果被记忆的神话需要通过人物以行为叙事的形式出现,如果历史想象可以增强这种叙事的文化功能,与这有关的人物肯定不可避免地表现出享受自身地位提高和重要性增强这种倾向。在军队冲突的背景中,他们是一大批人的将领和军官;在国内,他们则是国王、王后、王子和公主,是公共成员们——口语史诗的创作就是为了有益于公众——的夸大版本。在任何情况下,有条理地描述真实冲突的混乱非常困难,描述领导才干方面除外,正如《战争与和平》的读者意识到的那样。

阿伽门农在国内是"统领全部阿尔戈斯人,并且阿开奥斯人也听命于他"的君主(《伊利亚特》1.78 – 79)。这是一种想象。他的实际权力和实际地位,正如在故事中揭露的那样,是非常难以形容的。生活中,他的对手是普里阿摩斯及其配偶赫卡柏(Hecuba),而普里阿摩斯是一位被模糊定义且在实际情节中从未运转过的王国的绝对君主。在刻画《奥德赛》中的奥德修斯时,则少些想象的要素,主要是因为情节就要求他要卑微地伪装起来,但他常常被认为是统治全部伊塔卡的君主,这一身份直接与想要和他妻子结婚的权贵们的存在有着不一致。更明显的是,尽管费埃克斯人的政体是希腊海军城邦中明显的乌托邦政体,却呈现出喜欢由理想的国王和王后统治的仁慈君主政体。

　　浪漫主义和现实主义的融合可以通过以下段落得到赏析:《奥德赛》第 8 卷开端国王召集会议,商量如何处理他们这位神秘的客人。诗人明确说那确实是公民大会(agora,8.5 和 8.12),但由于是君主政体设置的,长老会议首先由国王召集。他们实际上是国王的朝臣并因此有自己的座位(4－6)。之后传令官跑遍城市,召集会议。他呼唤"每一个人",但他呼唤的人被描述为"费埃克斯人的首领和君王们"(11)。会场挤满人,座无虚席,但这次是按照秩序列席(16),这暗示了两种不同群体的出现,一类是站着的公民,另一类是有座的会议议员。[93]但接下来并没有审议。国王起身,高谈阔论、发号施令,带领诸王公以一种仪式性的形式护送陌生人去宫殿宴会厅。此处没提到公民大会的结果如何,它的存在已被遗忘了。

维度的夸大

　　想象所要求的人物地位和重要性在数字和数量的夸张上找到了对应物,这在之前有所提及,在所有口语史诗中,这是可持久观察到的痕迹。普里阿摩斯有 50 个儿子,这要求 50 间住房,此外还有 20 个女儿和女婿,也就意味着 20 间住房(《伊利亚特》24.41－50)。很明显,到普里阿摩斯去见阿基琉斯时,他所有的儿子全部去世(24.494),但在之前的叙述中,诗人似乎又允许了几个存活者

（260）。奥德修斯的家室要求 50 位女仆服侍（《奥德赛》22. 421）；阿尔基诺奥斯同样如此（7. 603）；想要迎娶佩涅洛佩的竞争者达到了 108 人，另外还有 8 位仆人、1 位传令官和 1 位歌者（16. 247 - 251）。我们可能会疑惑，即使奥德修斯是伊塔卡的君主，他的住所如何能在二十年都容得下这么多人？怪不得为了容下这一庞大群体，大厅的范围不得不扩大。实际上，他们被表现为一群来自伊塔卡和邻近岛屿以及内陆的首领们。诗人列出了他们王国的名字，所有这些全是想象。

　　同样的夸张也延伸到了这个社会运用的物质资源中。《伊利亚特》和《奥德赛》中被吃掉的食物极其多。阿伽门农送给阿基琉斯作为和解的礼物可能会被设想为配得上一个东方君主国，但这些礼物可能会使得任何一个希腊城邦破产。很明显，它们中的大部分应该是战争时在特洛伊储存起来的，九年战争期间，战利品堆积起来并得到守护（《伊利亚特》9. 122 - 148,149 - 156 行又新添了很多城镇名字；在 19. 238 行，要取走礼物，侍从又是必需的）。费埃克斯人送给奥德修斯的诸多礼物不是特别多（没有女人），但同样夸张（《奥德赛》8. 392 - 394,403 - 405,424 - 428,438 - 442;13. 10 - 19,13 - 19［另外增加了用百姓征税的费用换取的礼物］,363 - 370）。《伊利亚特》和《奥德赛》中这些名单的重复的确令人着迷；叙述要强调的重点是列举出所有的物品（《伊利亚特》9. 121），并且被拿出来观赏（《奥德赛》8. 424;《伊利亚特》19. 172,189），看起来像现代的结婚典礼一般。［94］神助的船将奥德修斯送回了故土，同样也送回了他的战利品，一到家乡，雅典娜就指导奥德修斯要小心地将它们隐藏起来（《奥德赛》13. 363 - 371）。两首史诗在挥霍性的消费中显得尤为壮观。这种描述增强了让听众记忆的魔力。现实中基于贫乏经济资源和简单生活方式的文化会用一种替代的贪婪对这种迷惑力做出反应。《基度山伯爵》的读者会在其中看到一个现代版本的奥德修斯，不仅仅因为他早期的迫害、冒险和他的伪装，还因为他的冒险为他获取的丰富且神秘的财富积累。

这些具有不切实际维度的例子并不是非常微妙的,增加这些例子很容易。⑥ 但是想象同样可以在某种层面上侵入,这一层面可以被描述为纯粹言语化的并且可以因为它的影响是无意识的而未让人注意。本质上来说,能达到如此目的得益于以下事实:荷马的诸多词汇在两个层面上运作,在某种意义上说,他的特定语词可以描述关系或行为(acts),它们要么是在想象意义上的迈锡尼式,要么是同时代和现实意义上的希腊式。四个这样的希腊词语可以作为这种口语行为的典型示例:国王(basileus),英雄(heros),权杖(skeptron)和大厅(megaron)。

头衔 Basileus

荷马的读者不需要被提醒荷马使用 basileus 的频率有多高,它通常被翻译为"国王"。这一渲染源自它作为一个头衔与三个男人的联系:《伊利亚特》中的阿伽门农和普里阿摩斯,《奥德赛》中的阿尔基诺奥斯。语境中非常少出现由这三位人物引出 basileus 的情况。但史诗神话中,他们三个全部被表现为享有独特且尊贵的地位,等同于我们的君主或独裁者,住在宫殿里,统领王国,比如阿伽门农和普里阿摩斯;又或者统领一个城市和人民,比如阿尔基诺奥斯。在这些背景下,暗示了他们的统治是独裁的。

Basileus 在《伊利亚特》开篇的几行中被用来形容阿伽门农:瘟疫降临军队,因为"阿波罗生国王的气"。更为明确的是,阿基琉斯与阿伽门农争吵后,涅斯托尔用以下话语劝解阿基琉斯(1.277 – 281):

---

⑥　根据线性文字 B 泥板上假定的人物和材料名单来翻译他们在最近变得流行(像韦伯斯特的《从迈锡尼到荷马》,还有其他地方)。

> 佩琉斯的儿子,你也别想同国王争斗,
> 因为还没有哪一位由宙斯赐予光荣的
> [95]掌握权杖的国王能享受如此荣尊;
> 你虽然非常勇敢,而且是女神生的,
> 他却更强大,统治着为数众多的人。

阿伽门农有如此的地位是因为他权力的程度是独一无二的。他是位君王,而阿基琉斯不是。形容阿伽门农权力的词语是 anassein,与之相关的名词是 anax,这在"阿伽门农,人之国王"这一惯用语中再次出现。因此,basileus 在上下文中被视为等同于 anax。

当诗人在描述占据了整个卷二的军队检阅时,他利用了这个机会强调了阿伽门农的同一身份(100 – 101,107 – 109):

> 阿伽门农站起来,手里拿着权杖,
> 那是赫菲斯托斯为他精心制造……
> ……提爱斯特斯又交给阿伽门农,使他成为
> 许多岛屿和整个阿尔戈斯的国王。
> 阿伽门农拄着权杖对将士这样说。

虽然此处未用 basileus 一词,但这是偶然的。再次使用的动词则是 anassein,行使 anax 的权力,即君主的权力。

在卷九中,当涅斯托尔机智地提到阿伽门农可以向阿基琉斯和解的可能性时,他拘礼地对他说(9. 96 – 99):

> 阿特柔斯的光荣儿子、人民的国王(anax)阿伽门农,
> 我的话从你说起,也到你结束,因为你是
> 众多人的国王(anax),宙斯把权杖和习惯法赐给你,
> 使你能够为你的人民出谋划策。

特殊的 basileus 仍未出现,但我们从这段与其他段落之间的关系可以推断,对阿伽门农而言,basileus 等同于 anax,它本身就是一个迈锡尼的头衔。⑦

同样的道理似乎也适用于普里阿摩斯,他的头衔是 anax。⑧ 直到史诗的结尾,阿基琉斯才利用机会提到普里阿摩斯王国的疆域(24. 543 等处),于是,诗人才称普里阿摩斯为"basileus"(24. 680),并在诗歌的倒数第二行称他为"宙斯养育的 basileus"。⑨ 整个《伊利亚特》中,他的名字总是规则地以一家之主的角色出现;⑩在结尾片段的现实层面中,他又变成了有相应头衔的年迈老人。⑪

《奥德赛》卷十七中,阿尔基诺奥斯同样住在宏伟和[96]奢华的宫殿里,并且明显对他的人民有着绝对的统治权。Basileus 这一头衔用在他身上有着一定的规律(7. 46,55,141 等)。

这一头衔在同一种君主意义上与奥德修斯有关。门托尔在指责伊塔卡公民大会上人们对奥德修斯的冷漠时,如此疾呼

---

⑦ 《伊利亚特》(2. 204 – 205),第一行的 koiranos 被第二行的 basileus 取代。《奥德赛》1. 181 – 184,雅典娜假装是塔福斯人的"国王"(anassein)去换铜。在两个例子中,动词都结合了古代和当代形式。

⑧ 出现在 4. 18,290、6. 451、7. 296、17. 160 的 Anax:出现在 24. 202 的 Anassein;另参 20. 180。

⑨ 同样称呼普里阿摩斯的用法出现在《伊利亚特》5. 464,目前为止我只知道这些地方。《伊利亚特》18. 288 提到特洛伊的财富被强卖到了弗里基亚(Phrygia)和默奥尼埃(Maeonia);24. 234,278 描述了色雷斯人和密西亚送的礼物。

⑩ "普里阿摩斯和普里阿摩斯的人民","普里阿摩斯的城市","普里阿摩斯的儿子们","普里阿摩斯的某个儿子(或女儿)"规律性地出现。

⑪ 从普里阿摩斯在 24. 162 登场,到史诗结束,gerōn 和 gerousios 用在他身上达 44 次;但 gerōn 作为附着在他名字上的头衔只在 13. 369、21. 526、22. 25 中出现;另参 teichoskopia,在那里,他是老人之中的一员(3. 149 – 150,181,191,225)。

（2. 230 – 233）：

> 但愿再不会有哪位执掌权杖的国王仁慈、
> 亲切、和蔼,让正义常驻自己的心灵里……
> ……如果人们都已把神样的奥德修斯忘记,
> 他曾经如国王（anassein）一样统治他们,待他们亲爱如
慈父。

雅典娜在奥林匹斯山上用同样的话语重复了这一埋怨,当奥德修斯伪装后第一次碰见佩涅洛佩时,他将她庄重地比喻为

> ……如同一位无瑕的国王（basileus）,敬畏神明,
> 统治（anassōn）无法胜计的豪迈勇敢的人们,
> 执法公允……⑫

（19. 109 – 111）

将在运用时具有不同渲染重点的词语事例孤立出来是恰当的,因为上下文回忆了君主政体在整个迈锡尼运转时的情况。这种渲染是先于历史的,并且在想象中组成了强烈的元素,表明了诗歌的特色其本身就是先于历史的,因此描述的社会也就是先于历史的以及君主化的。

公元前5世纪,雅典戏剧的情节中继续延续了这种想象。这些情节多半反映了当时社会的先入之见,然而这种成见转移到了国王和王后的日常生活中,此外,这些国王和王后大多是诸如忒拜、雅典、阿尔戈斯和斯巴达这类城邦的统治者。当戏剧被搬上舞台时,

---

⑫　参见第九章。佩涅洛佩作为反对求婚人讲话内容的角色时,被两次冠以了 basileia,并且以讽刺的形式出现（4.770,17.370）;欧迈奥斯曾敬重地使用了同一词汇（17.513）。赫卡柏是妻子以及母亲,但不是王后。

这类君主就是古典时代的稀奇之人。但当戏剧聚焦于少数权势人物、少数男与女的生活时,戏剧活动就获得了明显的优势,立马变得紧凑且简单。Basileis 和 anaktes,即国王和君主在后荷马时代的再次出现,促使荷马的当代读者有些准备地去接受一个命题,即荷马的世界同样是君主的世界。因此,观众也的确是如此感受到的,因为他们乐意去顺从必需的想象。但同样,他们也意识到了[97]带有同时代问题的荷马社会运作的第二个层面,即城邦的层面。

　　这一点可以通过留意 basileus 这一词在第二个层面上的使用情况意识到,如果线性文字 B 泥板上的翻译值得信任,这一词会回应其在史前时期的最初含义。⑬ Basileus 出现在了泥板上,并且被翻译为"封建主"(feudal lord)或"镇长"(mayor),被用来确认臣服于克诺索斯和皮洛斯的当地城镇官员身份,听命于当地的国王。在荷马那里,这一词通常使用复数形式,少数情况用单数。《伊利亚特》中所有的领导者角色都可以被标签为 basileus,并且有时他们会组成作用如同战争议会的 basileis 委员会。⑭《奥德赛》中由阿尔基诺奥斯统治的城邦,除了阿尔基诺奥斯外,还有两个 basileis。向佩涅洛佩求婚的人中,主心骨安提诺奥斯也被称为 basileus(24. 179)。问题出现了:这些人是真正的"国王"? 这种翻译没有传递误解的信息? 他们是否可以等同于"王公"(princes)?⑮ 毕竟王公也是皇室家庭中的成员。皇室概念不是不适用于这些 basileis 生活的社会吗? 通过跟随其复数的逻辑,basileus 可以被用作形容词——人之王者——更令人惊讶的是,形容词还有比较级:一个人可以比另一

---

　　⑬　芬利认为 basileus 在荷马那里被以不同的方式使用(《荷马和迈锡尼》["Homer and Mycenae"],页 142)。

　　⑭　在《伊利亚特》24. 404,"阿开奥斯人的国王们"在制止重新燃起战斗意志的军队上出现了困难。

　　⑮　加加林(Gagarin)发现了诗歌中术语的多样性和描述的困难性(《劳作与时令中的正义》["Dike in Works and Days"],注释 50,51)。

个人"更为 basileus"。从这里可以推断,basileus 在这个层面的意思
暗示的是任何有重要地位的人,并且这种重要性可以是一种程度。
简而言之,这一词应该等同于荷马那里其他同样是我们称为"权
贵"(magnates)、"领袖"(leading men)及诸如此类的词语:"领袖和
权贵"是一种受欢迎的称呼形式——hēgētores 和 medontes。另外一
些场合中,我们会听到 stratēgōs 和 kosmētōr,即"将军"和"将领";ar-
chos,即"首领";dunamenos,即"有能力的人";aristos,形容会赢取佩
涅洛佩芳心的"优秀之人"(16.76);koiranos,即"统治者"。这些词
语都可以是复数。荷马如此描述追求佩涅洛佩的求婚者:

> 这些统领着海岛的优秀之人(aristoi)
> 以及这些在多崖的伊塔卡上的有权之人(koiraneousi)

欧迈奥斯和佩涅洛佩重复了同样的话语(16.122;19.130)。

之前我曾提到求婚人的数量之多。他们并非皇室名流或君主,
[98]而是自己共同体中的绅士、乡绅和当地权势者。表述他们运用
权力的动词在我们称为"权势"的运用时实际上也适用。同一些语
词在想象的层面上可以让人回忆起迈锡尼的独裁政治。特勒马科
斯的身份问题随着故事的发展成了主要议题,这在史诗一开始就曾
争论过(《奥德赛》1.383 – 404),在那里,使用的术语表明了同一词
汇在古时与不同时代不定的混乱:(1)伊塔卡的统治者是世袭的君
王制(386 – 387);(2)君主制不是世袭的(400 – 401);(3)没有君
主,只有大量的当地权势者(393 – 394);(4)得到这一权力会得到
名望和金钱(391 – 393;比较卷六:"萨尔佩冬的情操");(5)"国
王"(anax)的头衔意指拥有财产之人(397 – 398)。

在现实层面上,荷马所谓的"贵族"(aristocracies)是小城镇的
精英,并不是由出身或继承来界定,但继承可以成为一个议题,比如
在《奥德赛》中。比起依赖于军队效能,他们的身份地位更多地依
赖于金钱和财富。但这一词有两种含义,一方面指史前国王,如今

对它没有完整的记忆,另一方面指同时代的城邦中发号施令的领导者们,听到这些英雄事迹的公民们会对这些所谓的"贵族"有着混乱的认同感,他们是住在城邦中的民众(demos,laos)或者他们是一个可以引导城邦的真实权势阶级,前提是他们的决议要在集会上得到批准,或者他们是生活在迈锡尼宫殿里的国王和王公,有着一群虚构的侍从。

在这种装束下,听众们就将自己视为荷马的继承人,与英雄一样过着真正的希腊人的生活,他们心中因史诗的吟诵被灌输了一种效仿过去生活的欲望。这就是历史学家归于希腊人的"理想"的秘密,虽然他们不知道这些"理想"从何而来,或者说它们是什么。想象对这一目的非常重要。它不仅为历史上的希腊人提供了文化认同,还提供了强化的意识,以至于听众们才可能同时生活在两种世界中。

对希腊人起作用的想象已经成为现代知识分子的圈套,它创造了一个假设,即荷马的社会是"部族君主制"(tribal kingship),大概居于迈锡尼时代和历史上的城邦时代。⑯ 没有确凿证据证明这种政体在这个时期曾经存在过。[99]对阿尔基诺奥斯、他的宫殿、他的水手们的描述在《奥德赛》卷七中被强加了先前曾暗示的一种生活方式,即希腊海军殖民的生活方式。当然,他的宫殿类似于很多所谓的宫殿,这些宫殿在早期希腊时期的希腊城邦中由有时行使过权力的一些人所建,这些人被称为"僭主"(tyrants),这是直译,但同样实际上是希腊单词 tyrannos 的错译。僭主是大众领导者,通常被他们各自城邦中的议会拥立,他们被授予的权力尽管短暂,却证明对民众颇为有益,并且他们对诗人和歌者的赞助非常慷慨。当史诗成为最终的形式时,僭主的年代与口语创作的最后时期相冲突,并且我们不能排除一点,即在刻画阿尔基诺奥斯的背后,隐藏着诗人

---

⑯　卡尔霍恩(G. H. Calhoun):《荷马的图景》(The Homeric Picture),见《荷马史诗指南》,页431-452。

对他的赞助者的感恩。

"权杖"

Basileus 在君主的层面带有 skēptron 之意,但并不是中世纪和文艺复兴时期文化官僚使权杖仪式化的那种用法。在荷马那里,它是握在手里的棍棒或杆,作为口头权力的象征——说话的权力[17]——与听的义务相对。这一常见物体的象征同样是模棱两可的。它指的是在两种不同模式中施行的程序。《伊利亚特》第二卷的其中一段已经提到,阿伽门农的君主权力被赋予的合法性由一个事实得以传达:他的权杖最后由神明赐予。同样,涅斯托尔在第九卷劝解阿伽门农时,回忆起"宙斯把权杖和习惯法赐予你"。从这个意义上讲,权杖表现出史前的意义。我们可能会说,权杖的拥有是迈锡尼君主的一种垄断。《伊利亚特》开篇,阿基琉斯与阿伽门农争吵,阿基琉斯手里拿着权杖,将它投掷在地,说:

> 现在阿开奥斯儿子们,
> 那些立法者,在宙斯面前捍卫法律的人,
> 手里掌握着权杖;
> ……

这似乎描述了作为权力象征的权杖归属于任何君主,也属于一群权贵和专业人员,他们有维护"裁定"的义务,[100]在第九卷中本应该由君主一人单独掌管。这似乎在暗示,在第九卷,涅斯托尔在纪念史前的习俗,它允许国王手持由线性文字 B 刻写的法律泥板,但卷一中,阿基琉斯在纪念历史上法律的守护时,是通过口语记

---

[17] 参见第七章。

忆来完成的,并委托给了专门为这一任务受训的官员。这符合刻画
在阿基琉斯盾牌上一个场景的意义,它讲述了双方用纯粹的口语术
语展开的诉讼。[18] 这在早期希腊化的城邦中是必要的习俗;并且在
同一史诗中,两种不同记忆的结合(尽管相互不一致)却符合想象
与现实的混合,这对于有文化百科全书功能的史诗来说是必要的。

大厅(megaron)

在荷马和希腊悲剧的措辞中,最常见的一个名词是 megaron 或
其复数 megara,即大厅。"大厅风格"已经在建筑史上成了一个技
术术语,灵感来自在迈锡尼和皮洛斯发现的宫殿平面图,希腊庙宇
被看做是这个平面图的一部分。因此,很多人精心尝试着去识别荷
马对大厅的描述,尤其是奥德修斯的大厅,因为它带有史前的风
格。[19] 但这种尝试被误用了。megaron 在迈锡尼的意义上来说,前面
有 aulē,即庭院,大厅带有柱廊(aithousai)或有可能带有前院、门廊和
大门。但我们之前已经看到佩涅洛佩的追求者坐在奥德修斯家门前
到处覆盖着粪便的农园里。在更多夸大的背景中,《伊利亚特》的宙
斯常常在被认为是迈锡尼的建筑里召集家庭会议。如果史前记忆在
《伊利亚特》的政治中扮演着相当重要的角色,要寻找它们就要转向
会议举行地,即奥林匹斯山上。宙斯大部分时候是位真正的君主,也
是迈锡尼的独裁者,不过他的配偶也有极大的权力,他们二者都坐在
宝座上。他的庭院里严格限制人数,是没有广场的集会。它包括血缘
亲属,女神也在内,她们在等级上与男神相等。会议在宙斯的宫殿举
行(20. 10,15. 85),一种贵宾室,可能带有休息室和具有柱廊和座位的
前院(20. 11)。正是这种建筑群像考古学家描述的"古典迈锡尼风格

---

[18]　参见第七章。

[19]　第四章注释23。

的大厅",尽管这些描述不全是一致的。当庭院中的人碰面并就坐后,"会议"开始(8.439),但会议同样是喝(20.101,15.86及其下)与吃(15.95)的机会,[101]因此贵宾室同样也是餐厅,宙斯不在场时,由特弥斯带领众神宴饮(15.95),也许是因为赫拉晚到(15.84),不过意味深长的是,法律之神特弥斯在别处的现实层面(《奥德赛》2.69)上被赋予了"召集与解散集会"(法律执行的地方)的象征意义。第二十卷的开始部分,荷马描写了宙斯作为集会召集者的角色,众多听众包括河流、女神和源泉(20.7及其以下)。不过,他们聚集在前院,这得以让宙斯对他们说话。此处可能有想象和现实的结合:迈锡尼宫殿是想象,一端有会议室的公民集会厅是现实,被柱廊围绕。事实是,从宫殿到庭院,大厅继续象征着上层身份人物的住处。它依然是一个诗性的词语,一个想象的词语。巴尔夫(Balfe)歌剧中的角色唱道"我梦想着住进大理石建造的大厅中",他当然不是荷马中的某个角色,但建筑存在的这种想象照样是荷马式的。奥德修斯的大厅要求能够容纳下超过100位客人,外加50位侍女以及更多未加说明的从仆。为了诗歌的目的,它的容量也是夸张了的,但仅仅是为了诗歌的目的而已。⑳

"英雄"

假定的"部族君主制"这种幻想只是荷马诗歌叙述的社会中被

---

⑳ 《奥德赛》21.120及以下需要足够大的地方举行箭术比赛。从地面上挖出一条沟,然后又被踏平。任何一个真实的大厅地板(即使是泥地板)会被这样对待? 戏剧的结局要求奥德修斯大战对手们的场景要在类似竞技场中进行。丁斯莫尔(Dinsmoor)谨慎地注意到(页32)"古典时期的希腊房屋不可能适合故事的情节……荷马的祖先……具有这一传统,或至少他们脑中存有北方或内地宫殿类型的记忆"。

误解之一,当我们说荷马的时代是"英雄时代"或荷马的诗歌是"英雄史诗"时,就概括了这一幻想。没有比这一概念更深刻地扎根于当代人的心灵中的了。但这种幻想的存在为荷马运用想象的力量掌控我们阅读他的作品做出了另一个贡献。我们是在浪漫化的层面上使用"英雄"这一词,但荷马使用它时很少反映出这种浪漫化的感觉。在奥德修斯向阿尔基诺奥斯讲完他造访哈德斯的经历以前,他的停顿允许国王问他(11. 371 – 372):

> 你可曾见到勇敢的伴侣们? 他们和你
> 一起去到伊利昂,在那里遭遇死亡。

奥德修斯在回答以前补充了一段,详述了他如何与阿伽门农和阿基琉斯对话,他如何试图与埃阿斯说话,如何看到米诺斯(Minos)、奥里昂(Orion)、特提奥斯(Tityos)和西绪福斯(Sisyphus),[102]如何听到赫拉克勒斯对他说的话。这种叙述策略的效果就是,这些人的名字被加以特别的分类,其中,三位在特洛伊战争中去世的伟大勇士与被认为是特洛伊战争以前的神话人物并列在了一起。因此,以下推论得到支持:《伊利亚特》中的某些主要人物按照传统,被置于具有非凡才能的一类人中,并且在史诗吟诵时也被听众接受。但他们之所以如此,也就是因为他们的去世属于遥远的过去。当奥德修斯要离开哈德斯时,他等了一会儿(11. 628 – 629):

> ……希望有哪位
> 早先故去的著名英雄(hero men)的魂灵来相见

史诗的最后一卷,遭屠杀的求婚者魂灵在哈德斯遇见同伴,他们发现阿基琉斯与阿伽门农正在同病相怜(24. 24 – 25):

> 阿特柔斯之子，我们原以为在众英雄（hero men）中
> 抛掷霹雳的宙斯总是最宠爱你。

这两个例子里，"英雄"（hero men）这一表达都被用于"魂灵"，它在《伊利亚特》开篇几行中的用法也同样如此，在荷马式表达看来，它出现在了不恰当的地方，因为这可能误导读者假设"英雄"这个头衔是惯常赋予在特洛伊战争中战斗的希腊勇士。荷马告诉我们，阿基琉斯的愤怒导致了（1.3－4）：

> 把战士的许多健壮英魂（stalwart ghosts）
> 送往冥府，使他们的尸体成为野狗
> 和各种飞禽的肉食。

对荷马而言，论及"健壮英魂"（stalwart ghosts）是一种矛盾，当这一词在第十一卷（1.55）被再次用到时，诗人更多地倾向于指涉"健壮头颅"（stalwart heads）。诗人开篇的意图就是将"英雄"的标签概括地加在这些在特洛伊战斗的勇士们头上，但如今他们已阵亡，不得不别扭地变成了"健壮英魂"。这好像是在《伊利亚特》中，"英雄"作为一个类别的概念几乎正在特洛伊消亡，而现在，组成消亡的一代这种想法在诗人的心中已成形，并在其他段落中展现了出来（《伊利亚特》12.23），在那里，诗人回忆了在西摩埃斯河和斯卡曼德罗斯河边曾"倒下过一个半神的种族（genos）"。[103]对诗人自己而言，《伊利亚特》中的人物如今已经变成了传说。

将英雄指涉生者也是常见的事：尤其是在称呼的时候，在之前提到过的卷二中，阿伽门农在召集军队时用到了这一词：

> 哦！达那奥斯人，我至爱的英雄们，阿瑞斯的仆人。

这只是他对自己军队的普遍称呼，即"至爱的将士们"。所谓

的英雄包括所有等级,这在另一处谈及雅典娜的长矛所用的惯用语中得到展现(《奥德赛》1.100－101):

> 她用它制服英雄们的战斗行列,
> 当主神的这位女儿发怒时。

这看起来是在描述军队在慌乱中打乱队形时在女神的神性举止下即将发生的事。还有一处是,当阿基琉斯召集集会见证他的和解时,这些被期望列席的大众(包括平民)两次被形容为"阿开奥斯英雄"。㉑

我们可能会想,hērōs 并不必然就是战斗的勇士之意。它可以是诗人、传令官或技工的称号,更不用说可用于费埃克斯人,一个主要以海员为主的和平社会。在阿基琉斯与普里阿摩斯的最后一个场景中,阿基琉斯的两个伴侣代替了帕特洛克罗斯的地位服侍阿基琉斯,并与其他仆人一起听从他的命令(24.590,643),他俩也被称为"英雄"(457,573),但阿基琉斯却不是。简而言之,英雄是任何强壮的侍从,不管他的地位和职责如何,正如利德尔(Liddell)和司各特(Scott)的《希腊词典》(*Greek Lexicon*)早期版本中相关条目所示:"适用于前希腊化年代的任何自由人。"但很遗憾,在最新的版本中,这被省略了。应该加上的是,这一称号经常用于年老之人,多少像我们的"尊长(sire)"。

既然整卷都在讨论、并且也会继续讨论诸如英雄诗歌、荷马和英雄主义、荷马和英雄传统之类的事,对应用于一类社会和一派诗歌中的英雄概念的可能源头做出某种注脚是切题的。在后荷马时代的希腊,hērōs 是故去之人,但在生活中承载着重大功绩的荣誉,通常是以假定的祖先为角色,比如城市的创立者,"以某人命名"的

㉑　芬利(《奥德修斯的世界》,页29)认为 hērōs 是整个贵族阶层的阶级术语,这一点很难得到拥护。

部族。这类"英雄"通常是当地的崇拜对象。[104]这种用法似乎与特洛伊勇士的"英雄时代"有着微弱的联系,赫西俄德在划分五个时代时,将英雄时代放在了第四个阶段,包括了这些在特洛伊奋战的英雄们,在这里,他说的就是荷马诗歌中的人物,这时特洛伊勇士的"英雄年代"之种就被埋下了。㉒ 赫西俄德与这些诗歌的紧密关系在之后的章节中会探讨。赫西俄德被公元前 5 世纪及之后的人们奉为圣徒,并且他的"英雄时代"被亚里士多德视为正式的历史范畴:"古时的将领们是英雄:而人只是人。"这种观点让哲学家将"英雄时代"这一词组作为年代界定。从希腊化时代开始,这一理念传到罗马,被西塞罗和奥古斯都时代的诗人接受,被贺拉斯赞扬,被写在维吉尔的《埃涅阿斯纪》(Aeneid)中,并以拉丁文的形式首先传到法国,然后传到文艺复兴时期。弥尔顿对这极其熟悉:

> 那些英雄部族
> 在忒拜和伊利昂交战

他故意将这一词用在萨姆逊(Samson)身上:

> 他英勇地完成了
> 英雄般的一生

他将它从希腊背景中扩展开来,将其转变为普通的历史类型。

㉒ 赫西俄德《劳作与时令》157 – 160。同样参见品达《皮提亚赛会颂》(Pyth.)1.53;《皮提亚赛会颂》的 4.58,阿格诺(Argonauts)被包含其中。在 Nem. 3.22 处是赫拉克勒斯。荷马在《奥德赛》6.303(一个含糊的地方)似乎包含了阿尔基诺奥斯,他们像赫拉克勒斯一样有着同样的阿格诺神话。在英雄崇拜方面标准的权威(比如 Farnell, Rose)已经尽量不像我这样在特洛伊"英雄"的赫西俄德的时代与当地"英雄"的公民崇拜之间严格做出区分。

就目前所知,在 18 至 19 世纪,这种古典的英雄概念被应用于早期欧洲社会和他们的英雄事迹中。德国人将他们的日耳曼和北欧起源的浪漫化倾向对德国的学术有着相当大的影响,对瓦格纳歌剧的广泛影响也应不容忽视。像卡莱尔(Carlyle)这样的英国出版人会把自己置于人类历史的观点中,一个标题就可以概括:《英雄和英雄崇拜》(*Heroes and Hero Worship*)。最后,这一概念在 20 世纪得到扩展,涵盖了巴尔干半岛的残存口语史诗以及其中纪念的人物。

如果《伊利亚特》和《奥德赛》中的人物在任何有意义的层面上都是"英雄",那仅仅是因为他们给予了早期的希腊人一种身份和历史的感觉,而不是一种不同于常人的感觉。但如果他们仅仅是象征了纯粹的假定人物,[105]过着一种与希腊城邦截然不同的生活方式,就不可能制造出这样的效果。

名词 kouros(kourētēs)㉓,"青年"、"年轻人"、"同伴"或"人"之意,其涵盖的意思类似于 hērōs 涵盖的含义,与描述的居民有共同范围。《伊利亚特》的战士是 kouroi,因此服侍他们的也是 kouroi(《伊利亚特》19.248);《奥德赛》中的求婚者(17.174)和服侍他们的人(《奥德赛》1.148)、这些住在阿尔基诺奥斯宫殿里的和平海员、在宴会上掌灯照亮大厅的雕塑(8.35–40,48;7.100)和雅典的男性居民(《伊利亚特》2.551),他们全是 kouroi。作为 hērōs 的附加物,这个词值得一提,因为在荷马那里,这一用法忠实地符合了在希腊城邦的东方化和古风(archiac)时期 kouroi(更不用提 korai)作为墓葬雕塑的流行风尚。荷马史诗和相似的希腊艺术,像在之前指出的那样,描述了男人(和女人)的观念,这种观念与希腊城邦中的公民有共同范围。

㉓ 哈里森对这一词的常规性翻译(页 11 及其以下)似乎与荷马没有关联。

第六章 荷马式储存的方式方法

[106]史诗的历史－社会背景是早期希腊时代。我们转向下一个问题:它们只是故事? 或是它们为无文字社会提供了文化身份,保存并提取了社会的道德风俗,这些在史诗吟诵的过程中被记住,并代代相传,因此它们是储存机制? 记忆法则要求一种叙事框架,这样有用的知识才得以传播,为了遵从这一法则,储存机制不仅要靠节奏,还要靠间接教诲? 史诗中想象的出现为答案提供了最初的线索。如果史诗完成其文化的功能就是要变成存在于方言中的人为语言的飞地,那么人为的创作和内容的某种不自然就是必要的。语言和背景就变得稍微有点奇异。这种异国情调通过在听者和原材料之间设置一定的距离,赋予了原材料权威,支配了听众的想象力。

要想知道荷马口语教诲的完整事例,就要依赖于审查现存文本中他实际上说了些什么,以及他是如何说的。它是否隐藏了一种希腊习俗和道德、价值观和礼仪的百科全书?① 15 年前,在考查了《伊利亚特》的第一卷后,我就为此观点辩护,在那里,示例的典型性被当做理所当然。[107]要彻底审查处理这些问题的段落,一些注释是必需的,我在此处用两个案例来说明。②

---

① 用马利诺夫斯基的话来说(《文化的科学理论》,页 165－166),"这个'百科全书'包含的不仅是'部落－民族的纲要',还有'部落－国家的纲要'……未被记载下来但永远不能在权威、权力、等级和首领地位的组成中消失"。

② 在这一章中我对荷马行文的结构和目的的看法似乎与最近的一个宣言不谋而合:"要处理荷马的材料,必须放弃大量常规的文学批评。"(康贝拉克:《米尔曼·帕里与荷马的艺术技巧》,页 196)。

萨尔佩冬的情操

　　荷马口中的人物价值普遍被赋予"英雄"的特征,没有比在《伊利亚特》有名的战斗情节中更为凸显了。

　　第十二卷开端,特洛伊人被发现正在突袭保护希腊帐营的城墙和壕沟。最后,他们成功了。但诗人说,如果宙斯之子萨尔佩冬没有被宙斯叫去领导特洛伊人的吕西亚(Lycian)联盟突袭,他们不可能成功。这种风险会使他命丧黄泉。准备这场突袭时,萨尔佩冬对他的战友和副指挥格劳科斯(Glaucus)说了一番话。这一段(12.310–328)已长久地让学者和普通读者感受到感情的高贵。它读起来像尊贵的价值宣言,贵族精神立马被道德化地提升,因此它应该是荷马式道德标准中最好的一个。这些话的确间接传达了荷马社会中一部分社会道德标准。但正如帕里(Milman Parry)察觉到的那样,它的特征比当代读者首先所想象到的还要更为具体和实际。如果将它定为段落 A 并将之分为两部分,这一段将会得到更有效地阐述,我在史诗中另外选取四段有这种道德标准的文本,将之定为段落 B、段落 C、段落 D 和段落 E。

A

第一部分

> 格劳科斯啊,为什么我们最为被敬重,
> 享用荣誉席位、头等肉肴和满斟的美酒,
> 在吕西亚? 为什么人们视我们如神明?
> 我们在克珊托斯河畔还拥有那么大片的
> 密布的果园、盛产小麦的肥沃土地。
> 我们现在理应站在吕西亚人的最前列,

> 坚定地投身于激烈的战斗毫不畏惧，
> 好让披甲的吕西亚人这样评论我们：
> "他们不无荣耀地统治着吕西亚，
> 虽然我们的首领享用肥腴的羊肉，
> 啜饮上乘甜酒，他们
> 作战勇敢；战斗时冲杀在吕西亚人的最前列。"

第二部分

> [108]朋友啊，倘若我们躲过了这场战斗，
> 便可长生不死，还可永葆青春，
> 那我自己也不会置身前列厮杀，
> 也不会派你投入能给人荣誉的战争；
> 但现在死亡的巨大力量无处不在，
> 谁也躲不开它，那就让我们上前吧，
> 是我们给别人荣誉，或别人把它给我们。

这种翻译反映了用语的刻板化特征，因为这在英语里是可能的，但代价就是表达有些别扭。这段话在现代人听来带有贵族责任感的骑士光环。它因为"高尚的性情"、"应得的高贵荣耀"以及"勇气在危险中积累起来并且英雄并不在乎这是否意味着自己的死亡"③而受到嘉奖。在全身心投入这类评价之前，审查荷马确切地让萨尔佩冬说了些什么是有益的，免得我们的文学素养和文学意识背叛我们，将不存在的道德价值观加诸其中。两部分都给出了参加这场尤其危险的战争的原因。但大为不同：大致地说，第一个用现实情况指出了这种军事责任就是国王应该承担的。第二个用更普遍的情况指出，既然没有人永生，我们都希望取得胜利，有百分之五

---

③ 波拉(Bowra)，页112、154。

十的机会胜利,接受这一点也是值得的。两部分之间的连结造成了一种普遍印象,即萨尔佩冬的情操被提升了。

萨尔佩冬属于贵族阶层(aristoi)、共同体中的领导、权贵和国王(basileis)阶层,他们因为为社会服务而履行的军事责任会得到回报,首先是公众的尊重,然后是免费的食物和饮品,最后是财富。大概在保护社会或服务社会的过程中,他们有义务履行军事领导职责。这些特权是被赠予的:它们既不是因为征服而被占用,亦非因为这些人物有这样的出身和继承就可以获得。此处叙述的这种体系成了公元前6世纪和公元前5世纪被接受的早期制度形式,即城邦的施惠者得到公众支持,在雅典,城市公共会堂(Prytaneus)的维护就由这种形式提供。克塞诺普法涅斯在他的时代反对以这种特殊的方式尊崇运动员。[109]由此可推测出土地特别转让给受优待之人会孕育出滥用的体系,因此它被中断了,雅典梭伦的一些改革暗示了这一点。此处,即使抛开他们身处吕西亚这一事实,城邦中描述性和法定性制度都处于萌芽状态——这暗示了,就此事而言,民众和领导之间存在着一种互惠性,这种互惠性构成了社会法律的条款。

抛开内容不说,反映这种法律-道德的形式是什么? 诗人的陈述由间接说明展开:它交织在吟诵诗歌的上下文中。诗歌中,具体的人物采取行动或在具体的时间和地点发表讲话,听众就被吸引着记住这些行动或讲话,这也是听众想要记住的内容。将这些细节从段落中剥离,就留下了一些习惯性关系或情节和处事才能的描述,文化的价值观蕴含其中,由角色来展现。动词元素被去除后就变成了:

　　310 格劳科斯,为什么我们

　　312 在吕西亚

　　313 在克珊托斯河畔

　　315 现在……吕西亚人的

317 吕西亚人
318 吕西亚
321 吕西亚人的

剩余部分就是普遍的法律－道德宣言：

310 国王[319 行的宾语]最为被敬重
311 食物的特权[即实物的报偿]
312 普遍的尊重
313 他们的财产就是一块地
314 相当肥沃
315－316"国王"应该在战场中的最前列
317 当他们这样做，吕西亚军队就看到了事实
318 为称呼他们为"国王"感到骄傲，赞扬他们的权力身份
319－320 并且赞成他们享有特权，注意到他们置身于军队前列时的非凡能力

萨尔佩冬的陈述表面上是自发的且个人的，是对独特情况的一种反映，因此它本身就是独特的，[110]事实上，它是一个一般性陈述，一种叙述和建议某种制度和态度的纲要，对听众而言，这些制度和态度都是规范的。

道德惯用语

如果萨尔佩冬的说话内容正如这种分析表明的那样特殊，如果这些内容纪念了这些被认为是习惯性的社会关系，那么我们就会期望它们的动词表达同样是公式化的，反映了依靠节奏保存在史诗记忆中的任何这类信息必要的公式化人物。因此，我们会期待它们

在史诗中其他地方的某个恰当背景中再次被提起。如果转向卷四中的一小段(251及其以下),这种期待就会被证实。

正在整治军队的阿伽门农向希腊联军的将士们说话,命令他们要表现积极。他对伊多墨纽斯说:

B

伊多墨纽斯,在那些有快马的达那奥斯人中,我特别尊重你。

不管在战争或在别的事务里,

在阿尔戈斯人的英勇领袖们(aristoi)用调酒缸

调和议事长老的晶莹的酒浆的宴会上,我都是如此。

当然,其他长头发的阿开奥斯人

也有他们的一份,但你的杯子和我的一样都是斟满的,

你的心可以随时叫你饮。

因此,奋起战斗吧,像你从前答应的那样。

(4.257-264)

在斥责墨涅斯图斯(Menestheus)和奥德修斯时,阿伽门农谴责他们退缩:

C

你们应该站在作战阵线的最前列,

坚定不移地上前迎接激烈战斗;

你们是首先听见我邀请赴宴的人,

在阿开奥斯人为长老备办宴会的时候;

那时候你们喜欢吃烤肉、喝蜂蜜那样甜的

一杯杯酒,想喝多久就喝多久,

　　现在你们却乐意看见……

(4. 341 – 347)

　　[111]在卷八中,希腊人的攻势逐渐减弱,特洛伊人占了上风。狄奥墨得斯(Diomede)在溃败中逃跑,赫克托尔如此嘲讽他:

D

　　提丢斯的儿子,那驾驭快马的达那奥斯人极其敬重你,
　　用首位、肉食、满杯的葡萄酒献上敬意,
　　他们现在不会这样敬重你了;你是个妇人。

(8. 161 – 163)

　　韵律的对照可以在六音步的结构中建立多种多样的节奏单位,萨尔佩冬的言辞和其他三篇与之比较的段落都共享一系列节奏单位。甚至段落 A 和段落 C 的偶数行都是共同的。"惯用语"一词通常在文体上被运用于荷马的作品,它描述了这种节奏单位。但采用一种不同的甚至更延伸的概念也是可能的,其中一个可以被称为"道德惯用语",它组成了一种浓缩的语句,是法律 – 道德的只言片语。这些不同的段落与萨尔佩冬言辞之间的比较是否可以表明我们正在观察或确切地说,正在倾听这种道德惯用语——放置在不同的叙述背景中——的重复吗?

　　段落 A 中的 310 – 312 行以及 315 – 321 行颂扬了荣誉——包括社会地位和特权——与站在军队前列的意愿之间的联系。这种联系是必要的(chrē,1. 315)。语句有命令的强制力,这个情况适用于萨尔佩冬和格劳科斯。

　　段落 B 重复了这种必要的联系,将之运用于伊多墨纽斯身上。

　　段落 C 也重复了,将之运用于墨涅拉奥斯和奥德修斯,并且重述了这种强制的命令(你们应该,1. 341)。

段落 D 也重复了,将之运用于狄奥墨得斯。最后一个案例的增加表明,很明显的是,特洛伊人和希腊人对同一主题有着同样的情感,并且反映了相同的社会类型。

内容的重复就牵涉到动词有着各自的对应。整行以及半行的句子有被再次使用的情况,因此:

段落 A 的 311 行与段落 D 的 162 行相同。

段落 A 的 315b 行等同于段落 A 的 321b 行,略有变位。

段落 A 的 315 – 316 行等同于段落 C341 – 342 行,略有变位。

[112]这些段落都带有口语命令的核心,即荣耀的概念,这是主旋律,并不停地被重复:段落 A 310、318 行,段落 B 257 行,段落 D161、163 行。

措辞变位后的片段相互呼应:

段落 A 310 行"我们最为被敬重"呼应段落 B257 行的"我特别尊重你",以及段落 D161"他们极其敬重你"。

段落 A 311 行"斟满的美酒"呼应段落 B 262 行"你的杯子都是斟满的"。

段落 A 311 行以及 320 行的"肉肴"和"甜酒"呼应段落 C 345 – 346 行的"烤肉"……"酒"。

段落 B 260 行"宴会上的议事长老"呼应段落 C 344 行"我邀请赴宴的人"。

段落 B 263 行"你的心可以随时叫你饮"呼应段落 C 346 行"想喝多久就喝多久"。

另外,正如之前所指,段落 A 310 行和 322 行在段落 C 341、343 和 346 行中再次出现。

这些呼应是口语创作的常事,但重点是它们被如此放置是为了表达同样是老生常谈的法律 - 道德语句。

为了回报 basileus 的军事领导,他拥有的特权不仅仅是社会地位和上等的食物和酒,他还拥有土地财产:

A

> 我们在克珊托斯河畔还拥有那么大片的
> 密布的果园、盛产小麦的肥沃土地。

(12. 313 – 314)

在之前的叙述中,也就是第六卷,格劳科斯向狄奥墨得斯讲述他祖父珀勒罗丰(Bellerophon)的历史,即他被派遣到吕西亚的国王那里接受处决,但国王开始相信珀勒罗丰是神明后裔,

E

> 把他的王权(basileidos)分一半给他,
> 吕西亚人把全国最好的一块分地也献给他,
> 一个美好的葡萄园、一片耕种地也归他所有。

(6. 193 – 195)

[113]描述财产时六音步的再次使用表明了其本身就是遵循社会准则的一种处理。第一行再次营造出荷马式想象的色彩:珀勒罗丰是皇室青睐的受惠者,由君主授予。第二行虽然提到吕西亚人,但它描述了早期希腊时代城邦中实践的现实:民众将土地给予了他。这符合一个可能性,即食物和饮料的宴饮同样是以公费承担的。310 行和 311 行萨尔佩冬的话似乎支持这种推论。《奥德赛》中,我们看到审判者(dikaspolos)享用的宴饮,这可能是认同他作为法官和争端裁决者的身份。赐予 basilies 的同样补偿形式——即

"礼物"——受到赫西俄德的严厉批评。

萨尔佩冬的话同样记录了社会地位体验的具体方式:"所有人视我们如神明。"(段落 A 312 行)这种对一个人重要性的定义具有具体的特征:当你出现在公众面前,所有人都会将目光聚焦于你。口语措辞使用了身体行动来描述一种关系,但受过教育的人会抽象地表达这种关系。

同样的惯用语在《奥德赛》中再次大段地出现。阿尔基诺奥斯之妻阿瑞塔(Arētē)是位不平凡的女人(7. 67, 69 – 74):

> 阿尔基诺奥斯对她无比尊重,超过世上任何一个受敬重的女人……
> 因此她往日备受敬重,现在也这样
> 受到他们的子女、阿尔基诺奥斯本人
> 和人民的真心诚意的尊敬,视她如神明,
> 每当她在城中出现,人民问候表敬意,
> 只因她富有智慧,心地高尚纯正,
> 为人善良,甚至调解男人间的纠纷。

与萨尔佩冬的例子一样,惯用语在语境中出现,并将注意力集中于它是表现社会地位的方式上:王后享有的"荣耀"被强调了四次。此外,这种身份也符合民众的态度,她与他们亲密熟悉,并且此处的暗示是,她喜欢自己因争端裁定者的身份得到的这种尊重,与性别无关。整个段落表达了"道德准则"的特征,对比荷马描述的另一位让人印象深刻的演说家,也可以看到这一点(8. 170 – 173):

> 神明使他的言辞(epē)富有力量,人们凝望着他,
> 满怀欣悦,他演说动人,
> 为人虚心严谨,超越汇集的人们,
> 当他在城里走过,人们敬他如神明。

[114]但他的仲裁者技艺在此处并未提到,赫西俄德(《神谱》80－96)在一小段中就使用了惯用语描述 basileus(也是令人印象深刻的演说家)、对 basileus 的普遍尊敬、审判的施行、争端的解决、集会的召集、温和的尊重、普通的尊敬(又一次出现)以及集会中他们的卓越。

这种交叉对比会不会证明这个推论:当萨尔佩冬用"他们视我如神明"这一惯用语时,诗人就假定,他的听众也会假定,萨尔佩冬作为 basileus 的社会职责不仅体现在军事上,还体现在审判中? 这引起了一个有趣但存在问题的疑惑:这种常规的道德惯用语从一个背景到另一个背景中是否都带有一些关联性,以至于公式化的措辞不仅仅是装饰,也是社会性的功能? 如果听说过荷马史诗是口语文化——确定了规范和价值——的持续性声音这种说法,那么肯定的答案也是可能的。

叙述中的惯用语

目前我们所见的道德惯用语分散在不同的叙述背景中,泄露的关联性暗示我们要审理这些记录的得体性。Basileis 施展了政治、法律和军事的领导才干,但他们的权力、特权和财产依赖于民众的统一,承认这一点要以互惠的责任为基础:民众的声音是有效的,因为他们可以在集会上发言;对领导才干而言,掌握有影响力的修辞与军事上的英勇同等重要。萨尔佩冬情操的明显夸张可能带有荷马式想象,表现了过去的英雄主义幻觉。但实际上,表述它们受限于同时代的现实。

但我们的工作不是处理被纪念的制度的精确特征。我们现在要观察的是一种口头原理,要让历史被记住,这种原理是必须的。事实上,史诗致力于一系列普遍原理和道德惯用语的发音和重复。

但它们暗示性的出现可以与特定的叙述背景相连,以至于行为准则的句法(the syntax of maxim)与叙述的句法(the syntax of narrative)纠缠在一起。"纯粹"的道德惯用语可能会说、会这样表达:"国王被首席、肉和斟满的酒杯致以最高的敬意。"口语本能则是说出故事中一部分的一种情绪,其中,个人角色执行行为准则或用当下正在进行的事情来表达它。[115]只有这样,由故事引出的口语记忆才能适应它被要求吸收的道德。

这意味着尽管隐藏的行为可以被表述为一种命题,带有一般的主语和一般现在时态的谓语,但这种理论句法会被叙述的环境影响,以至于命题"国王因首席尤其受到尊敬……,并且拥有一份特殊的土地……"变成了"格劳科斯,为什么我们在吕西亚备受敬重?并且拥有财产……"。但萨尔佩冬的言辞和段落 B、C 和 D 都接近一般化的句法,因为它们是在现在时中得到表述:"我们备受敬重……我尊重你……议事长老们调和酒……你的酒杯被斟满……你们应该。"但当我们观察段落 E 时,"把他的王权分一半给他……吕西亚人把土地也献给他",我们意识到普遍原理的句法产生的影响可以将语境转移到历史时刻中施行的某个具体行为,用命题"吕西亚人献了一块地"代替了"为了国王,民众献了一块地"。正是在这种伪装的形式中,口语诗歌的道德惯用语最为一致地得到了表达,因此也可能逃过了现代人的注意。

萨尔佩冬言辞的第二部分还需要被审查。

A
第二部分

朋友啊,倘若我们躲过了这场战斗,
便可长生不死,还可永葆青春,
那我自己也不会置身前列厮杀,
也不会派你投入能给人荣誉的战争;

但现在死亡的巨大力量无处不在，
谁也躲不开它，那就让我们上前吧，
是我们给别人荣誉，或别人把它给我们。

(12. 322 – 328)

通过将第一部分的当下现实转变为一个未完成状态的假定惯用语——"要是"——这些情操达到了将整个言辞提升到一种沉思层次的效果。将完全不同的两套公式化情操结合起来就实现了这种效果，这种能力标志着荷马式叙述在这个部分的创作才华。但萨尔佩冬的话仍然是现实的：他没有说"要是我们可以确定在这场战争中活下来"，而是"倘若我们躲过了这场战争"。这就是荷马使用的动词形式。他的评论是悲怆的，而非英雄气概的。一旦战争开始，[116]对战敌人的义务就落在了他们头上；否则，就没有荣耀，没有特权，也没有其他东西。但战争同样牵涉到生死，在荷马式算计者的眼里，胜算各占一半："胜利要么属于我们，要么属于敌人。"

除去内容不说，这些情操以何种形式反映出来？答案是叙述性的束缚，它经常将道德惯用语吸收到自己的句法中，以至于命题（在我们的术语中）被表述为一件事，有时束缚会有些许放松。"倘若我们"，这种情绪与当下行为者的句法相连，但它的成功由"死亡的力量巨大，谁也躲不开它"这句话来完成。这是一种纯粹的概括，但要在它不受限于具体之中、句法保持变化的意义上。荷马史诗中包括很多这样的例子，但远远少于之前提到的隐藏的普遍原理类型。

萨尔佩冬第二部分言辞可察觉到的引人深思的特点不应该哄骗我们辨明言辞特质中含有要么是萨尔佩冬的、要么是诗人的想法。总的来说，这部分言辞不是个人化的，因为《伊利亚特》的其他地方也可看到它的对应物。我们之前回忆了卷八中赫克托尔在战斗中讥讽狄奥墨得斯的场景，前者提醒后者，basileus 的身份和特权

依赖于军事上的英勇。在同一场战斗中的随后阶段,赫克托尔慷慨
激昂地对自己的战友们说:

F

但愿
我在自己的日子里能长生不老,
像雅典娜、阿波罗那样受尊重,
像明天会给阿尔戈斯人带来祸害一样无可置疑。

(8. 538 – 541)

卷十三的战斗中,同样的威胁或夸耀以不同的版本被呈现了出
来。他对埃阿斯(Ajax)说:

G

犹如我一向希望自己能是
鸣雷神宙斯的儿子,天后赫拉所生,
受人敬重如同雅典娜和阿波罗,
我也这样深信阿尔戈斯人将遭不幸。

(13. 825 – 828)

[117]出现在这种情绪中的副歌构成了关于荣耀至关重要性
的言辞,这次被夸张地表述为:"我会如同神明被敬重。"这是赫克
托尔自我主义的抱负;人称代词是急迫性的。如果他的出身是神
性的,那么他就可以如神般被敬重,正如他希望的那样(段落 G)。
也就是说如果他是神明,他就不会衰老也不会死亡,如神明一般
(段落 F)。在这满腹热情的时刻,赫克托尔感觉到自己真正是神
性的,并且欢欣鼓舞地宣告敌人的死亡命运:他们即将死去。这

全是幻想,但两段抱负言论深刻地表达了藏于早期希腊人心中文化假设的矛盾。它们当中优秀的人物具有神性的血统或至少是这样宣称的,因为他们很优秀。但他们要么在人生巅峰时期被杀,要么像平凡人那样渐渐衰老,然后死去。他们自己假定的以往的不朽被否定了。

　　在萨尔佩冬的言辞中,句法的改变将傲慢的自吹自擂转译成了一种普遍的反思。在赞成"要是我们永葆青春且永生不死"这种血缘准则时,"我希望自己是宙斯的儿子"这种对神性血统的渴望被忽略了:这是我们所有人想要实现的,与神明无关。《奥德赛》再次使用了这种道德惯用语:阿尔基诺奥斯的宫殿由狗看守(《奥德赛》7.91及其后),赫菲斯托斯用黄金和白银铸就了它们,"永远不会死亡,也永远不会衰朽"。它们同样有神性血统,但这里的不朽用在了雕塑身上。不管是有意识还是无意识,在这种语境中使用这种惯用语,具有一定的讽刺意味。

　　而萨尔佩冬的抱负是对我们人类共有的死亡的反思,因为他的总结用生存的观念代替了荣耀的观念:"我将不会置身前列厮杀……";但之后,荷马又加上了一句普遍的原理:"死亡的力量无处不在,谁也躲不过。"(尽管可以躲过一次战争并且赢得暂时的生存。)萨尔佩冬这样做,就加入了值得揣摩的格调,提升了他言辞的层次。这就是口语天赋与公式化的人为语言素材相结合④达到艺术目的的方法。

法律和道德

　　这种理清纠缠的尝试已经适用于从上千行诗歌中选取出来

---

　　④　帕里(Adam Parry)将之描述为"惯用语的并置"(页195-200)。克劳斯(Claus)敏锐地观察到了卷二326-328处"改变最初说教"的效果。

的其中几行。熟悉荷马六音步这种特殊风格的读者[118]可能会开始意识到，正在谈论的段落与其他可以被引用的上百个段落有强烈的相似性。荷马的这种高尚气质——一种经常唤起诗人、批评家和翻译家雄心的品质——通常在升华的道德情操的词汇中表述出来。它产生的雄伟和普遍性的印象可能更少地在于道德高度，更多地在于道德现实主义。这种叙述是为了记录人类事务在一种文化中——社会关系更为直接和私人化，高级的文化交流和文化关系还未开始流行——被普遍且恰当处理的方式。

实际上，被讨论的段落自身呈现为社会记录的一部分。从一个角度看，记录的内容可以被看作在一个特定环境中被接受的行为，从另一个角度看，它可以被看作一个特定社会关系中的一个定义，从第三个角度看，它又可以被看作社会中孕育了可操作和可接受的制度的一种定义。这就是我阐述的早期城邦中法律－道德片段的复杂说明。要找到代替带连字符的和古老描述的说明很困难，因为当代的语言，诸如准则、行为、关系、制度、法律等等术语，反映的是社会礼仪被记录、被固定并且被明显理解时产生的结果。

我分解的这种法律－道德惯用语是一种含义的单位。这些单位会在诗歌中再造，它们也不是独一无二的言辞。通常包含了法律－道德言辞的段落会在不同的背景中再次出现，并且这些典型的言辞很容易被发现。更为常见的是，它们会在不同的版本中再现，或者由零散的部分——分散诗歌各处——构成。作者的技艺在结合这些单位时得到显现。这种与韵律原素材相对的语义原素材为整个简短的法律－道德言辞——分散在诗歌中，或在适当的结合时再现，组成更为简明的言辞——提供了能量。创作中的这些单位在更宽泛的意义上讲是"含义的公式"，而不适用于韵律分析家使用的

"公式"一词。⑤

荷马修辞的储存功能

荷马式"英雄们"的谈话与战斗一样多,争辩也与行动一样多。如果史诗中这些叙述由修辞语句组成,这也不让我们感到惊奇,因为它遵从之前谈到过的修辞原则,[119]即真实的谈话是人的行动的一种形式,并且因此也与叙述本身一样被人记住;它回应了口语创作要求的助忆规则。但荷马那里纯粹的修辞数量同样可以被视为一种对法律-道德——叙述会要求我们记住它们——数量最大化需要的一种回应。言辞倾向于劝告,因此也是每日劳作中传播智慧的合适工具。它们可能包含了准确指向教诲目的的叙述,即教导一种道德教训,正如菲尼克斯(Phoenix)在徒劳劝诫阿基琉斯要宽厚时说的故事。但这是例外。

由于萨尔佩冬的话不可怀疑地令人深思,所以可能会被认为构成了一个特殊的案例。要解释这一点,为了审查,我们应该选取任何高度反映私人化并且表面上不令人深思的言辞来对比。之前曾提到过的一个背景就是一个合适的例子。《奥德赛》卷二的开头,特勒马科斯召集了一次集会,在那里,他说出了自己的抱怨,描述自己的家如何被求婚者侮辱。大家纷纷到场,一位长者问谁召集了会议,出于何种目的开始了议程。特勒马科斯起身,做了慷慨激昂的陈述。二者交谈的对话分解开来就成了下面的模样,以老者开始:

---

⑤ 在1660年,杜波特(James Duport)教授发表了《荷马的格言修辞法:对双重平行结构的说明》(*Homeri Gnomologia Duplici Parallelismo illustrata*),平行结构取自(1)圣经(2)流行的作家。这本被遗忘已久的作品现在看起来可能古色古香,它的价值被19世纪和20世纪研究荷马的学者们拒绝:它将诗歌的教会性目的当做理所当然,并发现了隐藏于韵文中被用于这一目的的大量行为准则和谚语。

2.25 现在听我说,伊塔卡人,无论我说什么	议程的开场白需要吸引读者的注意
26 自从奥德修斯乘坐空心船离去,我们再没有聚集在一起,开会议事	会议应该定期举行
28 召集我们?这么急切的召集是为了什么?	任何公民都可以请求集会的召开提出公众关注的问题
29 是年轻人还是老者召集?	涉及要么是长者要么年轻人的利益
30 他是听到敌人向我们袭来的消息?	召集集会是因为听到了敌军的消息
31 因为他首先知道,想如实地向我们报告	早些的警醒依赖于首先得到消息之人的可靠话语
32 或是他想发表演说,提出公众议案?	公众关注的事务应该公开讨论
[120]33 – 34 我看他是个高尚之人;预示吉利;愿宙斯成全他,一切心愿都能实现	请求集会的召开是好事;让我们期望提出的建议是合理的

特勒马科斯准备回答时,叙述变得简明:

36 – 38 他已经难以安坐,急切想发表演说,于是站到场中央,传令官佩赛诺尔(Peisenor)深明事理,把权杖交到他的手里	传令官(kerux)肯定有专业的知识;被赐予了选择说话者顺序的权力
40 – 41 老前辈,你很快就会知道,是谁将民众召唤至此,那人就是我	召集集会的请求者被确认了

42－44 我既没有听到任何敌军袭来的消息，想如实地向你们报告，因为我首先知道

也不想发表什么演说，提出公共议案

45 而是我有所求，双重的灾难降临我家庭……

46－47 我的父亲……你们的国王，热爱你们如同父亲

50 众求婚人纠缠着我母亲，虽然她不愿意

51 那些人都是这里的优秀之人（aristoi）

52 他们胆怯地不敢前往她父亲

53 伊卡里奥斯（Icarius）家里，他可能会将女儿许配他人

54 他将妆奁给他称心、中意的人选

56－57 宰杀许多壮牛、绵羊和肥美的山羊

[121]58－62 家产将会被耗尽，只因为没有人能像奥德修斯那样把他们从家门赶走；我们也没有力量将这些人赶走；如果我能力所及，我定会回敬他们

63 事情已忍无可忍，我的家已被他们

（重复）召集集会是听到了敌军的消息

早些的警醒依赖于首先得到消息之人的可靠消息
公众关注的事务应该公开讨论
但我的事件不是
纯粹私人利益的问题也可以呈现在集会面前
权贵的法则来自父亲
求婚不应该强迫不愿意的女性

任何一个共同体都有其领导人和儿子

求婚者要去未来新娘的父亲家
待嫁之女的嫁妆由她的父亲准备，新郎必须被新娘父亲所接受

在庆祝的宴饮中，主人提供牛、羊肉，山羊和美酒也必备
保护家室需要一位强壮的男士

有些行为毫无疑问是犯罪

64 你们,应该感到愤怒	人应该表现出愤怒
65 愧对其他邻人和居住在周围地区的人们	邻居的公开意见应该得到尊重
66 – 67 你们也应该畏惧神明的震怒,他们会由于气愤而降下可怕的灾难	神明的愤怒会降于犯罪者
68 我以奥林波斯的宙斯和特弥斯的名义	宙斯和法律是乞援者的上诉法院
69 后一位神明遣散或召集人间的会议	集会是口头法律的法庭
71 – 73 倘若我父亲,高贵的奥德修斯,并没有故意得罪胫甲精美的阿开奥斯人,使你有意对我行不义,发泄怨恨	父亲的原罪被孩子见证(希腊语的平行和交错反映了谚语的风格)
76 如果是你们来吃喝,我仍有望得赔偿	被抢夺的受害者得到赔偿
77 – 78 因为我们能走遍城市,抱膝恳求,赔偿我们的财产,直到全部偿还	受掠夺的受害人可以向邻里诉苦,为受夺的财产得到补偿
79 现在你们却让我忍受无望的苦难	有些错误无法挽回

言辞中的大部分智慧被深深地伪装了起来,它是可识别的,却是含蓄不明的一套假设,关于所讨论的社会中什么是正常的行为和态度的假设。它可以被描述为一种基础,叙述的环境就建立于这种基础之上。这种基础描绘的是行为模式而不是规则。迈锡尼式想象只是轻微地渗入了"胫甲精美的阿开奥斯人"这一套语中。

如此陈述这些情绪[122]是为了紧密地被包括在叙述当中,以至于陈述的主语全是说话或做事的人,动词是在某个固定时刻发生

的行为,唯有被隔离出来的情操才是普遍的:

> 54 他[父亲]将妆奁给他称心、中意的人选
> 63 事情已经忍无可忍
> 67 他们会由于气愤而降下可怕的灾难
> 69 这位女神[特弥斯]遣散或召集人间的会议

　　这些言辞甚至避免了真正"通用"句法的风格:也就是说,它们不是陈述规则的陈述语句("is"statement)或者从实际情形中抽离出来的法则。主语是人,或者主语如此行动。这种修辞是"储存修辞"(storage rhetoric)。即使谚语本身是变动的,即使谚语被偶然捎带进史诗叙述的变动中,助忆的要求也满足了。

第七章 《伊利亚特》的正义观

[123]正如我们目前所见,希腊史诗不是口头的即兴创作,而是社会习俗和个人习俗的纲要,这些纲要可以在一个合适的神话中——讲述它的方式和风格会源源不断地将这些纲要显现出来——得到阐述。表面上看,人为语言飞地以这种方式叙述和维持的文化是自我调整的(self‑regulating)。没有谁可以置身于这个框架外,并且用独立于文化的原则为基础去批评它。个人"远离"社会是不可能的,因为不可想象。在一个有文字的社会中,习俗和惯例仍然是法则;道德不易被定义,除非它与习俗一致。

纠正无秩序

当然,道德遵从于习俗的一致性不是自动的。正如在第二章所见,人类行为不受限于由人群本能设置的限度。不管他的社会是口语化的还是文字的,他的个性化会因为个人决定或欲望、愤怒或野心甚至是纯粹怪癖的自我激励的傲慢而阻碍并且干扰习俗和先例之网。普遍法则将会时常被打断:并且通常它们在特定案例中的得体运用会变得可疑,[124]因为相互矛盾的主张产生了不确定性。在荷马的叙述和修辞中持续被回忆并被阐述的法律和道德是规范的。它们一而再,再而三地叙述了行为的得体性,因为后者是被假定且被遵守的。但口语媒介为了完成其完整使命——作为文化的口语向导,也会被要求描述情形和表达矫正而非纯粹规范的陈述。这就描述了风俗习惯(mores)是如何被废除的,同样也描述了恢复风俗习惯的方式和方法。这一矫正过程(也是一种程序)的主要象征,就是荷马的 dikē 和其复数 dikai,其中我们遇到了之后在概念的层面上——我们如今就在这个意义上使用它——变成了"正义"的口语原型。①

　　如果史诗神话只限于叙述自我调整的文化,它便不可能存活。故事要被记住,就必须利用矛盾的张力。当风俗习惯面临干扰或取消的境况时,这种情况会自动产生,至少一些支持者会部分或全部抵制这种情形。萨尔佩冬、狄奥墨得斯、埃涅阿斯、奥德修斯、涅斯托尔、普里阿摩斯,甚至赫克托尔都是《伊利亚特》中总体来说规范和"正常"的角色。这些角色本身永远不可能创造一部《伊利亚特》。听众想要从歌者那里听到的是具有冲突、能激起精力充沛的行动和言辞的兴奋故事。神话可以办到的,然后会完成它的教诲功能,之后它还将继续叙述修复礼仪的矫正过程。两部史诗都遵循了这个模式,尤其是《伊利亚特》中的修复过程可以被视为依赖于故事中的共同体承认的一系列原则的运用,当代的读者也可以察觉到这一修复过程并将之视为"正义"的形式。

冲突的心理状态

　　情节开始于对遭到掠夺的希腊邻邦的突袭。根据风俗,所得的战利品要在军中分配,阿伽门农得到一个被俘虏的女孩,结果是位

---

　　① 要概观法律术语的词义学,参看杰勒特《口头法》(Gernet, *Oral themis*),之后的 dikē 被赐予了神性的地位,我将它解释为助忆的工具,是"神明身份"的一部分,而不是对宗教情感的回应(参第三章以及哈夫洛克《柏拉图绪论》页 170),但也鼓舞了一些人将之处理为宗教命令(比如哈里森的《法律》[*Themis*])而不是将之理解为口语程序。加加林最近两篇关于 dikē 的文章(1973, 1974)给出了令人接受的证据,即这一词的古风用法普遍上指的是法律程序,而不是道德价值观(另参 Rodgers),但读了第九章和第十章的读者会意识到这种程序不受限于财产关系。

祭司的女儿。他拒绝女孩的父亲要求归还女儿的请求,使得军中遭受了瘟疫,为了补救,他答应遵守祭司的请求。但他利用职权在阿基琉斯那里谋求利益,将阿基琉斯身边的侍女带走以补偿自己。故事到此激起的一个中心要素就是两位强者之间的争吵和冲突(eris 和 neikos)。[125]史诗的前言小心地将这个作为故事的主题,因为与之共存的是紧抓阿基琉斯不放的暴怒,它能沉重地打击希腊军队。阿基琉斯宣布自己和自己的军队退出战斗,以示自己的愤怒。希腊人没过多久就遭遇了第二次危机,因为军中的两位强者已成对手,他们临近战败之点。

阿伽门农很快就后悔自己挑起了这场"争吵和冲突"(2.375 – 378),如果僵局的解决办法在于他,矛盾的解决将不会有严重的后果。当希腊军队遭遇对手时,涅斯托尔建议阿伽门农和解并为阿基琉斯提供补偿。阿伽门农欣然同意,承认自己犯错的事实。他承担责任,并向涅斯托尔坦陈自己的责任,是"祸害女神"(Disaster, Atē)的作用。"祸害女神"首字母大写,是折磨人类的魔鬼。她同时破坏了智力和财富;她使人头脑发昏并使人崩溃。"你说起我做的祸害之事(disasters),并不是假话,我被祸害女神祸害(disatered)的,我并不否认"(9.115 – 116)。"我做了祸害之事,顺从了我的恶劣心理。我想挽救,给他无数的赔偿礼物"(9.119 – 120)。十卷之后,危机还在持续(阿基琉斯固执己见),当冲突到最后要解决时,阿伽门农将场合变成了第二次评述这个恶魔的机会。在他带走阿基琉斯的侍女那一至关重要的一天,"宙斯、命运女神和埃里尼斯在我心中灌注了粗鲁的祸害"(19.88)。"宙斯的长女祸害女神祸害所有人……她在人们的头上行走……宙斯曾经也受到过她的祸害"(19.91 – 94)。赫拉施计骗宙斯行庄重誓言,"然后他受到祸害"(9.14)。当宙斯发现真相,"他立即抓住阿特(Atē)的头发……发誓永远不让祸害女神进入奥林匹斯山和繁星闪耀的天宇,她给所有人带来祸害。他将阿特从空中抛下,阿特瞬间降到人间"(19.126 – 131)。"当赫克托尔冲到船舶后艄屠戮阿尔戈斯人,我也无法躲避祸害女神,我首先遭到祸害。既然我受了蒙骗,被宙斯夺去了心智,我愿意弥补过错,付给你许多礼品"
(19.134－135)。每个背景中都出现了反复重申,并且每两个背景之
间隔得如此之远,因此这种重复是强制性的公式化。

　　遭到嘲讽的不只是阿伽门农一人。这个魔鬼将她的喜好不偏
不倚地加以分配。[126]故事的早些时候,也就是阿基琉斯宣称自
己仍然不接受阿伽门农的和解,阿基琉斯的导师福尼克斯(Phoe-
nix)严肃地对他说(《伊利亚特》9.502及其以下):

　　　　　祈祷女神们是伟大的神宙斯的女儿,
　　　　　她们瘸腿、脸皱、视眼模糊,
　　　　　她们总是留心追随祸害女神;②
　　　　　祸害女神强大,腿快,因此
　　　　　远远地跑在她们前面,首先到达大地各处,
　　　　　陷害人类;祈祷女神们在后面挽救。
　　　　　在宙斯的女儿们走近的时候,谁尊敬她们,
　　　　　她们就大力帮助,听取他的祈祷;
　　　　　但是如果他拒绝这样做,顽强否认,
　　　　　她们就去往克罗诺斯的儿子宙斯那里,祈求
　　　　　让祸害女神追随那人,使他受害付代价。

　　预言实现了。阿基琉斯仍然不接受和解,只做出了些许妥协,
这就证明他会遭到祸害。当他允许帕特洛克罗斯上战场拯救船只
时,祸害降临,帕特洛克罗斯阵亡。阿基琉斯因为自己的行为——
或者说缺少行动——失去了自己最好的朋友,并且在剧变的危机

---

　　②　我并不支持多兹(Dodds)的看法,他坚持认为(页5及注释16、17、18)
Atē将"私人代理"的概念或"客观的祸害"概念排除在外。它提供了一个词语
在有文字的情况下可以有双重指涉(在此处是主观的和客观的)的明显事例。
另参法兰克福(Frankfort),关于这一段更多的翻译,参第十一章。

中,除了发誓要找赫克托尔报仇,他还正式地对争吵(Eris:她如祸害女神一样)发表意见(18.107 及其以下):

> 愿不睦(Contention)能从神界和人间永远消失
> 还有愤怒,它使聪明的人陷入暴戾——
> 它进入人们的心胸比蜂蜜还甘甜,
> 然后却像烟雾在胸中迅速鼓起

　　这段陈述宣告了在史诗开篇的几行中叙述的神话结局的开端:"是哪位神明使这二人争吵起来?"面对后悔的阿伽门农,阿基琉斯回忆起"胸中积起争吵"(19.58)并代替诗人说,"我与你的争吵将会被永远地牢记"(19.64)。这是诗歌对整个故事内容的定义,也是后世子孙的记忆对史诗主旨的定义。③

冲突的社会背景

　　40 多年前,一位有洞察力的批评者认为,尽管《伊利亚特》是口语创作,却是一部有着心理学寓意的史诗,它表现出了这个派别中不寻常的复杂。④ 从目前为止概括的情节一直到第十九卷的结尾,[127]都证实了这一论断。诗人如此描述情节是为了让两位优秀之人的激情和决定明显地支配情节:情节受到支配的象征就是冲突和仇恨、骄傲和盲目的愤怒、荣耀和无知、鲁莽的决定和痛苦的悔恨、恳求与谴责、违抗和忏悔,这些情绪都存在于争论的双方。即使荷马的风格有时将这些心理学的事实具体化为人的外部力量,但当这些人说话和做事时,我们同样能感受到心理学的事实存在于这些人

---

③　正如赫拉克利特察觉到的那样。参见第十五章。
④　尼尔森:《荷马和迈锡尼》(*Homer and Mycenae*),页265。

当中。对于当代的读者而言,如果史诗以这种方式被理解,那么它可能最容易受到喜欢并得到同情。

但在《伊利亚特》中寻找正义必须采取不同的策略,即专注于对政治和社会背景的探寻。故事中,在产生冲突的少数场合里,其原因、结果和可能的矫正出现之后,接下来的程序(procedure)是什么? 尽管阿伽门农是错误的起因,但问题的爆发首先是因为痛心的父亲不仅向阿伽门农(以及他的同胞)祈求,还向整个希腊联军祈求。他提出买回自己女儿的这个合理建议,得到了在场希腊人的欢呼赞同,却遭到阿伽门农的蔑视。为了解决这件事带来的后果——即降临全军的瘟疫——他们在阿基琉斯召集的集会上见面。这不是一个偶然的场合。开始的召集和最后的解散、他们起身又坐下的辩论过程、建议的提出和驳回、违抗或调解,描写这些场景的公式化的六音步都被小心安排。我们看到的是正在召开集会的城邦,祭司在之前的一个集会中曾第一次出现,这种推测也是合理的。因为在《奥德赛》中,任何人都可以召集集会(这里是阿基琉斯),他说他手里掌握着"权杖"。Agora 一词要么表示"说话"或(复数的)言辞,要么表示表达言辞的集会,或者表示集会举行的地方(之后在雅典或在其他地方则变成了一个市场)。它就是我们当代人意识中的"议会"。因为想象的目的,希腊军队正在围攻特洛伊。更为现实的是,他们的行为就像城邦"议会"的行为,因此就将公民程序的一个范例设置为口语储存的一部分。

集会上的希腊人

这一现实在第二卷中变得更为明晰。阿伽门农做了一个梦,命令他武装军队:很明显是准备清点船只。然后,他无缘无故地叫传令官宣告集会的召开,[128]战士很快聚集(2.51–52)。然后当阿伽门农"控制了由长老们组成的议事团"(53),向他们建议武装军队时,集会悬而未决。等他们赞同后,议事团"起身"(85),场景转向"将士",他们正如蜜蜂一样匆忙列队(86 – 89),但同样有"很多种族在前滩结队"(91 – 92),他们继续"奔向会场"(93),这就是荷马叙述的事情。接下来的 306 行都在讲述会议和它的程序。只有在某个时刻会议被打断了,那就是议事团成员离席朝向船只走去,但秩序很快恢复,会议重新开始。适合于这种场合的惯用语(formulas)被反复陈述(93,95,144,149,207,264,334,337,370)。议会的座位是秩序井然的一排排座席;传令官(他们的职责在卷一中被忽略了)负责安排席位,保持秩序,并在说话者起身时示意保持安静(96,99,206,211,255,398)。尽管描述权杖的用语是古时的词汇,但它作为阿伽门农继承的财产,在现实的层面上被奥德修斯(之前阿基琉斯也用过)用于示意讲话或强制纪律也是相称的。整个叙述令人困惑(362 – 368 是对战斗的召唤),直到开始清点船只为止,都是古代的想象和当下政治现实的混合。它留下了一种印象,即对于公共事务的处理和重要决定的信息而言,议会都是至关重要的,⑤由分别碰面的议事团协助,这是卷一没有机会提及的故事。亚里士多德在评述集会时,默认了这些职责的确由荷马时期的集会承担这一事实(《政治学》卷三 141285a11),关于《伊利亚特》卷二中同样的场景,"阿伽门农(通常)在公民大会上(ecclesia)忍受言语攻击",亚里士多德用这一术语是因为他假设集会实际上就是雅典采用的议会组织的原型。亚里士多德在对比阿伽门农在公民大会上的职责以及他作为战役的将领这两种身份差异时(1285a13),似乎认为《伊利亚特》中的公民大会事实上不是军事化的,而是平民化的,就像《奥德赛》中举行的公民大会一样,在伊塔卡,公民大会似乎处于不间断的状态,它的议程由会议中保有席位的议事团补充。《伊利亚特》中,希腊人和特洛伊人双方都还有其他的公民大会,只有一次例外,议员们

---

⑤ 奥斯特瓦尔德,页 156;参看杰弗里(Jeffery)之后对吉奥斯宪法中集会角色的论述。

站着举行会议(18.246)。程序全是口述的。除了辩论部分,[129]所有的交流、提议和决定都由口头惯用语来表达和补充。

集会的法律作用

这并不意味着公民大会就是一个立法体系。它只能接受或拒绝"上等人士"(aristoi, basileis)的领导。但接受或拒绝具有决定性。阿伽门农通过拒绝祭司的祈求也就拒绝了公民大会的"投票",结果证明代价惨痛。他的不甘愿在第二次会议的争论面前受到极大影响。施加给他的压力不仅来自发言人,也来自安静聆听的将士们。他之后向公民大会提出的诉求显露了他的权力。"你们都看见我的礼物就要失去"(1.120)。"因此你们要立刻为我准备一份礼物"(118)。这是集会的特权,甚至它掌控着战利品最初的分配,阿基琉斯立即对此一语道破(125-126)。如果再次分配,就触犯了得体性(126)。阿伽门农不得不等待军队在其他地方获得更多的战利品。但这个问题是含糊的,因为它牵涉到了军中领袖。难道他的优越等级不应该有优先权? 同样是得体性问题(119):两者冲突了。阿伽门农占用阿基琉斯的侍女作为补偿的这种个人决定并未提供解决方案;它只是煽动了冲突,这或许可以由双方直接的行为来解决,事实上就是谋杀。这种解决办法没有神明的赞许,因此被放弃了(188-218)。阿基琉斯不得不等待补偿,并且用自己和自己的军队不再参加战斗的举措给阿伽门农施压。

处置失当的正义

正是阿基琉斯宣布这个决定时,荷马的"正义"概念才在辩论中出现。他的决定在集会中以誓言和誓约的形式出现,决议不仅牵

涉到阿伽门农,还有在场的听众。他们已经将布里塞伊斯(Briseis)
分给阿基琉斯;现在他们又见证了这一分配的废除;实际上,他们对
这一行为负责(299)。阿基琉斯将权杖举在众人面前,讲述它曾经
是一棵鲜活的树,而如今变成了永无生命的木头。

> 现在,阿开奥斯儿子们
> 手里握着这权杖,是正义的审判者(dikas-poloi)
> 也是在宙斯面前捍卫法律的人。⑥ 因此这是个庄重的誓言
>
> (237-239)

---

⑥ 拉蒂莫尔将这一段翻译为"阿开奥斯人的儿子们将它拿在手中,当他
们执行宙斯的正义时"。这种简化的措辞被证明是有效的(另参琼斯《宙斯的
正义》[Lloyd-Jones's *The Justice of Zeus*])。但它忽略了以下事实:(1)这一
段包含了两个不同的名词,dikai 和 themistes。(2)这一段使用了两个意思为
"审判"(dikaspolos 的词根)和"保护"(eiruatai)的动词。(3)dikai 和 themistes
都是复数;它们代表的是行动或言辞的一些具体化,而不是抽象化。(4)pros
dios 并不是"宙斯的"之意,而是表示"在宙斯(权威)之下";themistes 不是宙斯
个人的财产,或由他所创,但他会照管它们,或更确切地说让它们受到保护。
正是复数的 themistes 在荷马那里才重要并且在单数时才有实质象征,不管是
被客观地使用还是只是一个恰当的名字(《伊利亚特》15.87,93;20.4;《奥德
赛》2.68;另参注释1)。在希腊无文字的历史背景下,我将"保护"解释为"保
存在记忆里"(但这不是 eiruto 在《伊利亚特》16.542 中的含义)。Themistes 是
口语的行为准则,在所有可能性中被表述为只要合适就会被引用或运用的判
例法(参第三章注释7),然而 dikē 和 dikai 包含了特定情形中施行的程序,具
有一些灵活性,需要"管理",同时也要求从记忆中引用恰当行为准则的能力;
这些就可能是"法律原则的集合",而 dikai 是"规定"(但 C. Roth 没有加以区
分,页333,维拉莫维茨(Wilamowitz)在评论《劳作与时令》218-224 时,认为
themis 和 dikē 是同义词)。"审判者"是专家吗? 在某些情况下,他们有这种职
责(参见第九章),但诉讼当事人本身也会采取行动,因为口头法律的知识在某
种程度上是普遍的。因此阿基琉斯在这里会这样说以及这样做,墨涅拉奥斯
之后也是。Skēptron 更少地象征着永久的军衔等级,更多地象征着一种信号,
即任何人手持它都可以命令听众。

[130]然后,他为希腊人承诺下灾难,阿伽门农将无力扭转。说完这些,阿基琉斯将镶嵌金钉的权杖扔到地上。复数的 Dikai 不是正义的原则,而是涉及变成了程序的正义事件,因为它们受到官员的"管理",但官员们并不"审判"法律,而是保护它们。

但程序正义在这个案例中并未得到应用。它的功能本应该是保护不可或缺的将士免受侮辱。公民大会是程序中必要的搭档,因为它负责分配的不仅是战利品还有伴随战利品的荣耀。在这个案例中,公民大会因为默许阿伽门农的个人行为,它的职责失效了。阿基琉斯将权杖投掷在地使得失效戏剧化。镶嵌金子的权杖在这里被尊以公正的标志,而不是君主的权力象征,现在它的名声受到破坏。阿基琉斯如此告诉公民大会的全体成员,并且警告他们必定承受后果。讨论继续进行,恰当地担当了长者发言人角色的涅斯托尔试图调停,提议的方案也是最后得到解决的办法,但目前,调停是无望的。双方仍然是"用以暴制暴的言辞争斗着"的竞争者(1.304)。⑦ 他们起身,解散了大会。

会议获得了一个积极的结果。法律和道德虽然因捕获祭司的女儿遭到破坏,但由会议过程中的一个决议所弥补。冒犯者安排了仪式送女孩回到父亲身边,这个仪式在举行时也被仔细且反复描述,因为它被要求完成法律的"合法性"。口头上说出的一项正义被施行,但诗歌并未使用这个词。

提议补偿

之前曾说到,阿伽门农没过多久就为自己的行为后悔了,值得注意的是,这一点在卷二中的出现先于一次公民大会的召集。他说的话表达了未提供法律解决办法的个人情感。这次会议处理的问

---

⑦　参见第十章。

题是为没有阿基琉斯参战的战斗做准备。只有在希腊人遭到严重
溃败时，才举行公民大会正式处理二人的危机。大会正式召开，议
员就座(9.10‒13)。阿伽门农和狄奥墨得斯说完话后，涅斯托尔发
表演说，阐明了由个人矛盾产生的公共危险(9.63‒64)：

> [131]在自己的人中挑起可怕战斗的人
> 是(estin)⑧一个没有族盟籍贯、没有炉灶、不守法律的人。

　　这是对阿伽门农与阿基琉斯的评论。然后他提议阿伽门农设
宴鼓舞军队士气，当他们宴饮时，阿伽门农就可以听取老者(70,89
‒90)的意见。就实际目的而言，这是一次议事会(另参75)，在会
议中，涅斯托尔仪式性地指出阿伽门农"手握权杖以及宙斯赐予的
习惯法"来协助自己在协商中的领导才干(9.99)；⑨因此他的责任
既是演说，也是倾听其他人说的话。涅斯托尔在回顾自己之前在调
解中失败的努力，回忆了卷一中发生的事(105‒111)。在那时提出
的补救措施现在已不适用，他转而提议从阿伽门农那里得到适当的
补偿来弥补对阿基琉斯造成的伤害。这个实际上来自议会上的提
议被阿伽门农接受，但证明是无效的。一个最终的决议会要求再次
召开公民大会，而它见证了二人最初关系的破裂。

正义的解决

　　如果《伊利亚特》只是受限为一部心理学史诗，那么阿基琉斯
得知朋友阵亡消息时的剧烈反应已足够消弭过去的嫌隙。但史诗
本身非常清楚它诉说的故事的功能起初不是心理学上的，而是法

---

⑧　参见第十三章。
⑨　参见第五章。

律、社会和政治方面的。当阿基琉斯为了加入与赫克托尔的战斗中而急于不计前嫌时,他的母亲劝解他必须首先召开公民大会并正式声明自己对阿伽门农的怨恨已烟消云散(19.34 – 35)。因此阿基琉斯正式召集集会,并着重提到了那些之前和他一起未出战的战士(19.41 – 54)。大会召集者阿基琉斯发表演说,声明自己已无怨恨,与会者鼓掌欢呼。阿伽门农起身,说如果大会不打断他,愿意听他说话,他有话要说(81 – 82)。在长篇的道歉致辞的开端,⑩他说扰乱他判断的祸害女神"在公民大会上"给他注入了可怕的迷乱(88)。道歉的最后,阿伽门农说他随时可以赔偿已经准备好的丰富礼物。战斗在即,敌人虎视眈眈,但他说如果你愿意,可以再等等,直到礼物被带至这里,由你过目(19.138 – 144)。阿基琉斯礼貌地说自己对礼物不关心:他已经迫不及待想要上战场。[132]奥德修斯劝解(正如涅斯托尔所做,9.66)说如果要参加战斗,军队应该解散,并享用早餐,此时他承担了涅斯托尔作为得体性声音的角色。但首先,两个往日竞争对手的和解应该得到仪式化的解决(19.172 – 183)。礼物应该"被放在会场的中央,所有人都可一睹为快",不仅仅是阿基琉斯。阿伽门农必须"起身并宣誓",他会将布里塞伊斯毫发无损地还给原主人。他还要宴请阿基琉斯以作为和解。然后奥德修斯说(180 – 183):

> 你[阿基琉斯]将得到不缺乏"正义"的应得的一切,
> 你[阿伽门农]会在今后待人"更公平"[dikaioteros]
> 同被自己得罪过的人谦言和解,对君王不是屈辱事情。

阿伽门农乐意地遵守和准备和解的必要礼仪:宣誓的打算被重复了三次(187,188,191);他会将作为赔偿的礼物带至眼前。阿基琉斯仍然对仪式漠不关心,他说杀死赫克托尔后,自己才会饮食;但奥德修斯说,军队不能如此。宴饮前,就完成了仪式(238 – 275):礼

---

⑩ 多兹,第一章。

物全部端了上来,阿伽门庄严地献祭一头公猪,并发出庄重誓言,之后,阿基琉斯用简短但正式的回应承认了祸害女神对阿伽门农和政体带来的致命影响。公民大会最后被解散(276)。我们可能会说,冲突(neikos)的终结受益于作为"正义审判者"的仲裁者的监督,尽管叙述并未给予仲裁者这个头衔。当冲突爆发后,荷马式正义的表达方式在裂痕中得到尊敬,它们在冲突的解决中果断且明确,并被认为是所发生之事的象征。阿基琉斯得到了恰当的正义,几乎好像它就是一个数量。他的对手阿伽门农也变得"更为公正",因此从他在接受道歉中(尽管它有着更高的等级)"得到辩护"的意义上说,他的"正义"同样也被认为增加了,因为(正如他在卷二中承认的那样)是他促使了冲突的发生。不管正义是什么,它可以被看做双方的一种交换物,或者说在解决争端的过程中一种增添至双方的东西;或者说,也象征了交换本身⑪的过程。[133]它当然不是一种在被运用的时候会排除异己的原则。

　　要获得适当的结果,必须满足一定的条件。尽管双方的冲突导致了这种程序的发生,但正义只有在公民大会中被运用,它的功能就是一个讨论会,为产生的问题提供修辞的场所。审判的举行同样是修辞的一种功能:正义的达成必须由审判完成,反过来也是如此,因此权杖既是审判者的象征,也是说话者的象征。冲突的解决可能牵涉到物品和道德的重新分配,也就是说对金钱和荣誉的重新分配。既然没有文献证据证明冲突的解决,那么见证了此事、并将所见所闻记住的听众就至关重要。同样,程序包含的不仅是物质补偿,同样还有恰当的誓言、承诺和口头忏悔。

　　因此,除了在荷马诗歌中偶然发现的潜藏的法律和道德的基础,在序言中宣告的以及在第十九卷终结的史诗本身的神话就是口头"正义"

---

　　⑪　加加林说(《埃斯库罗斯的戏剧》[*Aeschylean Drama*],页23):"dikē 的概念传达了设定相反诉求以及表述每个诉求的整个体系",他同样观察到了这种思维的"不合逻辑"的方法是口语交流的特征。

的范式,也就是早期城邦中实行的法律程序的范式。史诗的教诲意图在故事被讲述的方式中出现了。也有人可能会反对说正义言辞实际上出现得不多,并且史诗在第十九卷后并未结束。此后的情节从公民大会转移回了战场,阿基琉斯的战斗及其后果的主题占据了接下来的故事。

墨涅拉奥斯的正义

第二十三卷的场景再次变成了希腊人的集会,只是形式为agōn,即竞赛,参与者围坐在一起(23.258,448)。

主要的运动项目是战车竞赛。荷马的描述包括了竞赛中发生的欺骗行为。诗人讲述了安提洛克斯(Antilochus)和墨涅拉奥斯(Menelaus)如何并驾齐驱,直到安提洛克斯施诡计领先,以及墨涅拉奥斯在颁发奖品的仪式上如何阻挠安提洛克斯领奖。二人皆不是第一,但他们为了第二名进行了激烈的斗争。落后于墨涅拉奥斯的安提洛克斯扬鞭赶马试图超过对手,但那里不能同时容下两匹马车;于是安提洛克斯突然偏离正道,超过墨涅拉奥斯。[134]墨涅拉奥斯大叫:"你发疯了!这儿路面狭窄,前面很快会宽坦,可别在这里撞车,让我们俩一起遭难。"安提洛克斯不顾警告。墨涅拉奥斯为避免碰撞,放慢了速度。安提洛克斯领先,墨涅拉奥斯在后诅咒:"你这个卑鄙之人,正如我们阿开奥斯人所说,你没有一点理智;难道你认为在没宣誓的时候可以带走奖品(即第二名)吗?"(23.441)75行后,竞赛结束,墨涅拉奥斯落后安提洛克斯到达;如果路程再长一些,荷马说,"墨涅拉奥斯就可以赶超安提洛克斯"。

狄奥墨得斯第一名。依次到达的是安提洛克斯、墨涅拉奥斯、墨里奥涅斯(Meriones)和欧墨洛斯(Eumelus)。阿基琉斯颁发奖品;对于第一名,大家没有异议,但阿基琉斯裁判最后到达的欧墨洛斯应该得二等奖,因为一个意外妨碍了他赢的可能。安提洛克斯不同意,建议为欧墨洛斯颁发安慰奖,他自己应该是二等奖,阿基琉斯同意了;墨涅拉奥斯气愤地站起来,正式控诉安提洛克斯作弊,自己才应该得二等奖。

"墨涅拉奥斯站起来……传令官把权杖交至他手中,命令阿尔戈斯人安静下来。墨涅拉奥斯对他们发表演说"(23.566及其以下)。"你阻碍我的战马,却让自己的马疾驰"(571-572);这是对他的控诉。然后,他转向在座的人,正式称呼他们为"阿开奥斯人的首领们和君王们",邀请他们"对这事做公正的评判"。他这样说,并用了动词 dikazō,⑫"对双方都要不偏不倚";他继续说,他不想让任何人说墨涅拉奥斯利用职权,说了假话才将此马从安提洛克斯那里带走。然后他采取了另一种办法(579-585):"还是让我来评判吧(dikasō),我想没有谁会批评;评判(dikē)会公正。安提洛克斯,你过来;按照传统站到马匹和战车前面,手握皮鞭,轻抚战马,凭波塞冬起誓,你没有故意施诡计超过我。"

安提洛克斯立马屈服,说(587-595):我承认我那样做了;我承认我傲慢急躁,但我不能起这样的誓。于是,二人不仅和解,墨涅拉奥斯还说:我原谅你,你们年轻人的年轻气盛总是胜过理性;[135]并且为了让当场的人验证,说:"我是具有慈心之人,从未高傲。"(611)

这一段明显戏剧化了争端的解决,争论发生在公共场所并且表现出了有效性,因为它被作为一个整体的共同体所见证。它的"合法性"依赖于一方的誓言(在这里,安提洛克斯拒绝起誓)与另一方的聆听,这要在公共的见证者面前施行。同样,这一段也阐述了说出"正义"一词的其中一方诉讼当事人怎样接管了程序,而当"正义"从他口中说出,也就不仅意味着"正义"了。他只是要求一个裁定,而并没有宣布。在这个案例中,墨涅拉奥斯处理方式的公正性不

---

⑫ 另参斯特劳德(页42-45)对这一动词的最初法律含义的讨论,他巧妙地引用了沃尔夫(H. J. Wolff)的话"dikazein 的意思是声称权利";同样参照凯尔斯(Kells),页129-134(斯特劳德的引用)。这种含义在戏剧中重复出现了(参见第十六章)。

仅由另一方的同意得到保证,也由于可能会提出反对意见的在场之人的同意得到保证。双方都知道他们所说和所做的都是"公开的"。

荷马式正义的口头形态

"正义",不管单数或复数(dikē,dikai),都要大声说出来。⑬ 这从发现了希腊法律源头的历史学家熟悉的一个片段中可以看出。阿基琉斯的盾牌上描绘了和平时期城邦的生活方式,上面出现了两种公民生活场景,一个是结婚仪式,另一个是法律审讯(18.497 及其以下):

> 许多公民聚集在城市广场。那里有一场争端(neikos);
> 两个人为一起命案争执赔偿。
> 一方要求全部补偿,向大家诉说;
> 另一方拒绝一切补偿。
> 双方希望某位精通法律的人(histór)可以做出最后的判决(peirar);
> 他们的支持者大声呐喊各拥护一方;
> 传令官努力使喧哗的人们保持安静;
> 长老们围成圣圆坐在光滑的石凳上;
> 手握嗓音洪亮的传令官递给的权杖。
> 双方向他们诉说,他们依次作审判(dikazon);
> 场子中央摆着整整两塔兰同黄金,
> 他们谁解释法律最公正,黄金就奖给他。

---

⑬ 词源学与实际运用有着一定的相关性,本维尼斯特(Benveniste)提议的(词根 dik 意思是"说"、"讲",正如拉丁词 dico,judico)解释比帕默(Palmer)的解释更简单(基尔克也这样认为,见《赫拉克利特》,页 127 – 128,加加林也同样如此认为,《赫西俄德的正义》[Dike in Hesiod]),后者认为词根 deik 分为"界限标志"与"特征"两个意思。

口头法阻止了阿基琉斯取阿伽门农性命。此处的案例同样遵循了这一原则。在公民生活中，命案可以由金钱补偿得以解决，可能将其给予在世的亲属。但没有文字记录证明这种行为；涉事的双方记忆是唯一的证据来源，[136]并且这种境况可以导致对某一方可疑的裁定。因此结果就是冲突(neikos)，它可以由口述宣言的对比得以解决，因为其具有恰当的程序。双方都求助于"精通法律的人"(knower)；他"精通"(know)的是"公正和法规"(《奥德赛》9.215)：他的记忆将相关信息储存起来，在辩论的过程中指导双方。但这个案例不得不在围坐着"公民"的公民大会上诉说，在这里，为了解决争端的口语机制包括了两个部分：公民大会本身和有着特殊座位(在前面?)的长老委员会。他们的责任是管理说话者的秩序并倾听他们的诉说。他们只是投票，还是仅仅主持公民大会达成的哪一方会赢的协议？诉讼当事人亲自辩护"它的正义"，正如墨涅拉奥斯一样；决议由"解释正义最公正的人"宣布。之前各拥护一方的听众可能会为赢家称赞；或许长老们在这之前会向他们发表演说。⑭ 奖品被陈设出来，也被公民大会见证。法庭秩序——如果这

---

⑭ aissō(506)的翻译极其重要。它意思是"开始"、"猛扑"、"猛冲"、"猛攻"，只适合于诉讼当事人的行为，从未"起身"（因此加加林将之用在了老者身上，"赫西俄德的正义"，84页）。因此主语要么在505行（在那里，他们拿着权杖，让听众保持安静），要么在506行（在那里，他们"急于向他们诉说"，后者即长者们，或者说，如果主语在505行就已经改变，那么就是他们"用这些示意"，即用权杖示意保持安静）变成了诉讼当事人。我更倾向于"急于(向长老们)诉说"，因为与复数一致；另参ep-aisso的与格（《希英大词典》词条）与同一行的ep-eita可能有着语音的关联。Dikazon是主动态，而不是中动态，这就排除了诉讼当事人的可能(凯尔斯)，但这里并非墨涅拉奥斯，也不是欧里庇得斯《俄瑞斯特斯》中的俄瑞斯特斯，并且dikē——在另一个不同的场景中被赶出了集会（《伊利亚特》16.388）——指诉讼当事人的dikē。听众可以听到dikazon——在施行dikē时——既指诉讼当事人，也指审判者。508行指的是赢得诉讼的当事人，因为他解释的dikē最为公正，正如墨涅拉奥斯；这同样意味着案情最为公正地由听众得到了裁判。

是最好的词——由管理座位和用权杖示意大会保持安静的传令官负责;此处没有被阐述但可以被推论的一点是,诉讼当事人在说话之前会各自从长老们那里接过权杖。这种正义不是法官根据这类原则强加的一系列既定原则或裁决。它是由口头劝说和口头定罪达成的一种象征或一种过程。

有人可能会期望,这种法律得体性可能以警句和谚语的形式偶尔被更清楚地概括。《伊利亚特》就包括了这种事例。颇具典型的是,它由一个明喻引出。诗歌描述赫克托尔的战马在面对帕特洛克罗斯的猛攻时将主人带离战场(16.383),史诗将这个场景与一场造成毁灭性的、带走人类劳作成果的暴雨相对比;在多山地区,这种灾难具有极其典型的危害,因此也是典型的希腊人的处理方式。暴雨当然是宙斯所为,因此诗歌道出了宙斯干预的目的。宙斯:(16.386 –388)

> 将暴雨向大地倾泻,发泄对人类的深刻不满
> 因为人们在集会上恣意不公正地裁断(themistas)
> 排斥正义,毫不顾忌神明的惩罚

最后两行提出了法律要求的法则。在口头引用中,记忆中捍卫的传统规则可能被扭曲或被"欺骗",[137]即被误引或被误用,被某一方用来满足自己的利益。在荷马的准则里,这是一种被指责为"不正当的""宣判"或一种"选择"这些规则的错误。⑮ 合法的情形是让诉讼当事人置身于公民大会中,让当事人或他的对手陈述案情。他接受的错误裁定是因为先例被不正确地使用。他坚持为自己辩护;他的辩论有着"自身的正义";大会不得不靠武力将他赶走,这样他的"正义"才会从大会中被"驱逐";这就是诗歌使用语言的具体含义。这个规则与 dikē 在史诗中其他地方起的作用没有什

---

⑮ 参第十一章注释15。

么区别。没有必要在搜寻后期或后荷马时代的资料;二者唯一的不同之处在于,在其他地方,程序在描述自身是如何被运用的过程中被纪念,而此处,程序得到纪念是通过描述它没有被运用时都发生了什么。两种定义的类型都以间接的方式得到传达,但在这个案例中间接的元素更少。

代替原则的程序

总而言之,《伊利亚特》中的"正义"是一种程序,不是一种原则或一系列原则。达成正义依靠的是竞争双方谈判的过程。就这点而论,它是特殊的,而不是普遍的,并且它可以被认为是单数或复数——它是一个特定案件的"权力",或是一个或更多案例中被讨论和被解决的"一些权力"。这里没有被认为是独立的国家权力的司法部门,但这里有口头"法律"的专家——我们可以猜测是具有特殊记忆能力的人。他们的司法职责主要受限于主持审判、倾听案件、发表演说以及在听众之间达成共识;专业人员根据情况扮演着"正义的掌管者"、长老们或竞赛者的角色,而司法职责就在专家之间被分享或者被散播开来。程序能在公开场所发生,是因为在史前社会,公众的记忆是曾许诺过的或曾被一致同意的事件的唯一证明。不管从当代的实践角度来讲,程序看起来如何的不精确或模糊不明,但它在早期希腊时期的城邦中却有效地保护了"法律和秩序"(eunomia)。它补充了这些同样是矫正的直接规则,这是对法律和道德——被规范教导且被接受——的必要补充。这类程序可能有着久远的传统,被创造出来克制个体性(individuation)对人类初期共同体的影响。

但是对于竞争城邦之间的争论,程序却不可得,[138]因为没有共同的公民大会让程序得以运作。希腊人和特洛伊人之间,"正义"不可能存在,要么和平,要么战争。因此当阿基琉斯重返战场,正义(dikē)消失了,只有与敌人的矛盾被新的集会或希腊人自己新一轮辩论代替时,正义才重新出现。对于建议一种同样"正义的"国际行为范式的尝试,我们得转向《奥德赛》。

第八章 《奥德赛》中的合法性

[139]《奥德赛》的故事只有一部分是冒险和旅程的叙述。它大部分关注的是国内敌对双方的矛盾,从这方面来看,它重新使用了《伊利亚特》中神话构建的框架。阿基琉斯与阿伽门农的矛盾被奥德赛及其家人与求婚人之间的矛盾所代替。虽然这次矛盾不同,解决方式不同,但它终究是一种矛盾。

故事一开端,众神的会议(1.27;与《伊利亚特》中众神的会议相对比)正在举行,唯独一位不在场,波塞冬并未参加,这一事实就去除了他的否决权,让会议的决定得以实施。宙斯提议诸神如何设计奥德修斯回乡之路:"现在让我们一起考虑他如何归返。"(1.76)奥德修斯的庇护神雅典娜立即抓住机会提议,鼓舞赫尔墨斯前往卡吕普索(Calypso)住处释放奥德修斯,她自己则去奥德修斯之子特勒马科斯那里打听消息。

合适的步骤

雅典娜说,首先她会给特勒马科斯法律上(legal)的指导。特勒马科斯要召集一次公民大会(1.90),[140]"他必须正式通知求婚人,告知他们停止胡作非为"(91)——此处,求婚人被引入叙述中,再没有任何多余的介绍。雅典娜出现在特勒马科斯面前,与他交谈后,传达了带有仪式和重点的命令(269–271),并且详述一番:(1)他的正式讲话必须在整个公民大会中进行。(2)他要请神明们作证,(3)他必须建议求婚人各自回家,(4)他必须建议他的母亲回到

父亲家中,并且(5)如果改嫁合她心意,她将被嫁与他人(274 –
278)。如果这些步骤被采取,特勒马科斯就代替了奥德修斯,成了
权威。这至少是奥德修斯一家面对法律困境时的一个选择。为了
让阐述更明白,雅典娜又增加了三条建议:(6)如果在打听消息的
途中,确定父亲已经去世,他必须返回家为他举行隆重的葬礼,(7)
并且让母亲改嫁,(8)然后再谋划杀戮求婚人。很可能在诗性的表
达中,步骤7和8被前后调换。

　　召集公民大会前,特勒马科斯对聚集在家的那些求婚人宣布了
自己的意图:特勒马科斯正式且轻蔑地称呼他们(368),邀请他们参
加一个"会议"(372),聆听特勒马科斯本人要求他们"不要再胡作
非为"的正式演讲;求婚人如果拒绝出席,继续吞食他家的财产;他
便会祈求众神目睹他所说,让众神将惩罚降临到他们头上。特勒马
科斯的总结自然并没有包括雅典娜提出的全部步骤,但它指向了特
勒马科斯的意图:在敌对双方严峻的处境下获得法律认可。

　　公民大会在预定的时间召开,长者询问召开大会是为何事。这
为特勒马科斯提供了机会。他起身,传令官将权杖(skēptron)放在
他手中,他说自己是大会的召集者,并且发表了非常个人化的但并
不是情绪化的长篇演说,渲染了自己的困境并祈求大众的怜悯(我
在第六章分析了演说的内容)。他的演说,也是接下来讨论的序曲,
直接针对整个大会。我们知道,他的听众包括"优秀之人"(aris-
toi),①即求婚人的父亲(2.51),特勒马科斯让他们停止目前的所作
所为(70),这样,他的家才能相安无事,也不会因为他们的吃喝使家
财遭到消耗。在年长之人不在家的情况下,他想要寻求保护。
[141]一番激昂的陈述后,他将权杖投掷在地。

　　争论拉开序幕,求婚人一方有人回应。事情来龙去脉铺展开

---

　　①　或"上层人物"。正如阿德金斯(Adkins)察觉到的那样,这是 aristos
的古风用法,回应了一种"成功的伦理",并且这种翻译显示了权力或影响而不
是道德品质的受欢迎。

来。原来目前的情况源于佩涅洛佩的延迟和诡计:她的决定可以结束这场僵局;直到她做出决定之前,求婚人会继续采用目前的方法向她施压。特勒马科斯反驳,声称他将母亲赶出家门、违背她的意愿嫁给他人是不得体的行为,亦是不孝。如果他这样做,她的复仇女神(这是否回应了克吕泰墨涅斯特拉的事件?)将会伤害他。然后,他提出了正式警告:(1)离开我的家,用你们自己的财产在他处宴饮;(2)如果你们不这样做,我要祈求宙斯见证我所说之事,让灾难降临到你们头上(2.139 及其以下,与 1.374 及其以下相同)。这一重申着重强调了他所说之事具有准则性和法律性的特征。两只苍鹰在集会地上空直插云霄(2.150),它们在上空盘旋,一位预言家说,这意味着奥德修斯离家不远,并且他不久的归来会杀戮所有求婚人,他们应该把这当成一种警示。第二位发言人蔑视地驳回了这个预言,说预言之人是想要得到特勒马科斯家的贿赂才做出此举,并继续在整个公民大会前做出了正式的辩驳(194):迫使你的母亲返回她父亲家中,带着适当的嫁妆嫁与他人(2.195-196,等同于 1.276-278)。这重复了雅典娜为特勒马科斯的最初建议中的部分词汇,强调了这样的要求有着正规的得体性。争论的双方就这一问题都陈述了各自的立场。发言人又添上了他们重复的决议,求婚人为了让他们的要求得以实现,已准备好了继续施压:继续消耗奥德修斯家的财产。特勒马科斯仍然坚持之前雅典娜的意见,回应说他接受不可避免的压力这一事实——他缺乏反对这一事实的方法。但在回忆了他在公民大会中如此谨慎遵循的步骤时,他再次庄严地说自己的祈求由众神和整个共同体共同见证(211)。

因此他现在请求大会允许他航海出行打听父亲的消息。如果得知父亲已死去,我会返回家中,(1)为他举行隆重的葬礼并且(2)让母亲改嫁他人。这样,他就口头重复了雅典娜的第 6 和第 7 条建议,但自然地隐瞒了第 8 条。[142]他的请求使事件面临着由奥德修斯自己的处境提出的问题:他已死去还是健在? 到目前为止的争论中,这个问题还未直接提出。奥德修斯的年老副手在奥德修斯奔赴战场之时管理家事,抓住机会起身,首先正式赞扬了记忆中的奥德修斯,然后再为民众没有保护奥德修斯家室(oikos)的财产提出批评,毕竟,他们人数众多(241)。为求婚人发言的第三位发言人提醒抗议者,即使奥德修斯归返,他将被人数众多的对手杀死。这些冒犯的话带有的威胁具有公然的非法性(illegal)。他转向听众,继续说,"你们回家去,各人做各人的事"(252);至于特勒马科斯,他轻蔑地补充说,他可以拥有自己的航船;然后,"他这样说完,立即解散了大会"(257)。

大会结束。特勒马科斯达到了哪些目的? 他来到海边祈求雅典娜,申明自己的无助。尽管雅典娜幻化成奥德修斯副手门托尔的样子,但实际上像母亲般照顾他,她肯定特勒马科斯不会像众多子弟那样不及他们的父辈,并且提出了一个正式的预言以再次保证:求婚人因他们的行为已被诅咒,他们都将在同一天亡命(282 – 284)。她会为他准备快船,装载航行所需之物。特勒马科斯恢复精神,返回家中,其中一个求婚人轻蔑地邀请他加入吃喝宴饮中,声称这样他才能得到快船。特勒马科斯拒绝了这一傲慢的提议,他会得到自己的船队,并且发誓要向他们所有人复仇。求婚人仍然不为所动、粗心大意并且高傲自大。航船和食物得到置办,船员得到招募,当求婚人熟睡,幻化了模样的雅典娜陪同特勒马科斯开始远航,离开了家。

与《伊利亚特》的相似之处

《奥德赛》前两卷中的诸多内容类似于《伊利亚特》卷一中的故事。在奥林匹斯山上,雅典娜最热心于关注奥德修斯的利益,这类似于忒提斯在宙斯面前偏心于儿子阿基琉斯。当绝望的特勒马科斯来到海边向他的保护人诉说并得到安慰时,我们想到了克律塞斯(Chryses)在海边向神明祈求以及阿基琉斯在海边求助于他的母亲,[143]并且从她那儿也得到了相同的帮助(《奥德赛》2. 260 – 262 相当于《伊利亚特》34 – 35 以及 351)。当求婚人的发言人否认预言的可信度时,他回忆了阿伽门农对卡尔卡斯(Chalcas)的批评。特勒马科斯将权杖投掷在地,类似于阿基琉斯在相同情绪爆发时的举动。此处及其他地方的这些细节并不能被合理地解释为一位"作者"模仿或呼应另一位。这些细节的叙述背景是两首诗歌共有的,因为它们是叙述的社会中道德观念的根本。神话即将拉开斗争双方的竞争,双方都是同一城邦中的成员。但竞争的条件和其结果却并不相同:它并不是双方需求——得到赔偿并获公众见证——的重新调整,而是不可调和的敌对双方的决一死战。

从形式上说,公民大会在两首史诗中的角色是相同的。它提供了(1)一个听取辩论的讨论场所,因为这些措辞构成了敌对双方长篇大论的主题,并且(2)当双方的听众发誓并陈述后,它会证明这些证词,神明的也包括在内。在《伊利亚特》中,公民大会同样扮演了见证协议在措辞被证实的情况下达成的功能。但在《奥德赛》中,这种功能被否认。或许有重大意义的是,《伊利亚特》最后延长且成功的公民大会在迅速且高兴地解散(《伊利亚特》19. 276 - 277)时所用的惯用语(formula)在《奥德赛》卷二中描述失败的匆忙解散的公民大会时被再次使用(《奥德赛》2. 256 - 257)。

事件的疑惑性

目前为止的进程显露了一个争端,它围绕兴趣和意见的真正差异展开,求婚人的理由是②:如果寡妇的年纪还适合,她可以再嫁,况且这是男权社会,如果有人看中了她,她应该按自己的意愿再嫁他人。这是雅典娜一开始提出的建议,也是求婚人宣称应该采取的步骤。在第十九卷,佩涅洛佩终于得以和幻化了模样的丈夫交谈,但她并未认出丈夫,那时,她才知道父母已经迫不及待想要将她许

---

② 正如加加林的《埃斯库罗斯的戏剧》第 11 页指出的那样。

配给他人,甚至承认,特勒马科斯还是小孩时,接受母亲反对婚姻的决定,[144]但现在也因为母亲的耽搁导致家财遭到消耗而对母亲不耐烦(19.158 及其以下以及 524 及其以下)。她织好布,又将其拆毁,这诡计已暴露,危机的最初责任在于她。求婚人耗费她家的财产大吃大喝,这种压力太过极端以至于无法承受,但这是对她的处境导致困境的一种回应。故事继续发展下去,佩涅洛佩心中燃起微弱的期望,抱着长久的期待,希望奥德修斯还活着。特勒马科斯、佩涅洛佩的仆人以及求婚人,没有谁相信他还在世。如果他还活着,求婚人就不合法。

但他真的还活着吗?故事安排的矛盾和冲突在一个表现出疑惑性的事件中显现出来,《伊利亚特》也是如此,如果公民大会能够解决问题,召开大会并传播消息就成了必要的步骤。在集会中,"优秀之人"通常处于领导地位;特勒马科斯最初向他们寻求帮助。他们是长者,是佩涅洛佩求婚人的父辈们。这如同一位初入社交的女子被众多求婚人追求,这种情形在希腊神话中是常事,或许也重现了早期希腊城邦中的常见习俗。这种过程中通常的保护人是父亲。一位寡妇除了以女子的身份重回父亲家中外还能做什么?死去丈夫的财产怎么办?财产会留在自己家族中,由儿子们保护和继承。但在这个事件中,只有一个儿子,他是父亲的唯一儿子,他父亲也是他爷爷的唯一儿子。为了让听众明白,这就是特勒马科斯之后在幻化了模样的奥德修斯面前吐露的家族谱系(16.117 及其各处)。他说出这些是为了回答一个自然而然的问题:被这些求婚人烦扰,为什么你不依仗兄弟们的相助?这就是在这类冲突中可期待的答案(16.97 – 98)。通常由家族成员提供的保护在特勒马科斯这里不能实现,并且公民大会被当成法庭。像所有议会一样,大会依赖于强权者的领导,并且当年轻人召集大会时,除了一位年迈者,所有权势之人都保持沉默(2.29)。

公民大会的功能——此处未能实现——通常是被寄予期望的。当特勒马科斯告诉涅斯托尔伊塔卡如今的模样时,涅斯托尔问

(3. 214 – 215)：

> [145]是你感言屈服于他们还是他们
> 因为某位神明的预言而蔑视你?

特勒马科斯没有回答。但当变装的奥德修斯问他同样的问题时,他说(16. 114 – 115)："不是全体的民众对我不满,是我没有兄弟们相助。"

集会期间

当事情即将在伊塔卡达到高潮时,故事似乎假设公民大会是在白天举行,并且假设其中的主角不可能忽略它的过程。因此,在卷十六第361行求婚人"一起前去会商";他们得知在特勒马科斯的归途袭击他的计划失败了;他们坐下,"但不允许年轻人或年老者和他们坐在一起"。安排船只拦截特勒马科斯的安提诺奥斯说"他们说……"。这是在公民大会发表演说的正规形式,但很明显,他在此处是与自己的团伙秘密会谈;因为他说,民众已开始对我们不怀好感(16. 375);我们必须在特勒马科斯"召集全阿开奥斯人集会"之前行动(376);他会"起身向全体人民诉说"我们如何设计谋害他,民众不会支持这些恶行(380);他们可能为我们制造不幸,将我们赶出家园,让我们流落他乡。因此,他说:"让我们在田间或道途将他抓获,并立马杀死,夺他家财,在我们之间平均分配,这座宅邸(oikia)留给他母亲和她将要许配之人。"这个计划再次体现了求婚人远远超出任何法律框架外的计谋;它同样揭露了公民大会需要保持有效性,它可以成为不公正待遇的受害人最后的求助场所,并且事实上,它在极端情况下也可以采取本质上来说公正的行动,通过放逐来补偿受害者、惩罚冒犯者。

安提诺奥斯继续说,或者我们放弃当前的计划,各自返回家中,向佩涅洛佩求婚。另一位求婚人建议他们推迟杀害特勒马科斯的决议，因为这是极端且危险的办法，如果宙斯的神谕证明这是吉利的，他自己就会杀掉特勒马科斯。他们一致同意，返回了奥德修斯的家中。

[146]翌日清晨，特勒马科斯离开牧猪奴的住处，首先回家，佩涅洛佩欣慰地前去迎接。但他紧急地告诉母亲回到房间；他自己有事要办（17.52－53）：

> 我现在要去广场迎接（kalessō）
> 一位客人（xeinos），他伴我航行回家

他解释说，这位客人暂时住在他的船员家里。因此，当他"穿过大厅"（17.61），"所有人见他走来，都惊诧不已"。求婚人想要围着他，示以虚假的友谊，但"他径直走到门托尔坐的地方，安提福斯（Antiphos）和哈利特尔塞斯（Halitherses）也在那里，他们一开始就是（esan）③祖辈的伙伴（patroioi hetairoi）"。他们询问他各种事情（70）。似乎在这次会议期间，特勒马科斯要与自己的同伴商量议事，正如求婚人在遇到他之前谋划事情一样。船员来到（73）：

> 带着客人穿过城市
> 特勒马科斯远远相迎，站在身边

船员想要特勒马科斯取回墨涅拉奥斯在斯巴达给他的礼物，特勒马科斯说不急：求婚人"可能偷偷地把我杀死，瓜分我家的所有祖产（patrōia panta，17.79－80）"。

为什么这些过程和对话不得不发生在公民大会上？除非得体性要求来自远方的——虽然只被一户人家邀请——客人在会议中被介绍给大家认识？国外的捐赠者送的礼物通常也要向大会报告

---

③ 参见第十三章。

并且在他们面前展示吗？像《伊利亚特》的公民大会上展示赔偿的那样？这些问题都没有明确的答案。唯一明白的是,当国内危机即将爆发,各种决议、求婚人和奥德修斯以及特勒马科斯的行动不是在社会真空中进行。故事背景中,城市集会一直未断(即使在卷二中,有抱怨认为集会已经 20 年没有被召集——这是故事的部分想象)。它是一个对任何事件都有某种司法权的实体。

在即将见证求婚人最后的宴饮和毁灭的那天早上,特勒马科斯起床询问奶妈他的客人如何,[147]幻化了模样的奥德修斯已经睡下,特勒马科斯"穿过大厅","去到戴胫甲的阿开奥斯人中间"(20.144,146)。诗人在此处用的惯用语与之前描述特勒马科斯进入集会所用的惯用语相应(17.61 –62)。参加公民大会已是习惯之举。会议上发生了什么我们并未被告知,我们只知道有一个谋杀特勒马科斯的计谋,但被预言阻止了(20.241 –246)。

超出法律权限的解决办法

公民大会作为一种解决争端的机构被证明无效。补偿最后只能以个人流血冲突结束,即谋杀。

求婚人的极端策略将这一点强加在了情节上;他们在这件事情上做得过分,并且也有罪。这是从一开始就烙在他们身上的特征,并且诗歌同样似乎在暗示求婚人不得不屈从于肉体的贪婪;他们吃喝玩乐;他们已不再是共同体中有价值的吃苦耐劳之士——这是他们之前喜欢的身份? 公民大会解散前,其中求婚人中的一位发言人采取了决定性的一步,他认为如果奥德修斯可以归返(尽管他不相信),他也会轻易被杀。这一想法把这件事情完全放在了法庭之外,接下来他们讨论如何杀死特勒马科斯以及吞并他财产的计划,意图穷凶极恶。毫无疑问,这种违法行为在早期城邦时期不是不为人知的,如果成功,就得被迫接受,但公民秩序(eunomia)不会忍受。

　　谋杀在共同体的法则中不是容易调节的问题。它违反了在《伊利亚特》中纪念的城邦中的道德和法律。谋杀代替了双方协商的"正义"。因此在故事的结尾,公民大会重新恢复了其如同论坛的功能,在这里,冲突及其后果都得到了讨论。

重申法律问题

　　民众"成群前去会场"(24.420),他们已经听到了杀戮的消息,于是前往奥德修斯家中找寻并埋葬亲人尸体,将其他城市的求婚人尸体运回家(24.418)。他们的悲痛和惊愕表露无遗,[148]其中一求婚人的父亲要找杀死他们孩子和亲人的仇人复仇(tisesthai,435,470),他埋怨此人:谁为特洛伊远征负责,为舰队和同伴带来了毁灭性的灾难? 他会在仇人离开之前让死去之人的亲人将他杀害。但支持奥德修斯一方的人陈述了他们的缘由:墨冬(Medon)从奥德修斯的家里来,宣告这场杀戮有神明庇佑;他亲眼看见神明站在奥德修斯面前。另一位支持奥德修斯的人强调了这种超自然力量的权威:目前发生的一切都是由公民大会本身造成的恶行(kakotēs)之果;他们没有早些听从发言者和门托尔的话(24.456),后者曾警告这些人要劝说他们的孩子不要再恣意妄为;因此他们不应该再前去报复。那位复仇者的话已得到了赞同,"他们已在城市前集合"(好像去迎战前来的军队)。

　　奥林匹斯山上的神明不得不干涉此事,解决争端,因为它已经导致了市民的僵局,涉及要么选择两败俱伤的战争,要么选择公民的和解(philotēs[友爱])。宙斯提醒雅典娜事情发展成这样是她谋略的结果(479–481),但提出了如何和解的步骤(481及其以下)。奥德修斯的父亲要杀死安提诺奥斯的父亲时,战斗开始。奥德修斯和他的同伴已经准备迎战,但此时伊塔卡人因雅典娜的命令停止了战斗。当奥德修斯准备继续进攻时,宙斯投下雷电④阻止了他,雅典娜命令他"结束这场争斗"(neikos,543)。因此双方交换了誓言(等同于双方签署了合约),故事以政治性的协约结束。

有一种普遍的观点认为这一卷的诗论是草率的,它有一种以日常线条为创作基础的气质。⑤ 但这并没有使史诗情节中的必要联系作废。故事的激动人心被奥德修斯的胜利穷尽。很少有创作者可以完成这个故事。第二卷中建立的法律程序已经由第二十四卷来补充,正如《伊利亚特》第一卷中施行的法律形式由第十九卷补充一样。只有这样才能满足当代听众的期望。⑥

《伊利亚特》的故事使大家感觉到"正义"作为一种解决争端的办法或作为这种方法的象征起的作用,它在大众集会的庇护下用协调的形式代替了身体的冲突。[149]但《奥德赛》中没有这样的"正义"。它的大部分情节是超出法律权限的,那也正是故事被讲述的方法。从这个意义上讲,《奥德赛》反映的早期希腊时期的一种行为层次比《伊利亚特》中遵循的程序要更为原始,争端解决方法更为和平,这种行为层次存活了较长时间,这也是合理的猜测。而这些程序尽管被口语化地管理,却体现了城邦准许的合法性的运用情况,与家庭之间采用的直接报复的方法形成对比。埃斯库罗斯的

---

④ 加加林(《埃斯库罗斯的戏剧》,页169页注释31)准确地观察到奥德修斯杀死求婚人——用希腊词汇来说——是"错误的",并且竟然未受惩罚,但我认为适当的过程而不是惩罚是史诗中通过 dikē 表达的模式,这种模式也用在了当前的案例中,并且频繁地在戏剧中出现(第十六章)。但宣称"求婚人的亲人们最终接受了他们(羞耻)的懦弱,放弃了要求复仇的需要",在我看来,他似乎误解了情节的结局和意图。事实上,亲人们是拿起了武器的。

⑤ 基尔克,《荷马之歌》,页249–250。

⑥ 我无法接受基尔克的推论(《荷马之歌》,页248),他认为净化血债以及使死去之人的亲属们与奥德修斯和解这一问题在古典时代的听众看来是迫切的,但在公元8世纪以及7世纪的人们看来却是"粗鲁"的。那么我们同样可以认为《伊利亚特》中 neikos 与和解的故事,或者阿基琉斯盾牌上刻画的法律过程发生在同样的"古典时代"?

《俄瑞斯特亚》(*Oresteia*)事实上就是这两种竞争方法的一种重现，《奥德赛》中的冲突由《伊利亚特》达成的冲突解决办法圆满完成。如果荷马式"正义"的概念在《奥德赛》中很显然地起作用，并且故事的讲述方式——这点确实存在——也直接体现了这种观念，那么正义的存在最为清楚的证据不会出现在奥德修斯与敌人的拼杀中，而会在其他地方。

第九章 《奥德赛》的道德观

[150]在阿伽门农与阿基琉斯的冲突中,神话让一位有身份和权势之人与另一位精力充沛之人竞争。这不是道德与邪恶、正确与错误之间的冲突,并且后面的冲突也得到了解决。阿基琉斯和赫克托尔之间也没有任何可让人辨别出来的道德差别,即使他们的矛盾只能用一方的牺牲得到解决。《伊利亚特》可能试图表明阿开奥斯人比特洛伊人①有更多的道德优点,但双方在谋略、协商或在战斗时,听众很难记住这一点。

道德的两极分化

《奥德赛》在这个方面与众不同。前一章讨论过它在合法性上是无效的,因为其中一方正直,而另一方却不是,因此双方不可能出现调解的程序。围绕着奥德修斯一家构建的人物(除了背叛者)有妻子、儿子、仆人、政治支持者和奥德修斯自己,他们一直呈现为或代表了反对恶行——这让他们备受折磨——的立场。他们的对立者,即求婚人,一直被表现为作恶之人,[151]他们不仅仅是敌人,并且一直被贴上了在道德上受人蔑视的标签。而《伊利亚特》中没有出现这些。

开篇段落为《奥德赛》的英雄特征勾画了初步的草图:他具有非常多的优点,长期出海、善于观察,在努力使自己和他的同伴安全

---

① 《伊利亚特》4.66 – 67,71 – 72,166 – 168。

归家的途中历经磨难。与这形成对比的是,诗人说,"他们的冒失(atasthaliai)为大家招致了灾难"——他们吃掉了神明的牛群,诗人相当夸张地刻画了他们毁灭性的不虔诚的恶果,但这个事件极端化了他们与英雄之间的关系。

他在苦难当中的智慧和机敏仍然是宙斯和雅典娜在讨论他的命运(1.48 及其各处,1.65)和他的虔诚(1.65)时的焦点,幻化了模样的雅典娜在安慰特勒马科斯时也回想起奥德修斯的智慧(1.205)。

当佩涅洛佩出现在场景中,奥德修斯的面目清晰了些许。她让正在为求婚人歌唱阿开奥斯人回乡之旅的歌人另选一首歌(1.343–344):

> 在我记忆中,我深深铭记他的面容
> 他声名远扬赫拉斯和整个阿尔戈斯

这是一位忠贞之妻应有的情绪,当听到求婚人在策划谋害特勒马科斯时,她悲痛地对侍女们说(4.724–726):

> 我首先失去了雄狮般勇敢的高贵丈夫,
> 全体希腊人中他各种品格最高尚,
> 高贵的英明传遍赫拉斯和整个阿尔戈斯。

雅典娜在梦中安慰她,她又再次重复了这些话(4.814–816)。

当奥德修斯的家人开始获得公民大会的政治支持,英雄的肖像显现得更多(2.230 及其以下):

> 为什么执掌权杖的国王应该仁慈且和善?
> 为什么他心中要常驻尺度(aisima)?
> 不,就让他永远暴虐无度,行为不义(aismla rhezoi),②

---

② 关于 aisima,aisula 和 exaision(4.690),参见第十章。

> 因为没有人再记住奥德修斯，
> 他曾经统治他们，待他们亲爱如慈父。

[152]我们突然看到，奥德修斯不是一个个体性的冒险者，而是一个共同体的权威象征。这种权威是有责任的；先例(precedent)规定，它与得体性相伴；它同样饱含感情，像父亲关爱自己的孩子那样温柔地对待臣民。但从中受益的人们已经将它遗忘。

特勒马科斯在旅程中搜集的有关父亲的消息还不多，但对奥德修斯的回忆仍在继续。涅斯托尔回忆了他的智慧、狡猾和审慎的抉择(3.120,122,163)。他们在公民大会或议会上从无歧见(3.128)。这一描述与《伊利亚特》中刻画的奥德修斯一致。在斯巴达，墨涅拉奥斯和海伦对奥德修斯的回忆提到了他在肩负压力时(emogēsen, 4.106; aethloi, 241; talasiphrōn, 241; etlē karteros anēr, 242，另参270-271)具有的大胆和清醒。同时，在伊塔卡，卷四结束之前，传令官(kērux)来到佩涅洛佩那里想要告诉她即将发生的灾难：求婚人正在谋划将归途中的特勒马科斯杀害。但没等他来得及诉说，佩涅洛佩就开始责骂求婚人(4.688及其以下)：

> 你们从前幼小时从没有从你们的父辈那儿听说，
> 奥德修斯当年如何对待你们的父母亲，
> 他从未越过法度对人们做事不义，说话不公正，
> 尽管这是神圣的国王们(basileis)素有的正义——
> 在人们中间憎恨这个人，喜爱那个人——
> 但奥德修斯从没有放肆过度(atasthalon)不公平。
> 你们的用心和卑劣行径已暴露无遗，
> 以后也不会做什么令人感激的善行(euergeōn)。

她严厉的批评又增添了几分奥德修斯的模样——在之前门托

尔描述的奥德修斯的基础上:奥德修斯是一位正义之人;掌权的权贵们是按各自喜好武断专权、不顾正义之人③,但奥德修斯不是;他施行权威的方式,我们可以称之为"合乎宪法"的,并且有意义的是,他是众多"施惠之人"中的一个,被人纪念。

推测奥德修斯的人物特征延续到了卷五。在神明重新召开的议会中,雅典娜要求释放奥德修斯,重复诉说门托尔在伊塔卡的公民大会上对奥德修斯的称赞,同时也回忆了佩涅洛佩的贡献(5.8 - 12):

> [153]为什么执掌权杖的国王应该仁慈且和善?
> 为什么他心中要常驻尺度(aisima)?
> 不,就让他永远暴虐无度,行为不义(aismla rhezoi),
> 因为没有人再记住奥德修斯,
> 他曾经统治他们,待他们亲爱如慈父。

这样,奥德修斯的同辈人对他的评价在奥林匹斯山得到了重述。

接下来的第五卷到第十二卷叙述了奥德修斯的征程,他远离了伊塔卡,他的美德曾在此遍布。当他最后回到故乡的领土,正义和恩人的角色被放置一边。但也未被忘记。牧猪奴的家为第十卷和第十六卷发生的故事提供了背景,牧猪奴的话感人肺腑;他悲叹自己失去了主人,他对主人的思念甚过对父母的思念,他回想起奥德修斯的仁慈、慈父般的保护,"令人敬畏"(ētheios;14.139 - 147)。④仆人的个人称赞并不是政治性的。在第二卷,佩涅洛佩纪念了奥德修斯的领导者角色,在第十九卷,这一角色因奥德修斯对佩涅洛佩

---

③ 另参《伊利亚特》1.80 处表达的普遍原理。
④ 奥斯丁(N. Austin),页 12 注释 18,对照《奥德赛》1.60 - 62;2.233 - 234;16.424 - 430;20.209 - 213。

的称赞得到了转移。说话的人就是变了装的佩涅洛佩之夫（19.107
及其以下）：

> 尊敬的夫人，大地广袤，人们对你
> 无可指责。你的伟名上达广阔的天宇，
> 如同某位国王——一位无瑕的国王，敬畏神明，
> 统治无法胜计的豪强勇敢的人们，
> 执法公允（eudikias），黝黑的土地生长出
> 小麦和大麦，树木垂挂累累硕果，
> 羊群不断繁衍，大海孕育鱼群，
> 因为他贤明的统治（euēgesiē），人们变得杰出优秀。

此段的句法没有妥协于佩涅洛佩的性别；basileus 仍然是男的，
并且几乎不可能让人怀疑的是，奥德修斯（有一丝友善的嘲讽）事
实上通过赞扬他的妻子，也赞美了自己。这一段是扩展的格言
（aphorism）。

在奥林匹斯山上的首次集会上，雅典娜第二次回应宙斯时，求
婚人首次被提到（1.91）。特勒马科斯诚挚欢迎客人的到来——即
变装后的雅典娜——并将她带至远离求婚人之处，以免被他们的狂
妄无礼烦扰（134）。当他们就座并准备宴饮娱乐时，诗人正式介绍
并描述了求婚人（144 – 145）。[154]诗人说他们"傲慢自负"（hy-
perphialoi，134），雅典娜说他们"无耻"（anaideis，254），这些词汇之
后还会再现并成为惯例。尽管他们的行为明显对奥德修斯家的财
产怀有敌意，但他们扮演的道德败类的角色不是太过明显。甚至雅
典娜建议驱逐（270）或杀掉他们（295 – 296）的建议也将他们看作
奥德修斯的敌人，而不是罪犯。

鉴定求婚人的道德开始于特勒马科斯用雅典娜赐予的勇气和
建议向求婚人说话。他请求求婚人各自回家，说了如下的话语
（1.368）：

向我母亲求婚的人们狂妄无礼(hubris)。

这开场白不是要和解。但诗人通过特勒马科斯的话将这类求婚人正式地进行了分类。召开公民大会前,特勒马科斯试图获得补偿,但结果失败了,雅典娜指导他自己组织远航,让他暂时忘记这群求婚人(2.281):

因为他们是一帮无理智(noēmones)且不"正义"(dikaioi)之徒。

特勒马科斯在见到涅斯托尔之后又进一步定义了他们的恶行(3.206 – 208):

但愿神明能赐予我(如俄瑞斯特斯同样的)力量,
报复(tisasthai)那些求婚人可怕的傲慢,
他们正对我狂妄(hubrizontes)地策划罪恶的阴谋。

在见到墨涅拉奥斯时,他用第三人称陈述了他之前用第二人称讲述的话(4.321):

他们是我母亲的求婚人,狂傲而傲慢。

直到第五卷,奥德修斯才正式进入故事中。在讲述奥德修斯的海上和陆地上的遭遇之前,史诗赋予了他和他未来的对手对立的特征,因而有效地将他放置在了一种道德的两极分化中。双方之后的道德冲突基础已经形成,这占据了史诗的后半部分。这一方法表明了被运用于[155]储存任务中的口语创作法则的诸多特点。被两极化的对象是故事中的人物和他们的行为,而不是正确与错误的概念。道德惯用语(formulas)——它的意义因为不断的重复而被显露——的运用促成了两极化,诗歌的听众应该会学会这些重复的道德惯用语。只有过度解释的批评者才会误以为它们的出现是为了之后其他情节的插入。我们之后将看到这种前后呼应体系,⑤在卷五之外的其他地方也有它的影子并渗透在整首诗歌中。尽管这些惯用语具有安排故事发展的效果,但它们只会在叙述背景提示或需要时才会顺便出现:对立是含蓄的,教诲是间接的。最为接近于直接教诲性的语句出现在很久之后,也就是故事中奥德修斯最终与求婚人直接接触时。他在雅典娜的鼓励下来到求婚人中间,乞讨饭食(17.362):

好知道哪些人守法(enaisimoi),哪些人无法无天(athemistoi)。

Xeinos:异乡客人

奥德修斯是聪明的统治者、仁慈的保护者、甚至是精明的谋略者——这也是史诗为奥德修斯准备的因此他也必须准备履行的最为复杂和最有意义的角色——但到目前为止,他还无须扮演这个角色。我们期待的是,在奥德修斯进入情节之前,雅典娜和特勒马科斯的角色是什么?

故事一开始,雅典娜变装后以异乡人(xeinos)的面目出现在特勒马科斯面前。⑥ 她以这种身份出现之后被反复提到(1.105,119

---

⑤ 参见第十章

⑥ 在《奥德赛》中,一旦 xeinos 及其相关的术语被人注意,立马一目了然,它们遍布于全诗,为故事中令人疑惑的迂回曲折提供了解释。最近的注意力都放在了两首诗歌中主题结构上,如果有任何对 xeinos 角色的彻底研究,那我还没注意到。它得到认同也不是由诗歌的"英雄"概念辅助的。关于 proxenos,参见菲利普森(Phillipson),I,147 – 156。

－120,123,133,307）。特勒马科斯遵从了变装后的雅典娜的意见。他对客人热情友好(philoxeinos,123)；他对客人表示了礼貌和体贴。雅典娜准备离开时,他提议让客人沐浴一番,然后带上表示谢意的礼物。特勒马科斯不知道雅典娜的真实身份,这一点同样很重要。在口语文化中,异乡人并没有带着证明自己身份的护照或证件。主人甚至不能肯定客人姓甚名谁,因为他们未曾如邻居那样有过交谈。因此,主人在招待方面犯错也是可以理解的。

　　特勒马科斯在伯罗奔尼撒半岛上打听消息时隐藏了自己的身份(卷三和卷四)。他和同伴一起来到位于皮洛斯(Pylos)的宫殿,涅斯托尔和他的儿子们将他们视为异乡人,并立即用食物和饮料招待他们。[156]佩西斯特拉托斯(Pisistratus)将酒杯递到变了装的雅典娜手中,因为她比另一位来客更年老。雅典娜满意地称赞他：这里有位"正义之人",也就是说他做了正确的事。做完这些步骤,涅斯托尔才询问他们的身份,因为他注意到,在适当的仪式之后,现在是询问的时机(3.69)

> 他们是什么人,既然他们已经用完餐。
>
> 客人们,你们是什么人?……

　　"客人们"这一名词被重复使用是为了凸显出他们现在看起来的样子,他继续问：或许你们是海盗? 如果他们是,那么热情好客的法则明显不适用于他们。当然这不可能是真的。特勒马科斯说出了自己的身份——时机终于来到——并解释了自己的任务,涅斯托尔尽可能地告诉了他相关消息并提出了建议。整个交换过程隆重庄严。雅典娜消失不见了,她真实的身份被众人识别,涅斯托尔献上了应有的贡品。涅斯托尔的儿子代替雅典娜,成为特勒马科斯的同伴,在他们即将前去斯巴达时,涅斯托尔又施行了刚与他们见面时的同样礼仪。

　　在斯巴达,故事一开始就故意强调了对异乡客人的正确招待方

式。一位仆人对墨涅拉奥斯说两位客人正在门外:我们应该接待他
们还是将他们打发走? 仆人的犹豫激怒了墨涅拉奥斯(4.33 – 36):

> 我们曾经受过许多其他人的热情款待(xeinēia),
> 才得以回到家园——但愿宙斯
> 从此结束我们的苦难。现在你快去给客人的马解辕,
> 然后好好招待他们。

　　两天之后,在回忆了往事、讲述了各自的故事后,特勒马科斯也
得到一些宝贵的信息,墨涅拉奥斯送别特勒马科斯时为他准备了堆
积如山的礼物:其中一个是墨涅拉奥斯受他人所赠,现在送给了特
勒马科斯(4.615 – 619)。⑦
　　奥德修斯出场的时机到了。特勒马科斯扮演的异乡客人角色
现在由他的父亲担当,但环境发生了改变。奥德修斯被首次发现
时,是一位女人的囚犯,处境相当可怜。奥德修的精力和才略足以
逃脱卡率普索,并在摧毁了他船只的风暴中存活下来,毕竟活下来
是他唯一能够掌控的事。[157]他被冲进河口,任凭溪流拍打,但仍
有力气祈祷(hiketēs)。现在,他完全成了一位无名之人(5.456)。
稍作休息,他在丛林中找到一处荫蔽,在筋疲力尽中熟睡过去。翌
日,他在一阵喧闹中醒来,赤身裸体且无计可施。"他们是谁?"奥
德修斯大喊出来(6.121):

> 他们会对异乡人热情友好(philoxeinoi)并且
> 心中也敬畏神明吗?

　　这位异乡人并不像雅典娜或特勒马科斯一样,衣着整洁,精力

---

　　⑦　另参哈夫洛克在《希腊人的前文化状态》("The Preliteracy of the
Greeks")中引用的题词,页380 及其注释25。

充沛。他不是自己的主人,而是在迫不得已的情势之下的受害者
(6.136)。当奥德修斯出现在生于他乡故土的女孩面前时,他失去
了勇气,也没有了计谋(130,148)。虽然如此,他却是寻求怜悯和保
护的求援人,他自己也如是说(173 – 176)。既然之后他还要出现在
其他人面前,他就既需要宙斯对异乡人的保护,也需要宙斯对求援
人的保护。姑娘对他的回答也承认了他的这种双重角色。她称他
为"异乡人"(stranger – guest,187),并且同样向他承诺他会得到应
有的食物和衣服(191 – 193)。她将惊恐的侍女们召唤过来,提醒她
们(207 – 208):

> 一切外乡人和求援者都是宙斯遣来的;
> 礼物虽小但见心意。

　　从她嘴里说出的话确定了奥德修斯现在的处境:不仅是一位异
乡的陌生人,还是位 ptōchos——穷苦之人。

　　这也是奥德修斯的特征吗? 他本来是位怎样的人? 沐浴更衣
后,高贵典雅的模样引来一片惊异,这适合前去女孩的家(255):

> 客人,现在我们一起进城去。

　　但他不能与她同行,旁人会指责(276 – 277):

> 跟随瑙西卡娅的英俊外乡人是谁?
> 她在哪里找到他的……?

　　她会被指责喜欢在来自遥远地方之人(tēledapoi)中寻求丈夫,
而不是"在她的民族"中她家的求婚人中寻找(279,283)。[158]这
种评论生动地阐述了一种狭隘观念,这是早期希腊城邦的自治换来
的代价。因此,瑙卡西娅再一次称呼他为"异乡人",并建议他:等

她进城,他再跟随,并且在她的母亲面前请愿。

被独自留在那里时,奥德修斯向雅典娜祈求(6.327):

> 请让我获得费埃克斯人的友善和怜悯。

雅典娜在他周围撒下一层浓雾,他得以在不被看见的情况下进到城中。当他见到女神——这次幻化成了一位年轻的少女——她两次称呼他为"异乡人"(7.28 和 48),并提醒他本地人并不喜欢"异乡人";这是他们与外界隔离所致,瑙卡西娅之前的话暗示了这一点(6.204 – 205)。之后,他会在阿尔基诺奥斯的宫殿里见到阿瑞塔;她是女主人(despoina),也是他祈求的对象。

进入宫殿,奥德修斯在阿瑞塔膝前跪下,像一位不幸的求援人那样哀求(7.147)。说完,他坐在了火炉旁的灰土里。宫殿里一位年长者打破沉默,对阿尔基诺埃斯说(159 – 165):

> 这样既不雅观也不体面,
> 让客人坐在炉边的灰土里;
> 请你扶起这位异乡人,让他坐在镶银的凳子上,
> 请你再吩咐众侍从们,
> 把酒调和,让我们像掷雷的宙斯祭奠,
> 他保护所有应受人们怜悯的求援人;
> 让女仆给异乡人取些现成的食品作晚餐。

阿尔基诺奥斯照话做了,并重复了宙斯是所有求援人的神明这句惯用语(180 – 181)。⑧

现在,奥德修斯在这个故事中的角色是:不管他的外表是身无

---

⑧　宙斯是异乡人也是穷苦之人的保护者,这是"国际的"职责的两个方面,在早期希腊海上综合体时代这是最为重要的。

分文的漂泊者,还是杰出的高贵之人,他都是异乡人,他来到主人家就可以检验主人的意图:主人会接纳他还是拒绝他? xeinos 被反复重复;我没有必要再简述细节,但要指出 8.542－547 体现的道德惯用语:

> 异乡人和主人一起
> 共享欢愉,这样更为适宜:
> 本是为客人,才有歌人的这些歌唱,
> 送行酒宴和我们的那些热忱赠礼;
> 任何人只要他稍许能用理智思虑事情,
> 对待异乡人和求援人便会如亲兄弟。

[159]说完这些,国王就问了客人的名字。他同样想知道客人去过哪些地方,见过哪些人(8.576):

> 哪些部族尊重来客,且敬畏神明?

现在轮到奥德修斯对这一他委身的未知岛屿的人发言,内容有些许改动。费埃克斯人如他们所说尊重来客并敬畏神明。异乡人在其他地方遇到的民族怎么样?

奥德修斯讲述的所有故事中,最为戏剧化的当然是在库克洛普斯岛上的经历。⑨ 在岛上扎营时,奥德修斯和他的同伴们注意到炊烟,猜测陆地上有居民。天一亮,奥德修斯就提议让大部分人留在岛上,他带着自己的船队去看看陆地上居住的是些什么人。或许(176):

> 他们对异乡人友善,且心中敬畏神明。

---

⑨ 对于这次冒险具有的象征主义的仪式性阐述,参照伯克特(Burkert),与此处的版本非常不同。

前后呼应又再次出现。在面对他乡异土时,诗人又赋予了奥德修斯 xeinos 的角色。但这种假设在这里是故意的;他自己这样称呼自己,因为他没有必要去内陆。如果要去,也是为了检验(174)居民的态度和举止。他们划过大海,侦探了库克洛普斯的洞穴;住在里面的是庞然怪物,而不是凡人(188 - 189)。奥德修斯挑选了船上12 个人与他同行,将余下的人留在岸边,前行来到洞口。洞里没有巨怪,但奥德修斯却预感可能会遇到这个野蛮的怪物(215)。选择进入这种地方也是一种自愿暴露的行为,没有政治目的。之后其他人想要离开:

> 但我没有听从他们的建议;那样本会更合适,
> 但我想看看他是否给我们异乡人(xeinia)恰当的礼物。
> 但他不知道,他的出现对同伴们并非快事。
>
> (228 - 230)

巨怪回到洞穴,恰当地称呼来访者为"异乡人",巨怪疑惑这些人的背景,奥德修斯回答说:他们是来自特洛伊的希腊人。奥德修斯继续他的实验(266 - 271):

> [160]我们现在既然来到你的居地,
> 看看你或许会给我们馈赠礼物(xeinēion),
> 再赠予我们作为客人应得的赠品(doiēs dōtinēn);
> 巨人啊,你也应敬畏神明,我们现在是求援人;
> 宙斯是所有求援者和异乡人的保护神,
> 他保护所有应受人们怜悯的求助人。

Xeinos 及它的衍生词在六行里出现了五次,hikeitēs 和 hikōmetha(求援人)出现了三次。这种重复是明显的。最后两行也是之前阿尔基诺埃斯宫殿里的老者曾说过的话。前后呼应无处不在。

巨怪唯一的回答是,他不信神:库克洛普斯既不顾神明,也不顾宙斯。其中隐含的道德就是,拒绝一位异乡人,就是不敬神。此后(281),巨怪想要知道他们的船停在哪里。奥德修斯的智慧拒绝回答,库克洛普斯只能将怒气撒在奥德修斯的同伴那里,一口气吃掉了他两个同伴。人类技艺的运用使奥德修斯和其余存活者得以逃脱:库克洛普斯与希腊人相比,不仅是社会和法理之外的野蛮人,还愚蠢不堪。他们逃脱后,故意让巨人学习这个道理。当他们乘上船,在一个人喊声可及之处,奥德修斯愤怒地吼出了他的指责,嘲弄巨怪(477):

> 不幸的祸患很快就会降临到你身上。
> 残暴无情之人(schetlie),竟毫不犹豫把家里的异乡人吃掉,
> 宙斯和众神明一定让你受到应有的惩罚。

他的话激怒了巨怪,它搬起一块大石扔过去,差点击中船只;其他船员们又一次反对奥德修斯这种没有必要的冒险。但这些话说出来才能填充故事的道德感。如果奥德修斯闭嘴不说话,故事可能会是另一番模样。但现在他向巨怪发起挑战,说自己"是那个攻掠城市的奥德修斯";他的身份最后显现了,[10]巨怪祈求它的保护神波塞冬报复奥德修斯,波塞冬也应它请求为奥德修斯降下灾难。

事实证明,报复的代价是惨痛的:奥德修斯被扣留在了卡吕普索的岛上,在可见陆地之处又遭遇沉船。派送奥德修斯到海港的善良的阿开奥斯人甚至因为自己的帮忙也不幸身亡。翌日奥德修斯醒来,孤独、凄凉、满脑疑惑。因为这块陆地对他而言像其他地方一样陌生。[161]他再一次将身在异乡的自己设定为 xeinos 的角色,

---

⑩　这一点的重要性,参照奥斯丁页 4 注释 10(引自 Calvin Brown)。

一旦有机会,他就会急切地问(13.202):

> 他们会待客友善,且敬畏神明吗?

意识到自己的现实处境,奥德修斯开始攻击款待了他的费埃克斯人,让神明惩罚他们:

> 求援人的保护神宙斯,惩罚他们吧。
> 你督察凡人的行为,惩处犯罪的人们。

讽刺的是,此处不恰当的话让人回想起在阿尔基诺奥斯宫殿里被肯定了两次的观点(7.165,181):前后呼应再次出现。

Ptōchos:穷苦之人

但这些都不是现实;雅典娜在此处出现了,代替了费埃克斯富有浪漫主义想法的主人。她隐藏了自己的身份,与奥德修斯谈话时,后者同样隐藏了自己的身份。当他们的智慧触碰时,有一丝半喜剧性的轻松氛围。雅典娜恢复女神形象后,以他的保护人身份对他说话,为他布置了新的考验以及他必须扮演的新角色(13.306-310):

> 我要告诉你命运会让你在美好的宅邸遇上
> 怎样的艰难。你必须极力控制忍耐,
> 切不可告知任何人,不管男人或妇女,
> 说你已经漂泊归来。你要默默地
> 强忍各种痛苦,任凭他人虐待你。

作为异乡人的角色,奥德修斯要么接受这种身份应有的东西,要么通过惩罚这些不守礼仪之人来证明自由有权力接受这些东西。但明天,他在自己的家乡不仅要遭到拒绝,像当初库克洛普斯对他那样,还要以受害人的身份耐心忍受这种对待。故事继续展开,围绕着这个角色的道德惯用语开始聚集并且表明了这个故事是有主题的,而不仅仅是在敌人出其不意之时设计出来战胜他们的计谋。周围浓雾散开,他知道自己的确回家了,然而不是真正的家。他要克服万难,最后出现在求婚人面前,[162]此时奥德修斯立刻想到了阿伽门农在战后回家是如何被背叛且被杀害的。他激动地对雅典娜说,他的计谋只有在雅典娜的帮助下才有用,并回忆起当初他在特洛伊时雅典娜对他的帮助(13. 383 - 391)。雅典娜信心十足地安慰他。但奥德修斯将要经历怎样的考验? 这次会与之前他忍受和克服的事情全然不同;这次不仅牵涉到他自己要遭到羞辱;他必须改变,必须换一副模样(13. 397 - 402):

> 但我要告诉你:我要把你变得令人们难以辨认,
> 让你灵活的肢体上的美丽皮肤出现皱纹,
> 去掉你头上的金色头发,给你穿上破烂的衣衫,
> 使得人人见你心生厌恶,
> 我还要把你如此明亮的眼睛变昏暗,
> 使得所有的求婚人
> 和你留在家中的妻子和儿子都认为你是一个卑下的人。

如果故事的听众记得他之前如何变装,就不会对这次的变装感到惊讶。斯巴达的海伦回忆过在战争期间她遇到了怎样的奥德修斯(4. 244 及其以下):

> 他把自己可怜地鞭打得遍体伤痕,
> 肩披一件破烂衣服像一个奴仆,
> 用另一个模样掩盖自己,

像一个乞丐……

雅典娜简明扼要地说明要点,然后前去斯巴达接回特勒马科斯。奥德修斯这时才知道自己的儿子还在,并且知道远离家乡的特勒马科斯将要遭遇灾难,如他的父亲一样。雅典娜再次让他心安,用杖一击奥德修斯,他就从国王的样子变成了乞丐。诗人又重复了之前的变装细节,但又加上了一根拐棍和装钱的破烂口袋(13.430 –438)。

欧迈奥斯的接待

奥德修斯按照雅典娜的吩咐来到牧猪奴欧迈奥斯的住所。它离城较远。奥德修斯知道牧猪奴"懂得尊贵"并且忠于奥德修斯。由于他的装扮,牧猪奴称他为"老人"(14.37,45)并邀请他进屋吃饭喝酒,问他来自何方(45–47)。[163]奥德修斯注意到欧迈奥斯的热情款待,表达了他的谢意(53–54):

> 异乡主人(xeini),愿宙斯和其他不死的众神
> 赐你一切如愿,因为你如此热情地招待我。

欧迈奥斯以同样的礼仪回答了他(56及其以下),诗人在这里第一次说出了欧迈奥斯的名字:

> 异乡人(xeine),按常理我不能不敬重来客,
> 即使来人比你更贫贱;因为宙斯保护所有的
> 异乡人和求援者;我们的礼敬微薄却可贵。

诗人如此安排简短的对话,以至于 xeinos 在对话者之间交换使

用。此处间接地提供了互惠原则的定义。当瑙卡西娅热情对待初次见面的奥德修斯时,她也曾说过最后两行的话(6. 207 – 208)。但增加"求援者"这个单词较大地延展了道德维度,并且与奥德修斯现在扮演的角色也一致。角色具有双重身份:"家中的异乡人"同样是受到了磨难的、需要救济怜悯的穷苦之人。

牧猪奴奉上应有的食物,奥德修斯狼吞虎咽。酒足饭饱后,他问牧猪奴主人是谁,牧猪奴才说出了他主人的身份:他是奥德修斯(14. 144),估计已经不在人世;他的仆人们已经放弃了所有希望。奥德修斯驳斥了这种绝望并庄重地宣誓(158 – 159):

> 让众神之主的宙斯、这待客的餐桌
> 以及我来到的高贵的奥德修斯的家灶见证(istō)……

事实上,是奥德修斯的家人为说话者、也就是 xeinos 提供了恰当的招待。他们见证了这些,也变成了这预言成真的担保人(161):

> 在太阳的这次运转中,奥德修斯会归返。

——他确实做到了。

轮到牧猪奴询问异乡人的身份,奥德修斯编造了自己的冒险故事,也说出了一些有关奥德修斯的消息。[164]欧迈奥斯不愿相信:太多人编造了这些谎言(14. 387 – 389):

> 你无需再编造谎言蛊惑我或安慰我;
> 我并非因此才盛情款待你。
> 只因我敬畏保护异乡人的宙斯神,对你也怜悯。

牧猪奴在说这些话时也就强调了自己主人的角色。他的客人保证自己誓言的真实性,并另外打赌:如果你主人归来,你要送我外

袍,还要送我前去我向往的地方;如果没有,你就把我杀了(400):

> 告诫其他乞援者不敢再用谎言蒙骗人(402－405)。

对欧迈奥斯热情款待的挑战立马得到了欧迈奥斯讽刺性的拒绝(402－405):

> 异乡人,那时我真会立即在世人中间
> 赢得赞誉和美名,
> 倘若我把你领进屋,殷勤招待,
> 然后再将你杀掉。

盛情款待已经成为他们对话的主题,欧迈奥斯为了强调这一点,又举行了一次隆重的盛宴,“为了远道的异乡人”宰杀了一只猪(414－415),把异乡人最喜欢的一块猪肉给了他,奥德修斯以宙斯的名义赞美了他的好意(441)。欧迈奥斯以“尊贵的客人!”回应了他。

牧猪奴和乞求人(beggar)的碰面隐藏着一门道德课程:当客人是(1)一位踏足异土的异乡人,也是一位(2)需要寻求保护的穷苦之人时,设置考验是为了展示支配着主客关系的原则在文化中的中心性。测试的过程在下一章更为明朗,故事变得更为令人惊异,因为按照叙述的现实标准,那样是没有必要的。雅典娜曾向奥德修斯保证过欧迈奥斯的忠诚和真实,现在奥德修斯自己也观察到了。夜晚降临,寒夜袭人,异乡人需要一件外袍。主人会借给他一件吗?异乡人没有直接开口问,而是继续“考验”(peirētizōn, 14. 459)他是否准备这样做(正如他“考验”库克洛普斯),奥德修斯编了一个故事,向欧迈奥斯暗示了自己需要什么。牧猪奴明白了其中的意思,[165]把自己的外袍给了他。奥德修斯还不满意这次的证明,又开始考验(又一次用了 peirētizōn, 15. 304)。这种过程的繁复(并不是说矫揉造作)在字里行间中显露了出来。奥德修斯"对众人开言，试探牧猪奴"，就像他正在对观众发表演说(对这一习语不经意的使用再次出现在了《奥德赛》中，这是史诗中隐藏的一种说教)。这次奥德修斯提议下到城中去乞讨，避免给主人增加负担;或许他可以为求婚人提供服务。欧迈奥斯会将他留下还是赶他出门? 这只是一种测试而已，因为奥德修斯本来就要去城里。欧迈奥斯再次立马拒绝了;他害怕异乡人在求婚人面前出现，并提醒奥德修斯他在求婚人面前可能受到的待遇。要想为求婚人提供服务，考虑到奥德修斯的穿着以及他的模样，他不可能胜过正在服侍这些求婚人的俊美年轻人(15. 325 – 336)。他的回答再次赢得异乡人的衷心赞美(342 – 345)：

> 因为你让我停止了游荡，不再受苦难——
> 对于世人，没有什么比飘零更不幸——
> 但为了可恶的肚皮，
> 人们不得不经受各种艰辛。

这些话掷地有声，证明了早期希腊社会生活的面貌。

乞求者的任务

奥德修斯和欧迈奥斯之间的对话结束了。首次在伊塔卡的会面场景完满完成。第二次会面场景即将开启，至关重要且高潮迭起。剧情首先要求父亲与儿子合作。因此当牧猪奴不在时，父子俩才相见，奥德修斯暂时恢复到了他本有的英雄模样，特勒马科斯惊异不已。父子二人悲喜交加的重逢只是严格教诲——父亲必须郑重向儿子交代，同时也对自己说——的序曲(16. 270 – 280)：

> 你明天黎明后需返回城里，

同那些傲慢的求婚人一起厮混；

牧猪奴会带我进城，

我仍幻化成不幸的乞求人和老翁。

[166]要是他们在我们的家中对我不尊重，

你要竭力忍耐，见我受欺凌，

即使他们抓住我脚跟，把我拖出门，

或者投掷枪矢，你见了也须得强忍。

你也可劝阻他们，要他们停止作恶，

但说话语气要温和，他们不会全

听从于你，因为他们命定的最后时日已来临。

奥德修斯将雅典娜告知他的耐心隐忍全部传授给了儿子。

"考验"(peirēheimen,16. 305)同样可以辨别出忠诚与不忠诚之人。特勒马科斯建议这种"考验"(peirētizōn,313)目前不要考虑得太远，要考验(peirazein,319)所有和家财有关的人会浪费宝贵的时间。但女奴们另当别论。

雅典娜再次将奥德修斯变回了老翁的模样；欧迈奥斯将要回到住处并且也不会认出奥德修斯。雅典娜将奥德修斯再次变装的原因在于奥德修斯要再次扮演的角色。当特勒马科斯离开牧猪奴，即将回到母亲身边时，他对牧猪奴说(10 – 12)：

你把这位不幸的异乡人带进城去，

让他在那里乞讨。任何愿意的人就会给他

一块面包和一杯水……

他继续说，假装自己的款待已足够盛情，异乡人自己接过话题，也重复说了已经说过的话(18 – 19,22)：

对于一个乞求人，在城里游荡乞讨

> 胜于在乡间。任何愿意的人都会给他……
> 至于我,这位老人将带我进城。

招待预言者

奥德修斯的道德考验任务被一段插曲推迟了,但与主题相关。特勒马科斯见了母亲,佩涅洛佩感恩还能与他再相见,但特勒马科斯立马告诉母亲他要完成一个任务:他得去广场"迎接一位异乡人"(17.53)。事情如期发生。"异乡人"(72)被一位曾与他暂时同住的人[167]领进广场。特勒马科斯小心地(73)

> 远远相迎,站在异乡人的旁边。

然后他将饱经患难的"异乡人"(84)领进了家,直到这时,他才告诉母亲他在斯巴达听到的关于奥德修斯的消息。特勒马科斯选择在这时告诉母亲消息的意图是明显的。因为这个场合为另一位"异乡人"预言家提供了庄重预言的机会。这是预言者的特征要求的,因为他是一位预言者,也参与了特勒马科斯的回乡之旅(17.155–156):

> 请众神之主宙斯、待客的宴席
> 和我来到的高贵的奥德修斯的家灶作证……

说完这些,他断言奥德修斯已经返回家园。这些话正是奥德修斯在欧迈奥斯家说过的。此处再次使用是为了提醒我们,预言者在城中和在特勒马科斯的家里得到了相同的礼仪。这段插曲的设计是为了再次提供一个事例,表明招待异乡人的法则还在施行,并未消失。

首次拒绝和警告

牧猪奴和乞援者准备进城:雅典娜在第十三卷交代给奥德修斯的任务,也就是奥德修斯自己和他儿子在第十五卷中确认的任务,在第十七卷中将得到施行。诗人重复且详述了奥德修斯的身份(17.202 – 203):

> 他酷似一个悲惨的乞求人和老翁,
> 拄着拐杖,身上穿着褴褛的衣衫。

异乡人第一次遭到拒绝是在泉水边。牧羊人(goatherd)赶着羊群碰见了奥德修斯,他辱骂贫困的奥德修斯:如果他去奥德修斯家,定会因为自己无用的乞丐身份遭到痛打。另外,他还猛踢了奥德修斯几脚。来到奥德修斯家的门口,乞求人告诉欧迈奥斯先进去:他要在外等等,因为他已经习惯了被粗暴对待,并且习惯了忍受(17.283 – 287;另参13.307)。当他在门外等待时,旁边躺着一条狗,肮脏、遍体虱子、无人看管,像他的主人一样。[168]但动物能够做到的事,人不一定能做到:它认出了自己的主人。

最后,乞求人冒险跨过门槛——他自家大门的门槛。这是一个决定性的时刻,诗人第三次重复了奥德修斯的角色(17.337 – 338):

> 他酷似一个悲惨的乞求人和老翁,
> 拄着拐杖,身上穿着褴褛的衣衫。

奥德修斯只是坐在了大门的门槛上(339)。特勒马科斯主持大

局,大声说(345):

> 你现在把这些食物送给那位异乡人。

牧猪奴拿着食物走近奥德修斯,重复了特勒马科斯的命令
(350):

> 异乡人,特勒马科斯给你这些食物。

Xeinos 成了奥德修斯的称呼,在之后的叙述中被不断重复,直
到奥德修斯说明自己的真正身份。乞求人因特勒马科斯所做而为
后者送上了自己的祝福,就像之前他曾祝福欧迈奥斯一样(17.354;
另参15,341)。

现在,奥德修斯家中的人已经履行了热情待客的法则,对求婚
人的考验即将开始(17.362 及其以下)。像库克洛普斯和欧迈奥斯
被考验一样,求婚人将以异乡人的主人身份被考验,但雅典娜在这
时直接来到奥德修斯身边,鼓励他(362)去求婚人中间乞讨饭食,这
样,雅典娜就将考验放置在了史诗之前曾建立的道德两极化的背景
中(363):

> 去检验哪些人守法,哪些人不守法。

求婚人在最后都没能通过这次考验(364)。即使这是他们第一
次遇见奥德修斯。他们给了乞求者饭食,却有一个至关重要的例
外。求婚人的带头者安提诺奥斯要求知道为什么他被带进了城中。
特勒马科斯抓住机会,让安提诺奥斯亲自取些饭食给乞求者。他拒
绝了;于是乞求者开始亲自考验安提诺奥斯,故意靠近他,说些奉承
话,并且说明了自己的厄运:"我家道中落。"这立马引起了安提诺
奥斯傲慢的拒绝。奥德修斯并没有放弃,反而更进一步施行自己的

测验,严厉地斥责安提诺奥斯的行为。[169]这次的挑衅太过分,安
提诺奥斯拿起凳子朝他扔去;他退回到自己的角落,诅咒安提诺奥
斯,祈祷"乞求人的保护者众神和复仇女神(erinues)"降灾难于他
(475)。安提诺奥斯的行为让奥德修斯的庄重誓言成了见证者
(468)。安提诺奥斯暂时受到恐吓,但他威胁乞求者如果继续这样,
仆人们就要把他拖出去。其余的求婚人担心不已。乞求者的诅咒
让他们摇摆的心中想起了一个普遍的信仰,即神明常常幻化模样,
来到人间,观察并审判他们的行为——幻化成异乡人,装扮成各种
模样(17.485-486)。乞求者会是神明吗? 在听过这个传说的观众
看来,这种观点道出了史诗的主题,并且预言他们的厄运即将到来。
但对于求婚人而言,这只是昙花一现的观点,很快就被遗忘。

房间里的佩涅洛佩无意中听到了厅堂里发生的事,惊慌失措
(17.501-504):

> 某位不幸的异乡人来到我家乞讨,
> 求人们施舍;须知他也是为贫困所逼迫。
> 其他人都给他事物,装满他的背囊,
> 唯独安提诺奥斯用凳子击中他的右肩。

但乞求者的处境暂时得到了改善。他在大厅里遇到了另一位
乞丐,一位食客随从,奥德修斯与他搏斗并击败了他。虽然奥德修
斯是位乞求者,但仍是位男子汉;但他的对手却不是。求婚人恭喜
乞求者的胜利并给他食物。在这短暂的友善对待期间,奥德修斯开
始喜欢其中一位求婚人安菲诺摩斯(Amphinomus),并说出了建议
和警告(18.125):人类的生活无常,我们的态度随我们的处境改变,
有时高傲,有时又谦卑;我想起来我曾经傲慢无纪,我的行为令人生
厌;但人应该节制、不要做出求婚人做的事,这样才能幸福;他们耗
费主人家的财产,不尊重他的妻子,而他就要返回家了。奥德修斯
还建议安菲诺摩斯在报复降临在求婚人头上之前就离开此地。

安菲诺摩斯听了奥德修斯的话,仍然没有离开,并且他错失了奥德修斯给他的机会,没能经受住考验。雅典娜已为他准备了厄运(18.1550)。乞求者现在已经是雅典娜的传话者了。

异乡人遭到不公正待遇,惊动了佩涅洛佩,她提醒儿子(18.215–225):她的家要对此负责,[170]如果继续这样,特勒马科斯将蒙羞。特勒马科斯再次向母亲保证;但他必须小心谨慎。

第二次拒绝和警告

女仆们现在出现在场景中。墨兰托(Melanthos)已经和一位求婚人勾搭在一起,对奥德修斯和她的女主人已没了忠诚之心,她对"异乡人"恶言相向,威胁着要将他赶出家门(18.336)。她和她的同伴们因异乡人的回答胆战心惊,却仍未改变初心。

对求婚人的考验继续进行,这一次,他们将全部显现出腐败堕落的行为(18.346–348):

> 雅典娜不想让那些高傲的求婚人就这样,
> 中止谩骂刺伤人,却想让他们激起
> 拉埃尔特斯之子奥德修斯更深的怨恨。

像《旧约》中的法老,他们的心肠将变得更为坚硬。因此另一位求婚人的领头人欧律马科斯(Eurymachus)轻蔑地为乞求者提供一份农场劳动的工作,但他肯定乞求者会因为太懒所以不愿意去做。乞求者回应说,只要情况需要,他可以是个农夫,也可以是个战士,并继续说如果奥德修斯在欧律马科斯面前出现,他定会吓得立马逃走。故意的辱骂激起了求婚人的第二次愤怒,但这次欧律马科斯扔出的脚凳并未击中奥德修斯,而是打中了斟酒人,斟酒人倒地不起。剩下的求婚人开始攻击"异乡人"。他现在成为众人厌恶之人。为什么他要来打扰他们的盛宴？特勒马科斯对求婚人说，你们可能都已有醉意，他这样做定是神明怂恿的。求婚人的举动立马迎来安菲诺摩斯的回应，劝告他们不要"欺凌异乡人"或仆人（18.416）。并提醒他们应该回家就寝，将乞求者留在家里，毕竟他是这里的 xeinos。

夜晚的降临为奥德修斯与仆人的见面提供了机会（19.65 – 66, 68 – 69）：

> 墨兰托再次对奥德修斯说：
> 异乡人，你是不是要整夜在这里烦人……？
> 那里有门，出去，你没有少吃，
> 否则你会很快尝火棍，被赶出门。

他只能再次仪式性地警告她，与之前他对求婚人说过的话略有不同（73 – 77,80 – 86）：

> [171]我在民众中间成为乞丐，这也是生活所迫，
> 乞求者和游荡人都是这副模样。
> 我也曾住过高大宅邸，
> 幸福而富有，经常资助游荡者，
> 不管他是什么人，因何需求来求助……
> 但克罗诺斯之子宙斯毁灭了我；我猜这是他的决心。
> 夫人啊，有一天你也可能全部失去
> 现有的荣誉，虽然你现在超越众女仆——
> 或许你的女主人有一天会对你恶言相向并粗暴对待——
> 或许奥德修斯会归来，现在仍有希望。
> 如果他真的已故去，不可能再返回家园，
> 由于阿波罗的眷佑，他还有儿子。

但乞求者的警告再次没能起作用。

佩涅洛佩的接待

奥德修斯首次与佩涅洛佩谈话(19.103－352),他们互诉经历,佩涅洛佩忠实叙述,奥德修斯却未如实交代,他们的交流让佩涅洛佩更加接受了异乡人在她家的存在(253－254):

> 异乡人,你从前只是激起我的同情,
> 现在你成了我敬重的友人。

乞求者回应她说,奥德修斯的归返指日可待(303－304,306):

> 我现在请众神之父、至高无上的宙斯
> 以及我来到的高贵的奥德修斯的家灶作见证……
> 在太阳的这次运转中,奥德修斯会归返。

这是奥德修斯第三次使用这样的惯用语(另参 14.138 和 17.155),在之前的两次,奥德修斯的保证是因为他受到了友好的对待。

誓言并未安慰佩涅洛佩:奥德修斯不会再归返了,如果他会回来,异乡人就会得到被"送回家"(pompē,19.313)的礼仪,因为家里人没法做到给外乡人应有的招待。像奥德修斯这样的人是不可能再回来了(315－316):

> 奥德修斯经常在家照应客人——那确实是很久以前了——
> 给尊贵的人送行(apopempeme),
> 或招待他们。

这一描述是关涉主题的。它赋予了奥德修斯赞同美德的特点，这是史诗所赞许的，与他敌人们的恶行形成了对比。[172]按照她说的待客之道，佩涅洛佩立即安排异乡人沐浴更衣（正如海伦在特洛伊和阿尔基诺奥斯在费埃克斯所做一样）；这些是招待因远游而满身肮脏的客人的应有之礼(19.325–327)：

> 异乡人，你怎么会赞同我……
> 如果你在我家中浑身肮脏、衣衫褴褛，
> 你的用餐……

她继续说(332–334)：

> 如果一个人秉性纯正，为人正直，
> 宾客们会在所有的世人中广泛传播
> 他的美名，人们会称颂他品行高洁。

这段话支撑了遵守道德——招待异乡人——的责任，对他们的友善得到的将不仅仅是从自己臣民那儿得到声誉，还会传遍全人类。奥德修斯肯定会拒绝这次服务（尽管女仆已待命为他洗脚），更不愿意被发现自己的身份，因为他要留着这副模样最后与求婚人相见。然后佩涅洛佩回应说：

> 亲爱的异乡人——所有曾经前来我家的
> 远方贵客中，从没有一位明智的客人
> 能像你这样说话，一切如此智慧和得体。

佩涅洛佩肯定开始暗自意识到或疑惑她真正地听到了长久未归的丈夫的声音，但她仍将他视为 xeinos，正如她多次对他的看法一样。

在他们的第二次对话中,佩涅洛佩最后决定向求婚人设置一次竞赛(athlos)——用弓箭射穿 12 块铁斧孔,那将决定她的命运;求婚人用奥德修斯的弓,胜者将娶回她。奥德修斯立即鼓励她做出安排,⑪夜幕降临,她回到自己的房间,奥德修斯在大厅里入睡。在那里,他再次见到了女仆们羞耻的行为,忍无可忍,但他又想起了自己在库克洛普斯洞中的等待和忍耐(20.19)。他回忆的并不仅仅是他曾经的忍耐;还有他曾为求婚人设置的考验。

摆渡人的接待

[173]新的一天到来,也是求婚人的最后一天。那天是个节日,城中要庆祝,奥德修斯的家也如此。特殊的盛宴正有条不紊地准备着,仆人们也进到大厅中帮忙。欧迈奥斯和善地问"异乡人"在这里过得怎么样。墨兰托故意叫嚣着要把"异乡人"赶出去。这时一位新的劳力者出现——摆渡人,他友好地问候奥德修斯(20.199 – 200):

> 欢迎你,外乡大伯,愿你以后
> 会幸运,虽然你现在不得不遭受无数的不幸……

然后他抱怨宙斯,说他残忍对待世上不幸之人(203):

> 让他们遭受各种可悲的苦难和不幸。

---

⑪　他的话(19.583 – 587)急切且严肃;他不仅仅是"同意"。此处没有必要争论——基尔克这样做了(《荷马之歌》,页 245)——这一段与安菲墨冬在 24.167 说的话不一致。

他的话让我们重新想起了奥德修斯悲惨的贫困。在他和佩涅洛佩交谈期间,我们都试图忘掉这一点。摆渡人继续回忆他失踪的主人,往事历历在目,异乡人抓住机会,第四次说(20.230 – 232):

> 让众神之主的宙斯、这待客的餐桌
> 以及我来到的高贵的奥德修斯的家灶见证:
> 你尚未离去,奥德修斯便会抵家宅。

正是这位劳动者的热情让奥德修斯以盛情款待的名义最后一次发誓。

第三次拒绝和警告

残忍的求婚人来到家中,他们意图杀死特勒马科斯并取而代之的计划被征兆推翻。乞求者在靠门边的桌子旁坐下,和求婚人分开。雅典娜的决心再次显现,求婚人要继续愚蠢且蓄意地欺凌异乡人,之前曾出现过的惯用语句再次出现(20.284 – 286 – 18.346 – 348)。第三个冒犯者克特西波斯(Ktesippus)说出了以下的话语(20.292 –298):

> 尊贵的各位求婚人,请听我说:
> 异乡人早已得到他理应得到的……
> 但现在也看看我要给他什么礼物——

但他却向奥德修斯投掷了一只牛蹄,并未击中。[174]嘲讽地使用招待客人时的惯用语是决定性的一步。特勒马科斯暴怒,威胁着要致他死地:我现在已是成年人。我宁可被你们杀死也不愿看到(318 –319):

> 异乡人遭欺凌，侍女们被不体面地玷污于
> 我的家里。

另一位求婚人想求和解（20.322 – 325），呼吁特勒马科斯劝导母亲在求婚人当中选个丈夫，结束僵局。⑫ 像之前一样，影响很短暂；反抗不足以否定众人的荒唐。

特勒马科斯回应说他不能够将自己的母亲赶出门，求婚人发疯般狂笑。他们的心智变得发狂；他们开始难以理解地喋喋不休；他们吃的肉也布满鲜血；眼睛充盈着悲伤的泪水，像正在自怜地啜泣。雅典娜的再次干预（345）使他们昏聩，并为他们准备了毁灭之路。

在这时，之前被带回家的预言者特奥克吕墨诺斯（Theocly-menus）从座位上站起来，向求婚人讲述他现在所见：求婚人的头上布满黑夜……眼泪和痛哭阵阵……墙壁和精美的横梁到处溅满鲜血……前厅里充满阴魂……太阳的光芒从空中消失……不详的暗雾弥散开来。我们听到卡珊德拉（Cassandra）的哭声，察觉到了阿特柔斯的命运。求婚人有何反应？他们继续拍手大笑，欧律马科斯说（20.360 – 363）：

> 这位刚从他处来的异乡人疯了；
> 你们（对仆人说）赶快把他送出（ekpempsasthe）大门外，
> 带去广场，既然他觉得这里如黑夜。

预言者以同样的方法回应了他的辱骂（20.364）：

> 我不需任何人为我送行。

然后起身离去。求婚人以"异乡人"的笑料继续相视而笑

---

⑫　参见第八章。

（276－383）：

> 特勒马科斯，没有比你更不幸的好客主；
> 你收留了这样一个衣衫褴褛的游荡人，
> [175]只知道吃喝，不是干活，
> 也不是打仗的料，是大地的一个重负；
> 另外一位又站在这里给大家布预言；
> 你若听我一言——那样于你更有利——
> 让我们把这些外乡人装上船只，
> 送往西西里——这或许能获得好价钱。

求婚人的荒唐事已做得够多。预言者受到的待遇也如乞求者的待遇一般；两位异乡人都被嘲弄般地拒绝了。这种嘲弄以早期希腊文化的一种习俗为代价，也为说出这些话的求婚人准备了厄运。诗人安排的他们作为客人的情绪似乎更多地归因于史诗的道德设计而非他们各自的品质特征。

获胜与复仇

我们还不能结束这个主题。竞赛如期而至，斧头也准备就绪，三位求婚人试图拉弓，但都未安上弓弦。乞求人也想要尝试；安提诺奥斯威胁乞求人，嘲弄他如此无礼，要将他赶出家门。佩涅洛佩干预说：乞求人是"特勒马科斯的客人"，必须得到尊重云云。另一位求婚人抱怨，说不能忍受被一位无名的游荡者超越。佩涅洛佩回应说：这位"异乡人"身材魁梧，出身高贵。⑬ 特勒马科斯劝母亲回

---

⑬　Xenos 的主题功能在此处再一次得到了评价，反对佩涅洛佩——她坚持的"不良动机"（基尔克，《荷马之歌》，页247）——的意见消失了。

房,并说在这里只有我有决定权,他命令把弓给了"异乡人"。当欧迈奥斯正犹豫不决时,特勒马科斯又重申了一遍命令。房门被关上了,奥德修斯也将一个个斧头射穿。悲惨可怜的"异乡人"被求婚人排斥,但家里人对他的接受让他完成了最后一次行动。

求婚人全部被杀后,奥德修斯说了一段纪念死者的话。也就是当杀戮结束后,奶妈欧律克勒亚欣喜欢呼时,奥德修斯对她说(22.411 – 416):

> 老奶妈,你喜在心头,控制自己勿欢呼;
> 在被杀死的人面前夸耀不合情理;
> 神明的意志和他们的恶行惩罚了他们,
> 因为这些人不礼敬任何世间凡人,
> 对来到他们这里的客人善恶不分;
> 他们为自己的罪恶得到了悲惨的结果。

[176]他的话显露出明显的遵守礼节:也是对史诗的评语和总结。"残暴的行径"(schetlia erga)和"冒失"(atasthaliai)是史诗中诅咒的常用语。⑭ 我们需要知道的是求婚人的行为意味着什么。第四和第五行就是答案:对客人没有恰当的招待,善恶不分。"恶"(kakos)在此处指的是人的条件,而不是他的特征,但我们对古希腊语的思维方式可能会将二者混为一谈。奥德修斯扮演了两个角色,并且都被拒绝了。之前,他对被饶恕后的墨冬说话时,用了更普遍的惯用语(22.373 及其以下):

> 放心吧;我儿子的话救了你一命,
> 好让你心中明白,也好对他人传说,
> 善事(euergesiē)好于做恶事(kakoergiē)。

---

⑭ 参见第十章。

这一段措辞让我们回忆起了卷四中佩涅洛佩对奥德修斯的称赞，表明诗人就是要将这种教义教授给他人。因为这两次宣言，《奥德赛》的道德结构也已完成。

间接教诲

敌对双方之间的危险过程和冲突展现了最经得起记忆检验的两种神话形式。为了创造一种道德——裁定它的标准是：对待异乡人是盛情款待还是恶言相向——的两极化，《奥德赛》就利用了这一点并将二者混杂起来。乞求者就被赋予了这个角色，他贫穷无助，需要援助和一定程度的怜悯。这个故事的主旋律意义被以下事实强调：雅典娜改变了奥德修斯的装束，这种行为才人为地使道德教诲成为可能。史诗的前半部分阐述了对待异乡人的好客法则；这一点出现在了无数个重复的段落中，它们在异乡人处于不同情况下时出现。史诗第二部分主要讲述装扮成乞求者的异乡人和穷困的旅途人的双重角色。要达到这些主题的效果，诗人首先设计了故事的各种情况，这样能持续地将人物放置于主客关系中，在这种关系中，主客才会对话，才会有所行动，雅典娜与特勒马科斯、特勒马科斯和涅斯托尔、奥德修斯和费埃克斯人、奥德修斯和库克洛普斯、奥德修斯和欧迈奥斯、奥德修斯和佩涅洛佩、奥德修斯和特勒马科斯以及最后奥德修斯和求婚人都处于这样的关系中。[177]为了强调这种结构的效果，我们在"异乡人"及其派生词以及"乞求者"的韵文中听到了持续的扬音节拍，还有相伴的描述刻画。更容易记住这些效果的是听众的耳朵而不是读者的眼睛。荷马没有读者，他只能运用前后呼应的技巧，这是记忆的听觉法则所要求的。同样的道理，道德惯用语在史诗中也得到了引用，纪念了热情好客的法则或蔑视这一法则的危险性。这些道德惯用语通常以说话的方式出现，只要叙述的上下文需要它们；但它们并未干涉有意识的教诲训诫。故事的教诲与口语文化中的人为语言规则一样，依然是间接的。

两条必需的行为法则

《奥德赛》是海上综合体时代出类拔萃的口语百科全书，它包括了、叙述了并且也纪念了泛希腊行为的模式，这种行为同样可以保护邦与邦之间的生意并且使综合体得以运转。

神话专注于描述并建议"城邦与城邦"之间以及"城邦中"的得体性。《伊利亚特》的法律程序——在《奥德赛》中被取消——关注的是"城邦中"的得体性：这些法律程序规范了公民群体内部的交往。严格来讲，城邦与城邦之间没有合法性。跨越邦界的希腊人的贸易、旅游和探险只能由我们所称的"道德"感情和宗教所保护。他是"城邦的异乡人"。邦与邦之间没有权威，也没有法院。与之对应的是，城邦中的集会能保证希腊异乡人得到恰当的款待和待遇——但不是在早期希腊时期。这就是为什么《奥德赛》的"道德观"比它的"合法性"更有意义。

但史诗并未就此中止。至于异乡人奥德修斯，他被赋予了贫苦乞求者的角色，故事的道德观将我们带回了城邦内。除了我们在邦与邦之间学到的教训以外，我们将再次学到另一个教训。任何城邦社会都既包含富人也包含穷人。穷人需要食物时，他们就应该被赐予。他们同样是自由人，被保护免受伤害。这同样是希腊城邦中道德的一部分，[178]因为没有这一点，共同体将受到威胁，社会也不可能继续维持。雅典人自梭伦时代起就受教于荷马的诗歌，他是否曾尝试过在不同的阶级之间保护或恢复这种得体性的规则？

第十章 《奥德赛》的正义观

[179]上一章中一些道德惯用语的翻译使得"公正的"(di-kaios)这一词成了适用于某类人的称号(epithet)。这一形容词似乎常见,但它似乎在《奥德赛》中才开始普遍使用。它很少在《伊利亚特》中出现。名词 dikē 为复数时,指"正义的程序",不管被认为是口头宣告(决定)还是协议(判例);通常它为单数时,指的是特定的申诉或协议产生的"正义",它几乎是诉讼当事人的所有物,在荣誉和利益被侵害后又得到补偿的过程中得以恢复。

Dikē:一种得体性

《奥德赛》非常熟悉这类"正义"。它提到了"正义程序的审判者"(dikas – polos),《伊利亚特》也是如此,将审判者设置为一位官员,他因审判职责得到薪酬。《奥德赛》中,这一职责分配给了"无可指责的国王"(basileus),他"维护司法公正"(eu – dikias),①在哈得斯,奥德修斯看到米诺斯国王(King Minos,《奥德赛》11. 569 – 571):

[180]手握黄金权杖,正在给亡灵们宣判(themisteuonta)。
他端坐,亡灵们在他周围等待他判决(dikai),
或坐或站,在哈得斯的门庭宽阔的府第。

---

① 另参《奥德赛》3. 244。

在类似的文脉中,图景更为现实(不考虑迈锡尼－克里特的想象),牧猪奴欧迈奥斯评述求婚人(14.82－84):

> 他们心中既不畏惩罚,也不知怜惜——
> 常乐的神明们憎恶这种残暴的(schetlia)行为,
> 他们赞赏人们正义(dikē)和不逾矩(aisima)。

这段话中,鲁莽残暴的行为与礼仪得当的行为相互对照。神明们喜欢后者,并且 dikē——他们也同样喜欢——是一种保存或恢复了得体性的程序,但前提是通过和平的调解方式而不是残暴或夸张行为来解决。奥德修斯意识到库克洛普斯实际上是一种奇怪的存在,因为(9.112):

> 他们没有议事的集会,也没有法律。

他遇到的这个巨怪(9.189):

> 不近他人;
> 独居一处,无法律约束。

实际上,他(9.215):

> 非常野蛮,不知正义(dikai)的程序,也不知法律。

口语记忆必须利用的先例或法律与它们在特定程序或口语审判(dikē)中——特定的判例所要求的——的行政化运用之间的区别在《伊利亚特》中有所暗示。值得注意的是,史诗表达了一种意识,认为这种程序的存在和人类社会——更具体地说就是有公民大会的社会——的存在之间有联系。而库克洛普斯不是那种城邦中的成员。

但两首史诗一点也未将"正义"定性为有着先验基础的原则，不管它是被设想的必要的"法则"还是人性中的道德意识。国王们（历史的层面）或行政官们（现实的层面）在使用这些"正义"时（复数），它们是程序而不是原则，[181]是为了解决具体问题，而不是运用于普遍法；它们在竞争宣言的协商解决中展现了出来。它们的运用是为了恢复人类关系的得体性。实际上，它们是在特定环境中运用的"得体性"。这类"正义"仅仅是现存风俗习惯保存的规则，或是对侵犯行为的纠正，但它并未描述风俗习惯普遍上来讲"应该"是什么。因此，当它为单数时，意思接近于"礼仪的规则"；当它为复数时，意思是特定得体性的修复行为。它的单数含义为我理解《奥德赛》中 dikē 的使用铺设了桥梁，在那里，dikē 的使用通常与"正义"的使用不必要地分裂开来，好像我们在处理或许有着同样词源却指涉不同的两个完全不同的单词。② 我们可以看看这种用法的 7 个事例，第一个我在之前引用过。

1. 佩涅洛佩正在指责伊塔卡人的态度；他们已经忘了父辈们如何评述奥德修斯，以及奥德修斯是怎样的为人（4.690 及其以下）：

> 他从未越过法度（ex‑aisimon）对人们做事不义，说话不公正，
> 尽管这是神圣的国王们素有（esti）的"正义"，
> 憎恨这个人，喜爱那个人——
> 但他从没有过度放肆（atasthalon）不公平。

---

② 希尔泽尔（Hirzel）、埃伦伯格（Ehrenberg）、帕默、加加林（《劳作与时令中的正义》，页 82–83，注释 6、7）也同意这个观点，但在词源处理上有些不同。加加林解释了"特征"意识并认为《奥德赛》具有这种特点，这牵涉到一种逻辑分类的习惯，但这种逻辑分类不太可能先于后荷马时代动词"to be"的使用，参见第十三—第十八章。

2. 奥德修斯向他母亲的阴影抱怨佩尔塞福涅(Persephone)在他面前显现的是幻影,所以无法拥抱她;他母亲答道(11.217 及其以下):

> 不,佩尔塞福涅没有欺骗你。世人的"正义"
> 就是(esti)如此:他们没了肌肉和骨骼,火焰吞噬了它们,
> 灵魂也已飞离。

3. 欧迈奥斯热情款待乞求人,为自己无法提供丰盛的招待道歉(14.59 及其以下):

> 礼敬微薄却可贵;奴隶的"正义"也只有(esti)这些,
> 他们总是心怀恐惧,听主人吩咐。

4. 佩涅洛佩谴责求婚人,认为他们的行为已经超越了法则(18.275 及其以下):

> 这不是往日的求婚人的"正义",
> 当他们追求高贵的妇女时,他们自己带来牛
> 和羊……也带来礼物……

[182]5. 特勒马科斯与他父亲一同准备应战,看到大厅的梁上有奇异的亮光(19.36 及其以下):

> 一定有某位掌管广天的神明在这里!
> 别说话!(他父亲说),把你的想法藏进心里,不要询问;
> 你看到的是[esti]掌管奥林波斯的众神们的当下"正义"。

6. 奥德修斯求佩涅洛佩不要再询问他的身世(19.167 及其以下):

你将使我更伤心。

这是"人之常情"(justice),

当一个人像我一样长久离别故乡。

7. 奥德修斯见到父亲,观察到了他被忽视的处境(24.253 – 355):

你像一位王爷,

你确实像一位王公,理应沐浴、用餐,

舒适地睡眠:这是老年人应有的(esti)"正义"。

动词"是"(to be)在这些惯用语中的出现在之后的章节中会谈到。荷马的意图不是给出一系列的定义;这些与 dikē 有关的不同事例并不是属于人的得体性,而是被接受或被期望的永久程序或行为模式。这种指涉也不是一种典型,而是"在有王公或神明的情况下",人应该做什么、应该感受到什么或什么事情即将发生等等;属格是一种指涉,不是表属于。Dikē 表明的是一种被遵循的道德标准(code):凡人去世后不再有骨肉之躯,求婚人应该带礼物,神明们可以投射出奇异的光亮,老人应有舒适的睡眠。这些道德标准要么被视为"预料中的习俗"(nomoi),要么被视为"预料中的习惯"(ēthē,正如事例 6 的背井离乡),要么被视为二者的结合。有意义的是,在大部分情况下是以反对的方式表达道德标准:它或被废除或遭到了挑战;得以展现,得到辩护是因为它是被期待的恰当之事。这种感觉在之后宾格 dikēn 的副词用法中仍然存在:"以(被期望的)……的方式。"

所有这些都是为了说明,神明们、凡人、求婚人或流浪者这样做是"正确的"或"正义的"。有人可能已经预见到,几个世纪以后,第一个谈论正义的哲学家柏拉图如何将这种行为的习语转变成了"各做其事"(to ta heautou prattein)这一惯用语,以及如何将之设计为一种原则，③[183] 为普遍的正义（dikaiosunē）给出了定义。荷马的 dikē 仍然忠诚于那种社会得体性的意识，即围绕其合法性的使用。它象征了在特定情况中的特定人物可以"有权力"期许着什么，以及期待着什么才是"正义的"。这种期待，为了是"正义的"，必须适合于那种行为——实际常识在具体的情况中会将之视为正常的，并且也是规范，在这种意义上，零零散散、各种各样的行为模式为了社会——联系紧密并且可以"运转"——就逐渐合为一个整体。并不是正义的普遍规则统一地管理着所有人类关系。这在第一个事例中表现得非常明显，属于独裁者的"正义"与奥德修斯公平无私的正义形成对比。在史前社会，正如第二章所说，考虑到口语化保存的言辞避开一般性的趋势，有效地表达普遍规则非常困难。两首史诗中的 dikai 和 dikē 都反映了口头的协议，所以同样在他们的习语中遵从特殊事件与具体事件的叙事句法——这是史前社会保存言辞所要求的。

《奥德赛》的神话围绕着我称为的道德两极化来构建，这种对比在行为与趣味完全相反的双方得到体现，而不是体现为一方遵循道德原则，因此是对的，另一方没有遵从，因此就是错误的恶棍。正如史诗描述的那样，他们之间存在"道德"差异，这种差异存在于在法则内行事的意愿与忽视法则的粗暴鲁莽之间的对比。这种单纯保守的道德概念在两首史诗表明不赞成的道德所使用的两个词语中得以展现，即 schetlios 和 atasthalos，要为它们附加上一致的内涵，没有比以下词汇更为精确："过度的"或"过分的"、"放肆"或"鲁莽"、或"令人震惊的"这一没有指涉任何客观标准的词汇。它们指的是人或行为超越了可允许的限度。如果它被认为是不合适的或不恰当的，究竟什么才是可允许的？这又由文化中有规律的和重复出现的行为模式来决定。但这些行为模式又会是怎样的呢？同样的保守规则体现在 aisimos 和 enaisimos 这两个词语中，即被允许的行为，意思是遵守 aisa（命数、命运）的行为，同样体现在 exaisimos 或

---

③　参见第十八章。

aisulos 中,表示超越了限度的行为(我分别将他们翻译为"遵守"或
"打破"规则)。第一组词在《奥德赛》中由宙斯说出,[184]并通常
被引用为证据,即史诗中存在着道德意识,它超越了《伊利亚特》中
的一切。但宙斯所说的人类是"他们因为过度狂妄(atasthaliai,
1.34),超越命限遭不幸"。埃吉斯托斯(Aegisthus)就是一个典型的
案例,他不仅杀死了阿伽门农,还急于与阿伽门农的妻子结婚。这
些行为(宙斯似乎尤其是在暗示后者)"超越了命数"(35),因此招
致了阿伽门农儿子的愤怒和复仇。埃吉斯托斯知道自己会被杀
(37),因为宙斯曾试图提醒他不要这样行事,会招来不可避免的后
果(40-41)。但诗人并未讲明他的行为是不是"道德上的错误"。
只是他超越了被接受的、管理着社会中特定关系的准则。

"正义"的人

词根 dikē 促成了形容词形式 dikaios,即正义的人,是遵循"应
有过程"之意的人,指的无非是"有礼仪的人"或"做恰当之事的
人",正如《伊利亚特》中的一件少见之事。阿伽门农要补偿阿基琉
斯,后者的等级要比前者低(这可能触犯了得体性),但仍然"在另
一个角度上来说更为正义",因为是国王引起了争论,他可以在不用
担心被批评的情况下提出和解。④ 同样,当涅斯托尔将祭祀神明的
杯子递给雅典娜(幻化成老年门托尔的模样),然后再递给年轻的
特勒马科斯时,雅典娜称赞了涅斯托尔的行为:他是位"正义之
人"。追求佩涅洛佩的求婚人被描述为"不正义的",并不是因为他

---

④ 参见第七章。Esseai 通常被翻译为一种命令式(比如拉蒂莫尔),epi
allōi 指针对他人的行为,就像奥德修斯是学校老师,告诫阿伽门农在道德方面
要善行——当然是一种不协调的尝试。另参加加林:《劳作与时令中的正义》,
页 87 注释 31。

们这样做在道德上不对,而是他们这样做的方式触犯了法则(《奥德赛》14. 90;18. 275)。

但就《奥德赛》而言,这个词不是好得无以复加。正义作为普遍维度的社会原则,或作为以我们人类本性为基本的道德意识,可能会完全消失。但形容词的扩展使 dikē 成了人的属性,道德标准——在某种程度上超越了得体性的标准——的种子被种了下来。

惯用语列表

史诗中遍布一系列道德惯用语,由事件当事人在关键的时候说出,它们构成了一种前后呼应的模式,形容词 dikaios 在其中频繁重现。交叉对比同样可以确定这个词在哪些地方没有出现,但它的存在仍然可以被隐含地察觉到。[185]神话故事展开,道德惯用语在它们相继出现的背景中被追踪到,这一事实才开始令人察觉;对应的道德惯用语用同样的大写字母标示。在某些情况下(尤其是事例 C),荷马使用的对称以及他使用它们的方法只有通过将之处理成英语散文才能被表现以及显露出来。

1. 特勒马科斯开始与求婚人协商(1. 368):

　　A　向我母亲求婚的人们狂妄无礼(hubris)。

2. 雅典娜告诉特勒马科斯:忽略这些求婚人的意图(2. 281):

　　B　他们既无理智(noēmoes),也不正义。

3. 涅斯托尔向特勒马科斯讲述:他们引起了雅典娜的愤怒,从特洛伊返回家乡时,雅典娜将灾难降临全军(3. 133):

B 事实证明,他们既不理智,也不正义。

4. 特勒马科斯向涅斯托尔说:自己最热忱的愿望(3. 205 – 207):

C 报复那些求婚人可怕的无耻狂妄(hubrizontes),
他们正对我狂妄地策划罪恶的阴谋(atasthala)。

5. 特勒马科斯对墨涅拉奥斯说:求婚人如何消耗他家的财产(4. 321):

A 他们是我母亲的求婚人,狂傲而傲慢。

目前为止的情节关注的是伊塔卡邦内的事情,因此求婚人的出现在相关的背景中提供了这些声明。但现在,诗人转向了奥德修斯的冒险旅程(第五卷到第十三卷)以及他异乡人的身份,在这部分,异乡人这一角色的扮演达四次之多,冲突的危机也是四次,因此引出的道德惯用语的声明比诗歌中其他任何地方都要详尽:

6. 奥德修斯全身裸露,筋疲力尽地躺在费埃克斯岛的岸边,被一阵声音惊醒(6. 119 – 121):

[186]D 我成了什么样子?我来到了什么样人的国土?
这里的居民蛮横(hubristai)野蛮(agrioi),不正义(dikaioi),
还是他们热情好客,敬畏神明?

7. 费埃克斯人的热情好客回答了他焦急的疑惑,他们用长久的欢宴款待了他。奥德修斯听到演唱特洛伊战争的歌曲,潸然泪下,但他仍未显露自己的真实身份,直到国王试图确定这一点,这是得体性所需,他的问题奥德修斯之前也问过,只是此处有些改动(8.572-576):

> D　但请你告诉我,要说真话不隐瞒。
> 你漫游过哪些地方和住人的地域?
> 见过哪些种族和人烟稠密的城市?
> 哪些部族残忍(chalepoi)、野蛮,不正义?
> 哪些部族热情好客且敬畏神明?

8. 为了获得信息,将惯用语增添进问询中,国王实际上要求的不仅是客人讲述他的冒险,还要他叙述曾遇到过的民族,并将他们归类。回答这些问题时,奥德修斯只是从库克洛普斯的遭遇开始讲起,描述了他如何告诉同伴们自己的意图(9.174-176):

> D　为了检验这些究竟是怎样的人。
> 他们是蛮横、野蛮且不正义,
> 还是热情好客,敬畏神明?

他说了这些,但没说他的叙述已经完全描述了他们未开化的情况。最后两行使用了国王之前用的措辞。

9. 余下的冒险没有为阐述惯用语提供机会,直到奥德修斯最后一次上岸。他在伊塔卡的岸边醒来,并未认出这是自己的家乡,于是他字字重复了之前在费埃克斯岛(13.201-203)的话:

> D　我成了什么样子? 我来到了什么样人的国土?
> 这里的居民蛮横(hubristai)野蛮(agrioi),不正义(di-kaioi),
> 还是他们热情好客,敬畏神明?

[187]10. 在这孤立无援的情况下(他自己这样认为),他甚至批评了往昔款待他的主人们,将之前讲述鲁莽求婚人和希腊人的措辞稍微改变了一下,用在了他们身上(13.209－210):

> B 哎呀! 事实证明他们既不明智,也不正义,
> 连费埃克斯人的国王也是这样……

11. 雅典娜开始插手干预,前四卷描述的真正敌人再次出现在奥德修斯与牧猪奴欧迈奥斯的第一次谈话中,这位衷心的仆人用富于想象的惯用语评述了求婚人(15.329):

> E 他们的狂妄和暴行(hubris,bia)上达铁色的天宇。

这是欧迈奥斯对变装后的奥德修斯说的话。特勒马科斯从打探父亲消息的征途中归来,发现牧猪奴在招待客人,于是他说明自己不能尽情招待他,是因为想到了求婚人"令人厌恶的蛮横"。乞求人听后评论说,听到求婚人"罪恶的阴谋",自己心生悲痛。他们每个人的话都部分呼应了示例 A 和示例 C 的惯用语(16.86 和 93)。

12. 当情节在奥德修斯的家中展开时,乞求人开始试图考验这些求婚人的行为。过程逐渐将史诗推向高潮,它也为接下来第17—21 卷中以求婚人为代价引出来的 8 种道德惯用语提供了机会。奥德修斯首次被求婚人拒绝时,他就庄严地诅咒求婚人的头领,这曾让求婚人暂时感到胆战心惊。他只有一身破衣,另外无人知晓他的由来。难道他拥有神秘的力量? 当这个想法出现时,立即激起了众人的普遍信仰,即拥有神秘力量的神明通常这样来到凡间,这个想法的功能并不是神奇的,而是道德的(17.463－487):

> F　安提诺奥斯,你不该打这可怜的乞求人。
>   你将会遭殃! 如果他是位天上的神明。
>   神明们常常幻化成外乡来客,
>   装扮成各种模样,巡游许多城市,
>   探察哪些人狂妄,哪些人遵守法度。

情绪在此处被如此表达,是荷马独有的手法,我们之后还会再碰到它。

13. 佩涅洛佩听说了大厅里正在发生的事,她希望牧猪奴把异乡人带来给她认识,但异乡人因为审慎暂时拒绝了她的要求,[188]建议最好是等到夜幕降临时再见,因为求婚人现在正在气头上(17.565):

> E　他们的狂妄和蛮横上达铁色的天宇。

14. 听完异乡人的理由,佩涅洛佩点头赞许(17.588 – 589):

> C　世间有死的凡人中,没有哪个人像他们——
>   这样无耻,策划着罪恶的阴谋。

15. 雅典娜一步步地指导奥德修斯如何做,求婚人也因为他们的行为遭到警告。当他第二次对乞求人的不敬引起了其中一位求婚人的抗议时,他使其他人更为清醒(18.414 –415):

> G　朋友们,他刚才所言颇为合理公正,
>   我们不要再和他恶语相争怀怨恨。

16. 第三次不敬发生在公民节日那一天,奥德修斯家也为求婚人准备了特别的晚餐:那将是他们最后的晚餐。当仆人们正匆忙地

准备时,欧迈奥斯提醒乞求人不要再招来求婚人的侮辱,他回应说
(20.169 –171):

> C 欧迈奥斯,我祈祷神明报复这种恶行。
>
> 这些人在他人家里狂妄地傲慢无礼,
>
> 策划着罪恶的阴谋,不遵从应有的廉耻。

17. 他的祈祷为接下来发生的事情谱写了序曲。他们不可能
"停止恶行"(285);雅典娜照管着一切。其中一位鲁莽的求婚人欺
人太甚,他滑稽且嘲讽地模仿待客之道以表示对款待异乡人这种行
为的蔑视。在他向乞求人扔去牛蹄之前,说出了恰当的惯用语,只
是用一种嘲讽的严肃将之反其道而用之(20.294 –295):

> H 怠慢特勒马科斯客人的人,
>
> 既不友善也不公平,既然他来到这宅邸。

18. 他的冷嘲热讽引起的不仅仅是特勒马科斯的愤怒,还有另
一位求婚人的抗议,不过重复了之前另一位求婚人曾说过的话
(20.322 –323):

> G 朋友们,他刚才所言颇为合理公正,
>
> 我们不要再和他恶语相争怀怨恨。

[189]这一惯用语仅仅要求了口语程序中的得体性:"正义的"
(即节制的)建议面对的应该同样是"正义的"反对建议。既然发言
人是求婚人,他的羞辱行为也得以避免。

19. 当暂时来到家里的预言者起身准备离去,向求婚人预言他
们即将到来的命运时,他说出了决定性的惯用语(20.367 –370):

C 我看到灾难正降临你们,

所有的求婚人难逃脱。

你们在神样的奥德修斯家里蛮横地策划着罪恶的阴谋。

20. 最后,射箭比赛正在进行,乞求人想要试一试,仍有求婚人想要除掉他,佩涅洛佩说出了之前曾被嘲笑的待客惯用语(21.312 – 313):

H 怠慢特勒马科斯客人的人,

既不友善也不正义,既然他来到这宅邸。

前后呼应的模式

这一列表显示了史诗中语句的层级,它们可以预言未来之事。阅读柏拉图和亚里士多德的读者转而阅读荷马诗歌时,可以在那里看到预兆,但模糊不清,也可以看到希腊思想中正义的起源。但首先,它是一个有关合法性的语词。前后呼应的模式⑤在格言(aphorism)的使用中已经非常令人熟悉,它们紧紧围绕着流浪者以及穷困者被招待和被拒绝的故事。以上的列表与某些故事——与形容词 dikaios 和 dikaion(正义之人和正义之事)或与它们的反义词有关——分离开来。它们被分成八种类型(从 A 到 H),史诗中总共出现了 20 次。只有 F 是独一无二的。A、E、G 和 H 分别出现两次,B 出现 3 次,C 和 D 出现了 4 次。讲述故事的方式决定了它们的分布方式,也是口语储存的规则所要求的。既然史诗的第一部分(大

---

⑤ 很难避免视觉隐喻代替听觉现象;另参洛曼(Lohman)发现的荷马言辞与被称为"影子效应"之间的回应。

致从第一卷到第四卷），经由特勒马科斯之口，刻画或叙述了求婚人在家里作恶多端的画面，因此，不奇怪的是 A、B 和 C——主要是带轻蔑的定义——占据了这一部分。第二部分大致从第五卷到第十三卷，讲述了奥德修斯以异乡人的角色在异乡领土上的遭遇。[190]在这一部分，类型 D——某种复杂的惯用语——出现了 4 次，其中 3 次用来表达上岸后焦急的期待，还有一次是费埃克斯人的国王试图让奥德修斯说出自己的身份和历史。奥德修斯最后一次上岸重复了类型 B。第三部分的叙述再次聚焦于邦内，在牧猪奴的住处和奥德修斯的家里发生的事件大致且不均匀地占据了这一部分。在牧猪奴的家中，欧迈奥斯引出了类型 E，又是另一种带轻蔑的惯用语。求婚人进入奥德修斯家中，他们的行为越来越放肆无度，类型 C——集聚了极其蔑视的惯用语——出现了 3 次。另一方面，类型 G 和 H 以一种反对的形式被引用出来，它们要证实得体性遭到了破坏，在表达上更为积极。独一无二的类型 F 在更为复杂的方面相似于 D。尽管它是在紧急时刻被提出来的——对奥德修斯诅咒的回应——但它像 D 一样，是所有人发现自己的处境后才想起的话。

这一列表被用于人为言辞和记忆言辞的口语—听觉洪流中。它采用了视觉选择和理解的方式，这是读者（而不是听众）的特征（第十二章）。惯用语不得不以这种方式被隔离出来，以便我们看清楚发生了什么，但我们关注的焦点并不是要去设想将它们从叙述背景——刺激了这些惯用语的表达——中隔离出来。以美学的角度看，它们似乎是侵入性且惯常性地增添到叙述中，就戏剧而言，叙述并不需要它们。需要记住的是，这一类惯用语因为与正义或与"正义"的主题相关的惯用语而被挑选出来，是编织进史诗中大量道德惯用语的一小部分，诗人通常用技巧——我在第六章探讨的——把它们隐藏了起来。这一类惯用语比其他惯用语更明显，但它们仍通过间接的方式阐述了教导的原则，这是口语文化中保存储存（preserved storage）的特征。它们确实属于被讲述的故事，故事中特别的段落使得二者相关联。为了与这种相关原则一致，每次出现

"谚语"时,它的语法都会有点别扭地适应于句法或韵律。

正义和暴力:道德两极化

最后,我们来看看史诗中的象征以及它们可能的"含义",因为它们可能指向了将来。类型 A 的意义表面上看起来是微乎其微的。它仅仅指出了求婚人因为 hubris 所以轻蔑,hubris 无法翻译,"狂妄"(outrage)也许是唯一可能的翻译,但也只是最不令人不满意的翻译。⑥[191]类型 B 同样是带轻蔑性的,引出了正面的形容词"正义的"(dikaios),并将之同化于"明智"(intelligence)的形式。类型 C 更为有意义地将傲慢的体现与故意的意图联系在了一起,给予了它心理的维度,重复了四次。类型 D 在正式的对照中将傲慢和正义放在了一起,"傲慢的"人等同于"野蛮的"人。诗人含蓄地普遍运用了这个对照,并且在接下来的重复中增加了前后呼应的共鸣。类型 E 回到了纯粹的带轻蔑性的习语中,将 hubris[狂妄]与 bia[暴行]联系在一起,将狂妄与暴行或身体攻击联系在一起。类型 F 像类型 D 一样,提出了一个普遍的对照,但这次的对照是抽象概念而不是人。Hubris 仍然是一个负面的词汇,有趣的是,dikē 不再是正面的词汇。如果需要,使用 dikē 的韵律方法会被设计出来。相反,"秩序"(eunomia)⑦却被代替了。这是因为 hubris"关乎人"而 dikē 不是吗?类型 G 反对"正义之事"施暴(另参《伊利亚特》1. 304),二者在言辞中都得到了体现。类型 H 简单地观察到"正义之事"反对欺凌客人。

---

⑥ 像其他史前词汇一样(参第七章注释2),它在一个方面就结合了主观的(或精神的)态度和客观的运用;另参多兹,页31"词语或行为甚至思想中的狂妄"。

⑦ 但奥斯特瓦尔德(页63注释2)坚持认为"个人行为"与"社会环境"——对于荷马的词汇而言(参上一个注释),这对我来说是人为的——的含义有区别。

在这一章的开篇,我就认为《奥德赛》的"道德观"——也就是诗歌采用的赞同和反对的词语——不会仅仅只将保守和得体性确认为好事,将过度或傲慢确认为坏事,这反映了一个事实,即"正义"的观念就是某人在特定的情形中有"权利"从特定的人物类型那里期待的人类行为。这种意识就与 dikē 一致,后者被看作矫正冤情和调解主张的法律程序。在当前的一系列惯用语中,含义有更大维度是可以让人感受到的。考虑到它们相互联系,且与它们相关的象征也连在一起,我们开始看到,"正义之人"至少不仅仅是遵守或保护道德观念(mores)的人。他回避了挑衅的行为和态度(hubris 可以暗示这两点),也回避了与 hubris 相伴的身体暴力。我曾说过,有一类冲突是记忆故事的主要因素。但可以说,故事的"道德"是人喜欢和解胜于喜欢冲突的表现。这就是故事间接保存并且建议的社会道德;它似乎同样是《伊利亚特》的教训。如果正义之人喜欢秩序甚于喜欢野蛮,可能同样被认为喜欢和平甚于喜欢战争,因为秩序不仅关乎个人情况,也与社会情况相关。⑧

叙述的上下文——这些道德惯用语包含其中——表明了一个更深的维度。冲突的发生不仅会在同等力量的人之间,[192] 比如《伊利亚特》中,还会在强者与弱者之间。《伊利亚特》简要地意识到了人类事务中傲慢野蛮扮演的角色。具有代表性的是,正是雅典娜的出现,才刺激了阿基琉斯问她:"你是来看阿伽门农的蛮横吗?"她在处理这个冲突的时候强加了自己的惯用语,让他放心:"你会受到三倍于他蛮横的补偿。"在接下来处理他俩的冲突,直到他们和解时,这个词都未再现。《奥德赛》中,蛮横者与正义者之间的对比不断地与保护人和乞求人、当地人和异乡人、富人与穷人之

---

⑧ "最为正义的人类"在《伊利亚特》(13.6)中被用于阿比奥斯人(Abioi),不管其起源如何,这个名字可能在使用这个惯用语的人的观念中被阐释为"非暴力的"。参埃伦伯格:《古代世界面面观》(*Aspects of the Ancient World*),页57。

间的冲突并置。最后一点确实让人惊讶,因为它被放置在了精心创作的英雄式想象的史诗中。在故事中,奥德修斯的英雄角色(用当代的词汇来讲)实际上是由他的慈父般的保护、他的绅士风度、他的礼貌以及在他帮助下受到保护的这些人来界定的。这些行为本身就是道德准则。它们并不是在正义之人和其对手间的对比中对这些举止口头强加的,它们紧贴的上下文并不需要这些。但故事讲述的方式带给了我们一种教训,即那种人也可能是正义之人、一种典范。在这样的角色中,奥德修斯就变成了向他的敌人宣扬教训的传话筒,这个教训与胜利无关,而是当时的社会可以理解的道德观。正义也传递给了这些非公民、异乡人,这样,正义通过有着更多特权的公民传递给了公民群体中的贫困阶层,与后者就有了对应。这就是立法者梭伦应用于他自己城邦中的原则。

但史诗并没有完全这样说,我们也必须意识到它过度概念化了自己说过的内容。如果"正义"这个词被冠以引号,那么提到《奥德赛》的"正义"或许是可行的。希腊史诗中没有我们意识中的正义的概念。我们看到的是对正义之人和他们的对手行为的评述,以及"正义之事"在特定的情况中是如何运转的。在这些问题上,史诗的"思想"在故事被讲述的过程中就被引导了出来。做事和说话的人胜于概念,只有从我们的角度来看,概念可能会被认为含蓄地存在于故事的措辞中,措辞又会对表达的句法提出要求,但这在那个时代是行不通的,因为这对于言说的传统来说——被口头保存于人们口中,他们在古希腊早期只记不读——是陌生的。

第十一章　赫西俄德的正义观

一篇解析性短文

[193]口述,这一诗歌的盛行风格被归在赫西俄德名下。当读者一行接着一行阅读时,会观察到一种《荷马史诗》所特有的六音步格程式——抑或几种不同类型的程式——的复现。① 然而,在对《神谱》以及《劳作与时令》总体上的创作方式,即叙述方式与段落组合方式加以考量时,我们便意识到了一种差异:诗歌不再受制于叙述的流畅,故事情节也不再居于支配地位。此种差异虽然存在,但却时有时无。创作的整体结构似乎着眼于主题而非叙事。② 作为荷马的对手,赫西俄德是否有可能不仅吟诵而且书写,不仅记忆而且领会他所记忆的事物呢? 就是这位诗人,做了这样一件事,他的作品中的文辞虽然源自口语库(the oral reservoir),但却通过书面语的方式组织在一起,那么,他是否还配得上"作家"这样一个具有文化修养的(literate)头衔?③ 这能否说明诗歌为何相对较短,只有史诗长度的十分之一到十二分之一,能否说明它们的内容为何如此

---

① 洛特普洛斯(Notopoulos,1960),爱德华兹(Edwards,1971)。

② 哈夫洛克:《沉思的赫西俄德》(*Thoughtful Hesiod*)。

③ 韦斯特(West)在《古典学评论》(*Classical Review*)中对爱德华兹的评论指出,赫西俄德"进行了重写",这是一个与在下一章中提出的对赫西俄德式方法的分析性质相同的暗示。

浓缩和集中,而不像史诗那般侃侃而谈? 这能否说明,每一首诗文为何或多或少都具有几分如下的特征,即它的创作者的个性不像此前尚无文字的传统时期的吟游诗人那样突出?

Dikē 的浓缩

[194]即便上述问题不能即刻得到解答,但在序言中提出它们是恰当的,以便我们可以慢慢适应这样一种对古希腊道德理论史来说相当重要的现象。我们现在看到的《劳作与时令》是一首超过800 行的诗,其中的一个部分由一段不足 100 行的论述构成,即诗中之诗,这一部分自身具有一种特性,因为它集中探讨了一个独立的主题,即正义。什么都比不上荷马著作中对正义的描述,因为没有荷马对正义以及正义之人的看法,正义将永远不会被书写出来。在一段长达 73 行的六音步诗中(213 – 285),荷马式的术语 dikē(正义)以单复数形式分别出现了 12 次和 8 次。他的 dikaios(公正)出现了 5 次,adikos(不公正,这并非荷马式的词语)出现了 2 次,复合形容词 ithu – dikēs 出现了 1 次,该词很可能是由赫西俄德生造的,意指一个"正直"之人。因此,与正义有关的词总共出现了 28 次,平均每 2.5 个六音步诗行中就出现 1 次。在一段 23 行长的六音步诗中(225 –247),dikē 及其派生词实际上只出现了 4 次;因此,它们在诗歌的余下部分是相当集中的。

《劳作与时令》的其他地方,丝毫不可与之相提并论。在许多场合下,我们可以看到,赫西俄德的诗文跟随在某些关键词之后,如eris(竞争)、ergon(劳作)、genos(家庭),这些词在特定的诗行内不断重复,但是这样的一些片语(sequences)都更短,要不然就是重现的频率更低。在这段诗中,dikē 占据了绝对的比重,这样的情况是独一无二的。无疑,这个词间或挤占在《劳作与时令》较为前面的部分,例如,行 9、36、39、124、158(形容词),行 189(一个复合词),行

190(形容词),以及行 192。前述最后三行构成了一段四行组诗,或许,正是在其中,我们发现这位诗人在心中不断盘算,直到他打算将 dikē 作为一个主题加以集中处理。当论述结束时(至行 285),正义的主题从诗句中消失了。虽然尚余 604 行,但除了一次无关痛痒的提及外,这个词再也没有出现过。整部作品以向缪斯——此处为复数形式——的祈祷开始,虽然它采用了荷马的风格,却比荷马的论述更详尽。但是,第二个说话对象是某个名叫佩尔塞斯(Perses)的人,很明显,他的身份是弟弟,并不时[195]成为训诫的对象。而这位亲属的名字也间接地充当了赫西俄德作者身份的标志。

这首诗中之诗就“正义”(justice)与“司法审判”(justices)展开了一系列讨论,由于其中的种种论述近乎离奇,故需对其加以阐释。的确,象征物 dikē,不论单数还是复数,只要它在翻译过程中根据语境的变化而变化,那么,就可以在一定程度上避免可能出现的不连贯。然而,就这样一个为古希腊语一直以来所不断寻求的独一无二的象征物而言,此种译法损坏了它的身份。更好的办法就是,像荷马一样赋予“正义”一种相似的身份,无论它的复数形式听起来有多么难以处理。当这首诗歌被分成一系列的段落时,“正义”被要求起到的各种作用就可以获得最佳的阐释。

狂妄(Hubris)与它的两位受害者

213 佩尔塞斯啊,我恳求你:听从正义(之声),勿要夸大狂妄(outrage);
214 狂妄对低贱者(是)有害的,高贵者不会。
215 轻易染上它,可一旦染上,
216a 就面临着毁灭。

诗歌一开始,正义(dikē)与狂妄(outrage,hubris)之间就形成了鲜明的对比,可以说,这就使得正义与互不侵犯等同起来。在赫西俄德之后的古希腊道德话语中,Hubris 成为一种老生常谈,它的意义被概括为如下的箴言:骄兵必败(Pride goes before a fall)。但是,此处我们应当提防这样一种想当然的看法,好像赫西俄德仅仅是在运用一种既存的道德假设,而非创造了一种道德假设。他是不是已经在《奥德赛》的神话中发现了它?"公正的"与"狂妄的"之间的对立就像一条绵延的线贯穿在奥德修斯的所有奇遇中,直到他的性格与动机同求婚者们的举止形成明显的两极分化,以及过度的狂妄遭遇到公正的惩罚,赫西俄德是否想起了两者之间的对立并使之合理化? 是否正是基于此种范例,赫西俄德构思了某种近乎定义的东西,并允许它同样支配他自己的诗歌? 当我们注意到随后的 2.5 个六音步诗行详细论述了狂妄的诸种结果而没有继续褒扬正义时,如上的暗示就获得了一定的针对性。狂妄的道德品质是毋庸置疑的——唯一的事实是,实施它就必然会对如下两类人产生伤害,这两类人处在社会谱系相对立的两极,[196]他们是"穷困潦倒者"(deilos)以及"高贵者"或"受人尊敬者"(esthlos)。只不过后者难以承受它;因为在遭遇灾祸后,他承担的后果会相当大。有没有可能,由于受《奥德赛》主题的启发,当赫西俄德以一组对立物作为开头时,就将对两部史诗中的人物——那位忍受着求婚者们凌辱的乞讨者,以及因狂妄而最终成为灾难之神的牺牲品,以致不得不长期承担责任及其种种结果的阿伽门农——的回忆结为一体? 这样的一种解释指出,在创作一部正义之颂歌时,赫西俄德将会从《伊利亚特》与《奥德赛》对正义的描述中寻找素材。

一场比赛中的赛跑者

216b 绕过那条路,

217a(实现)公正(之事)(是)更为可取的。

217b 正义终将战胜狂妄,

218a 明白这样做的目的,

218b 即便愚人也能从经验中有所收获,

219 看啦！誓言之神跟在枉法裁判身旁。

到目前为止,正义作为一种能够听见的声音出现,与作为人类苦难的暴行相对。在这些总括性的观点之后,突然出现了一系列简短的语句,它们刻画了如下的剧情,各式各样的人要么朝着某个目标前行,要么在一场比赛中赛跑。剧情由一串串令人目不暇接的镜头组成:一位途中(hodos)的旅者要么能够绕过假想的障碍物,要么能够绕过另一位旅者,以便达成一项目标(216b – 217a);两位竞赛者正朝着一个终点跑去,在最后一圈将会决出一位胜者(217b – 218a);一位年轻的愚者明白了一个道理(218b);一位独一无二的竞赛者正与一群人并驾齐驱(219)。倘若故事的情节如此,参演者又是谁? 毫无疑问,出现在我们面前的是一对与众不同的竞赛者(217b):它们是彼此对立的正义与暴行,这就是他们被引入的方式。可是,到了行 217a 处,正义立马就从一位竞赛者变成了目标;在行 219 中,相互竞争的正义与暴行被誓言之神以及大量的枉法裁判代替。至于那位愚者,他的闯入之举依然无从解释。

分离已变为分裂;在上述剧情中,竞赛者们同样在争相引起诗人的关注;它们之间的关联不是逻辑上的,而是基于联想产生的。那么,这些竞赛者们最初又是从哪里来的呢?

[197]荷马的墨涅拉奥斯(Menelaus)的正义观为此提供了可能的答案。在战车竞赛舞弊案的那一幕中,支配事件过程的最关键术语是"正义","正确之事"(righ of it)。在为歌颂"正义"而整理素材时,赫西俄德是否想起上面这个例子? 正是在这场竞赛中,安提洛库斯在一条狭窄的"通道"(hodos)上不正当地"绕过"对手,由于对手为避免车毁人亡被迫让道,安提洛库斯得以领先。最终,墨涅拉奥斯被判定为获胜者,赢得了"正义"的称号,而在判决过程中,安提洛库斯则被要求宣誓作证。墨涅拉奥斯大度地接受了他的道歉,

并说道:"你的年轻压倒了你的理智"。④

　　在赫西俄德对这一幕的描绘中,正义已经转化为最终的获胜者墨涅拉奥斯的品格,但是"她"的获胜乃是基于"誓言之神"的援助,因为誓言同样追随左右;结果,年轻气盛的安提洛库斯从他的自以为是中吸取了教训。当然,赫西俄德同样清楚地记得安提洛库斯在狭窄的 hodos(道路)上成功地"绕过了"他的对手(这是史诗中最生动的描绘)以及荷马最后的推断,那就是,如果比赛再持续一段时间,墨涅拉奥斯是有可能追上并"绕过"安提洛库斯的。因此,赫西俄德不禁对那位借由相似的行为实现正确之事的获胜者做了简短的描绘。在他对一些细节(vignette)——绕过,年轻气盛的无知,誓言——加以编排时,荷马的措辞有助于他挑选自己的词语,因为上述三项事物都是在荷马对竞赛及其结果的描述过程中所不断重复的(绕过:《伊利亚特》23.416、423、427、527;无知:426、440、570、589、590、604;誓言:441、585)。作为正义的竞赛对手,"暴行"的命名始终保持着一开始的六音步诗行所提出的那种对立。而那群枉法裁判者则给我们一种不同寻常的启发,这仍然有待解释。

受凌辱的女子

220 被人们强拉硬拽着的正义女神开始叫嚷——
221 这些人贪婪无度,枉法裁判——
222 她哭泣着,去往城市和人类的居所,
223 身披云雾,将灾祸带给人类,
224a 因为恰是人类将她驱逐,
224b 他们未曾正直地对待她(eneiman)。

---

④　[译按]有关墨涅拉奥斯与安提洛库斯这场马车竞赛的具体情节参见《伊利亚特》卷二十三。

　　从上述五个六音步诗行中,我们看到,赫西俄德的作品在视角上陡然一变。在竞赛中赢得胜利、沉着自信的赛跑者[198]忽然被一位无助的受害者代替,这位受害者被人们抓住并被强行拖走,以致惊恐地尖叫起来。随着这句六音步诗行的插入,哀伤突如其来。正义已然变成一位女子,只是这样一种特殊的角色再也没有出现过,因为两行过后,人们发现,她虽仍在哭泣,此刻却是独立自主的,因为她正继续朝着她选择的目的地前行。那么,她是谁呢?

　　《伊利亚特》中讲述了正义被废除和恢复的故事,而这个故事的引发同一位女子被非法占有相关,这位女子名叫科吕塞伊斯(Chryseis),是一位祭司的女儿。来自她父亲的抗议得到了集会的声援,但阿伽门农却怒气冲冲地加以反驳(《伊利亚特》1.29-31):

> 我不会给予她自由;在岁月的痕迹爬上她的脸颊前,
> 她将留在我阿尔戈斯的宫殿中,远离故土,
> 在织布机前穿梭往返,为我侍寝。

　　事实是,她最终被送还家人。然而,在下面的例子中,当赫克托尔与妻子安德珞玛珂(Andromache)说话时,发生在科吕塞伊斯身上的一些强迫性的行为又在不断重演:他告诉她,他对子民、双亲以及倒在敌人面前的兄弟们的悲痛不能与对妻子的悲痛相比(6.454及其以下):

> 其间,某个阿开奥斯人
> 将把你带走,任凭你怎样哭泣,夺去你的自由;
> 在阿尔戈斯,你或许得在一位异邦主妇的织布机前忙碌,
> 从麦塞思(Messeis)的清泉或许佩西亚(Hypereia)中汲水,
> 受尽苦难,承受不可避免的重担……
> 但愿坟茔上的厚土将我掩埋,
> 不让我瞥见你被人拖走时惊恐万分的表情。

　　以上的诗句对文学和艺术产生了影响;荷马的后代人依然被这些诗句所打动。有没有这样的可能,那就是,它们同样引发了赫西俄德一连串的联想,并在他的诗歌中得以再现？ 最初的侮辱发生在一位女子身上,当这样的情况被纠正时,另一位女子就成为报复的牺牲品,她就是布里塞伊斯(Briseis)。当争执在形式上终止时,一次可靠的、公开见证的宣誓使得终止仪式生效,而第二位女子得以保全。如果赫西俄德认为正义被置于一种相似的处境,很可能是因为两位女子都象征着在一个人身上所发生的既被违反又得以恢复的正义。然而,与此同时,荷马已经把场景转向特洛伊,通过安德路玛珂这个人来再现科吕塞伊斯的遭际:她也将"在阿尔戈斯一位异邦人的织布机前穿梭"。但是[199]那位丈夫用更多的辛酸来描绘她将如何"被某个人带走",她将如何"哭泣";他想象在她被"拖走"时她的"高声抗议"。在赫西俄德的脑中,两位女子的处境结合在一起产生了一种突如其来的景象,正义女神开始"嚎啕大哭","被拖走","哭泣着",此情此景既生动又有孤立无援之感。⑤

------

　　⑤　最近的学术研究已经获悉了自传体的解释:实际上,诗中所描述的兄弟间的一场法律诉讼出现了;加加林:《赫西俄德与佩尔塞斯的争辩》(*Gagarin*, *Hesiod' s Dispute with Perses*),留心注释 1 和 2。为注释所作的序言 B 的作者(Pertusi,页 3)似乎有不同的看法。此种解释消除了一段中的诸多困难和费解之处;在行 218—224 处,维拉莫维茨解释道,rhothos 原意是大海的咆哮,此处则描述了"参与广场诉讼的民众的抱怨声"(das Murren des Volkes das auf dem Markte dem Prozesse beiwohnt)。这样的场景能够对应 dikē 从广场上被驱逐的场景,尽管在此处她是被"拖走"的。维拉莫维茨否认 rhothos 可以运用到一个个体上,所以他评价道,dikē"不是喃喃低语,而是高声呼喊(wird nichtmurmeln, sondern schreien)"。的确,在运用于个体时,rhothos、rhotheō、rhothion 只能被用于复数(然而品达将他的诗命名为 rhothia,*Pae*. VI 129),可是我在此提议回想安德路玛珂的尖叫(boē),同时指出赫西俄德省略的诗行中的一位听众在一句话中既能听到 dike 的尖叫也能听到观众(既有拥护者也有反对者?)的喧嚣。在古代,这一行造成了理解上的困难;注释家记录下了普鲁塔克的解释,rhothos 是波俄提亚方言,用来指一条山间小路!

这些词的强行插入只持续了一行(220,外加 222 中的 klaiousa,那个"哭泣的女子")。接下来的六音步诗行同样令人意外地以"贪婪无度者"这个词打头。肯定地说,这些词在语法上同前面出现的那些正在抢夺女子的"男人们"有关,但这只是一种出于句法上的便利。我们已然进入了一种完全不同的情境,因为那个唯一的受害者已经被复数形式的"司法审判"所代替,这些"司法审判"如今是"不正当的"。此前,它们已经以与誓言并行的赛跑者的身份闯入;现在它们却成为法官们使用的工具。接着(222 – 223),正义以单数形式再度出现,此刻的它是一个从事某种活动的人称主语;后来,正义又让位于某些对她产生影响的人,这些人首先将她从一处未指明的地方"驱逐出去"(224a),接着又"给予她不义的惩罚"(或"分配",224b)。

我们需理清如上的分裂状态。这些法官正在此处做什么?由于他们裁决祖传的成规(the traditional formularies),因此他们相当重要。此外,当诗人将复数形式的司法审判引入他的作品中时,为何(如同后面将会出现的那样)他屡屡专注于它们的不义呢?行224 中那些驱逐正义女神的未加指明的人们与行 221 中的法官们是完全等同的吗?很明显,我们能够想起荷马在《伊利亚特》卷十六中关于那场疾风骤雨的明喻。这是一个更为恰当的明喻,因为它表明了"宙斯"、"正义"同人类的"劳作"之间最重要的关联,当赫西俄德创作《劳作与时令》时,此种关联对他而言非常重要。在荷马的文本中(上文,章七),违法者是这样一些人:

> 他们在广场上恣意曲解成规(formularies),
> 并且驱逐正义,无视诸神可怕的命令。

显然,这是赫西俄德《劳作与时令》中行 220 以及 224a 的原始出处。荷马著作中包含的成规性的(formulaic)要素已经得到了改进。赫西俄德用"不正当的审判"(crooked justices)代替了"被曲解的成规"(crooked formularies），也就是说，用实施祖制(traditions)的程序代替了祖制本身；⑥同样的情况出现在他抱怨"正义受到不公正的对待"时。可是，由于荷马同样栩栩如生地[200]谈到正义像一位诉讼当事人那样被从听证会中驱逐出去，所以赫西俄德保留了这个比喻，尽管这个比喻给予正义一个与她的"被曲解[的形象]"不一致的角色。

　　紧接着，正义开始下降到她的目的地(222)，这是一种与荷马的正义完全不同的形象，而正是通过插入这样的描述，赫西俄德中断了对荷马的回忆，那么，他为何要这样做呢？线索或许就在其用语的细微之处。那个身披云雾去往一座"城市"的它、它的居民以及它的居所在荷马那里又是谁，抑或又是什么？虽然那个匹配的人物原型有着不同的性别，但一样有女性陪伴左右。它就是走进费埃克斯人(Phaeacians)城邦的奥德修斯。"振作起来，前往城邦"，瑙西卡(Nausicaa)对他说道(《奥德赛》6.255)；当他们到达"人们劳作的田野"(259)时，他打算留在后面。她骄傲地描绘了他在到达时将看到的一切——高墙、港口、广场。但是，当地人皆傲慢顽固；倘若她还家时领着一位不知名的男子，民众会感觉受到轻视(6.28)。因此，他在雅典娜的树丛中等待，祈求她的护佑，接着"动身前往城邦"(7.14)，于是，女神在他周围布满浓雾，并在一位年轻女孩的引领下继续前行。他告诉她，"我不认识那位'掌管'(nemontai)这座城邦和这些田产的人"(7.26)。她则提请他注意，当地人对待陌生人并不那么宽容(7.32)，因此，她继续在他周围布满浓雾(7.41 - 42)，当他抵达城邦时，他对眼前的"港口、船只、广场、高墙"大为称奇。如果说这些就是赫西俄德文本中正义女神所临近的"人类居所"，那么这样的推断或许显得苍白无力，但是，在我们剖析了接下来的段落后，它将会在下文中获得说服力。性别上的转换很少有不自然的地方，因为瑙西卡和雅典娜都是奥德修斯旅途中的伴侣。

---

　　⑥　仍可参维拉莫维茨，同上。

为什么要回顾奥德修斯历程中的这样一段特殊的经历呢？无疑，因为这段经历涉及那些此刻他正要去接近的人，关于这些人，他还询问了如下的问题："他们是不是蛮横无理之人，抑或 dikaioi［正义之士］？"（《奥德赛》6.120）。荷马给出了暂时性的回答，除非采取防备，他们不大可能是 dikaioi［正义之士］；这样的前景不甚明朗，而赫西俄德的文本给我们的感觉是，正义同样是飘忽不定的。这样一来，行 214 中的奥德修斯就在行 222 – 223 处重新登场了。

在《奥德赛》中，费埃克斯人对奥德修斯的款待与奥德修斯离开猪倌之家返回伊塔卡所受到的款待形成了鲜明的对比。法伊阿基亚和伊塔卡都成为殷勤好客与否的试探地；在伊塔卡，如同在法伊阿基亚一样，他"动身前往城邦"；在如上的两种处境中［201］，他被要求跟随一位引路人（16.272；17.10、22、201）。从主题角度而言，这两种荷马式的境遇简直一模一样。但是，在伊塔卡，试探并没有实现。在法伊阿基亚，奥德修斯是一位真正的乞援者；而到了伊塔卡，他则成了一位伪装的复仇者，他的任务是"为求婚者们栽下成堆的祸根"（《奥德赛》14.110；17.27、82、159）：赫西俄德的短语"将灾祸带给人类"（223）则是一种相同的程式化表达（也参《奥德赛》16.103；20.367 – 368）。他不光记住了这些角色，并且将它们结合在一起。

乌托邦中的正义

225 他们（They who）给予异邦人和本邦人的判决（justices）

226 公正，丝毫不逾越正义——

227 他们（for them）的城邦兴旺繁盛，人民富足，

228 和平光临这片养育 kouroi［孩童］的土地；他们也没有

229 艰苦的战争,无所不察的宙斯不曾预示。

230 正直司法之人(men - of - straight - justice)从不会遭
受饥馑,

231 也不会一贫如洗,他们欢快地劳作,

232 大地为他们产出丰硕的物产,山上的橡树

233 结出橡实,蜜蜂在橡树中间采蜜,

234 绵羊长出厚厚的羊毛;

235 妇女们生养着酷似他们父亲的孩子;

236 他们拥有源源不断的物品;无需驾船

237 出海;因为耕地为他们产出丰足的食粮。

　　一切公正的事物都出现在乌托邦中;赫西俄德正沉醉于此般美景之中。如此美景完全是他的想象吗? 他只不过将《奥德赛》中的场景作为他的样本,因为他在那里发现了费埃克斯人的尘世伊甸园,奥德修斯曾在那里受到过款待。此间存在诸多的关联。斯凯利亚(Scheria)是一块在巨浪中被隔离开的魔法之地,那里的居民的故居靠近库克洛普斯,因此常常遭受后者"暴力"的威胁,他们对库克洛普斯又无可奈何,于是——据诗人说——他们迁徙到远离人类的地方(《奥德赛》6.4 - 8)。当奥德修斯出现时,瑙西卡消除了侍女们的恐惧,并提醒她们(6.201 及其以下):

　　　　尚且没有已经降生的活着的凡人
　　　　能够抵临法伊阿基亚人的乐土,
　　　　带着战争的喧嚣;因为我们受不朽之神的钟爱……
　　　　我们住在最远的地方,在翻涌的巨浪深处,
　　　　世界的一角,任何其他的凡人都不可能混迹于我们当中。

　　此处的语气平静,给人一种无忧无虑的感觉,后来,当他们的国王派遣一组船员前往这位英雄的家园时,这样的语气再一次出现

(8.562)：

　　[202]他们毫不畏惧他们会遭受到的匮乏或死亡。

　　在赫西俄德看来，"和平是 kouroi［孩童］的养育者"（228）；因为那些到了参军年龄的年轻人将会免于战争的创伤。此刻，他是否想起了那些在费埃克斯人中引人瞩目的英俊 kouroi［孩童］？（8.34及其以下、40、48、262；另参 8.250）。他的城邦"兴旺发达，令人心生愉悦"，那里的人民像鲜花一样"繁盛"，他们"欢快地"追求着他们的事业。在到访者的眼中，费埃克斯人的生活是那样的无拘无束；这样的生活致力于对快乐的追求（参《奥德赛》13.44 及其以下），有着一个长长的假期，体育运动、舞蹈和歌唱比比皆是。赫西俄德对农事丰产的刻画妙不可言：顶端的橡实，蜜蜂在橡树中间采蜜，绵羊已经不堪身上厚厚羊毛的重负，大地的物产丰硕。同样奇妙的是阿尔基诺斯（Alcinous）的果园与庭院中满树的果实："梨子压着梨子，苹果压着苹果。"（《奥德赛》7.112–128）

　　赫西俄德诗中的这一段在自由发挥中流畅地前行，因为诗人正无拘无束地徜徉于自己的幻想中。此处对法伊阿基亚的回忆栩栩如生，没有丝毫的模仿成分。正如一开始就明确指出的那样：得到这些乌托邦式奖赏的是

　　　　那些给予异邦人和本邦人公正判决之人。

　　赫西俄德唯一一次（在这首赞美诗中）提到城邦间的行为规则就是由此构成，而这些行为规则成为《奥德赛》中"正义观"最重要的组成部分。然而，此处表达观点的措辞绝非偶然。《奥德赛》中这些殷勤好客的典范如果不是费埃克斯人，又是谁？我们已经看到，他们出现在先前段落（上文，行 222–223）的结尾处。每一次的重复都彼此呼应。诗人从对奥德修斯去往尘世伊甸园之路的回忆

转向了对伊甸园本身的回忆。这同样解释了出现在赫西俄德的版本中的不同寻常的描述："他们无需乘船出海。"（236－237）毫无疑问，这体现了赫西俄德在《劳作与时令》的其他地方所表现出的对大海的漠视（不过，漠视并不妨碍他描述一位航海家的经历）。然而，倘若不是为了区分他的伊甸园和原先的伊甸园，为什么要突然表达这样一种偏见？他似乎会说，他的想象不是荷马的，而是他自己的。在回想费埃克斯人生活中的诸多特征时，留给他的只有最突出的特征———一生钟爱的航海事业，而这是荷马所极力重申的（《奥德赛》6.270；7.34、108；8.247）。[203]此处，赫西俄德看似没有从荷马那里获得任何助益，实则再一次受惠于荷马。费埃克斯人的最后一次航行意外地变成了灾难（《奥德赛》13.149－164）。他们的国王曾吸取了教训，并严令他们中断此前无忧无虑的航行（《奥德赛》13.179－181）：

> 汝等全听吾言，不可忤逆：
> 禁止运载任何造访吾邦的凡人……

赫西俄德将荷马的告诫变成了弃绝一切的航海行为。

尽管整段都弥漫着对费埃克斯人伊甸园的回忆，但我们仍有可能注意到一个特定的衔接点（juncture），它仿佛是对乌托邦的描绘的补充说明。"做出判决之人"以及他们的奖赏出现在行225－229中，"那些正直司法之人"和他们的奖赏则出现在行230－237中。这两段并非彼此排斥，可是，在进入第二段时，诗人似乎打算另起炉灶，从和平的福祉转向物质的丰足。评论家们已经将此处和《奥德赛》中另外一处对乌托邦的提及联系在一起，在那里，奥德修斯恭维了佩涅洛佩（Penelope），也间接地恭维了他自己，他将她比作一位君主，这位君主治理有方，因为"他维护司法公正"。而此君的臣民如同费埃克斯人那样，本性慷慨，只是在具体的细节上稍有不同："树上硕果累累"，只不过"大地满载着小麦和大麦"，"羊群生养了健壮的羔羊"(《奥德赛》19. 109 – 114)。赫西俄德将人物特征的最后描述赋予了女子(235)。甚至有可能,在创造形容词"正直司法的(of – straight – justice)"并将其置于其所在的六音步诗行(oude pot'ithudikēisi[正直司法之人从来不])的第一个冒号出现的地方时,他构筑了一种听觉上的回声,以此对应荷马的诗句 eudikias anechēisi[他维护司法公正]的冒号之所在(《劳作与时令》230 = 《奥德赛》19. 111)。

　　将这两个版本联系起来的共同因素是它们对"司法"实践的共同关注,这是费埃克斯人的事例中所固有的,奥德修斯希望当地人展现"公正"的愿望实现了,这清晰地反映在理想国君的例子中,因为他的决定维护了"司法公正"。诗人正在用另一个回忆覆盖这个回忆,并将它们结合在一起;而其作品的主题目的和形式则为它们提供了结合力。

Hubris[暴行]及其厄运

　　238 倘若他们(they who)暴虐残酷——

　　239 克诺洛斯之子,审视一切的宙斯将给予他们(for them)惩罚(justice);

　　240 甚至常常一整座城邦都会吞下一个道德败坏之人结出的恶果⑦,

　　241 无论这些人是谁,只要他们作奸犯科;

　　242 克诺洛斯之子都会降巨祸于其头上,

　　243 饥荒和瘟疫并肩而至,这些人命丧其中,

　　244 他们的妻子将不再生育,家世渐趋衰微,

---

　　⑦　读作 epaurei[果实、结果]。

245a 全都出自奥林波斯之王宙斯之手；

245b 其他时候，

246 他摧毁他们庞大的军队，或他们的墙垣，

247 克诺洛斯之子抑或使他们的舰船葬身海底。

　　在乌托邦之后是一段刻画诸多邪恶之人的诗，每一行都通过全称代词在语法上和另一个保持平衡，它们分别引出了如下的诗行（225 加 227 等同于 238 加上 239）。受到谴责的是那些 hubris［暴行］的狂热者，hubris［暴行］的定义实现了 dikē［正义］和 hubris［暴行］之间原初的两极对立的条件，而这样的两极对立继续支配着这首诗。可是，"暴行"除了似乎等同于"怯懦的"或"残酷的"行为（schetlia）以及"令人深恶痛绝的行为"（atasthala）之外，完全不能用别的方式解释它包含了什么。赫西俄德再次使用了两个象征物，它们都是叙事诗中的老生常谈，但却并不受确切的伦理定义的影响（章十）。另一方面，正义似乎被赋予了矫正的职责，当然，此项职责涉及惩罚而非补偿：宙斯将会对那些暴虐之人施加惩罚（238 - 239）。这两个六音步诗行构成了一个道德箴言，倘若存在基本的对比，那将是完美无瑕的；很明显，如果乌托邦的居民受到了宙斯的青睐，那么，他们的对手也就再难获青睐；通过（229 与 239 之间）字词和韵律的对应，宙斯的青睐与他的憎恶之间的对比得以体现。

　　可是，为何在接下来的两个六音步诗行中用一个违法者代替了一群违法者，并且很可能是无辜的"一整座城邦"却不得不因这个"道德败坏之人"的恶行而受到惩罚？为什么又在此后的四个六音步诗行中带我们回到复数形式，以便描述饥荒和瘟疫对全体居民的巨大影响？这些人恰好是因为 hubris［暴行］而受到惩罚，抑或仍旧是因个人的恶行而受难？为何最后又从任何时刻转向了仅仅包括军事灾难的"其他时刻"（allote）：军队被毁灭，防御工事被攻占，舰船失事？

　　这里的描绘存在一定的不连贯性。它是否反映出各式各样的

叙事诗雏形？如果要为那些"实施暴行的"人寻找一个范例，那恰好就是《奥德赛》中的那群求婚者。在叙事诗中，常常用"作奸犯科者"这样的程式化表达来描述他们的行为；此处，它被用在一位肇事者身上。在此人身上，[205]他的违法行为给整个城邦带来了灾难，人们不禁看到了俄狄浦斯的形象，他的形象大概源自忒拜的叙事组诗（cycle of epic），除了人们怀疑赫西俄德本可以知晓两个世纪之后索福克勒斯的那个传奇故事。《伊利亚特》可以提供两个候选项：同样是阿伽门农，由于抢走科吕塞伊斯而犯了渎神罪，为他的整个军队（并非一座城邦；他冒犯的是阿波罗，而非宙斯）带来了灾祸；此外，更加可能的是，潘达努斯（Pandarus）不忠的箭矢使特洛伊的城邦、"它的国王和子民"（《伊利亚特》4. 164 – 165）、"它的妻子和孩童"（4.162）难逃毁灭的厄运，因为箭矢践踏了双方之间庄重的誓约。当时是肃穆庄严的时刻，赫克托尔再三对安德洛玛珂表达这样的观点，这一段已然浮现于赫西俄德的脑海之中（《伊利亚特》4. 163 – 166 = 6. 447 – 449）。对特洛伊命运的宣判，实质上是对践踏誓约行为的惩罚，后来，赫西俄德将这类行为同违反正义之举紧密联系起来（参下文282页的注释），而宣判前后则是有关宙斯不可避免的报复的两次庄严声明（《伊利亚特》4. 160 – 161 = 166 – 168）。上述这段话特别强调了宙斯，是否正是这段话激发了一位道德准则汇编者的想象力，这些道德准则致力于这样的原则，即正义乃是宙斯独有的天职？在赫西俄德这十个六音步诗行中，前后四次提到这位神（239、242、245、247）。

在此段结尾处，他的愤怒所在的"其他时刻"同样与史诗密切相关。被摧毁的军队以及被攻占的防御工事使人们想起了《伊利亚特》，在一系列军事行动结束后，阿开奥斯人的舰船沉没了，《奥德赛》中的涅斯托尔（Nestor）将这场灾难归咎于他们的恶行：

> 他们没有理智，因为他们不义。

当然，人们可以争辩说，此处所记载的诸种灾难只不过出自对人类不幸的普遍记载。可是,人们不太容易理解,为什么一位古希腊诗人想要提醒人们注意,通常而言,灾难性的战事总是肇始于此前道德上的过错。这样的观念在《旧约全书》中比比皆是,然而,赫西俄德并非一位希伯来先知,特洛伊也不是一座荷马时代的耶路撒冷。

守护者

248 王爷们啊,我恳请诸位:请诸位,就是诸位,认真思量
249a 这样的惩罚(justice);
[206]249b 近在咫尺,就在人类中间,
250a 不朽的神明注视着
250b 所有那些以枉法裁判(crooked justices)
251 欺压他人且无视诸神愤怒的人。
252 在丰饶的大地上有三万个,
253 宙斯(以及)凡人的不朽的守护者,
254 监察[人间的]判决(justices)与恶行,
255 身披霞雾在大地上游荡。

这群"王侯"(basileis)是谁?这个称号只在此处以及随后关于正义之诗的段落中闯入(intrude)。在《劳作与时令》的其他地方,它被用在诗歌的开始处,指代那些在涉及赫西俄德与佩尔塞斯的案件中做出了一项显然不可靠的判决的法官。文本中的人就是赫西俄德同时代的人吗?我说这个称号"闯入"是因为,这里的呼格惯用语再现了此前用于佩尔塞斯的呼格形式(213)。这样的安排似乎是修辞上的,即用另一个接收者代替前一个接收者(亦参行27)。

他们的出现是令人费解的,然而,此种状况并没有因给予他们

的告诫的本质——他们被恳请"思量这样的惩罚"——得到缓解。那么,当诗人创作这些诗行时,他所思量的是何种"正义"? 此处的措辞似乎是具体的(亦如下文行 269 中的一样)。但在行 211 处,正是对诉讼当事人的伤害引起了宙斯的愤怒,在当前的语境中,不利的结果就是王侯们施加给彼此的一种共同伤害。倘若不是阿伽门农和阿基琉斯,这些人又能是谁? 赫西俄德是否指明了《伊利亚特》这则故事中的道德寓意——抛弃正义、追求暴行同样会报应到两者的头上? 好,此刻让我们转向《奥德赛》,他告诫求婚者们(他们同样是"王侯")并重述了这样的警告,在《奥德赛》中,他们已经受到了来自一位同伙的警告(17.484 – 487)。这样的警告与赫西俄德的意图切近,因为它郑重地表达了在暴行与守法之间存在一种道德上的两极分化;而这些正是诸神所密切注视的。为了与其诗歌的主题相一致,赫西俄德用守法(eunomia)替换了正义(dikē),从而取代了荷马,因为后者曾用监察和暴行替换了守卫和残忍(《劳作与时令》254 =《奥德赛》17.487)。

正义女神

256 正义女神(Justice)临到,宙斯之女,

257 和奥林波斯诸神一起受万众的瞩目和敬畏,

[207]258 任何时候,只要有人伤害并歪曲诽谤她,

259 她就会径直落座其父克洛诺斯之子宙斯身旁,

260 密告人们不义的图谋,直至他们遭受报应(apotisēi)。

此刻,场景转换到了奥林波斯;在大地上受保护的复数形式的"判决"(justices)被单数形式的"正义女神"(Justice)所代替,后者乃是宙斯的贞洁之女。"她"或许担负了神的权能这件事已经得到

了说明（223）。而现在的她则被赋予了独一无二的威严（257）。作为有着特殊权能的女性神祇，正义女神再一次出现于某些早期古希腊哲学家的脑海中。这样的角色似乎是赫西俄德的创作（在《神谱》中，她出现于宙斯的后裔中）。而角色的引入标志着在对正义是什么的想象上的转变：不仅是一种程序，而且是一种权能。此种象征是否获得了某种绝对的意义？因此，她的（或它的）对手不仅变成了一种特定的暴行或暴力，而且变成了一般而言的"不公正的"意图。当然，此种消极的含义并非荷马式的。然而，赫西俄德是否从荷马那里获得了"她的"角色的灵感？最紧邻的上述段落就是取材于《奥德赛》。在那首史诗中，宙斯的贞洁之女是雅典娜，父子的引导者、辩护人和护卫者。当他们面临着一场明显众寡悬殊的冲突时，奥德修斯消除了忒勒玛科斯（Telemachus）的疑虑：宙斯和雅典娜助佑我方，他们必难获胜（《奥德赛》16.260—261）。继而，她在奥德修斯的王宫中强行控制着那场交锋，并对求婚者们施加了一项道德考验，使他们在劫难逃。在诸神的议事会上，她站在宙斯的近旁，一开始就极力抗议奥德修斯的子民们对待他及其死后名声（memory）的方式。赫西俄德很容易就可以将她的形象同抗议"人们不公正的意图"的正义女神的形象结合在一起。接着，赫西俄德又加上了"直至遭受报应"以及那些成为求婚者的"人们"。

　　但是，到了行258，这样的形象变得复杂起来。一位神如何能够被歪曲的（即不公正的）言语方式所"伤害"？荷马的奥林波斯山上的居住者们常常是残酷无情、懦弱或善变的，他们一直以来过着世外桃源般的生活（偶尔也有些滑稽可笑的事情）。"伤害"（blaptō）是一个强变化词，指的是在身体或心理上伤残或失明的结果（古风时期的希腊人对此不做任何区分）。正义女神如何不仅遭到攻击而且受伤？动词的使用为此提供了解答的线索。赫西俄德仍然将对《伊利亚特》以及《奥德赛》的记忆结合在一起。在《伊利亚特》中，那位恶魔般的女神同样是宙斯的长女，她的权能在奥林波斯以及人间所向披靡，她的名字叫作灾难（Disaster）。她被生动传神地描述为

不请自来的惩罚,直到一个人"遭到报应"(apotisēi)。而"伤害"行为
[208]就是她的特征(《伊利亚特》9. 507、512;19. 94)。伴随着此种关
联意象(associative imagery)的反常逻辑,赫西俄德想起了灾难女神与
她的职司,但只有一位女性之神在他的心中占有一席之地,因此,灾难
变成了那种人们在废除正义时带给她的伤害,而这些人的所为乃是诉
诸此前在《劳作与时令》中引用过的同样"被曲解的"声明。

王侯与平民

260 她密告那些人心存不公正的意图,直至其遭受
报应——

261 甚至那些平民,因为有着坏意图的王侯们的斑斑
劣迹,

262 抛弃正义,做出不义的判决。

263 王爷们啊,警惕这些(事),言语正直。

264 贪婪的人啊,不要做出不义的判决,快将其抛弃。

265 害人者害己。

266 最大的不幸终将(是)会落到害人者头上。

先前段落中所使用的句法在行260处戛然而止。过错方成了
那些作茧自缚的不义者,这是对《奥德赛》的一次回想。而接下来
的六音步诗行则增加了一个可选择的主语——平民,这是一个并非
咎由自取而是替此处引入的王侯们还债的群体。赫西俄德的记忆
或者说关注点已经转回到了《伊利亚特》,目的是对由于王侯之间
的争执而降临到军队(充当平民的作用,上文章四)头上的事故进
行道德说教。他为王侯们起了一个"贪婪者"的称号,这个称号使
他们与同时代的人联系起来(在《劳作与时令》之前的诗行中,他已

经使用过这一称号），但是，他回忆起的是同样独一无二的称号：
"食人者"（具有韵律和语音上的对等性），阿基琉斯正是用这个称
号来谩骂阿伽门农（《伊利亚特》1. 231）。接着，他附上了两句格言
（265、266），它们勾勒出阿伽门农所自我强加的困境：第二个格言重复
了他用来表达对此前行为感到懊悔的词（《伊利亚特》2. 375 – 380）。

宙斯与城邦

267 宙斯的双眼全神贯注地审视和洞察一切；

268 只要他愿意看，即便这些（事）也难逃其法眼。

269 这座（那座）城邦之中拥有的（是）何种正义；

270 因此，在人类中间，我本人算不上一个正义之人，

271 我的儿子亦是如此，因为一个人（是）邪恶的，

272 当其维持正义，倘若一个人越不义将会拥有更多的正
义的话；

[209]273 无论如何，我期望深谋远虑的宙斯能够实现这
些尚未实现之（事）。

此刻，宙斯重新登场（同上文行 238 及其以下）。整部《劳作与
时令》可以被视为一首"宙斯之诗"，只要这首诗一直展现出人类的
生活与行为在宙斯的监管之下进行，并且服从于他卓越的目标。⑧
然而，倘若正义在当前的语境中成了他的保护对象，那么，这或许就
不仅反映出对一元论神学的一种普遍的偏好，而且更加明确地反映
出一种由《奥德赛》所提供的范例。行 267—268 形成了一对格言，
第一个格言的主语是宙斯的双眼，动词则变成了分词结构；第二个

---

⑧　参索姆森（Solmsen），页 78。

格言的主语是宙斯本人,眼睛与它的所有者则是松散的同位关系
(in loose apposition)。它们表达了一个已在普罗米修斯的故事的补
充部分所说出的观点(《劳作与时令》105)。这些关于一项道德准
则的不同版本一直以来都取自共同的口语库。此处,可以用一个恰
当的荷马式的例子来加以说明。尽管雅典娜是奥德修斯的守护神
和庇佑者,但只有宙斯才有权宣布让奥德修斯离开卡吕普索的岛屿
并返回家园的决定,而且这样的决定是在波塞冬缺席的情况下做出
的。对此,卡吕普索并非心甘情愿,但是赫尔墨斯提醒她,奥德修斯
必须像她一样服从命令(《奥德赛》5.103－104):

> 无论如何,携带神盾的宙斯的意愿不可能
> 被其他神祇回避或搪塞。

可是,她并没有屈服,而是强烈地抗议,用重复的格言回答赫尔
墨斯,并且补充道:

> 既然是宙斯的命令,那就让奥德修斯走吧。

在史诗中,这句格言通常在它用于具体的行动发起者时被加以
阐述——在这个例子中,行动者是赫尔墨斯和卡吕普索。而在赫西
俄德那里,它变成了一种一般性的表达。但是赫西俄德本人使它复
归为一种特殊性的表达;宙斯可能注视的“这些事”是什么,被“限
于”一座城邦之内的“正义”又是什么?习语“实际上……什么”
(269)是一种愤怒的表达,在史诗中的其他地方也是这样使用的。⑨
宙斯所看到的正义是某种令其反感之物吗?这是一些不能用意译
加以回避的难题,而接下来迸发出的冷嘲热讽则加重了它们的效
果,那就是发誓放弃在一个不义的世界中努力成为正义之人,因此,

---

⑨　《伊利亚特》5.601;13.633;15.287;17.587;21.57;《奥德赛》1.32。

这就至少暂时性地否定了这首诗的所有重点。[210]对其的诸种解释再度出现于《奥德赛》中；倘若我们假设赫西俄德在创作时仍不断地回忆那首史诗，即从卷一到最后，奥德修斯的一切行为都在宙斯意愿的引导下完成，那么，这些片段就有头绪可循。若非伊塔卡的集会对求婚者的宽恕（上文章五），这触怒了一位年长的治邦者，以致他大声呼喊奥德修斯的子民们已经遗忘了他慈父般的护佑，宙斯正愤怒地注视着城邦中的又是何种"正义"；既如此，为什么任何人今后都应当竭力仿效此种美德呢？雅典娜也曾以同样的措辞愤怒地对奥林波斯诸神做出过这样的抗议。当赫西俄德想起城邦的背叛以及它应受的谴责时，他就将它们置于诗歌所赞颂的正义的语境中：如果允许"非正义"以这样的方式苦苦哀求而获得"更大的正义"，那么，赫西俄德如下的正义观就应当被加以拒斥："我和我的儿子都无需成为正义之人。"他心中的儿子是怎样的？这样一种血缘关系为何没有以其他方式被提及？这样的措辞仅仅是约定俗成的吗，就等于说"我全家"？或者它本身就是一种暗示，因为赫西俄德正在注视着那一对协同合作的父子，在《奥德赛》中，他们所受的待遇引发了对自身利益的呼告将是无可厚非的吗？

基于此，赫西俄德在这一段中将正义放在了引号内：它体现为一项由城邦自动做出的有效判决，该判决事关赫西俄德的家庭与求婚者之间就一个双方已经争辩过的问题的争论。这样的正义就是一座城邦"之内的"正义。这样的表达明确而又独特（参《神谱》751）。为何局限在城邦之内？对此，《奥德赛》也能提供一条线索吗？最后一天，天刚破晓，奥德修斯祈求宙斯在生死攸关之时施以援手和恩惠，因为他坦承宙斯的安排在史诗中直到此刻一直支配着他的行事（20.98 – 101）：

> 既然让我穿山越岭、漂洋渡海，
> 在我历尽磨难后，你使我回返家园，
> 那就让某个醒着的人开口说话，

那个在屋内的人,而宙斯你,则在屋外显露征兆。

当听到这些话时,宙斯便掷出响雷,与此同时,屋内的一位厨娘正忙着准备晚餐,当她听见雷声,便咒骂那些求婚者:"但愿这是他们最后的晚餐! 他们让我累得半死!"这位英雄既听到了屋内的呼告,也听到了屋外的雷鸣:"对他而言,这意味着报复那些恶人。"(20.121)时机成熟,[211]他将向两位仆人透露身份。他们三个都步出房间;这个举动被描述了多达三次,仿佛是为了区分屋外和屋内(21.188、190、191)。当奥德修斯第一次听到欧迈俄斯(Eumaeus)向宙斯祷告,以便让奥德修斯返家时(21.200),他就说出如下的话来表明自己的身份:"站在屋内[endon]的正是我!"(207)这样的表达尽管生动形象,却似乎有点不合逻辑;实际上,它的逻辑体现在打算杀死求婚者们的小心谨慎的筹划之中。欧迈俄斯被命令去告知那些女仆(236):

关紧大厅的门扇。

菲洛提奥斯(Philoetius)则被指派了如下的任务(240–241):

我给你的任务是:庭院的门
要锁上,用门闩和双锁,要快。

他们返回屋内。最终,在忒勒玛科斯的命令下,那把弓落入乞丐的手中。此刻,先前的指令必须得到执行。欧迈俄斯叮嘱女仆们(382):

要将大厅的门紧紧关闭。

并再次提醒道(383–384;参237–238):

> 倘若你听到里面(endon)有任何尖叫或击打声,
> 来自我们包围圈(herkē)里男人的,不许冲出来。

于是,各处的大门都被"关紧了"(387)。菲洛提奥斯快速并静悄悄地步出房间(389),闩上密闭好的(euerkēs)庭院的大门并且用船上的绳索为其上了双保险(391),

> 在门上打了一个结。

那个持弓在手的乞丐做了其他任何人都无法做到的事。他弯弓、上弦并用手指拨弄了一下弓弦。求婚者们都未曾预料到这一点;他们纷纷脸色苍白。其间,宙斯掷出霹雳,一个明显的征兆(413):

> 历经艰难的卓越的奥德修斯欣喜不已,
> 因为妙计连连的克洛诺斯之子为他送来征兆。

[212]此前,奥德修斯已经祈求过两个征兆,一个在屋内,一个在屋外。在听到这两个征兆后,他认为复仇的钟声已经敲响。当第三个征兆出现,即宙斯第二次掷出霹雳时,这个决定性时刻的所有参与者都被带进精心隔离和闩上的包围圈。处决即将在一个封闭的空间内实施,就好像这是一种需要被遵守的形式,一种必要的仪式。当奥德修斯提到"屋内"时他正在屋外,当欧迈俄斯叮嘱女仆们不要管"我们包围圈"里发生了什么,这样的一些表达切断了求婚者们和外界的联系;最后一声响雷使隔离成为定局。在他们身陷绝境之时,他们试图与城邦和民众取得联系,并寻求帮助。他们完全有理由期待这样的可能性,因为城邦能够介入他们的事业中。当邦民们听说了这次处决事件,他们首先想到的是杀死做这件事的人,以致宙斯不得不再次插手,强制实行一项和平的协定(或许使人

们想起赫西俄德诗中的行273）。但眼下，那些主犯必须被处置。他们被正式地隔离，并且被围住；由于处决行为会污染这块场所，因此，必须对其施以隆重的涤除仪式（22.481－482）。

当赫西俄德宣称，宙斯正在"向下注视着这些事情"并且"必然会察觉在这座城邦中这究竟是何种正义"时，呈现在他眼前的是否就是此般情景？这些指示形容词指向的就是此等场景吗？

神赐的礼物与公共的程序

274 佩尔塞斯啊，我恳请你：想想这些（事）：
275 倾听正义（的声音），不要让暴力出现在你的视野中；
276 克洛诺斯之子已将此类法则（nomos）授予人类，
277 鱼、野兽、飞鸟，
278 由于它们之间没有正义，所以竞相吞食；
279 但是宙斯赋予人类正义，迄今最好的礼物，
280a 摆在面前。
280b 如果（它是）一个人在集会上宣称（何谓）正义的希望，
281 辨别（它是何物）的希望，无所不察的宙斯就会赐予他幸福；
282 任何人，当他在法庭做证时，只要存心做伪誓，
283 以图欺骗，并且歪曲正义，将会顷刻间遭受灾难——
284 他的子孙后代也会活在他的阴影中；
285 如果他宣誓说真话，他的子孙后代则会不断兴旺。

[213]这段诗的最后一段表明重新回到原初对佩尔塞斯修辞式的表达以及重申正义与其对手之间正式的对立。此刻，暴力

(bia)代替了暴行(hubris),一种出现在《奥德赛》的道德准则中的对等物。作为这段诗的结尾段落,它试图对诗歌自始至终力图阐释的内容做一番完整的描述或总结。正义成了人类常用的习俗的象征,与动物的习性截然相反。当然,它不被视为一项原则,而是被视作一种程序,一种法律程序,这是人类社会的标志以及社会存在的必要之物。因此,与其说赫西俄德做了明确的阐述,不如说他仅仅只是暗示了,然而,只要我们意识到他仍然以《奥德赛》作为其创作的原型,那么便可以做出上述说法就是他的本意这样的推断。是什么促使他选择不以同类相食作为人类这个物种的关键特征?如果他想到了库克洛普斯的故事,那么这样的选择就是可以理解的,尽管它并不是那么的显而易见。在这则故事中,奥德修斯不仅遇到了其他古怪的人,而且遇到了一类生物,他们"尚无广场集会或成规",他们露出"粗暴、凶残、不义"的一面,他们的特点是"不知礼法或成规"(章十)。库克洛普斯是前文明、前群居式的"怪物",常常会吞食造访他的人类。⑩ 对于此等惨无人道的恶行,宙斯注定会亲自惩罚的。在对库克洛普斯最后的叫骂声中,奥德修斯宣称这件事必将发生。而在随后的故事中,当奥德修斯需要内心的激励,以便在自家中对即将降临在他身上的长久且严峻的考验保持耐心时,他在对挫败库克洛普斯的回忆中发现了这样的耐心(20. 19 – 20)。

同类相食是最极端的杀戮。人间的正义虽然阻止了此事的发生,但它并没有被设想成一项人类的设计,而是宙斯馈赠的礼物。然而,当它被视作礼物时,如果这一神赐的礼物不是人类所遵循的在广场中用来解决纠纷的程序,又是什么(280 – 285)?随着赫西俄德宣称为故事附上一则庭审实录,剧情再次回到《伊利亚特》。在议事会上大声说出的事亦须接受正义的检验;宙斯对公正的言辞予以奖赏。这样的检验包括在证人面前的公开宣誓:誓言和保证并不

---

⑩ 希罗多德,4. 106:食人族是"完全没有 dikē 与礼法的野蛮人"。

意在欺骗。虚伪的誓言不仅会破坏正义的程序,而且会招致灾难之神的惩罚。无论此种惩罚是否对肇事者本人起作用,都会摧毁他的后世子孙。因此,在结尾处的格言中,它得到了证实。诗歌伊始,誓言是同正义以及被滥用的正义相伴而生的,[214]而到了末尾,它依然如此。⑪

通过对长达 73 行的六音步诗行的详尽研究,我们弄清了措辞和格言的诸多特别之处,而这些往往是一个有学养的读者有意遮掩的。一直以来,当它们被发现后,它们倾向于将自身归在如下的段落中,对于正义的主题,这些段落提供了一系列多变的观点。整体的效果已经被追溯到一个持续存在的原因,即一种创作方式,此种创作方式表现为从《伊利亚特》以及《奥德赛》中抽取并重塑一系列与正义的主题有着直接或间接关系的段落。这些段落与荷马之间存在多么牢固的关联,又该如何予以确切的证明呢? 从语言学上看,它们有时很"牢固",因为在具体的语词表达方面结合得很严密。以往的学术研究至少在 3 个例证中承认了这一点(221 以及224、230 - 237、252 - 255);同时,这个清单是可以展开的。在许多情况下,这样的关联显得并不那么的牢固,因为它依赖于某种似乎是对荷马文本的总体性回忆,或者将其中熟悉的人物性格与形象通过联想加以融合,然而,这一切都缺少语言学上的证明。赫西俄德对荷马进行了持续不断的或强或弱的模仿,正是在这样的模仿中,一种对于赫西俄德所从事的工作的总体印象变得极具吸引力。这并非一条锁链,后者的强度取决于最弱的那一环,而是一种由诸多元素构成的混合物,其中的一些风格强,一些风格弱;但是自始至终它都秉持着相同的风格。

---

⑪　潘达努斯对停战协议的打破——在上文中被暗示为卷一行 240 之后的"样本"——或许在此处起了作用。誓言的中断或宣告、伪誓、践踏、摧毁将给违反者及其后代带来灾难性的后果,它们在《伊利亚特》卷三行 68 至卷四行162 之间的主题上都是强制性的。

荷马的优先性

这样一种创作步骤需要荷马(无论这个名字在何种意义上被使用)在时间顺序上成为较早的诗人。至少就目前我们已有的荷马的文本而言,学者们偶尔也会有不同的设想,[12]以致《伊利亚特》卷十六行387－388(在倾盆大雨的语境中)成为赫西俄德的"篡改"(interpolation),或者说《奥德赛》的诗人模仿了赫西俄德具有乌托邦风格的段落。通过对比荷马与赫西俄德各自的创作逻辑,或者通过对比两者之间在逻辑上的缺失,我们发现,上述观点似乎不大可能。例如,在荷马所描绘的那场倾盆大雨的例子中,暴风雨所引发的大灾难在逻辑上要归于天神。他为何要降灾人间? 从共同后果的角度来判断,所犯下的罪行必然是共同的,其中,一个典型的例子就是对法律程序的滥用,这包括对受神保护的道德准则的滥用。当那位提出异议的诉讼当事人被扔出广场后,听众很可能推断接下来她将寻求宙斯的矫正,故而,宙斯降下暴风雨,虽然故事中并没有言明这一点。这整件事反映出[215]早期希腊人的一项特有的习俗,这项习俗存在于叙事中并有着自身的叙事逻辑。而在赫西俄德的改编中,这是混乱的。枉法裁判出现在行221中,正是由于先前的出现(219)才使它们再现于此处,虽然这同样取材自荷马,但却出自一组迥然不同的语境。由于在其中插入了两行诗——这些诗源自第三种同样迥然不同的荷马式的语境,因此,对诉讼当事人的驱逐被延至行224,从而使它与相关的六音步诗

---

[12]　最近的是,韦斯特(页40－46)以及他在附有参考书目的《神谱》行84处的注释。舍绍普(Sellschop)给予赫西俄德比《奥德赛》优先地位的系统性尝试被爱德华兹(页187－189)令人信服地驳斥了,后者强调,舍绍普"采取了过于死板的创作步骤观",此种观点为荷马以及赫西俄德这些在口述传统中工作的诗人所共有。克拉夫(Kraff)对荷马优先性的论证则受到两位诗人都是作家这一假设的影响。

行完全分离。或者以两段关于乌托邦的描绘为例(225－237)。法伊阿基亚或许是一座理想的城邦,但王宫花园却是一座真实的花园,长着各式各样的果树,它们在非常适宜的气候下得到悉心的种植和照管;那位与佩内洛佩加以比照的完美君主之所以完美,在于他治理有方,换言之,他的正直足以赢得全体邦民的拥护,否则这群精力旺盛的人很可能会制造混乱。在这样的管理下,农业和渔业欣欣向荣,对于一座海滨城邦的食物供应而言,这两个产业至关重要。在赫西俄德融合后的版本中,民众们享有独特的物质条件,尽管这样的福气源自好的管理,但这些人却被转变成理想化的人,他们置身世外桃源,他们的社会不同于任何尘世的社会,他们的物质条件好得令人难以置信。至于那一万个守护精灵(252－255),他们的荷马原型由于遭到曲解,变得几乎难以辨识。受诅咒的异邦人引发了盲目的恐惧感:这些幽灵扮相奇特、说话怪异,在海滨城市不断游荡;你们必须小心他们;他们很可能注视着那些违反公共秩序的(eunomia)行为:最好恭敬地对待公共秩序。赫西俄德将这一段的大意拆分成两个部分。首先,存在荷马对"某些神从天而降探察人世"的描绘(《奥德赛》17.484);这被记成了"近在咫尺的不朽的神明",他们的出现使得对《伊利亚特》中那些正在彼此伤害的"王侯们"的警告变得更加强烈。接着,诗人再一次说道:他将神伪装成异邦人,并把他们变成一万个精灵,这些精灵源自他对人类黄金时代的描述,然而,这个时代已经一去不复返了(《劳作与时令》121－125)。[13] 这些精灵被授予在尘世游荡这样的一般性作用,而非巡回造访不同希腊城邦的具体职责:荷马的自然主义与一致性在力图通过一般性概念代替叙事逻辑的过程中丧失了,此处的措辞变得不连贯和耽于想象。[14] 整首诗同样表现出不

---

[13]　我认为没有必要遵循编校者将行124－125放入括弧内。

[14]　比较《神谱》行84及其以下与《奥德赛》8.170－173,韦斯特放弃了这样的看法,理由是敬重应给予一位国王(赫西俄德)而非一位演说者(荷马)。上述看法误解了尚无文字社会的思潮,这将使得雄辩术更加重视演说者是否一位国王。

一致性;对此,合理的推论就是,赫西俄德正在运用荷马的风格而非相反。

程序而非原则

[216]我已谈及了如下的可能性,即虽然赫西俄德是一位口述诗人,但他同样是一位读者和作家。我将在接下来的一章中探究此种可能性。无论如何,赫西俄德试图做出合理解释的出自荷马的正义仍然是在一个尚无文字的社会中践行的正义或审判。它抑或它们是某些被大声说出、宣告、宣布、声明,或听到、得知以及牢记的东西。佩尔塞斯两次被恳求倾听正义的声音:这样的表述方式并非一种隐喻,而仅仅是服从。作为一个人,她可以尖叫或歌唱(220、260),因为她遭受了谩骂攻讦(258),错误的口头证言使她变得无效(283–284)。此种情况暗示出,作为一个象征物,dikē 的程序受口头交流的支配。审判是在广场上做出的(280);如果它们遭到了滥用,乃是因为王侯们歪曲了它们,是故,赫西俄德不得不恳请发言者们直言正论(262–263)。持续不断的歪曲诋毁更加有可能指代言论的歪曲,而非如某些人所做的那样,在地产纠纷中对边界线不公正的操控。⑮ 正义的"分配"或"给予"(224),虽然有可能表明一种通过仲裁做出的财产分配,却更加有可能反映出在土地分配判决中所宣布的话语分配。荷马式的英雄不仅能够"一心二用",而且

---

⑮ 开诚布公,《伊利亚特》18. 508;23. 580;《劳作与时令》263(读作 muthous[言辞]);哑口无言,《伊利亚特》20. 248。Skolios[弯曲的、不正直的、不诚实的],物理意涵为"弧形的(curved)"、"弯曲的(bent)",其并非荷马式的;品达(《残篇》201)将其用于 apatai[诡计],在斯巴达则用于一种 rhetra[命令](提尔泰俄斯[Tyrt.]3.6;普鲁塔克《吕库古》6);在品达的《皮提亚赛会颂》(*Pyth.*)2. 85 处,"不正当的方式"则是那些言辞。

能够"分配他的话语"。⑯

口语规则并非一成不变：正义既可以赛跑，也可以置身于城邦中，抑或作为一个常量或礼物赋予人类，因此，它不是口头言辞，尽管当审判被"公正地赋予"外邦人时，它们可能意指安全的口头担保，就如同奥德修斯在法伊阿基亚被告之的那样。

由于口头正义被视作程序，所以它并非象征着惩罚，而是象征着矫正、重新调整、偿付——口头协商。动词 apotinō（260）同样很重要。这个伴随物是和平以及人与人之间和平交往的条件。此种对"道德"的偏爱在赫西俄德的诗中随处可见；它集中于他在 dikē 与 hubris［暴行］或 dikē 与 bia［强力］之间做出的形式上的对立。dikē 的含义，就其仅仅作为惩罚或报复而言，或许早在合法性问题为人所熟知的时代就已经具体化了（下文章十六）。因此，它并非荷马式的。人们或许认为，当赫西俄德指定宙斯成为使不义者遭受不幸的实施者时，他实际上就任命宙斯担负起如下的职责，那就是将"正义"作为一项惩罚强加给不义者。然而，他［217］在这样的语境中对正义的看法就是，宙斯"提供了它的信号"（tekmairetai）并继而施加不幸。这个动词通常被译成仿佛正义是某些宙斯"决定"的事物，因此等同于惩罚。某种程度上，宙斯所做的一切旨在提供恰当的"迹象"或预兆，以此预示或告诫矫正程序必然会实施。这与荷马对该动词的使用是一致的。

在章二与章三中，我曾主张，从主题的角度看，离开日常程序中的实际应用外，一种口述文化并不能实现正义的概念化。在口述思维中，它仍然是一种方法，而非一种原则。赫西俄德对它的绝大部分看法都没有违反此项准则。然而，当他把"她"人格化为一位女神时，他是否尚未开辟出一条能够使作为观念的正义与达致这项观念的活动相分离的道路？毫无疑问，他开辟了这条道路，可是，他在

---

⑯　《伊利亚特》20.249；比较《劳作与时令》402 – 403，或许还有《皮提亚赛会颂》2.86（前引），不用管那些注释者。

通往这样一种思想的方式上存在的模糊不清则体现出另一种意图，即他试图使正义成为宙斯赠予的礼物。这就相当于将这个术语具体化为一种"实体"（以便使用前柏拉图式的语言风格），但是，这样的实体化在逻辑上难以与他此前人格化的形象相融合。⑰ 因此，我们不得不说，赫西俄德的"正义"，就其呈现为一种概念的形式而言，并非十分的清晰，而是显得晦涩模糊。

---

⑰ 除非这里谈到的是一位父亲将女儿赐给居于它们之中的人类（比较行 278 处的 meta autois［在它们中］）。

第十二章 口语和书面语

[218] 如果古希腊文学被公认为一种现象——而此种现象的历史是由荷马与赫西俄德首创的,那么,这首关于正义的诗歌则提出了三个有待解释的独特之处。首先,为何诗中一味地重复出现一个词,这个词并非一个男人或女人的名字,而是我们称作一种抽象概念的事物的名称? 它当然是一个荷马式的词语,在荷马所使用的词汇中有许多所谓的抽象概念——有些概念会偶然地出现,如竞争与不和,荣誉与补偿,其余的则被散落于故事中的各种格言所囊括。可是,如此持久的关注,以及如此真挚的源自某个唯一的主体并向其诉说的教诲在荷马那里并没有任何先例。这首诗能否被理解为某种赞美诗或圣歌,它们的创作符合口述规则,但被用来在会饮时朗诵而非公开表演? 这是有可能的——从其形式风格就可见一斑——然而,从早期抒情诗(即使是教谕式的)中引出的相似之物在风格上也完全不同。① 其次,即便我们承认作者有创作此类赞美诗的渴望,那么,他为何觉得必须求助于荷马以便将赞美诗组合成一个整体,而不是依据主题自由创作? 第三,倘若他选择从荷马那里获得灵感,难道他就不可以干得更漂亮些吗? [219] 为什么呈现出的是不连贯、想象混乱、句法分离,以及无法保持思维的概念

---

① 在尚无文字的环境中,"发表"私人诗歌的目的,例如,寻找一位听众,是为了满足会饮的需要,此种场合会鼓励个人发言这样的习俗。相反,史诗则是为了公共的诗歌朗诵会而创作,它会邀请缪斯女神的协助。《劳作与时令》的序言正是上述两者的结合。

一致性?[②]

不连贯性

在诗歌的前 12 行中:(1)佩尔塞斯被强烈建议倾听正义的呼声而拒斥不义;(2)他被劝说成为一个旅行者,通过一条难以捉摸的路线来获得正义,这似乎使激励的效果被削弱了;(3)旅者佩尔塞斯被作为送信人(runner)的正义本身所取代;(4)作为送信人的正义被作为送信人的誓言所取代;(5)正义被重新塑造为一个沉浸在悲伤中的女孩;(6)这个女孩被那些"司法"腐败的审判官们取代;(7)审判官们又突然地被正义取代,此时的她仍是一个女孩,但却乔装打扮进入城镇,随后又被赶了出来。接下来的两段具有内在的一致性。一组易于理解的纯粹对立物支配着其中的论证。随后,诗歌突然终止了对某些"王侯们"(248 – 255)进言,代之以两项声明来恫吓他们,大意是(1)上天注意到了"枉法之举"以及(2)大地上住着一群不可见的精灵,它们被委派守护"正义"。之后,场景转换到奥林匹斯山(256 – 264),一个人形的正义在那里向宙斯控诉人类的不义,显然是想让他出面干预;而此前提到的精灵则被忽略掉了。我们不清楚到底是谁犯了错:是"人类",或是"民众",抑或是"贵族们"? 这些人最终要承受打击,因为他们被严厉地告诫放弃"枉法裁判"。接着,在自成一行的两条格言中,诗人附上了

---

② 特格特(Teggart, 1947);格罗宁根(Van Gronigen, 1958);哈夫洛克:《沉思的赫西俄德》(1966);贝耶(Beye):《赫西俄德〈劳作与时日〉的韵律》(*The Rhythm of Hesiod's Works and Days*, 1972)。参韦斯特对《神谱》行 94 – 97处的注释:"此种不连贯是古风时期希腊文学作品的典型特征,例如,在 ABC 这一系列思想中,A 和 B 或者 B 和 C 有着连贯的次序,但是作为一个整体,ABC 似乎缺少完全的内聚力。"

这一告诫(265－266)。围绕着这一段(267－273)有两条以上的格言,本段一开始,诗人就虔诚地宣称宙斯的全知全能,此刻,宙斯正朝下注视着某座城邦中的"正义",但诗人并没有指明究竟是哪座城邦。此种道德信念一经正式宣布就横遭破坏:当不义拥有了较多的正义,成为正义之人又有什么用呢? 为此,作者在结尾处仓促地加上了"上天禁止"这样的格言。诗人对佩尔塞斯的告诫姗姗来迟(274－285),通过使正义成为宙斯的馈赠这样的说法,以及在结尾处将正义刻画成某种在公民大会上被说出或被伤害的东西,他再一次建议佩尔塞斯聆听正义之声。

赫西俄德或许借鉴了荷马,但他并没有掌握荷马在文风上的一致性。那么,在叙述的流畅性、描写的逻辑性、人物刻画的连贯性、过渡的平稳性,以及节奏的自如(the majestic ease of movement)方面又如何呢? 这些炉火纯青的造诣[220]必须历经好几个世纪,并通过口头上的不断试错方能获得。我们发现,在荷马那里有一块人造语言的飞地,人造语言是一种老练的语言表达技巧,只存在于方言中,而吟游诗人们则凭记忆代代相传,并将其变成一种牢固的传统。尽管赫西俄德在风格上仍然使用口语诗的格律,但他却背叛了某种传统之物:断裂已然出现。那么,又是什么导致了断裂的出现呢?

听觉的构成规则

上述问题的初始答案可以通过观察心理状态获得,而口述风格的设计正好满足了这样的心理状态,对此,我们已从理论上探讨过了(章三)。在一个尚无文字的文化中,创作叙事诗不仅是为了娱乐,而且是将其作为一种保存道德观和礼法的存储机制。因为保存只能存在于人类独特的记忆中,所以,口述风格尤其重视这些能够促进记忆的语言技巧(verbal devices)。除了格律和曲调外,这些语言技巧中最重要的东西就是对被保存之物的内容的垄断,而这样一种垄断可以通过叙事来实现。因此,当叙事诗专门记述"英雄的伟大事迹"时,其目的不仅是为了满足浪漫的想象力,也是为了起到重述和推介当前社会的民风民德(mores)的首要功能。

可以说,此种文化中的行为规范是以间接的方式传授的。站在一个具有文化修养的立场上看,对需要何种行为规范与道德观的说教性观点可以通过阐释行为主体们的行为来加以伪装,无论这些行为主体是通常情况下的人,还是被描述为行事似人的事物。当这些动词——它们的行为主体要么是主语要么是宾语——以特定的瞬间或期间的方式出现而非表示普遍的或永恒的特性或状态时,它们就可以描述具体的行为、情况或状态。

此类口述句法是对心理压力的一种反应——即帮助保存记忆中的长篇大论部分的需要。如果这些压力消失了,会发生什么,又能够发生什么?在一切全民识字的社会,这种压力将不会消失吗,它事实上一直都没有消失吗?当然,背诵诗歌与散文仍然取决于个人的癖好(proclivity),有时它也为专业需要提供便利。但是,它仍然是断断续续的(sporadic),丝毫不像口述文化的职业创作者必须服膺的那种完全共同的约束。

视觉的构成规则

[221]鉴于这种从理论上对尚无文字时期的储存状况的分析,我们会想,什么样的理论才能恰当地适用于文字时代的储存状况?答案同古希腊语的发展状况有关,这是因为,无论人们认为书面语基于储存的目的彻底取代口语会在何时出现,只有在它出现之后,答案才会变得明朗起来。由于口语已经用字母加以表示,因此,它不仅呈现出一件有形的人工制品的状态,而且保留住了一个可以被听见的声音系统的状态。虽然口语在数量上遥遥领先,但是,它在

语言储存方面的优势却在逐渐消失：文献记录的出现以及对它的使用干扰了整体的文化格局，并且接管了受保存影响的口头交流的领域。人们可以熟记文献资料，但却不必如此；即便没有记住它，也无关痛痒。从理论上说，它是一类无人问津的言语，你想怎样使用它都可以。一千年以来的无文字状态引发的记忆上的独特压力不再起任何作用。当然，叙述重要观点的必要性消失了；同时，再也不用通过描述行为主体的以身作则来达到宣扬礼法和道德观的目的了。由此，纵情于记录各种观点便成为可能，其中的主语和宾语甚至可以是等闲之辈。就平等的意义而言，将主语和宾语联系起来的可能是这类动词，它们所表明的不是最终发生的各种行动或情形，而是由一个不受时间影响的逻辑建立起来的各种关系。尤其是，当动词 to be 基于上述目的而被用作系动词时，很可能获得了自主性。到目前为止，诗歌中的行为主体，当他们是这个人、那个人抑或拟人化之人的名字时，必须是具体的；而行为主体所频繁卷入的各种行为、事件或情况也同样是具体的：主词或谓词也就无须表示一般性概念了。

相反，被记录下来的话语（Documented discourse）就无须表达具体事物了。当然，它或许会依然如此，但是它能够容许某种事物在数量上的不断增加，这种可以在口头上保存但在言辞中不能保存的事物，即各种观点可以（1）表述为一种普遍的而非特殊的"事实"，同时可以（2）将记录下来的话语表述为一种原则而非一个事件——也就是说，声称某种事物总是如此这般，而不是声称某种事物完成或出现了，抑或准备就绪了。

抽象概念的完整句法

在柏拉图的哲学中，这些语言学的目标已经实现了。它们似乎在不经意间被纳入论辩的句法中，[222]而没有引起有素养的读者群体的注意,此类读者群体常常将它们用于群体本身的交谈中。从下面的例子可以看出,"正义"——这一赫西俄德所开创的话题——如何在柏拉图专门讨论正义的文本《王制》(331c1 及其以下)中展开:

> 克法洛斯,你说得很好。现在,让我们仔细考察这个(事物),即正义(dikaiosunē):我们能否说它就是说实话(are we to say that it is truthfulness),毫无疑问,还有归还从别人那里拿来的东西呢?这样做会不会有时公正(or are these very[things]to be done sometimes justly),有时则不公正?

这样一种将正义定义为说实话的句法符合三重性的要求:主词是完全非人称的;它带着一个同样如此的谓词;连系动词变成了系动词;然而,一个动作的不定式被补充为第二谓词。在另一项选择中,动词 to be 被用来连接一个中性代名词以及一个第二谓词不定式。通常情况下,我们认为这些是柏拉图论辩文体(argumentative text)的典型特征。

以相同的方式,当游叙弗伦(Euthyphro)——在以其名字命名的对话录中——与作为论辩主旨的"虔诚"面对面时,他做了如下的叙述(《游叙弗伦》,5c–d):

> 现在,我恳请你告诉我,你刚才坚持认为你完全知道:你觉得,在过失杀人等案件中,虔诚是什么(东西),而不虔诚又是什么。很明显,一切虔诚的行为与自身完全一样;而不虔诚的行为则同虔诚的行为完全相反,它是某种常常与自身相似的事物,它拥有一种和不虔诚完全相一致的具体的理念(idea),无论它显得多么的不虔诚。

这个特别的例子被阐述得更加专业,作者使用了大量的单数中性词来表达抽象概念。而它的助益在于提供了这样一个早期的例证,即在哲学语境中使用型相(shape)这个词,并将其视为成熟的柏拉图哲学中的专门术语。人们不可能完全忽视这样一种可能性,即当前对它的提及就是为了体现在书面语中的型相(下文章十九)。尽管如此(关于它的使用问题涉及一种不同的文本解读),上面的一段不仅清晰地展示了那种对教谕式论证适用并且不可或缺的句法,而且阐明了对建立在如下句法之上的苏格拉底式诘问法的由衷依赖:主词必须是非人称性的,动词必须采用系动词的形式,而谓词也必须是非人称性的。

[223]把柏拉图视为此种句法在其完整形式中之不可或缺性的发现者——并因此认为是他将此种句法写入书中,从而使语言学的发展不受口头储存式的句法的束缚——是省事的,但是,从一位大约在柏拉图开始写作时恰好完成其著作的年长作者的文本中举出类似的征兆(symptoms)也不失为好办法。修昔底德就是这样一位历史学家,他的叙事意图并非想要改变传统的口语句法。可是,只要我们想一想他在叙事中穿插的演说辞中的主语和宾语,就会发现,其中的演说绝大部分都是分析性的,并且,这些演说辞采用了一种出了名的抽象的论辩风格。然而,值得注意的是,此种句法通常难以达到抽象的程度,因为此种抽象要求主词、系动词以及谓词在一种纯粹理论化的表述中结合在一起,并且,它也难以完成各种接近上述标准的表述,因为这样的表述相对稀少。例如,当阿凯劳斯(Archelaus)王劝告斯巴达人小心谨慎时,使用了如下的表达(修昔底德,1.83.1-2):

> 没有一个人认为因人数众多而不愿进攻一个孤零零的城邦就是(is)怯懦(anandria)。因为我们的对手也有盟友,而且这些盟友还要向其纳贡;战争与其说是一项武备,不如说是(is)财力的(事务),因为财力使得武备有效。

第一个分句用系动词和一个非人称的谓词来界定主词,但主词描述的却是一种具体的情况;而第三个分句则用系动词将两个相似的具体情况连接在一起。或者,再举一例,当狄奥多图(Diodotus)在雅典公民大会上提出一个相似的告诫时,他说(修昔底德,3.42.1-2):

> 我认为有(there are)两样(东西)和良好的建议强烈冲突,那就是草率和愤怒;因为匆忙常常同缺乏判断力相连,而愤怒则是缺乏教养以及不明智的表现。

第一个分句满足了所有三种要求(在修昔底德的著作中,这是一个相对少见的现象);而第二句则描述了两种活动,其主词是非人称的。

在这一点上,我已经避免了仅仅来自精确的抽象名词的诱惑,这些抽象名词本身足以表示一种理论上的句法,同时,我也避免将这些名词视作"各种概念"的象征。应当强调的是,如果完整的"概念性"适合用来描述非叙事性的句法的话,那么它并不依赖于本身被视作一种现象的单个词语(single words),而是依赖于它们[224]彼此存在的一种特定关系;在各种观点的表述中,它们或者通过系动词、或者通过一个同义词联系起来。古希腊语中的抽象主义以及概念主义的发展不能仅仅凭借词典、索引和术语表③来追溯,尽管这样的做法已十分普遍。同"正义"或"竞争",抑或"战争"或"和平"一样,单个词语被归为"抽象概念",它们能被轻易地拟人化,反之亦然。需要考虑的问题是,人类的智力有能力创造和操纵与特定叙述相对的理论叙述,同时又能够用一种施事句法(performative syntax)代替逻辑句法。

---

③ 参奥斯特瓦尔德关于他所谓的"语义学"方法的优势的敏锐洞见(页10):"它的特征是,它从特定的语境中进行归纳,在这样的语境中,两个术语[即 thesmos 和 nomos]的每一个都被找出来,为的是界定它们在古希腊思想和行动的不同领域中的不同用法。"

耳朵与眼睛

　　哲学词汇的诞生和提炼通常被视为一种独一无二的智力现象：其成因可以从人类的理智能力中寻求。难道真的是由储存环境这种仅仅来自外部的变化造成的，因为语言的记录使得思维习惯发生了根本性的改变？我们难以肯定地证明，书写——在有读写能力的社会中普遍存在的现象——与抽象思维的使用存在一种直接的关联。④ 因为很明显，抽象思维在交谈中是可以通过口头表达出来的。但是，在口头保存的言辞中，抽象思维不受待见是不争的事实。那么，当言辞被书写下来后，在言辞的认知过程中加入了何种新的积极要素呢？答案是身体的要素。自古以来，言语（Words）都通过声音在空气中持存，并只遵从于听觉规则，现在同样呈现为写在纸面上的型相，故而也遵从于视觉规则。虽然大脑制定了所有的认知规则，但是它却利用多方面的感觉获得认知。在尚无文字的条件下，语言的认知——属于正在被讨论的东西——依赖于耳朵。它的产品则依赖于舌头。而在有读写能力的时代，视觉规则（或习惯）是在认知能力与制造能力方面对听觉规则的补充。当为了储存的目的而产生此种变化时，它所带来的各种重要影响使自身成为语言的驾驭者——因为语言具有一种知识成分，因此，无论它是法律的、文学的、哲学的、宗教的，或专业的，都对相关文化中的生活事务有用。

---

　　④ "由于此种思维能够反映自身的各种思想以及其他人的诸种意见，因此它可以仅仅借助读、写的刺激加以发展。"理查兹：《阅读的前景》，页 2。那些想起这同一位作者的《文学评论之诸原则》（*Principles of Literary Criticism*）一书的人将会承认，在本章中有一场论辩被长期搁置并最终归于那项创举。亦参古蒂：《蒙昧思想的驯化》，页 112–162。

　　另一方面,尽管在尚无文字的社会中视觉不用作语言学的目的,它却仍然具备了一种制作人工制品的储存功能,因为它帮助人们记住那些在古代文化中使用和重复使用的人工制品的外形——而通过连续不断的制造,这些人工制品[225]同样为制造行为提供了连续性和结构性。⑤ 这种情况尤其适用于建筑风格,它为任何特定的共同体提供了宗教的与世俗的,以及公共的与私人的各种风格。建筑风格或许没什么了不起,但在早期城邦中,诸如街道、集市、庭院、门廊、屋舍、房顶,以及灶台的轮廓,甚至是神庙和议事庭、观众席(在户外)与赛马场、港口与码头(建筑的所在地)的外形——当人们使用它们时,说得更确切些,当人们留意到它们时——都具有指引行为的作用。社会的礼法和道德观乃是一种生活方式,除被记录和保存于人造言语中的以外,此种生活方式将自身植根于眼睛能够看得见的结构中,由此,眼睛便可以为耳朵充当一种补充性的存储工具。

　　由于储存性质的言语变成了一种人工制品,因此,只要喜欢,眼睛就可以观察建筑的预期效果(expectations),长久以来它已经习惯于此了。而语言,在它使自身具有可读性时,就变成了一种服从于结构性——或"几何式",倘若此词更受欢迎的话——安排的物质材料。这就意味着重新整理,因为,鉴于对口头记忆的早期需要已经促成了听觉规则所支配的各种结果,那么现在,通过由形状规则提出的安排,它或许能够补充上述结果。如果一个过程在心理上稍显微妙并且处在有意识的目的之下,那么,对其加以规定就会是一种枯燥的理论方式。一直以来,眼睛与耳朵就是搭档,前者并未取代后者。

---

　　⑤ "绝大多数信息是一种文化的遗产,被储存于有形的物体中……环境不是一种自然事物,它是一系列相互关联的感受,一种文化的产物。"里奇:《文化与社会凝聚力》,页25。

名称的选择

助记需求(the mnemonic requirement)的提升,使得充当主语的非行为主体的选择在理论上变得更加容易。然而,如果不是与建筑相关的以及善于发现的眼睛,那么,何种感觉,或者说何种本能将会使自身积极地把握这样一种机会呢？在通过口述加以保存的存储机制中,行为主体通常可以凭借它们的名称加以辨识。这种新的可能性就是对非人称的名字——我们说它们仅仅是"一些名词"——的使用。一个说教式的创作者将会特别关注这样一些名词,它们的名称尤其与礼法以及道德观相关;它们将会成为行为的名称。⑥ 这些名词会不经意地贯穿于叙事文中;它们常常以格言和道德准则的方式出现。通过挑选、收集与教谕目的相关的非行为主体的名称,与建筑有关的眼睛能够打量当前呈现出的计划(the script),以便使它们成为新的"故事"中的主体,从而向人们讲述礼法和道德观。

[226]创作者必须从某个地方开始,而史诗的存储就成了这唯一的出发点,因为它现在变得可见了。由此,它成为适宜于创作的唯一素材。创作者首先会收集那些"与建筑有关的"名称,这些名称将被纳入以神话方式出现的各种行为、事件或环境中。而他的眼睛会将与一个特定名称相关的论述组合在一起;通过此种方式组合起来的一系列行动将会反映出行动者此前所处的背景。

---

⑥ 尼采说"名称就是首先使一件事物显现的东西"。克劳斯(Claus)在《〈劳作与时日〉中起决定性作用的道德术语》(*Defining Moral Terms in Works and Days*)一文中留意到赫西俄德是如何渴望"促成对在主题上有意义的词语的使用以一种富有想象力的回应",一个特别的例子就是"对 dike 令人费解的运用"。

作为原初有读写能力的诗人

至此,如果人们认为上述理论可以接受的话,那么,我将继续用它来解释赫西俄德诗歌中的独特之处。这些独特之处可以被视为原初文化(proto‐literate)的创作过程的各种征兆,其中的一个征兆就是,已经感到有必要从叙事体的压力中摆脱出来,以便自由地,或更加自由地挑选非人称代名词作为叙述的主语;而另一个征兆是,尚未掌握这种新的句法关系,就叙述本身的连贯性而言,这种句法关系又是必不可少的:某种程度上,至少可以说,虽然叙事顺序的规则被抛弃了,但逻辑顺序的规则还未被发现。如果我们将赫西俄德的创作技法看成开启了从口语到书面语的转变,那么,这种技法也就变得一目了然。

讨论正义的诗歌构成了整部著作的一个部分,虽然,整部著作从来没有讲述一个简明扼要的故事,但是,它却就如下的主题展开了一系列评论,它们分别是:竞争与不和、劳作、财富、家庭、战争与和平、邪恶与美德、劝告,以及尊重。这些主题将自身看成那些在诗歌中使用以及重复使用的具体名称。更加普遍的是,诗人将这些活动描述为诸如耕种、贸易、航行、建造等相似的行为,并通过格言来展现它们,而它们则将自身与适合于它们的主题联系在一起。在《荷马史诗》的背景中,我们发现了大部分主题和格言的灵感来源;而其他的主题和格言很大程度上源自口语库,除史诗以外,它还囊括了某位专业人士或手工艺者的诗作,譬如历法表。如此呈现出的整体效果是五花八门的:口述诗歌具有的平滑的结合技巧似乎并不起作用。因此,如下的说法似乎更为可信,即这表现为聚焦性的(collecting)眼睛而非关联性的(associative)耳朵的作用。

在第一章中,我们曾指出,当我们试图去理解口述诗歌时,文化以及文体上的词汇通常会将自身强加给我们,它要求我们使用识文断字的隐喻(literate metaphor)指代一种尚无文字的进程。诸如"主题"、"结构"、"型式"、"纲要",甚至"布局"这些术语[227]本身就暗示着,语言是在视觉上而非在听觉上被安排的,它甚至可以在纸面上被触摸和拿捏,好像我们正在盯着外形轮廓看,而不是在聆听着回声、谐音以及不谐之音。正是因为赫西俄德,诸多识文断字的隐喻才已准备妥当:就我们而言,真正的"创作"时代已经开启,然而,其开端更多是尝试性的。

正义的名称⑦

在各种各样的大杂烩中,讨论正义的诗歌尤为突出,它成为以一个单独名称为中心的创作中唯一一个并且最条分缕析的范本。它的全神贯注使它成为一个可以获得的完整示例,这个示例揭示出,原初文化的创作规则在承担了教谕目的时将如何运作,以及创作所使用的方法。为了简明扼要,从而对如下两个方面进行概括性的陈述,在他身处的社会中,礼法和道德观"实际上是"什么,以及那些在早期城邦中调整恰当行为的规则可能是什么,赫西俄德选择了 dikē 这一名称,并且打算写一首关于它或她的诗。他的选择不是随意和出于私人目的的;因为这样的选择延续了储存式史诗的教谕功能,如今,这类史诗以可见的形式更加明确地使教谕功能的延续变得可能。礼法和道德观并非他随心所欲创造出来的。唯一可供他挑选合适素材的地方就是口头上人为创造的语言的飞地,而那些素材早已存在其中了。所以,他本能地选择一个"名字",这个"名字"正是两首史诗共同的主题。同口述时代的共同体中的任何一位成员一样,赫西俄德"牢牢记住了"这个名字,顺便说一句,它在两篇绝妙的故事——文化杰作——中被提及。《伊利亚特》讲述了一

---

⑦ 比较第十五章注释 12。

类"正义"如何遭到破坏并得以恢复,以及行正义的方式和途径;而《奥德赛》则讲述了残暴之人如何成为公正之人的对立面,以及他们在特定的危险环境中各自有着何种表现。赫西俄德将《伊利亚特》与《奥德赛》中的两种正义编织在一起,从而创作了他自己的有关正义的故事。他的做法是,用 dikē[正义]以及 hubris[暴行],而不是阿伽门农、阿基琉斯以及奥德修斯,作为其论述的主语和宾语。但是,对口头记忆而言,回想起阿伽门农或阿基琉斯做了什么,或者在他们身上发生了什么将是轻而易举的事——因为他们是故事中的鲜明的行为主体或"角色",并且他们的名字被反复提及——所以,dikē[正义]与 hubris[暴行]的名字以及相关的术语全都深深地植根于口语发展的社会环境中。依赖口头记忆不仅为了回忆,而且为了收集发生在他们身上的事,这会超出现有的容量。但是,之所以将故事中的语言文字以[228]可见的方式摆在眼前,目的在于,使叙述的流畅性更具吸引力,并让词语变成固定的型态,同时使挑选和收集到的故事的进程得以展开。

被拼音化的荷马

帕里(Parry)、罗德(Lord)及其追随者们定义了口述诗歌的总体类型,但是,赫西俄德所运用的格律(明显不同于道德)原则显然不同意将他的诗歌归为此类。人们通常认为,赫西俄德是一位作家,尽管这只是说他将早已"经荷马"构思过的东西记录下来。但是,我的观点会更进一步,即他的成就不仅凭借他的写作能力,而且凭借其阅读能力,同时他著作中的关键部分——尽管要参与他自己的文本的编排、组织工作中——同样把注意力放到了荷马的文本中。我们不能够确定,这就是我们现在拥有的两部史诗的完本。但是,他的做法又迫使我们得出如下的结论,要么在他开始从事吟游诗人的职业时——他曾对这项职业感到由衷的自豪——要么在此前的某个时期,其时,《伊利亚特》以及《奥德赛》中的大部分都见诸文字了。莎草纸(要不就是羊皮纸,但耗资巨大)⑧在当时虽然数量有限,却也开始流通,所以,赫西俄德有条件使用它们。声音,这条奔流不息的大河已经被阻塞,也可以说被封冻了。

通常,我们谈到这些口述作品是由于它们在某个时期被写下来了。这种书写(putting it)的方式描述了一项工作,在现代到处都具备读写能力的条件下,这项工作每一小时就会出现上万次。而最初,它的情况与现在相当不同;在欧洲历史上,它的出现犹如晴天霹雳,我们对熟悉事物的偏好已经转向书桌上纸张的沙沙作响。这是一场文化上的入侵,具有强有力的以及某些人所谓的破坏性的影响。无疑,它使口述的生活方式和口述的思维模式产生了动摇。这是一种极端的叙述方式,用来夸大我们自身的事实。我们,作为识字的人,作为有着 2500 多年书面语经验的继承人,对书写首次进入希腊时的环境已经非常陌生了,相当多的想象力耗费在去理解当时的环境如何,耗费在它们以何种方式影响了这件事的发生,以及从长远看,存在着什么样的结果之上。可以这样说,对《荷马史诗》的拼音化做法掀起了一项削弱"口头表达"(orality)⑨的进程,这项进程在欧洲历经了好几个世纪,最终,我们的现代文化开始[229]放任口头方式与读写方式在表达、体验和生活三个方面的分裂。

语言的声调与词语的形态

如果正义真的是最好的词,那么赫西俄德的正义形象就是一种

---

⑧　杰弗里:《荷马史诗指南》,页 556 – 557。

⑨　在古希腊,这是渐进的(哈夫洛克:《希腊人的前文字状态》[*Prelitera-cy of the Greeks*]),而非一种快速的和完全的转变,因为这将导致由基尔克所设想的口头创作品质的急速衰微。

不均衡的合作关系的成果,这是耳朵与眼睛,以及记忆力与视力之间的一种关系。有时,《劳作与时令》的结构明显是听觉式的。人们很难指出声调的关联让位于形态的结构的确切位置。Dikē 既是一种声调,也是一种形态:在一个形态重塑了另一个相对称的形态时,声调借着诗歌前行。偶尔,声调占据了优势,将希腊语变成一种俏皮话,如行 270 – 272 的 dikaios(正义之人)……dikaion(正义之事)……dikēn(正义)……adikōteros(最不义之人),或行 243 的 limos(饥荒)、loimos(瘟疫)、laoi(子民)。总体的结构是口述的,这是从它采用一种修辞的图示化意义上而言的。在这种图式化中存在着三次活动,第一次由"佩尔塞斯啊,我恳求你"这样的惯用语句引入,第二次是由"王侯啊,我恳求你们"引入,而第三次则是对第一次惯用语句的重复。如此,构成了环形的布局风格。在这首诗做出总结时,惯用语句上的变化标志着转向新的主题:"我提醒过你,最愚蠢的佩尔塞斯。"(286)在上述段落中,作者使用了共鸣与叠韵(assonance)。公正之人的奖赏与残暴之人的不幸以如下的方式串联在一起,首先是一组含有引导性关联词的对称音调:"他们……他们;他们……他们(they who…for them;they who…for them)"(225 – 227 以及 238 – 239);其次是"预示战争"和"预示正义"(229、239)的宙斯;最后是"劳作(given works)"和"行事(given to works)"(231、238)。我们看到,这些段落的展开自然、流畅,而上述的各种串联也同样如此。这些诗行(verse)似乎服从口语的支配,而在诗歌的其他地方则很难发现相同的情况。在第二段的结尾处提到了宙斯的"考量"(considerations),这个名词似乎促成了呼吁王侯们"仔细思量"(consider deeply)的转换以及接下来"洞察一切"(consider all)的不朽者形象的转换(245、248、250)。行 285 的"真实的誓言"迅速回应了行 282 出现的"虚假的誓言";同时,活下的"一代"则回应了逝去的"一代"(284 – 285)。

因此,在创作过程中,耳朵成为眼睛的伙伴和向导。耳朵占据着主导地位,在赫西俄德对两部整体性史诗的各种情节的记忆中,这种情况或许最为明显,因为,正是这些情节使他辨识出有关正义以及正义之人的主题,[230]更确切地说是角色,无论它们有多么模糊隐晦,在神话中,这些角色以不同的方式逐渐展开。无须仔细阅读莎草纸,他就可以将它们作为其故事的主题。当赫西俄德将它们记住并收集起来后,史诗本身就使它们为其文化观提供了补充。

无论如何,在收集素材以便创作一首诗歌的实际过程中,只要出现了段落与段落间在过渡上的不自然、不连贯(好像这些段落是从不同的语境中随意截取的碎片,通过口述方式,它们以一种新的序列被置于这些语境中,而序列的安排则依赖于相同的词语形态在视觉上的重复),不管多么"合适",人们都会禁不住说眼睛比耳朵更重要。

意义场域

现在,让我们回到对语言学上的或言语上的"自由"的看法上。作为一名读者、一位原初的学养之士,赫西俄德获得了这样的"自由",但他没有必要完全依赖口头记忆以及听觉关联,因为这些只不过是按照关联性的次序表达观点的方法。那么,他取得了何种成就,这些成就又有着怎样的局限性?他首先做的就是,通过确定一个关键的"名称"或者说"正义"以及"公正之人"这两个"名称",将礼法和道德观从它们的叙述容器中分离出来,同时,将它们出现的情况汇集在一起。在荷马那里,正义是一个非人称代名词,要么是单数,要么是复数,它象征一种或多种法律程序,或者(同公正之人和公正之事相关)象征一种(《奥德赛》里的)慷慨仁厚与爱好和平的行为模式。而在编织这类象征性的故事时,赫西俄德未能持续地把它作为一个非人称代名词加以处理。虽然,在他的诗文中,它要么以单数、要么以复数的形式呈现。⑩但是,正如在叙事诗的那条令人难忘的格言中,"它"常常变成了"她":一个行为主体,起着主语或宾语的作用。无论是非人称的还是一位女人,"它"抑或"她"被要求扮演相反的角色:正义得到了维护,也同样遭到了滥用;正义是强有力的,但也是无力的。

当一个词被用于各种不同的情况时,人们很容易将它看成古希腊人词汇量有限的一个例证,而解决这个问题的方法则是,提供多种译法以便适应语境——就好像这是同音异义的一个精彩实例,譬如,词语"suit"可以适用于一纸诉状或一身行头,抑或词语"sentence"意味着一个语法单位或一项司法上的处罚。因此,赫西俄德著作的洛布版对 dikē 的单数形式有"权利"、"正义"、"惩罚"等不同的译法;复数形式则统一译为"审判"。[231]而在企鹅版中,dike 的意思更加宽泛,单数形式的译法有"权利"、"正义"、"裁决"、"惩罚"以及"法律";复数形式则译为"审判"和"法律诉讼",要不然就是加以意译。而形容词 dikaios 和 adikos 则被分别表示成"一位诚实之人"、"一位正义之人"以及"一名重刑犯"。

人们或许会称赞此种译法的灵活性,翻译的风格也一直在"改善"。随着翻译适应于词语所处的不同语境,六音步诗行之间的分离问题得到了解决。然而,在这样的做法下,诗人的意图以及为实现意图过程中的艰辛被遮蔽了。事实上,他设法明确一个"意义场域";当然,他不是在把玩一种已被通晓定义的才智(the resources of literate definition)划定了坚固边界的概念。实际上,用各式各样的术语代替那唯一令赫西俄德着迷的术语就等于破坏了他的主题,同时,也就等于遮蔽了他将其运用到史诗的诸多场合上的一体化行为,从这些场合中,他提炼出论述的新"主语"。在口语中,声音是意义的征兆。如果一种声音像一段副歌那样不断重复,那么,如果副歌部分被模仿了,它的效果就会通过另一种语言最如实地表达出

---

⑩　[译按]意指正义有时仍然是非人称代名词的"它"。

来。在英语中，"权利（right）"这个词，包括其复数形式"诸种权利"以及形容词"合法的"、"公正的"、"不公正的"，能够起到几分这样的效果。"权利"的各种不同用法可以追溯到尚无文字时期的英语的习惯用法中。假如使用了定冠词，那么，"正当（the right）"就代表着一种抽象原则，同时也意指与"错误（wrong）"相对的"正确（right）"。如果将其复数化，那么，我们就使得一种场合中有着"诸种正确（rights）"与"诸种错误（wrongs）"，这些是更加具体的表述，同样如此的还有"国王的那项神圣权利"，它表明国王所独自支配的权威的来源。同样在复数形式中，说"我的各种权利"，就是表明对于个体或团体有各种权利上的要求，仿佛这些权利是部分所有物；而一件法律诉讼案的"权利"则用论辩的和规定的口头方式象征那些主张。作为形容词，"right"或者表示正确性——"这是正确的行走路线"——或者表示得体——"在如此的环境中，说这样的话才是正确的"；作为一个副词，这个词描述了沿着笔直方向的运动——"径直地走下去"；同时，它也指明与左手相对的"右手"，当然，这或许只是一项基本含义。

古希腊语 dikē 及其关联词扮演了各种相似的象征功能，赫西俄德正打算将它们纳入他的"意义场域"。⑪ 这个领域已经为一棵概念之树的后期发展做好了准备，而柏拉图则用他最一流的著作对其加以界定和说明。这棵树的名字变成了［232］dikaiosunē，一个仍然可以译作"正义"或"正当"的概念。

然而，诗人的意图无疑落空了。将这些片语（sequences）组合在

---

⑪　维拉莫维茨对《劳作与时令》行 217 处的注释如下："Dikē，当她战胜暴行时是权利和正义，而在其 *exelthousa*［出场］时则是诉讼。如下的说法是恰当的，在尚未形成词义固定的亚里士多德式的逻辑之前，dikē 的词义间的差别便被忽略了（Dikē，die ueber die *hubris* siegt, ist Recht und Gerechtigkeit, in *exelthousa* ist es der Rechtshandel。Es gehoert sich, dass die noch nicht zu aristotelisher Fixierung der Wortbedeutung erzogene Logik den Unterschied uebersieht）。"基于不同的视角，斯坦福（Stanford）观察到了同样的现象。

一起的创作方式或许只是一种整合行为,但是仅仅处在萌芽时期,因为它们之间存在着极为明显的不连贯。一方面,就人物的行为应当保持一致而言,缺乏叙事的连贯性;另一方面,就议论文中的术语应当保持固定的含义而言,又缺乏逻辑上的统一性。理由在于,尽管赫西俄德构建了柏拉图式命题句法的第一个术语,但是第二和第三个术语则被完全遗漏了。我们没有得到一个可以用来解释正义的非人称谓词,也从来没有人告诉我们正义"是"某种东西或别的东西,我们只是被告之她或它正在做什么或者正在被如何做,或者公正之人正在做什么或被禁止做什么。作为最初有读写能力之人,赫西俄德的名号也只是原初概念上的。撇开特定情况中对正义的使用不论,作为精确和详尽定义的原则,正义尚未使她自己登上古希腊人感受的舞台;她正伫立前厅,静候着一位更富学养之人的援手,而非时下唾手可得的援助。

第十三章　动词 to be 早期史

[233]"正义是不是真理?"这一柏拉图式的问题过去常常作为《王制》论证的开头,这个问题具有诱人的简明性,它揭示了如下的事实,即为了使用此种语言风格,必须满足某种逻辑上的(我更倾向于说句法上的)要求。不仅主词和谓词全都抛弃了个性以及独特性,而且连接两者的动词必须被赋予这样的功能,它不是指代一种行为或事件,而是指代一种同时是逻辑的和静止的关系,或者如柏拉图所言,一种"稳定的"(immovable)关系。我们已经看到了如下的迹象,荷马与赫西俄德的诗歌都没有能力以它的"柏拉图式的"形式来阐明这样一种表述,这不仅仅是由于它是诗歌,而是因为它是用来满足记忆言辞的句法所要求的口述诗歌。赫西俄德可以说正义做了什么,人们又对它做了什么,却不能说它是什么。使其话题化的努力实现了,到目前为止还算不错。然而,解释性的工作才刚刚开始。那些赞同上述情况对于表达正义的诗歌同样适用的人们或许会坚持认为,古希腊语——甚至赫西俄德时期的希腊语——能够表达一件事物"是"什么,只要它想的话;但只有 dikē——一个格外难解的事例——没有受到过这样的待遇。他们会争辩说,迄今所引述的柏拉图的典型例证仅仅适用于动词 to be 的用法[234],而并非代表系动词的用法,因为系动词的惯常用法是将一个具体的主词和一个一般性的谓词联系起来:"那所房子是庞大的";"那匹马是跛的";"希腊人是我们的敌人"。难道这样的表述不是平淡无奇的语言?无疑,柏拉图哲学花费了大量精力来探究它们的逻辑结构。作为一个动词,to be 具有如下的功能,即它明确或否定了本体,抑或它界定或赋予了绝对的存在,然而,相信柏拉图使动词 to be

的功能合理化了是一回事;相反,如果我认为,在柏拉图之前古希腊语就必须"学会"如何进行这样的表述:即口头语言发现做出此类表述极为困难——想必也不大可能,因为口头语言依赖于一个人对惯用语的看法——并且,在柏拉图哲学对此类表述加以研究并加速了它们的使用时,它们仅仅是言语的通常用法的一部分,那么,这似乎就是另外一回事了。对于这样的问题,研究者们认为,古希腊人保存了希腊语动词 einai[是]的"方位格"用法以及"有关存在的(existential)"用法,但是,认为系动词才是其最初的以及首要的用法似乎已是一项常识。①

那么,在荷马那里,einai[是]又有着何种表现呢? 无疑,它十分普遍。《伊利亚特》卷一就包含了它的 57 种表达,我们将用它们作

---

① 此处所采纳的有关古风时期希腊语中 einai 的表现形式的观点,虽然不同于卡恩(Kahn)在《古希腊语中的动词"存在"》(*The Verb "Be" in Ancient Greek*)(一项开创性的研究,对相关的学术研究产生重要影响)一书中提出的观点,但却同 einai 以及表示"走"、"使……走"、"仁立"(在其他人中)这些希腊语动词之间在形态上的相似性保持一致,同时与"eimi 及其含义在形式上毫无疑问都是动词"(卡恩,页 9)这一事实相一致。它赞同吉尔松(Gilson)在《存在与本质》(*L' être et l' essence*)一书中表达的如下观点,"人们说它存在,它就存在,或者,它没有被说出的部分也同样存在(que l' on dise il est,il existe,ou il y a,le sens reste le même)",尽管我对此种语言学现象的起因的观点是技术上的而非本体论上的。我的根本理由是,"X 是这件事的状态"(卡恩称其为"诚实的",页 23 以及章 7)或"X 是一个如此这般的事"的此类"系词"表达直到(苏格拉底的?)辩证法使它们呈现为此时才成为一种语言上的惯例状态。与之相反的假设是,回到前柏拉图的文本中去理解一种事物的状态,但我相信那里并没有这种状态。因此,卡恩的分类与我本人有着较大的差异:(1)我对 einai 在特定情况中的意义的评价受其在一个延展语境中的位置的影响;(2)一旦考虑到这一点,那么,首次(意指"字面上的"所见)出现系动词的大量事例将呈现为在空间、时间或状态中的"在场(being present)"的表述;(3)荷马以及古风时期作家的惯用法不能从后古风时期(postarchaic),尤其是公元前 4 世纪的作家那里得到可靠的印证。在此种语义学的处理背景中,重读(accentuation)的问题(在卡恩一书的附录 A 中有所涉及)失去了意义。

为示例说明,因为,和其他各卷的表达相比,这一卷包含了更多的论证和较少的情节。

Einai[是]的听觉意义

我们将讨论口述记忆式语言,并因此讨论它的听觉效果。研究荷马以及英语关于动词 to be 的表达之间的根本区别意义重大。am、is、are、was、were,以及 be 都是平淡的单音节词,人们通常几乎不加注意而疏于听见;它们已经成为便利的连接词,除非为了修辞学或哲学的特殊目的,我们将它们如此安排以便用一种独特的重音来读它们:"存在抑或不存在,那就是问题(To be or not to be,that is the question)。"除非在逻辑学家或形而上学者之间展开的论述范围内,否则,如此意味深长的用法实属罕见。

在荷马那里,动词的绝大部分形式是双音节、三音节,或者多音节的,在诗行中,它们都具有相应的韵律。对于正在谈及的事物,它们的音调则是一个重要的组成部分。例外的情况是现在时直陈式第二人称单数的 ei,以及过去时第一和[235]第三人称单数的 ēn,这要视方言而定。在《伊利亚特》卷一中,它们都没有出现,而英译者们发现,在卷一所描述的两位领袖之间愤怒的冲突中,"你是"(you are)、"他是"(he was)以及"我是"(I was)只是被很自然地插入的。在卷一中使用单数过去时的两个例子中(《伊利亚特》,381及593),它倾向于 ēnn 这一"史诗般宏大的"拖长形式(lengthened form),这为诗行提供了最后的音步,使其收尾更加完整。荷马极少使用单音节的 ēn(等于 was)来表达,例如"它很艰难地前行"(it went hard for),此处的副词和动词结合在一起形成了一种加重语气的韵律。同样值得注意的是,如果使用第二人称单数 ei,那么,通过加上一个辅音字母使其变成 eis 或 essi 可能更受荷马耳朵的欢迎。与 is 和 are、was、were 以及 be 不同(包括现代欧洲语言中的许多对应词),当单音节形式出现时,它们总是很长,并且具有相应的韵律。

认为拟声词(onomatopoeia)应当在对口述诗歌中 eimi 之作用的认识中扮演重要角色并非毫无意义。② 如果我们注意到荷马诗歌中这样一种奇特的趋势,那就能够说明上述情况,这个趋势是,动词的形式以两个、三个或者四个一组的形式同时出现。卷一提供了如下各种例证,待会儿,我将遵循惯例用动词 to be 来翻译这些例子:

1. 阿基琉斯召集聚会,先知卡尔卡斯(Calchas)起身说话:

　　70 他知晓一切事物,现在的、将来的以及过去的(eonta,es-somena,pro – eonta)。

2. 阿伽门农对阿基琉斯说:你可以回家,这与我无关:

　　176 你是最可恨的(echthistos essi)……
　　178 纵使你十分勇毅(karteros essi)……[在 280 行重复,见下文]

3. 雅典娜阻止阿基琉斯戕害阿伽门农:

　　211 指责他,告诉他事情将会是(essetai)如何,
　　212 我据此宣称,此事将会成为(esetai)现实。
　　213 有朝一日,将会有三倍的礼物出现在(paressetai)你面前。

4. 阿基琉斯谴责阿伽门农不敢与敌正面对决:

---

②　除非人们拒绝此种观点,否则这样的情况贯穿于本书中(我认为绝大多数语言学方面的专业人士都会拒绝这一观点),在一个完全口语化的文化背景中,当语言在听觉上被使用和记住时,语言将起到指示性的功能,不同于被习惯性地看见和浏览的语言。

[236]228 于你而言,那件事似乎就是(einai)与死亡无异。

229 哦,一点没错,最好还是[esti]和希腊军队待在一起……

5. 奈斯托尔试图仲裁阿基琉斯与阿伽门农之间的分歧,他对前者说:

280 纵然你是(essi)勇毅的……

281 然而他是(estin)更有权威的……

6. 赫拉抱怨宙斯与忒提斯密谋:

541 你永远乐于此道,那就是(estin eonata)背着我密谋。

7. 宙斯作答,并告诫赫拉不要期望分享他的所有谈话:

546 它们对你而言将是(esontai)难懂的,尽管你是(eousēi)我的妻子。

8. 恼怒的宙斯威胁赫拉道:

562 愈加远离我的内心。

563 你若是(eseai)如此,将会是(estai)令人讨厌的;

564 如果它真是(estin)如此,也是因为我希望它成为(einai)这样。

9. 赫淮斯托斯试图劝和他的双亲:

573 这将是(essetai)糟糕透顶的事,令人难以忍受……

575 再也没有愉快的盛宴,

576 也将(essetai)没有任何欢乐。

10. 赫淮斯托斯想起了他父亲暴虐的脾气：

581 他的权威是(estin)超绝的；
582 你同他交谈时必须语带温和；
583 如此,奥林波斯之神对我们才将是(essetai)和善的。

如上的分组是偶然的吗？在 57 个表述中,它们共有 24 种用法。它们共占据了卷一 661 行诗句中的 21 行。简言之,一旦这些分组被单独考虑和研究它们就会变得很显眼。在例 1、6、7 中,动词在单独一行诗的范围内重复出现。例 8 中,它在两行诗中出现了 4 次。例 2、10 中,词语的重复由一整行诗隔开。在例 9 中,则被两行诗隔开,然而共鸣[237]原则(echo principle)似乎起着作用。在例 2 和 9 中,essi 以及 essetai 重复出现了(例 3 中亦是如此),例 10 中,estin…essetai 被用于相同的主词。

为什么要用拟声词作为支配这个特殊动词的方法？无疑,伴随着这个词略显双关的效果,这样一种重复的言下之意是,在动词的音调背后潜藏着一种含义,它不像英语的系动词那样是中性的和无关紧要的。实际上,在后面 9 个分组中,动词的表达效果通过敌对或恼怒的语境(例 2、4、6、8)或者真诚的、措辞强烈的警告(例 3、5、7、9、10)得以增强。人们几乎可以听到例 2 中用 essi…essi 表达仇恨时发出的嘶嘶声。那么,这个创作者的耳朵可以如此熟练使用的词语的含义究竟是什么呢？

作为在场的 Einai

某些情况下,einai 被一个副词或介词短语限定,从而指示方位,如果我们从观察这些例子着手,那将不仅省事,而且恰当。在仔细研究了其他所有的用法后,也许会呈现如下的可能性,即这种方位格的意义是首要的,它表明一种"在场":

63 实际上,梦源自宙斯存在本身(from – Zeus – presents – itself)［ek Dios esti］。

338 让他俩作为证人,站在诸神面前、人类面前以及君王面前(stand – in – presence – before – gods – before – men – before)［estōn pros theōn,等等］。

541b 你和我离得很远(you – staying – in – separation – from – me)［emeu aponosphin eonta］。

566 众神居住在奥林波斯山上(that – reside – on – Olympus)［eisi en Olumpōi］。

587 你在我眼中依然是亲爱的(dear – remaining – in – my – eyes),不忍看着你挨打［eousan en ophthalmois］。

在加上动词后,方位格的意义变得更加清楚:

213 有朝一日,三倍的礼物将会补偿给你(to – you – thrice – as – many – will – be – at – hand)［pote toi tris tossa paressetai:头韵将这样的惯用表达固定在一起］。

258 论深思熟虑、论战斗技巧,你们远在其他希腊人之上(above – the – Greeks – prevail)［peri⋯Danaōn,peri d'este⋯］。

287 没错,但是这个家伙想要凌驾众人之上(above – all – others – to – prevail)［peri pantōn emmentai allōn］。

peri 的效果类似于俚语"完胜某人"(be all over somebody)。

593 我奄奄一息(breath – left – in)［moi enēen］。

[238]副词或介词短语被一个人称与格所代替,这是一种极为常见的情况。在文法学家的传统分类中,人称与格变成"所有物"、"利益"、"个人评价"的与格:即"行为主体"的与格。但是在《荷马史诗》中,它可以更加顺理成章地被解释成各种表达地点的方式,如在"近旁"、"在……的面前",或者"在……的眼前"。

107 你从来预言不幸的[讯息](evil[words]present – themselves – in – mind as – desirable – to – prophesy)[aei toi – kaka – esti – phila – phresi – manteuesthai,一个像 epē 这样的词在其中得到理解]。

153 对我而言他们是没有罪责的(not to – me – do – they – stand – accountable);他们从未劫掠过我的牛羊[ou ti moi aitioi eisin]。

176 所有神佑的王中,你是我最仇恨的(chief – enemy – you – stand – to – me)[echthistos moi essi]。

300 我的其他[战利品]正堆在快船边(of the other[prizes] to – me – are – lying – beside – swift – ship)[tōn allōn ha moi esti thoēi para nēi;与格和介词短语并存,参下文的 563a]。

321 他的两个手下……作为(stood as)……使者和机敏的帮手[tō – hoi – esan]。

325 要么他将她送还给我,要么我亲自去带走她,这的确会使他不快(to – him – indeed – unpleasant – will prove)[hoi rhigion estai]。

380 阿波罗听到他的祷告,因为他是阿波罗最钟爱者(to – him – very – dear – he – stood)[mala hoi philos ēen]。

546a 我的话对你而言将是难懂的(hard – to – you – will prove)[chalepoi – toi – esontai]。

563a 你将会远离我的内心(apart – from – my – heart – to – me – you – will – stand)[apo thumou…emoi eseai;与行 300 处一

样,与格同介词短语并存]。

563b 那 的 确 会 使 你 不 快 (which – to – you – indeed – un-pleasant – will – prove)［toi kai rhigion estai, 比较行 325］。

583 宙 斯 将 会 对 我 们 和 善 (propitious – will – prove – to – us)［essetai hēmin］。

兼有前缀和介词 epi（意指“在……上面”）,代替完整的 epesti（指“作为一个重担加上”）:

335 你 俩 对 我 没 有 罪 责 (not you on – me – rest – accounta-ble)［ou ti moi ummes epaitioi;行 153 处的变化形式,参上文］。

515 你 并 不 惧 怕 (not – on – you – lies – fear)［ou toi epi deos］。

作为身份的 Einai

当人们对荷马的 einai 的各种不同的谓词加以考察时,会些许诧异地发现,许多这样的谓词常常以比较级和最高级的方式指代等级或身份。如果它们构成了特别受重视的一类,那么,将此种用法视为从方位格向社会背景的扩展则是吸引人的,它表明了在其他的男人（和女人）之间的地位:主词 X 不仅“出现”在 Y 的面前、旁边或上面,而且是一种不超越 Y 或者超越 Y 的“扩展式的存在”,而这个 Y 也许是明确的,也许是不明确。在这样的背景下,einai 需要［239］译为如“处于(stand)”、“仍然是(remain)”,或“被看成是(con-stitute oneself)”,它获得了希腊语不及物动词 histanai 的相同效果。

91 此 人 现 自 诩 为 阿 开 奥 斯 人 中 最 杰 出 者 (greatest – of – the – Achaeans – claims – to – stand)［nun... aristos... euchetai

einai；谓词既包含了时间，也包含了身份地位]。

131 神样的阿基琉斯，别耍手腕，虽然你很杰出（great -standing）……[agathos per eōn]。

178 或许你是十分勇毅的（you may stand - strong），但无疑那是一位神明的恩赐[karteros essi]。

185 你或许知晓我比你更高一筹（I - stand - superior - over - you)[pherteros eimi]。

267 最勇毅的他们（most - strong - they - stood）曾与另一群最健壮者战斗[kartistoi esan]。

275 你，即便杰出（though - great - standing），亦不可从他那里带走那位女子[agathos per eōn；行131的重复使用]。

280 或许你是十分勇毅的（you may stand - strong），生养你的母亲亦是一位女神。

281 可他是上级（he superior - stands），因为他统治着更多人[karteros essi，此为行178的重复使用，还有pherteros estin]。

580 假如他想要把我们从座位上扔出去。

581 也是因为他是至高无上的（he supreme - stands）[phertatos estin]。

实际上，此种用法在扩展意义上表示否定，即身份、地位的丧失：

118 - 119 在阿尔戈斯人中，唯独我没有战利品（I alone - be - left - prizeless）[agerastos eō]。

171 我不想待在此处蒙羞（here - dishonored - staying），为你积累财富[enthade atimos eōn；谓词既包含了位置也包含了身份地位]。

515 - 516 那么我或许知晓，究竟我在诸神中是一位多么蒙羞的女神（I among - all - most - dishonored - goddess - am - left）[meta pasin atimotatē theos eimi；谓词再一次包含了位置以及身份地位]。

诚然,描述两位强者争夺至高地位的叙事语境很可能支持此种谓词的表述;甚至奈斯托尔这样一位年长的政治家也感到竞争是必要的(267)。然而,这不适用于宙斯(580)和忒提斯(515)的情况。此外,这些重要的谓词(因为这就是它们之所是)有着更多的运用:

114 我喜欢她胜过克吕泰墨斯特拉,因为她并不逊色于后者(she – from – her – stands – not inferior)[hethen esti chereion]。

239(我所说的)这番话在你面前将是重要的誓言(before – you – large – oath – shall – prove)[toi megas essetai horkos;位置和身份地位都被包含其中]。

259 你们俩都比我年轻(stand – younger – below – me)[neōterō eston emeio;例如,"比……更低微"]。

[240]谓词无需作为一个形容词,身份地位可以通过头衔来体现:

144 必须任命一人为领袖(one – man – as – captain – director – must – be – appointed)[heis archos anēr boulēphoros estō]。

546b[我的话]对你来说将很难懂(hard – to – you – will – prove)[上文,546a],虽然你是我的妻子(wife – though – standing)[alochōi per eousēi]。

我们很容易看出,如此多的例子如何令译者对这样的系动词感到满意。与"你是我的妻子"、"你俩都很年轻"、"你也许会成为一位俊杰"、"他的地位较高"诸如此类的表达相比,还有什么比它们显得更加质朴自然呢? 如果做到了这一点,那么希腊语的某些原初效果就会消失。倘若它起到了"平淡的系动词"的作用,那么它将会出现在各式各样的惯常表述中,在这些惯常表述中,一种常常需要某种力量或活力的固有存在是不成问题的。但事实并非如此。

作为时间中在场的 Einai

如果与这个动词相关的限定条件是表示时间而非表示方位的,那么,einai 的意义就从在场变成了时间上的持续,也就是关于时间而非关于地点。然而,荷马式的希腊语能否使得上述区别概念化还是存在疑问的:

272 当今生活于世上的凡人(now – as – mortals – are present – upon – earth)中,无人可与[我们这一代]相抗衡[nun brotoi thin epichthonioi;此处,时间和地点都包含其中]。

290 永生的神祇们(the gods – ever – living)令他成为战神[aien eontes;关于此点,参下文的进一步分析]。

352 母亲:因为你爱我,虽然我一生短暂(me – though – living – for – a – little)[minunthadion per eonta]。

494 此后,永生的神祇们(the gods – ever – living)前往奥林波斯[行 290 的再次使用]。

不断重复的时间效果可以完全不需要 einai:

416 眼下,留给你的时间的确(依然,remains)很少,一点也不长[epei nu toi aisa minuntha per ou ti mala dēn,行 352 处的相异表述]。

抑或它只是成了谓词的一部分:

117 我希望人们(仍然)是安全的(safe – to – remain)[sōn emmenai]。

388 他语带威胁(a word – in – threat),(如今)确也说到做到(indeed – accomplished – stands)[dē tetelesmenon esti;此种惯

用法再一次既表示时间又表示方位]。

[241]将来时表示一种随时间出现的存在,它猜想这样的存在是"届时"达成的事实状态,以致已经完成的行为或进程的某种意义包含了 einai 的含义:"发生"(to turn out),"呈现"(to prove):

136 依照心意准备一份战利品,一份将是等价的(equivalent – shall – prove)战利品[antaxion estai]。
211 用言语斥责他,事情将会如何(it – shall – turn – out)[hōs esetai per]。
212 因此我宣称,此[事]终将是要实现的(accomplished – shall – prove)[kai tetelesmenon estai;比较行 388]。
573 这些终将是难以忍受的(these will – prove – to – be – and – no – longer – supportable)[essetai oude eti anekta]祸事。
576 盛宴的欢愉将不可再得(any pleasure of goodly feast will – be – felt)[essetai hedos]。

其他七个包含了同 einai 的将来时有关的方位格谓词的例子都已列举过了(213、239、325、546a、563a、563b、583),它们所出现的频率证实了之前的推测,即表示时间的含义是方位格的一种"延伸"。

中性谓词

在迄今所举的大部分例子中,einai 使得谓词和人称相关。在 11 个例子中,主词尽管是非人称的,却是特定的和拟人化的,在此程度上,主词被视为一种存在或某种完成了的事物(一个梦,奖赏、礼物、气息、词语、言辞、誓言、单词、战利品、劳作、欢愉)。而在其他三处,einai 则表现为不同的述谓结构:

212 因此我宣称，这的确是将要实现的（accomplished – shall – prove）。

325 要么他将她送还给我，要么我亲自去带走她，这将的确会令他不快（to – him – indeed – unpleasant – will – prove）。

563b 这将的确会令你不快（to – you – indeed – unpleasant – will – prove）。

还可以加上下面两个例子：

228 你没有勇气准备战争抑或参与伏击，在你看来这意味着死亡（that which looks to you to constitute death）［to de toi kēr eidetai einai］。

564a 倘若此事就是如此（thus – this – stands）。

以及：

564b 那是我预言它成真（to – me – it – bodes – to – stand – dear）［ei hauto touto estin, emoi mellei philon einai；一个在独立的六音步诗行内词语重复的例子 an instance of repetition within a single hexameter］。

在上述六个例子中，einai 都使自身与一个中性主词相关，而这个中性主词并不指涉一个人或一件事，它仅仅指涉刚刚提及的事物的一般性含义。［242］现在，我们可以将这六个例子与下面三个例子结合在一起，因为，在如下的例子中，同 einai 有关的"主词"实际上变成了一个不定式：

169 回家的确是件极好的事（to go home indeed much superior – is – presented）［polu pherteron estin oikade imen］。

229 夺走战利品这件事的确要好得多（indeed much prefer-

able it – presents – itself – to – take – gifts – away) 「ē polu lōion
·esti . . . dōra apoairesthai 」。

541a 暗地里仲裁审判……这从来都是你的喜好(ever – to
– you – dear – it – presents – itself. . . – in – secret – to – arbitrate
justice)「philon estin. . . dikazemen；参上文行 541b 」。

我们是否可以说,在上述八处语境中被用来连接中性主词和中
性谓词的 einai 已经承担了一个真正的系动词的作用,从而将它译
作"成为、原来是(prove to be)"、"被看成是(constitute itself)"、"呈
现为(present itself)"乃是一种过度翻译(overtranslation)? 这将意
味着,einai 除了表达一种逻辑关系外别无其他。倘若果真如此的
话,那么,我们必然会注意到,该动词的此种状态并非由其本身造成
的,而是由它的伴随语词(the company)造成的:附属的主词已经被
非人化了;这个主词是"所提及的事物"、"回家"或者"夺走战利
品",而与其联系在一起的则是一个中性的非人称谓词:我们认可一
定程度上的概念化的抽象,此种概念化存在于这样一些(并不常见
的)惯用语中。然而,已经被概念化的东西仍然是一项活动、一个偶
然事件:即某种由偶然出现的地点和时间所限定的事物,即便这样
的事物仅仅是被默示的。可它仍旧是通过 einai 这样的媒介"自我呈
现的(presenting itself)"一个事件,表现为某种特有的形式,并且带着
一个要么明晰(325、228、564b、541)、要么不明晰的方位格补足语。

缺少谓词

然而,《伊利亚特》卷一能够提供 einai 的五个例子,它们揭示了
一种与迄今研究过的所有例子在质上的差别:

70[那位祭司]知晓现在、将来和过去(what – are – present

and what – will – be – present and what – are – before – present）
［ta eonta，ta essomena，（ta）pro eonta］。

290 永生的神明（gods – ever – living）［aien eontes；行 494
处的再次使用］。

对作为一种逻辑系词的 einai 而言，恰是这些分词性质的惯用
语掌握着其未来发展的关键。我们已经观察过这样的分词，即将一
个人置于一个特别偶然的地点、环境，或社会地位：

131 虽然你很杰出（great – standing）［reused at 275］
171 待在这里受辱（here – dishonored – staying）
［243］352 虽然我　生短暂（though – living – for a – little）
54lb 你和我离得很远（staying – in – separation – from – me）
587 你在我眼中仍然是亲爱的（dear – remaining – in – my
– eyes）

然而，当它失去了任何偶然性而变得孑然一身时，我们又将如
何看待 einai 的分词呢？只有一个主体能够起到这样的作用——永
恒的诸神，他们至少不具有时间上的语境（尽管他们存在于空中）。
然而，即便他们能够被消除，他们的位置也得通过分词本身——可
以肯定是复数形式——加以呈现，因为在荷马的心中，人类的整体
环境依旧是多元的。将此种多元的环境简化为一个单独的实体、一
项"存在（being）"，则是哲学家们的工作。因此，不出所料，einai 的
"与存在有关的"形象是源自荷马的，但是，我们能否说这个系动词
的形象也同样如此？③

---

③　在卡恩的观点中（页 350，比较页 455），《伊利亚特》卷一行 70 是"真
实的"；就我而言，在卡恩书中页 457 处所表达"实际上发生的或将要发生的诸
种事实或事件"（斜体是我标出的）这一意义上它是"与存在有关的"。

同位格的等同性

我们大概不能这样说,因为,荷马的诗文可以在完全不用 einai 的情况下使用系动词的习惯用法。通常情况下,荷马的诗文用 einai 将一个人称主词(或者自身起作用的事物)表示为一个特定的角色,而这个要么直接言明、要么不直接言明的角色乃是通过"of"、"to"、"by"、"from"、"above"诸如此类的次要存在物来确定的。也就是说,X 和 Z 协力起到 Y 的作用。我们能否假定,荷马意图表现 X,虽然这个 X 以某种方式与 Y 联系在了一起,但却与任何可能涉及 Z 的功能相分离? 实际上,这就意味着两者之间存在一种等同性。在这样的情况下,einai 的存在将具有十分强烈的效果;而人们想要的却是一次平淡无奇的关联。这将如何获得呢? 答案就是避免它实现:X 和 Y 每一方都被单独叙述,并且被平行放置:④

80 一位王者对低微者的暴怒(是)无比强烈的(kreissōn basileus)。

116 倘若那样做(是)更有益的(ei to ge ameinon)。

156 在……之间(有着)许多东西(polla metaxu)。

167 只要(战利品)分配的机会到来,你所获取的奖赏总(是)更多(soi to geras polio tneizon)。

177 竞争、战争和博斗总(是)令你欣喜(aiei... toi eris to philē,等等)。

217 因此,这样(做)(是)更有益的(hōs ameinon)。

274 因为服从(是)更有益的(peithesthai ameinon)。

---

④ 所谓的象征句(卡恩,附录 B)包含了一种更加宽泛的类型。参下一条注释。

404 他比他的父亲更（是）高出一筹（ho gar... ameinon）。

525 对大多数不朽之神而言，这（是）我所能提供的最好的
[244]526 预示；我（是）不会食言亦不会找托词的。

527 只要我点头答应的事，都不会不了了之（touto...
megiston... ou gar palinagre ton，等等）。

589 与那位奥林波斯神对抗（是）艰难的（argaleos Olumip-
ios antipheresthai）。

按照现代的说话方式，译者很乐意补上系动词，从而将王者和
竞争分别归入强烈的以及令人欣喜的一列等等。然而，古希腊语的
此种习惯用法表明，口头语言并非表示归类，而只是表示等同性。
因此，动词 to be 是"可加理解"的⑤这样一个标准的语法解释是具
有误导性的。同位格结构不过是引导思维从一个主题跳转到下
一个。

这些例子表达了各种等同性，大体上表现为如下的情况，要么
被运用于特定的人（在那里，补充或包含了某种偶然性），要么在各
种情况下都是如此，而在那里，主词表现为中性复数。很明显，这就
是 einai 不在其中的原因，因为倘若它存在的话，就会对一个受种种
特殊环境——例如有约束力的"现在"或"有时"以及"在某处"或
"以某种方式"——限制的存在物的观念产生干扰。因此，所有描
述都以格言形式呈现的同位语的习惯用法就变得引人入胜，这可以

---

⑤ 从对"含有该动词或不含有该动词的相似句子"（页 444 及其以下）
的分类中，卡恩得出了如下结论："在象征性的句子以及包含了该动词的句
子中，不可能存在任何结构或'含义'[引号是我标出的]上的普遍差异。"然
而，这适用于如下的情况：即被省略掉的 einai 可以表示一种在场，而非仅仅
表示等同性；正是"在场"贯穿于被引用的例子中，正如卡恩本人所部分承认
的（页 449—451）。我界定为"同位格之等同性（appositional equivalence）"的
事物并不被视为一种语义学上相分离的类型，此种缺少 einai 的类型不仅仅
是一种"文体上的便利"。

通过引用《伊利亚特》其他各卷中某些耳熟能详的例子加以说明：

2.204a 统帅众多不(是)好事。

204b 只应有一位统帅(esto；在这个简洁的例子中,一个一般的同位语与一个具体的 einai 并列)。

205 诡计多端的克洛诺斯之子已经赋予一位王者

206 权杖和宝座,他将凭借它们做出裁决。

6.146 如同树叶(是)代纪而生(the generation),人亦(是)如此。

147 树叶被秋风吹落一地,当枝梢上

148 挂起一抹新绿,又是一年好春景[比较 21.464]。

在卷九中,阿伽门农的使者与阿基琉斯之间进行了一次会谈,阿基琉斯和菲尼克斯(Phoenix)都做了发言,而会谈与发言为下面这类反身句法(reflective syntax)的出现提供了难得的机会：

9.318 命运对于退缩者或积极参战者(是)相同的,

319 卑贱者和高贵者被给予的(是)同等的荣誉,

320 饱食终日者与焚膏继晷者都终有一死。

401 我认为生活(本身是)难以估价的——即便他们传言的特洛伊的一切财富也不……

[245]406 牛羊(是)可以劫取的,

407 三足鼎和战马也(是)可以获得的,

408 但一个人生命却(是)不可逆的,

409 一旦它从齿缝间溜走,便再难寻获。

497 即便诸神也(是)可以变通的,

498 他们的荣誉和力量的确(是)更强的,

499 人们立刻用牺牲向他们祷告。

505 毁灭(是)强有力和迅敏的,因为

506 她远比一切祈祷者都跑得更快。

在这些例子中,反身式(reflection)由一个格言开始,接着它扩展成一条解释性评论,而这条评论的句法通常是为记忆性言辞所需的叙事句法。和口头语言差不多,这些格言也能够形成一种"柏拉图式的"概念化句法。它仿佛就是一般性反身式的成果,我们可以称其为段落的标识,由于它阻碍了叙事的流畅性,因此,它只能在寻求重新开始一个神话故事的支持之前维持短暂的流畅。

缺失的系动词

抛开荷马不论,赫西俄德没有想到要告诉我们正义"是"什么的原因此刻将变得更加明显。诗人甚至也没有提供一句格言,从而使什么"是"正义的问题处于无动词的对等性(verbless equivalence)中。《奥德赛》中的各项道德准则将形容词"公正"用作一个谓语(这些准则都没有明确提到"正义"),它们同已经得出的各种规则是一致的。求婚者们"(是)不公正的":在神话故事中,这是他们一贯的角色,因此,einai 并没有用于这样的表述。然而,当希腊人或费埃克斯人在特定场合被说成"是(proved to be)不公正的"时,就使用了 einai 的过去时。提出"公正者"与"残暴者"之间存在普遍对立的准则使用了四次,这项准则省略了 einai;但是在用方位格的陈述来刻画"残暴的"时,又使用了 einai。为了宣称"虐待一个异邦人是不公正之事"这样一句格言,einai 被省略了:中性形容词和不定式处在对等的状态。⑥

赫西俄德同样未能使用系动词。在他那里,einai 是作为方位

---

⑥　因此,《古希腊语——英语大辞典》(*L. S. J*)词条正确地避免了列举任何荷马的系动词用法。

格使用的,如下引出整个《劳作与时令》主题的诗行为此提供了
说明:

因此,那里存在着不止(there – was – not – present)
一种不和,在大地之上(over – the – earth –)
存在着两种(there – are – present)。

[246]同样,在这首刻画正义的诗歌中,"不朽的护卫者们"被
描述为(249b):

与那些凡人近在咫尺(near – at – hand – among – mortals –
being – present)。

还可加上(252):

有三万个在丰饶的大地之上(present – are – thrice – ten –
thousand – upon – the – much nourishing earth)。

因此,赫西俄德只能够告诉我们正义以及公正之人处在、待在
抑或留在什么地方(要不然就是他们正在做什么,或者人们如何对
待他们)。他并没有说"正义是宙斯的女儿"或者"正义是蜚声奥林
波斯的",而是用一个句子表达正义,这个句子一开始就写道:
"她——一位少女——就是[esti]正义女神,源出于宙斯",紧接着
它加上了方位格,"奥林波斯山上的众神受人敬畏"。他也没有说
"正义不是动物的属性",而是用"正义不在它们之间存在"(esti me-
ta autois)这样的表述。他更没有说"成为公正之人无益,因此,我不
可能成为公正之人",而只是说"作为人类,我不(打算)保持公正,
如果……"(meta anthrōpoisi dikaios eiēn…kakon andra dikaion em-
menai:此处,方位格短语修饰了两个动词,它们由拟声词联系在一

起,这在荷马那里很常见)。

另外,在我们把一个谓词附加于"被省略"的 einai 之后的情况下,赫西俄德将两个术语置于同位语的对等性中:"愤怒(是)邪恶的";"那条路(是)更好的";"和平(是)男孩的养育者(nourisher – of – kouroi)";"有害的建议(是)最邪恶的";"因为一个人保持公正(是)有害的"。

然而,正义出现在人们迄今尚未注意到的一句惯用语中。当赫西俄德做出总结时,他打算将正义视为"迄今为止最为卓越的"。通过使正义成为其他事物的属性或高于其他事物,使用 einai 就等于是给 dikē 评定等级。他大概是想说"正义是至高的",因而不受地点、时间或环境的限制(没有此类限制加诸其上)。在上述情况下,他用动词 ginetai 将主词与谓词联系起来,这个词的字面意思是"为……所生"或"产生于"。由此,ginetai 就和口语一样,能够支配一个无限制的系动词。用柏拉图的话来说,赫西俄德并不对"生成(becoming)"感兴趣,而只对"存在(being)"感兴趣。但实际运用的纯粹存在还没有得到表达,过程的形象是对记忆性言辞的叙事句法的回应,这种形象仍然占据主导地位。

我将回到本章一开始就提出的系动词的问题上[247]——即此刻在日常语言(common speech)中践行的谓语的普遍问题。荷马与赫西俄德的诗歌的程式化表达并非纯属偶然,而是天生如此。那么,一个人将如何反驳如下的异议,即便承认 einai 在口述诗歌中的作用,它也没有必要只限于方言?难道程式化的风格根本就不是一种对方言的束缚? 当然,我们从来就不了解此刻所论及的方言,⑦我们只是对能够间接表明方言中是否使用了系动词以及使用到何种程度,或者尚未使用它的问题做了一些思考。首先,不存在任何格律上的理由阻碍在六音步诗中使用抽象诗句,例如,公元前 5 世纪的一句格言如实地反映了这一点:"在正义[diakiosunē]中,一切

---

⑦ 卡恩研究了同样的雅典方言对话,页 443。

德性都是能完全(被发现)的。"很明显,einai 仍然是方位格的,但它却提供了主词和谓词的特征以及副词在概念上的性质,而地点则能为一种逻辑关系提供象征。这样的表达在荷马或赫西俄德那里将是难以想象的,如果说在我们的方言中存在此类表达,原因又是什么?

可以肯定地说,在现代方言中,系动词已经成为一种惯常的表征方式,它不仅表征规则或原则,比如"诚实是最好的为人之道",而且表征日常生活的"事实":"这匹马是很大的";"你卖给我的马是跛的";"小麦是绿的";"日本人是我们的敌人";"他是有恙的"。我们能否肯定地说,在古希腊的言谈中它也是以此种惯常的方式被使用的? 倘若人们对古典全盛时期的非叙事诗、谐剧以及散文很熟悉,就会对上述假设产生怀疑。这些言谈难道不是更加喜欢如下的表达方式:"这所房子看起来很大"或"被修建得很大";"那匹马走起路来一瘸一拐";"小麦长得绿油油的";"日本人对我们开战";"他感觉有恙"或"他感到不舒服"? 这并不是说 einai 不可以与这些简单的主词和谓词抑或其中的一些同时使用,而是说,如果它被这样用了,岂不就无法体现出"位于或出现在很远的地方"(就房子的例子而言),抑或"与我们遭遇"(就日本人的例子而言)这样一种存在的概念? 实际的情况是,一种方言往往反映了遵守被保存下来的言辞的句法规则。因此,在我们的时代,为了把话说得"好",我们使用一种"具有文化修养的"说话方式;那么,在尚无文字的时代,为了把话说"好",人们岂不就必然不会遵守"不具文化修养的"说话方式? 在一个社会中,一位受限于口头交流的成员很可能比他的有文化修养的同伴更能使他的表述具有活力。他往往不会将他身边的一切看成一系列各就其位的客体,而是看成一系列由这些客体在其中起作用的活动和进程。他[248]对上述事物的体验将会按照一系列的行动以及对这些活动的反应来自我调节。

自希腊的口述风格丧失后,系词 to be 对普通语言的优势就已不断增强,这一情况可以通过 to be 在欧洲诸语言中的扩大使用得到印证，因为，在欧洲的语言中，该动词是表示语态、语气或时态的助动词。即便我们保留了"助动词"这一古希腊语 einai 的固定用法，但是，对 einia 这样一种完全中性化的使用——使其完全从属于相伴语词的含义——将是极为少见的。我们同样注意到这样的趋势，即用心理学的表述"他是愤怒的，是饥饿的，是……的情人"取代了与心理学相关的动词"他愤怒，他饥饿，他爱"。

总体而言，我们有理由得出如下的结论：一位古风时期的希腊人将不会想到询问自己"何谓正义"，或与他的邻居争辩正义的"本质"。除了人们聚集在一起评判和仲裁彼此之间分歧的过程中偶然想到或阐明的事物之外，这个希腊人对正义还能有什么别的看法呢？如果他既不能阐明它也不能忍受它，他又何以说，对他而言正义是作为概念或原则而"存在的"呢？

第十四章　梭伦的正义观

[249]赫西俄德通过重新创作将正义引入了交谈领域；正义因而成为一个有意挑选出来描绘和阐述的话题或主题。只要我们能够从遗留下来的古希腊文学作品中分辨出可以用来查验的，那么这样的事将不会在 250 年后再度发生。柏拉图的《普罗塔戈拉》是贴近主题的作品，它直接关注正义在社会中的角色，而他的《王制》则首次尝试对正义做系统的定义。从现代的视角来看，何以搁置了这么久之后才去探究对文明社会而言具有重要道德意义的概念究竟是什么？确切而言，dikē 以及与它相关的象征物开始在某些作者那里反复出现，但这种出现总是很偶然的，因为它们的用途也许会通过它们与其他事物的联系加以暗示，但绝不是因为关注了正在被讨论的问题——直到柏拉图，这样的状况方才休止。

赫西俄德、帕默尼德斯与柏拉图

很可能有一个简明的答案，这个答案的线索由赫西俄德在语言和句法上遭遇的独特的困境所提供。他设法将这样的主题加以排除；也就是说，选择用一个非人称词来替代荷马的行为主体，一个作为他希望讲述的主题的行为主体。然而，他不可能抛弃掉体现所有荷马式谓词特征的推动力，换言之，所有的谓词都通过记忆中的口述方式加以运用。[250]X 总"是"Y，或者 Y 总是真正的 X，这一真实的系动词式的表述并不为他所用：动词 to be 被束缚在其局部的以及有关存在的范围内。分析性论述仍旧长眠不醒。这样的魔咒必须被打破。因此,一位为古希腊历史进程所挑选的思想家承担了此项工作,这个人就是公元前 5 世纪上半叶的哲学家帕默尼德斯(Parmenides,旧译"巴门尼德"),对此,柏拉图曾经亲口承认过。证实正义存在的通路开启于帕默尼德斯及其门徒完成此项工作时,这条道路能够满足帕默尼德斯就关于宇宙的声明而提出的句法要求。据说,是苏格拉底的辩证法将哲学从天上拉回人间。用逻辑术语说,这意味着唯一永恒的"宇宙的存在"——那个一直存在、绝不会"不存在"以及绝不会停止存在的"是"——应当同样被用于我们称作人类价值观的领域。正义也必然有其自身的存在。

就考察作为一种概念的正义的历史而言,赫西俄德的《神谱》以及柏拉图的《王制》是两部最原始的文献,无论在它们之间存在怎样的年代距离,它们是仅有的两部可用的"概念化"文献。人们或许会认为,对与其他事物相类似的事物的考察很可能会暴露出它们之间存在的断裂将如何在一个彼此共享却不会被任何其他方式提供可见性的连续体中发生。例如,有人注意到,柏拉图自身的观念和赫西俄德很相近:他的理想城邦中的护卫阶层甚至可以被视作对赫西俄德《神谱》中被指派保护"正义"的三万个精灵的一种回忆。① 倘若人们接受了如下的说法,即语言以可见的形式被文献化的进程导致赫西俄德不再关注正义这样的主题,人们或许会问,柏拉图对主题的进一步演绎(rendition)是否源自相同的原因。难道不正是作者柏拉图——据我们所知,第一位写下意义重大的、包罗万象的、可与荷马诗歌相媲美的教谕式散文集的古希腊作家——由于他的语言——一种真实的(veridical)语言——适合于此种图景,因而能够完成正义的概念图景——从一种广泛的以及成体系的规模上看,此种真实的语

---

① 在《王制》469a 处,柏拉图以改编的方式援引了《神谱》行 122 - 123,而这两行本身则是《神谱》行 252 - 253 的不同表达;"凡人的守护者们"这一程式化的表达被三种版本的说法所共享:这些是赫西俄德的"黄金种族"(参亚当[Adam]在《王制》468e 处的注释)。

言此刻同样能够呈现为超越了作者意识的可见形式,并且拥有一种口述传统所不具备的文献实体(documented existence)的稳定性?

一种超自然的说法

然而,一种从赫西俄德直接过渡到柏拉图的阐述方式面临着一项阻碍,此项阻碍并非由横隔于两者之间的大量古代文献所导致,[251]而是由某些研究古希腊思想的现代历史学家对文献的诠释造成的。通过罗素(Bertrand Russell)在《西方哲学史》(*A History of Western Philosophy*,1945)中所表达的观点,我们可以轻而易举地说明此种解释的实质及其广泛传播的原因:"正义的观念,既属宇宙又属人类,它在古希腊的宗教和哲学中充当了一个现代人很难轻易理解的角色……这样一种正义的概念——不去逾越永恒且固定的界限——是古希腊人信念中最重要的东西之一。"此处,罗素很可能遵循了德国学者耶格尔(Werner Jaeger)1933年出版的《教化》(*Paideia*)一书(英译本,Oxford,1939)卷一中所提供的指引。在题为"古希腊城邦及其正义的典范"(The Greek City State and Its Ideal of Justice")的一章中,耶格尔写道(页102 – 103):"将正义称赞为人类社会之基石的一长串伊奥尼亚警句和诗歌从晚期的《荷马史诗》开始,经过阿基洛库斯(Archilochus)②和阿纳克西曼德,一直到赫拉克利特……在此之间,我们听到对 dikē 的呼声日渐增强,更加普遍,更加激烈和迫切。"因此,在接下来的一章,即"世界秩序的发现"(The Discovery of the World Order)中,耶格尔谈到了梭伦和米利都哲学家,"梭伦的理想是:Dikē 并不依赖于人的世俗正义……她的力量是永恒的,它表现在如下的进程中,即一切不平等都将在时间次序

---

②　[译按]阿尔基洛库斯(Archilochus)为公元前7世纪的古希腊抒情诗人,生于帕若斯岛(Paros)。

中补偿自身……对于 dikē 掌管自然现象的永恒权力的观念,阿纳克西曼德暗示了一种宇宙论的观念……阿纳克西曼德系统的宇宙正义学说提醒我们注意,在新发明的哲学体系中,最重要的观念是因果观念,它最初等同于报偿观念”。接着,耶格尔谈到了帕默尼德斯(页175),“他的意思是,他特有的 dikē……是那种隐含于存在概念中的必然性”。以上叙述表明,《奥德赛》中的 dikē,以及随后几个古风时期作家偶然提到的 dikē 都发现了(1)一种公认的影响早期城邦生活方式的政治原则,以及(2)一种全面的关于超自然比例的宇宙原则。

在形成上述有关早期希腊思想特征的观点方面,没有受到德国理性主义哲学的任何影响。然而,德国理性主义哲学对现代学者的影响是十分明显的,例如,弗拉斯托斯(Gregory Vlastos)的两篇论文:《梭伦的正义观》(Solonian Justice)和《早期希腊宇宙生成论中的平等与正义》(Equality and Justice in the Early Greek Cosmogonies),以及琼斯(H. Lloyd – Jones)最近出版的《宙斯的正义》(The Justice of Zeus,1971;参页 80—81 及相关注释)一书,尽管本书关注的重点是宗教语境中的正义,因而只是附带提及。[252]这样的一些观点不可能获得一致赞同。基尔克(Kirk)与拉文(Raven)的《前苏格拉底哲学家》(The Presocratic Philosophers,1957)则完全避免了此类表达方式,古思里(W. K. Guthrie)的《希腊哲学史》(History of Greek Philosophy,1962 – 1975)第一卷亦是如此,虽然在第二卷中(页 346 及其以下)做了一定的让步。但是它证明对一批学者具有吸引力,并且发现了使古希腊思想史变得更受欢迎的方法。但是,这样的语言风格是华而不实的。③ 只有在几处残篇中才能找到用来支持此种语言风格的薄弱证据,一次(或许是两次)来自雅典的梭伦,还有一次可能来自哲学家阿纳克西曼德,四次来自赫拉克利特,两次来自帕默尼德斯。

---

③　比较奥斯特瓦尔德对如下这一相似观点的批评(页 69),梭伦的 eunomiē“意味着一种超然的、绝对的普遍正当性的理想典范”。

作为正当程序的正义

对于正义,立法者梭伦不得不发表的看法是什么呢？他是希腊文化史上掌权的领袖人物。如果对其一生的记录更完整,遗留下来的著作更多,那么他的名望可能会更高。到公元前 5 世纪中叶,他已成为一位传奇人物。他的法典试图解决司法状况的具体细节,④无论法典的内容是什么,它都是天才杰作。根据任何普遍的观点,他或许都考虑到正义的本质,⑤而在这一点上,人们不得不求助于他的诗歌。尽管梭伦的诗歌数量不多,却也分成两个明显不同的类别。一类是教谕诗,使用现在时态:其中绝大部分都是挽歌(elegies)。它们普遍反映了当时或任何时期的古希腊人的生活方式,以及雅典的社会环境;它们起到建议、责备和劝勉的作用。另一类诗用的是过去时;它们是抑扬格四音步诗歌残篇,附带一些六至九行的挽歌。梭伦的诗风独特、具有政治目的,因为他审视了其所制定的政策进行得如何,并且维护了这些政策的实际结果。虽然他在上述两类诗中都使用了正义一词,但是从不同的方面都可以理解。

27 首抑扬格诗歌残篇之一(24. D)是 *apologia pro vita sua*[《为吾生辩护》]。在诗歌的前 7 行,梭伦对指责他存在未竟之事做了辩护,后面接着写道:

雅典,他们的神赐的城邦,这许多人

---

④　卢申布什(Ruschenbusch)提出了该法典的结构编排,被归于其下的标题不少于 42 个。

⑤　埃伦伯格(Ehrenberg):《早期希腊的法观念》(*Die Rechtsidee im fruehen Griechentum*)(与此同时,维拉莫维茨[页 68 注释 1]关于历史发展论的命题,因为这一命题很难被强加给词的用法);索姆森,页 112 – 123;奥斯特瓦尔德,页 67 – 68;加加林:《古风时期希腊思想中的正义》(Dike in Archaic Greek Thought),页 190 – 192。

乃是我使被卖为奴的他们重返,此举格外公正,
另一公正之举,那些不得不
因债务背井离乡者,再也不能说雅典话,
无论他们流落何处,我亦使其重返;
而那些正在此处遭受奴役之苦,
[253]在主人的喜怒无常中颤栗之人,
乃是我令其自由。这些(事),凭借权力的(行使)
以及正义(dikē)的强力(bia),
我实现并完成了我的许诺。
符合低贱者以及高贵者的法律(thesmoi),
公正地给予每一个人,
亦为我所写就(egrapsa)。除我以外,倘若某人执掌权柄——
其心怀不轨、贪婪无度——
他将难以约束民众;如若民众希望
彼时讨好对手,
此时又让另一方来反对他们,
那么,我们的城邦将无立锥之地。
因此,我勇敢面对各方,
像一条立于猎狗群中的孤狼,坐立难安。

　　此处,正义的象征是程序上的。它们使人想起《伊利亚特》中
的"正义"。雅典人可能被贩卖到国外;这样的行为时而"正义"时
而"不义",换言之,不超出或者超出"正当程序"的范围;而贩卖的
合法性本身则不在考虑之中。⑥ 除了正当程序,人们能够使用强
力;bia[强力]同样是一种程序,一种行动的方式。所以,梭伦可以
将两种方式设想成搭档,总而言之,这就是其政治决策之所是。含
蓄地说,他在纠正赫西俄德,因为赫西俄德将两种方式置于对立面,

――――――――――

　　⑥　伍德豪斯(Woodhouse),页132。

从而将强力等同于气焰嚣张(aggressive arrogance)。⑦ 梭伦的诗歌不止一次地否决了后者(1.11 及 16;3.8 及 34;5.9)。事实上,他对强力并没有多大把握:因而,他很可能犹豫不决(23.20)。他并不是赫西俄德那样的空想家;由于同样生活在更有读写能力的时代(literate age),所以他必须躬行己说。由此,他才能更彻底地洞悉那种在《伊利亚特》中被戏剧化了的程序正义的本质。他当时"刻下(inscribed)"的是"法律(law)";法律因而拥有了一种固定不变和可见的存在。然而,正义却是他用来调整每一种具体情况的事物,它表现为"不偏不倚的置放"(straight fit)。在尚无文字的时代,themis[法律]和 dikē[正义](或其复数)都是被说出而非写就的,以至于史诗也常常混淆了它们的用法。梭伦的措辞承认在被写就的规则以及在被实际运用的规则之间存在一种功能上的区别(a working distinction)。那么,他是否打算声称,被写就的法律本身就可以灵活表达? 梭伦法典最近得以复原,人们看到,它被用来处理种类繁多的法律情况。⑧然而,当梭伦说他对正义的"适用"是"不偏不倚的"时,他使用的是传统的形容词,这让我们想起了口头治理(oral management)的习惯用法。提到 dikē 是为了一种调整和协商的过程。这是很有必要的,因为以此做出的衡量是比例恰当的,是同身份地位以及经济状况相对应的;它们必须"适合"每一个人。[254]这样一个问题事关公平合理而非均等。梭伦承认赫西俄德关于低贱和高贵身份之区分的生活事实。赫西俄德曾经说过,过分的愤慨会使上面两类人都备受折磨;相反,正义则会令他们受益良多。接下来,梭伦指出这将如何可能。

现在,让我们回到梭伦辩护诗的前面 7 行,其言如下:

> 对我而言,有什么理由让团结民众的诸多目标
> 为我所放弃呢,在它们尚未实现之前?

---

⑦　加加林:《古风时期希腊思想中的正义》,注释41。

⑧　参前引,注释3([译按]即本章注释4)。

在我身旁有一位证人见证着时间之神的正义，

她，这位奥林匹斯山诸神的至高无上的母亲，

（她将）非常清楚，我从时间之神身上将黑色大地的界碑

拔除，它曾树立在大地上。

梭伦的诗中有许多"按照时间之神的正义"这样的短语构成的表达，⑨就好像时间应当被大写为一类抽象的实体，以便在各种可能发生的事情上采用正义的规则。而古风时代所使用的希腊语不大可能产生上述的理解；那时，短语的意思很可能是"在终将实施的正当程序中"。有些人将其译为"在时间之神的审判庭上"，这似乎捕捉到了一丝法律色彩，然而，人们是否已经对 dikē 具有正义的审判庭这样一种狭义理解还犹未可知。⑩ 这首自辩诗的维度是富有想象力的。以荷马的方式，梭伦已经（从字面意义上或者隐喻式地）将民众"聚合"到集会上；在梭伦的想象中，当大地前来做证时，民众集会仍然是或将是例行会议，但这样的程序需要时间，必须等待时间的到来，如同《伊利亚特》中阿伽门农正准备宣誓作证时那样。这个程序为何必要，它又为何如此漫长？梭伦面临着如下的控诉：你实现了什么样的目标？解除以人身为抵押的借贷，这是一件事；让"黑色的大地"复归丰富的生产力则是另外一件事。这需要时间，在此过程中，兴盛的大地将自我纠错；而它将通过证词恢复被梭伦褫夺的声誉；时间的"正义"在它的影响下将是相互性的。

作为公平与平静的正义

法律程序成了立法者思考的重心，这将是意料之中的。但是，

---

⑨　耶格尔（Jaeger）以及弗拉斯托斯（Vlastos）的《梭伦的正义观》（Solonian Justice），其次是基尔克（KirK）与拉文（Raven），页120，以及琼斯的《宙斯的正义》，页80。

⑩　参第十七章关于希罗多德著作中法律术语的研究。

在梭伦的政策中存在一个更宽的维度。就当前的记载来看,他能够赢得欧洲地域上首位政治家的头衔,所依凭的是他不偏不倚地[255]保护富人和穷人、贵族和普通人、有权者和无权者的计划安排。他在一段著名的诗中描述了他如何——

　　　　手持巨盾伫立在两派之间。

他的意思很可能是,他保护两派不受彼此的侵凌,因为他说:

　　　　我不让任何一方遭受不义的侵凌(prevail)。

这里的动词暗示着得到一种不公平的好处,也就是说,一件与具有既定身份的人所应当有的不相称的东西,尽管梭伦并没有规定通过什么来设定比例。恰当得体仍旧是这些规则的标准,它不是被规定的,而是凭借现存的礼法和道德观建立起来的。思想的新颖之处在于,认识到雅典——想必任何城邦——至少由富人和穷人两个阶层构成,因而在他们之间形成一种相互协调的关系至关重要。⑪在《奥德赛》中,人们可以发现梭伦对此种看待人类事务的视角所给予的传统支持,正如程序观念的原型可以从《伊利亚特》中找到一样。在《奥德赛》中,那个公正之人以公平合理的方式对待陌生旅者、穷人以及一贫如洗者,由此展现了自身的品质。对梭伦而言,这并非一件足以在诗中赞颂的事情;它必须在政策中加以落实。然而,当梭伦提到这件事时,他并没有使用正义这样的术语,尽管在下面的对句(couplet)⑫中他近乎这样做了:

---

　　⑪　哈夫洛克:《希腊政治中的自由倾向》(*Liberal Temper in Greek Politics*),页145–147。

　　⑫　[译按]对句主要指挽歌对句(elegiac couplet),它是古希腊、拉丁诗歌中由五或六音步组成的长短短格,通常由两个相连且押韵的诗行构成一节的诗体。

　　　大海由于狂风(当它们刮起时)而躁动不安。如若
　　　无人刺激它,它将是一切(事物)中最公正的。

　　形容词 dikaios[公正的]只出现在他现存的这首诗中,其最高级形式同动词 to be 的位置格用法联系起来,这种情况在荷马的诗中有许多相似的例证。无论此处的语境如何,这两行诗组成了一句或许是他亲自设计的格言,像许多其他的格言一样,它围绕着一个意思模棱两可的关键词展开。怎样理解大海可能是"公正的"? 那就是,它绝不能被设想成一种自然强力,而是一个能够自由航行的海面。只要没有风的干扰,对于航行者,大海就会很"公正"。它可以提供公平与平静,《奥德赛》中的航海者们本可以从人类那里获得这些东西。但是,在第二重意义上,大海本身就象征着城邦中的公民。阿尔基洛科斯[256](很可能)创造了"城邦之船"这一后来颇为陈词滥调式的表述。他将城邦比作一艘风雨飘摇中的航船。梭伦将其借用到大海之上,人们或许出于实际的考虑,因为正常情况下,船员不会因一时的意见不合而自我覆灭。但是,大海则会不断对自身这样做。对城邦的稳固构成威胁的风暴是公民间的种种不和,这样的危险在梭伦的诗中十分醒目。然而,城邦在不受侵扰的情况下则是完全正义的,这意味着对所有的居民而言,它是殷勤好客的港湾。[13] 我们能否从以上的措辞中得出,dikē 的象征已经超出公民间诉讼程序的范围,从而涉及公民秩序的概念,而前者又发生在后者之中? 它是否已经变成柏拉图所理解的那种"城邦的正义"? 否则,就没有合理的根据来表明在梭伦的诗中有这样一种等式(equation)。可以肯定的是,相比于无法无天(dusnomia),梭伦颂

――――――――――

　　[13]　在《梭伦的正义观》第 66 页,弗拉斯托斯引用该残篇作为一种对自然界中因果律的说明。作为第二个分句中的主语,"无人(no one)"一词表明风在梭伦的思想中已经成为人形。亦参詹蒂利(Gentili):《大海的正义:梭伦〈残篇〉11D》(La giustizia del mare:solone fr. 11D)。

扬了法律和良序(eunomia)⑭的作用,同时他把这对孪生术语人格化了,⑮但是,他并没有以同样的方式对待正义,因为当正义在同一首诗中较早具有象征意义时就被指定了不同的角色。梭伦的本意无非是,公民秩序欢迎一种和平与文明的生活方式。

梭伦与赫西俄德

现存两首具有教谕性质的挽歌都稍长。其中一首有 76 行,它被收录于公元 5 世纪斯托拜乌(Stobaeus)编订的有关名人语录的选集中。另一首有 39 行(可能不完整),德摩斯梯尼在演说中曾引用过它。每一首诗都提到了正义,这些正义的术语被加以解释,以便支持已经被引用过的观点,即对梭伦来说,"Dikē 既不依赖人类的俗世正义,也不会突降神的惩罚……她的能力是永恒的,一切的不平等最终都在时间的进程中得以补偿,而'宙斯的惩罚'或'神的报偿'则难以逃脱"。⑯

这样的说法夸大了梭伦的希腊语的含义,因而,只有在两首挽歌运用的体裁风格——或者说得更恰当一点,这种基本规则——所提供的(fwnished⑰)背景中,才能获得最佳的理解。从结构上看,它们被放在一起,因而脱离了构成独立格言的单位,实际上,两首挽歌中的绝大部分都符合对句形式。但是,经过谨慎的挑选和设计,同

---

⑭ 埃伦伯格:《古代世界面面观》,页 70 - 93,索姆森,页 114 - 115。奥斯特瓦尔德,页 64 - 95。

⑮ 奥斯特瓦尔德,页 66 及注释 4 否认他们是"具有神性的人(divine persons)",而称他们为"诗意化的人(poetic persons)",这似乎就赋予他们在章 3 所描述的"神的器官(god apparatus)"。

⑯ 耶格尔,页 159 - 160。

⑰ [译按]原书为 furished,疑书号错误。

时凭借在各对句间的跨行连续(enjambment)⑱,它们表现出一种连续论证的效果。[257]此处以例为证,选取较长一首挽歌的前27行排列如下:

1—2 缪斯女神——宙斯和记忆女神在皮埃利亚的女儿们,听吾祈祷:

3—4 但愿诸神赐吾名利,

5—6 助佑吾朋、损伤吾敌。

7—8a 吾虽爱财、然取之有道;

8b 正义相伴左右;

9—10 神赐财富持存,

11—12a 如忤逆诸神,所得皆

非适当;

12b—13a 遵从不义,非吾所愿;

13b 天灾[ate]倏然而至;

14—15 始初虽小

然星星之火,亦可燎原;

16 忤逆之举皆难久矣。

17a 宙斯在上,洞察一切,

17b—24 春风吹乱云朵,

掀起海浪,毁灭地上一切公正之举

——直至光辉万丈;

25 此皆天神宙斯之惩罚[tisis]。

---

⑱ [译按]"跨行连续"是一种新诗用法,指诗人为了达到如韵律、格式等方面的特别效果而将一句话分为几个连续的诗行,甚至几个连续的诗节。当一个诗行容纳不下一个句子的长度,抑或为了押韵的需要,诗人会把一句完整的诗分成两行。

　　上述诗句中,赫西俄德式的风格手法展露无遗。[19] 早期诗歌倡导引用、记录荷马的观点,这尤其与古希腊人的礼法与道德观的实践有关。梭伦则采用了新时期的方法。他的诗歌保持了一种更加连续的情节描述;他的方法使用得相当成功,没有陷入叙事体的模式,除了在使用明喻时。与赫西俄德通常的手法一样,动词都保持现在时态,但更重要的是,比喻的使用并不是分离的:一个比喻常常连接着另一个比喻。诗行 3 到 16 将一系列连续的非人称名词描述为作者希望表达的观点(兴盛——财产——正义——财富——天灾——开始——工作)中的主体或对象。但在这首诗的余下部分,此种抽象描述没有延续。正如注释学者们评述的那样,在措辞上,仍然充斥着叙事诗的程式化词汇,以便符合挽歌的格律。梭伦无法抛弃上述模式。总的来说,他是不是受惠于荷马以及赫西俄德都曾利用过的口头表达的"储库"? 在众神的眷顾下赢得名利是希腊文化中的一种普遍愿望,无论是在英雄时代、古风时代抑或古典时代,而同样普遍的是,承认存在敌友之分乃是无可争辩的事实。梭伦诗中的比喻可以在荷马那里找到原型[258],荷马如此描述宙斯的愤怒:由于 dikē 被逐出广场(agora),宙斯震怒至极,因而降下一场大洪水毁掉了人类的"劳动成果"。而当梭伦接着说(行 26)宙斯绝不会因愤怒而过于草率时,他或许有"改进"其诗歌既有模式的意思。[20] 普遍而言,这首诗感受到来自遥远的赫西俄德的《劳作与时令》的支配,荷马的宙斯有的只是愤怒,而赫西俄德一开始就将此种愤怒转化为一种来自神的有意识的惩罚。梭伦效仿了这个例子(tinō 与 tisis,惩罚的动词以及名词形式,在这首诗中出现了 4 次;参《劳作与时令》260),同时也采纳了赫西俄德将惩罚延后从而降到

---

　　[19]　索姆森,页 107 – 123,奥斯特瓦尔德,页 63 – 67;比较迪尔(Diehl)文本中引用的荷马与赫西俄德的大量相似之处。

　　[20]　在对比了梭伦的 dusnomiē[无法无天]与赫西俄德的无法无天后,奥斯特瓦尔德认为,梭伦"有意地促成了这些改变"(页 67)。

有罪之人的子孙后代头上的教诲(《劳作与时令》260 以及梭伦 1. 31
－2）。甚至还有这样一种可能性，即梭伦强调人类的"工作成果"
作为对人类品质(这个名词在诗中出现了 7 次)的重要考验乃是基
于赫西俄德的中心思想。而通过对《劳作与时令》序言的回忆，梭
伦形成了以祈祷缪斯的庇佑作为序言式的对句，对句同时包括了在
《神谱》中早已被确定的缪斯的双亲身份。

　　因此，当我们发现梭伦在诗中对"不义之举"(nonjust works)、
同时也是"忤逆之举"发出警告，以及当他告诫我们不仅"正义相伴
左右"而且"天灾倏然而至"，甚至当他以"天灾随后现身：宙斯派她
(它)降下严厉的惩罚"(1. 75－76)这样的格言作为诗的结尾时，我
们承认，他的语言落入了同样的回忆录模式(pattern of recollec-
tion)。正是赫西俄德使 dikē 和 hubris[暴行]之间形成了明确的对
立，而且，通过将 dikē 和 atē[天灾]加以关联，他把她们的力量集合
为一种鲜明的个性特征。甚至，在梭伦谈到以不正当手段获得的财
富紧接着"难以遵从不义(的要求)"———一个奇特的比喻时———他
是否恰好想到了赫西俄德那个"跟着到城邦和人多的地方哭泣"的
dikē? 而梭伦的"洞察一切(事务)"(1. 17)、没有什么逃出其法眼
(1. 27)的宙斯就是赫西俄德诗中那位"眼光注视着一切"、任何东
西都难以在他面前"掩藏"(《劳作与时令》267－268)的宙斯。

人格化的正义

　　在梭伦那首较短的挽歌的三行诗中(3. 14－16)包含了一种正
义的人格化，其中的措辞和前柏拉图著作中对"她"的任何表述一
样清晰易懂。然而，这必须在它们的语境中方能真正理解它们。诗
歌一开始就自豪地宣称，"我们的城邦将永不会消亡"，这是因为她
[259]受到了宙斯和诸神的保护，尤其是受到了雅典娜高昂的双手
的保护(3. 1－4)。接着他写道(5－18)：

正是这里的居民用他们愚蠢的行径让一座伟大的城邦
行将毁灭,他们对财富(的诱惑)唯命是从;
民众领袖们心怀(是)不义;他们准备
承受源自傲慢自大(所带来)的苦楚;
他们缺少对贪婪的克制,难以用有序的方式享受
安逸的盛宴提供的欢乐;
他们屈从不义之举(的诱惑)聚揽钱财;
无论私财还是公产都被大肆铺张,
他们偷偷地窃取;他们贪婪无度;
他们不再守护正义女神的神圣根基——
这位女神悄悄地注视着一切,
终有一日,她必会施加惩罚(comes ready‑to‑exact‑re‑tribution)。
对整座(或每一座)城邦而言,这是无法弥合的创伤,
而(这座城邦)很快就会遭受可怕的奴役。

　　以上的诗行散发着一种雅典人天生的自豪感,这种自豪感在接下来的诗中依然可见,因而,它在梭伦警告任何威胁到正义的行为中加入了一种热情。但是,它们同样拥有一位先祖。当赫西俄德颂扬正义时,城邦一直在他的思考之中。dikē 之路引领着城邦;从正义之举中,城邦可以获益,而从不义之举中则只能收获悲伤,因为宙斯会对行不义者施加惩罚。然而,梭伦的雅典——"我们自己的城邦"㉑——并非注定要遭受此种出自宙斯之手的厄运。梭伦摒弃了赫西俄德悲观的选择,与此同时却想起了赫西俄德的告诫。他的注意力——或者说他的回忆——似乎尤其被这样一个相当关键的段落所吸引:赫西俄德提醒某些 basileis[王侯们]注意"诸神就在近前

　　㉑　Hēmetera polis[我们的城邦]:所有格代替了定冠词;因此,所讨论的城邦并非赫西俄德的(《神谱》240、269),而是"我们"的。

考量那些徇私枉法之徒","有三万个不可见的精灵漫游在大地上,守护着正义"。随后,dikē 在奥林匹斯山上被人格化了,她"悉数人类的不义思想——它要受到惩罚——甚至悉数那些因审判 basileis[王侯们]的放肆行径而滥用正义的平民"。而在 4 行过后,正义的形象已经被宙斯替代,"他的眼睛能洞悉一切,明了一切,只要他想,不会察觉不出城邦之内维持的是哪一种正义"。这里有几处对比,它们之所以被放在一起并非偶然。赫西俄德的句法规则允许 dikē 一开始控诉人类,接着控诉那些因其君主的恶行而受苦的平民:反观梭伦,起初他责备了邦民,随后则斥责[260]那些"平民领袖",由此可以说,他再现了其蓝本中的模棱两可,也再次使用了"不义想法"(nonjust mind)这样的表述。在采用了赫西俄德的人格化手法后,梭伦在诗中加上了一些来自蓝本语境中的人物特征,从而对蓝本进行了扩充。人们的贪婪剥夺了她(单数形式)的"护卫者",而赫西俄德曾给予她(复数形式)三万名护卫。她虽沉默不语,但清楚地意识到将要发生何种不祥之兆,因为她担负着赫西俄德指派给这些隐于人间颇为不详的神和精灵的职责,特别是,她担负着任何事物都难逃其敏锐双眼的宙斯的职责。在赫西俄德那里,她可以控诉不公正的举动,并且请求对行为者实施惩罚;而在梭伦这里,她则将惩罚加诸自身。梭伦诗中 dikē 的特征至少有两个来自对《神谱》的回忆。她的"根基"乃是梭伦添加于她的传统形象之上的事物。因而,这些根基不可能意指一种虚构的"正义之神殿"。梭伦正在使用一个罕见的史诗中的词语(themethla[基础、根]),荷马曾将其用于眼睛或喉管的"根部";因此,根基的象征并非建筑学意义上的,而是生理学方面的,赫西俄德曾用它来描述宙斯赏赐给三个助其战胜提坦神的巨人们的家。提坦们被驱逐到"诸神之外,面朝深渊",即被逐出天庭(cosmos)。而巨人们则受到截然不同的对待(《神谱》815–816):

宙斯的杰出助手们居住在俄开诺斯的底部。

这个地方,同样提到的还有:

泉水、大地、深渊,大海和天空。

它们为巨人们在宇宙中提供了一处宁静怡人的居所,这个宇宙同样被视为其自身的来源。梭伦的正义现在是否占据了这个场所? 他的象征物是否会允许她短暂地从人间移居到天庭? 这将会是一次绝无仅有的离开,人们难以完全理解她要求人类保护她,同时她有权惩罚人类。梭伦打算为她做这件事——换言之,给予她一个神的身份——这或许可以从如下的事实中推出,即他赋予她"现在、将来、过去"——此种表述效法了《神谱》的作者在序言中为他自己或为他的缪斯所提出的权利要求——一切事物的知识。㉒

系动词与概念清晰性的缺失

[261]对于上面两首挽歌,我们没有足够多的空间来做详尽无遗的评析,否则将会发现更多这类比较。然而,已经揭示出的东西足以弄清当梭伦着手将此种特征的诗歌组合在一起时将会产生什么样的结果。梭伦不仅记得赫西俄德的诗文,而且有着视觉上的直观印象。在处理他的范本(model)时,梭伦延续了一项由赫西俄德在处理其范本时着手的进程,因而,完成的结果也更加成熟完善。梭伦处在一个更具读写能力的时代:对用于表达的句法的掌握能力增强了;在从一个格言过渡到另一个格言之间存在一种更强的逻辑关联意识。相应地,说教主义(didacticism)也变得更加明显。梭伦说(3.30):

———————————

㉒ Themethla 可能是对忒弥斯的双关语,此处,忒弥斯的先知能力被授予 dikē:参《俄瑞斯特亚》(章十六,注释 25)中被"踢倒"的"祭坛"(或者平台?)。

这就是我的精神命令我教授(didaxai)给雅典人的东西[参 22.7]。

于是,他进而详细分析了法律与良序(eunomia)的积极影响以及与其相对之物(dus – nomia)的消极影响。他的许多观点在他之前的提尔泰俄斯(Tyrtaeus)以及他之后的忒奥格尼斯(Theognis)的教谕诗残篇中反复出现,甚至会有惯用语和整段整段诗的重复。教谕体——源自荷马而始于赫西俄德——开始获得自身特有的风格形式,它成为一种文学上的陈词滥调,在雅典肃剧的合唱词中也很常见(下文章十六);而在巩固那些深植于史诗中的共同性礼节方面,它充当了一条道德疏导线,并且在教谕体发展的口语时代指引着希腊文化。

在诗歌的创作过程中,梭伦免不了要就诗中教谕部分的正义说点什么。他围绕着正义的象征贡献了一些诗化隐喻。这些比喻是其即时语境的一项功能;在总体的一致性方面,梭伦是成功的:Dikē[正义女神]受到赞颂,接着被居于次要角色的 Eunomia[良序女神]所取代:她们各自的力量都受到不同方式的颂扬。由此,梭伦再一次获得了来自赫西俄德的权威证明,因为后者曾使她们成为姐妹,宙斯的女儿。而梭伦也分配给 Eumomia[良序女神]"矫正枉法裁判"(straight-ening crooked justices)的职责。这是在广场上用于辩论和审判的程序性"权利"的传统术语,不受任何人格化的影响。dikē 的象征性职责分配仍然涉及意义场域,既是单数的也是复数的,但是在概念上却并不清晰。

当人们观察到梭伦的词汇量能够仅在荷马的惯用语的范围内使用动词 to be 时,不免有那么一点点惊讶。[262]在现存的残篇中,有 22 个例证,没有一个使用了系词。有 3 个碰巧在一起出现,以荷马的方式,它们从听觉上被合为两行(1. 38 – 39)。同赫西俄德一样,梭伦掌握了一种句法,它适于指出正义"是"什么,或正义实际上"意指"什么。

如果人们推断,那个通过形象化描述隐藏起来的东西展现了某种对道德及宇宙的深奥原则在概念上的把握,那么,就会对在古风时代使用希腊方言实际上会发生什么产生错误的认识。引自那首较短挽歌的最后 3 行(3. 16 – 18)提供了更进一步的线索,通过它可以发现梭伦完全非哲学的、非抽象的以及非概念化的创作特征。只要这 3 行诗通过动词"变为"(come)——它以三种不同的形式在每一行的完全相同的格律处出现——在感觉和声音上联系在一起,它们就可以用语言来表达。从逻辑上看,它们留给读者一个需要解答的两难问题:是"实现"惩罚的正义,还是"降临"城邦的无法避免的创伤,抑或是"变成"奴隶制的城邦? 然而,这样一种逻辑上的测试是不恰当的:因为创作的规则仍会促进声音的共鸣(acoustic echo)㉓。梭伦是一位凭记忆创作诗歌的人。

与赫西俄德不同,梭伦从没有将正义作为一个主题加以讨论。在他对自己制定的政策实施得如何的务实描述(pragmatic account)中,梭伦从间接方面澄清了作为程序性措施的 dikē 的特征。他的挽歌没有在概念上做出任何超越赫西俄德的贡献。诚然,较长的挽歌被保存在斯托拜乌题为《论正义》(*Concerning Justice*)的选集中,好像这就是它的形式主题。但是,这样的分类——尽管影响了现代的梭伦评注者们——却是较晚的文字化时代的产物。事实上,此种分类属于柏拉图式的,因为在柏拉图那里,"正义"这个词已不再是 dikē 而是 dikaiosunē 了,而这是一种存在差异的区别(下文章十七)。

㉓ [译按]此处,声音的共鸣乃是一种比喻,它实际上指梭伦诗歌的创作风格在于下面一行与上面一行在末尾处押相同的韵。

第十五章　前苏格拉底的正义观

米利都学派的准则

[263]梭伦死时,米利都的阿那克西曼德大约40岁。古代后期的《哲学学述集传》(*doxographical tradition*)——源起于塞奥弗拉斯特(Theophrastus)的《自然哲人学说史》(*History of the Physical Philosophers*)——将下述学说归在他的名下:"万物的始基"乃是某种被称为"无限"的东西,这并非"通常认为的四元素中的任何一种,而是另外的某种无限体,从这种无限体中产生了天空以及居于其间的各种天体"。相关的记述还有:"(他说)万物起源于这些(事物),因而存在(之物)的生灭也必然复归于它们;用相对诗意的方式来表达就是,根据时间的次序,它们为不正义而彼此给予审判和惩罚(dikē,tisis)。"(《前苏格拉底残篇》[*FVS.*]12A9)《哲学学述集传》中这仅有的几段已经引发了更多与解释相关的问题。以上所引的最后两句之间存在怎样的逻辑关联,以及它们同"无限"这一学说的共同关系又是什么? 对于关涉正义作用的结论,已有的不同解释并不能对其产生影响。实际上,《哲学学述集传》所描述的乃是一种隐喻,通过它,一次自然的更迭,或者说周期性的往复——很可能指四季的交替,在如《伊利亚特》中所描绘的人与人之间的法律程序中得以阐明,[264]此种程序正是基于相互性的规则。引文中的 dikē 所表达的可能并非一种从包括宇宙及其进程这一综合法则意义上而言的正义,因为它本身就是一种在变化过程中被互换或交替的元

素。如下情景中将会产生平衡以及相互作用的结果,正如奥德修斯分别对阿基琉斯和阿伽门农说道:"不会让你去做不公正之事,而你呢也要变得更加公正。"(章七)阿那克西曼德的隐喻意在否认下述观点,即此种平衡实际上总是发生,相互的往来是永恒的。短语"时间的次序"在同梭伦的"时间的正义"相互关联后可以做出如下推论,时间应当被大写,变成宇宙进程的"裁决者"(耶格尔,页159),中性词"秩序"(taxis)则转化成一种通过时间来征收的"财产税"(正如在雅典人的纳贡中所列明的:同样见基尔克和拉文的列举,页120)。① 所有这一切就等于是将古希腊人的日常表述放在架子上,以便从中抽取出一个形而上的自白(a metaphysical confession)。和"时间的正义"一样,"时间的次序"暗示有规律的持续期,而相互性进程得以在其中产生。②

前述语句表述的真实性已然遭受质疑,但若没有它,宇宙正义观的范围或许决不会扩及古希腊人。实际上,要说有什么区别的话,那就是很难确定所有引证(用间接引语转述)中到底有多少是忠于原典的,当时,吕克昂学院也许有也许没有这部原典,其间,尽管色奥弗拉斯托斯在写作其历史著作时提到过"诗的词汇"已被使用。③ 然而,不论忠实与否,它都远离了任何与

---

① 参第十四章注释8。

② 麦克迪尔米德(McDiarmid,页141 – 142)甚至主张"时间的次序"体现了塞奥弗拉斯特对原文的改述。

③ 对漫步学派重建的怀疑在很长一段时间都与如下的说法密切相关,"万物起源于这些事物……灭亡的出现"。我将更进一步地主张:didonai dikēn[遭受惩罚]以及 adikia[不义]不会在希罗多德之前就已出现(参章十七),同时,adikia[不义]也并非一首"诗歌的名称(poetic onoma)",由于从格律上来说难以处理,因此不大可能出现在史诗及挽歌中。从碑文的记载来看,说拟人化罕见地出现在一个红绘人物花瓶上(比兹利[Beazley],卷一,页11)也是可疑的。

作为一种哲学概念或原则的正义之表达相一致的术语。

赫拉克利特

对赫拉克利特而言,dikē 具有极其重要的象征意义,这一术语出现在他现存的 4 句残言中:④

1. (《残篇》80) 必须明白战争是常事,

而正义则是不和[diken erin]……

2. (《残篇》94) 太阳神不会越雷池一步;

否则,复仇女神——正义女神的援手将会揪他出来。

3. (《残篇》28) 最杰出的人知道并且警惕那些假象。

[265] 正义女神将惩罚弄虚作假之人,以及为之作证者。

4. (《残篇》23) 如果这些(事情)不存在,

他们将不会得知正义女神之名。

赫拉克利特的措辞富有想象力、隐喻性,并且常常呈现出多层含义。上述格言亦不例外。第一段是对史诗《伊利亚特》不同卷中两行诗的追述,其中一句经过了改写,而另一句(正如在古代)则遭到了反驳。然而,赫拉克利特记住的远不止荷马的这几行诗。他想起了诗句所在处的叙事节奏,故事的情节经历了两次意外的逆转。当听到帕特诺克罗斯的死讯时,阿基琉斯经历了一次情感上的剧变。他

---

④　由于对《残篇》102 的真实性尚无把握,我没有将之纳入其中;尽管基尔克在《赫拉克利特》(*Heraclitus*,页 180 – 181)一书中也提出了异议,但他却接受了它。

发誓同阿伽门农尽释前嫌,并大声疾呼:"但愿不和女神(eris)从神和人的生活里消失(perish)!"当特洛伊人继续扩大他们的优势时,阿基琉斯出现在雅典人的要塞上并以狂啸暗示他将重返战场。特洛伊一方的波利达姆斯向赫克托尔进言转攻为守,但是赫克托尔拒绝了:

> 战神(是)共有的(communal);此前他已击毙了杀人者。

在此危急关头,赫克托尔脱口而出的一句格言竟变成了预言式的反讽。战争就是对相互性规则的回应。如此,相互性就使得杀死帕特诺克罗斯之人自己也将被杀死。赫拉克利特给出了这样的解释:赫克托尔所言是正确的,而阿基琉斯所言则是错误的。⑤　战争(polemos)的逻辑和不和(eris)的逻辑必然被统一起来——如同战场的逻辑和广场的逻辑一样。两者都包含了相互的过程。和战斗中的敌人一样,一场民事纠纷中的争论者也是如此。作为一种象征,荷马的正义观可以用两种不同的方式加以诠释,因为它既指涉争论双方间的论辩和仲裁过程,也指涉使该进程终结的和解。赫拉克利特将前者作为唯一可以恰当解释宇宙和谐行为的说法。⑥　因为遵循着口述惯例,这一史诗格言变得和"战神(是)共有的"之意相同。对此,赫拉克利特进行了处理,用非人称的"战争"(polemos)一词加以代替并增加了动词"存在"的方位分词——"扩大到公共的"(eonta xunon)来表达一种一跃而进入对立面的准则观念。另

---

⑤　亚里士多德(《前苏格拉底残篇》[*FVS.*]22A22)确认了后者是赫拉克利特的批评对象。我不赞同古思里如下的论证,即此格言同样是对赫克托尔所言的暗中批评,也因此暗中批评了阿基洛库斯(Archilochus)的仿效之举(《残篇》38D)。敌视阿基洛库斯的诸项理由也更加普遍(参下文注释9)。

⑥　因而,此格言并非对阿纳克西曼德的表述的一项"修订"(基尔克和拉文,页195),而是一项补充说明。在前苏格拉底哲学家中,随处可见对"出错的前辈(erring predecessors)"(古思里《希腊哲学史》,卷一,页448)的修正,其中的绝大多数都是虚构的;他们不会从事竞争性的学术研究。

外,他从阿基琉斯的呐喊中剔除了动词"消失"并用名词 dikē 代替,将[266]dikē 与 eris[不和]变成具有相同词性的同位格连词。对荷马文本的上述处理方式有没有可能是真的,因为现在,文本能够以可见的形式通过眼睛阅读而非仅仅通过耳朵回忆?⑦

　　第二和第三句格言复活了被赫西俄德以及梭伦所使用的正义的拟人化,然而,它们都不具有严肃的哲理性。这两句都极尽讽刺、诙谐之能事,在古代晚期一些杜撰的哲学家轶事中,此种风格似乎已被广为接受。太阳的衡量标准有两种规律:他在黎明东升而在黄昏西落,在冬、夏的天空中上下游移。两次移动的界限是固定的,此种宇宙运转的规律是除德谟克利特以外所有前苏格拉底思想家所恪守的信条。然而,设想太阳要偏离轨道;他想实现这一目标的唯一方法很可能是在地球下方磨蹭,待在一个无人知晓的地方。我们无须为此担心,因为复仇女神也会下抵那里,她们会将他捉拿归案。此种宇宙间的有序规则即是正义。而"她",这一赫西俄德诗中拟人化的形象一直都在奥林波斯山上。为了实施对太阳的控诉,她需要复仇女神的"援手",以便当他躲在地球下方时能够找到他。⑧ 为证明此种解释的合理性,人们可以说,宙斯曾赏给他的"援手"(epikouroi)三巨人一处立于俄刻阿诺斯"根基"之上的居所,如果梭伦的短语"正义的根基"被解释为对上述故事的联想说得通的话,

---

　　⑦　参章十二。

　　⑧　在荷马那里,厄里斯(Erinus,单数形式)是与摩伊拉(Moira,单数形式)以及宙斯相伴出现的(《伊利亚特》19.87);在赫西俄德那里,摩伊拉(Moirai,复数形式)则同宙斯与忒弥斯的女儿 Dikē[正义女神]相伴出现(《神谱》901－904)。因此,在赫拉克利特的如下表述中,即解释 Dikē[正义女神]在向宙斯申诉时如何能够获得实现她施加惩罚之诉求的手段,Dikē[正义女神]与厄里斯(Erinues,复数形式)相伴出现(《神谱》260)。而在埃斯库罗斯那里,尽管 Dikē[正义女神]与摩伊拉(Moira)相伴(弗伦克尔[E. Fraenkel]:《阿伽门农》[Agam.]1535),厄里斯(Erinues)却与摩伊拉(Moirai)相等同(《复仇女神》[Eum.]172)。

那么赫拉克利特正是对这一相同的场景做了不同的使用,他将复仇女神而非巨人们确立为维护宇宙秩序的"援手",只是代表宇宙秩序的不是"宙斯",而是"正义女神"。毕竟,在提坦神叛乱后,是巨人们使得宙斯恢复了其对神和人的有序统治。

关于第三条格言,⑨我们已详细论述过了,它属于这样一群相当重要的事物,它们抨击了其他据说拥有智慧或才智之人的资格,这些人中以荷马、赫西俄德、阿基洛库斯和色诺芬最为著名;所使用的术语暗示抨击的目标不仅是诗人本身,还有那些在公共集会上吟诵其著作的人。哲人(指赫拉克利特)的学说,当下虽受忽视,然而终有一天会取代它们;当然,这些抨击也饱含着许多私下的辛酸,当前的这个亦不例外。他的目标是"那个名声显赫之人"(dok - imōtatos),[267]他"有能力守护那些似是而非的(事物)"(dok - eonta)。这一独特的双关语以嘲讽的方式唤起人们注意一个可能已被提及的反讽(如上):"卓越之人只守护幻想"(the illustrious guards only illusions),要不就是"最杰出的人只守护假象"(the most impressive guards only impressions)。谁是这一卓越之人,想必是一类? 他是政治家呢还是将军? 线索如下:"正义(女神)将会抓住弄虚作假之人和为谎言作证之人。"术语"弄虚作假者"(artificer)有时会被娴熟地用到一位诗人身上,而"谎言"则已经被赫西俄德用到某类诗上了。和弄虚作假者相对,"证人"(testifier)则指涉吟诗之人。这两条线索合在一起可以得出如下结论:"弄虚作假之人"并非指涉法律程序的参与者,而是指涉诗人著作的吟诵,从赫拉克利特(已被公认的口述诗歌的教谕功能所支持)的观点来看,这就等于证明了他们的学术权威。然而,此种权威却是虚假的。赫拉克利特对此问题的评价获得了其他前苏格拉底哲学家的认同,尤其是他的后继者帕默尼德斯。如果这就是他抨击对象的本质,便可以解释

---

⑨ 哈夫洛克在《前文字时期与前苏格拉底哲学家》中的详细分析,页56 -57。

"知道如何去守护"(如在手抄本中读到的:ginoskei phulassein)这句话;不定式暗示了"存在于记忆中"(章七,注释6)的口述功能。吟诵者们可以学习记忆,但是记住的内容却是虚假的。

正义(女神)"将擒住"(will catch up with)这些人。这又如何实现? 难道赫拉克利特的意思是,他们将真的被抓捕并在法庭上受审,甚或被复仇女神追逐和折磨? 这似乎不大可能。更合理的解释是,他们将再也不能享受声誉了:那个哲人,(或者他的学说)将取代他们在公众尊奉中的地位;因此尤其强调 dokimotatos[最真实的]。那么,除了要求在宇宙和人类诸事务间保持"规律性"这一相互性原则之外,"正义"又指什么? 在他们失去声誉之际,他将赢得声誉。可是,动词"擒住"意味着他的想象仍然倾向于以拟人化的方式戏剧化地表现(渲染)这一原则。⑩

作为规律性的原则,dikē 似乎完全囊括了相互性的进程。然而,凭借环境,它同样可以代表相互性进程的一端:即对此前的不公正加以矫正的报偿性行为。此种矛盾性在前柏拉图哲学思想中长期困扰着公正这个词。阿纳克西曼德(如果将这个用词归于他不存在什么异议的话)对此词的表述更为狭义。赫拉克利特的第四句格言可能同样如此。第四句格言依赖于一个似乎正确的修正。此前的解释性尝试已经被基尔克(G. S. Kirk)合理地纠正了,⑪旨在提供一种和哲人的相反学说相一致的观念。形容词性代词"这些事物"[268]必然指涉那一被误以为是"非正义"的事物,无论是不是引文的一部分。正义得以存在端赖它和非正义的对照:两者不可能脱离对方而被知晓。

此格言试图做出一个进一步的解释。人们意识到正义是一个

---

⑩　通过引述《残篇》80、94,古思里将此处的 dikē 解释为"神的判决",《希腊哲学史》,卷一,页 472。与此不同,基尔克和拉文则将她的作用解释为"常态性(normality)以及规则性的拟人化"(页 203)。

⑪　基尔克:《赫拉克利特》,页 125–129。

名称,它作为一个名称存在。⑫ 哲人是否宣扬这样的事实,即赫西俄德的诗歌实际上将 dikē 变成一个名称用来充当叙述的主题,因此作为一个话题也就变得明显可加识别？事实上,这样的措辞使人想起《荷马史诗》的惯常表达"他们不知道各种仪式书或正义",意指他们并不拥有或使用任何对它们熟知的版本。现在,dikē 已经变得为人所知,不仅通过对它的使用,而且因为它是一个可加辨认的名称;就此而言,赫拉克利特希望维持它的相对性。

帕默尼德斯

　　哲人帕默尼德斯尤其沉思于动词 to be 的表现和意义。其学说的本质——由于受希腊方言诸多语法上的限制难以准确解读,这是他致力于修正的——此刻无须令我们烦扰,⑬除了在他的哲学诗残篇中"正义"这个词干扰了自身三次。它只在注解部分出现过一次,如果说有什么地方的话,那么正是在注解部分,dikē 这个词很可能被认为具有严肃的哲学内涵。他对"is"(同样命名为"存在[之物]")的特性做了冗长的解释:它是"非产生的,不可毁灭的……唯一的,持续的",等等(8.3 及其以下);"信仰的力量也不能允许任何事物可以同它一道从非存在中产生;因此,正义绝不会松开(它的)镣铐任其自身自灭"(8.12 – 14)。

　　如今,正义——作为用来描述宇宙环境的隐喻——的使用已经

---

　　⑫　参《残篇》32 中的 onoma[名称]和《残篇》67 中的 onomazetai[被命名],以及基尔克强有力的评论,《赫拉克利特》,页 117 – 119。

　　⑬　它对本书中阐述的动词 to be 的历史的直接影响是理所当然的;没有足够的空间来提及马乌拉托(Mourelator)的《帕默尼德斯的路径》(*The Route of Parmenides*)一书,特别是该书的前两章,以及柯尔福德(G. B. Kerferd)对该书高明的评介。

习以为常。此处,"她"成为一名看守,而"她的"囚徒正是那个非产生的、不可毁灭的以及持续的"是"。帕默尼德斯坚守如下观点,即他的"存在"是唯一的实体。他是如何将它设想成其他事物的囚徒的? 只要 dikē 通过另一个名称体现了这个相同的实体,以便它能被设想成自己的囚徒,那么此种隐喻对他而言在哲学上就将是可以接受的。何种意义的"正义"——正如被希腊语的习惯用法所确定的那样——将支持上述的设想? 唯一且最明显的将是传统的那种,这种正义表现为规律性、习俗、被接受的秩序、被期望之事以及常态性行为,反之则是不确定的。帕默尼德斯对这个词的使用——很难说清是宇宙论的还是逻辑的[269]——采取了那种在赫拉克利特著作《残篇》80 中使用过的风格,但是却得出了不同的结果:变化过程的全部规律被不变性的规律所取代。"正义",非但没有通过使说明性谓语赋予它之上而得到诠释,反而使自身作为一类不言自明的谓语和他真正有兴趣去揭示的事物——"是"的特征——的范围产生联系。

第一个将 dikē 做了拟人化处理的赫西俄德恰好对此种象征可能的含义很感兴趣,而帕默尼德斯则不然。他的冷漠表明,当他用其他的词代替正义时,能够(考虑到他重复的阐述风格)重新使用看守这样的隐喻,正如当他说"强力的必然女神(anake)将(是)置于环绕限制的范围内";以及同样的,"没有什么其他的事物要么是要么将是脱离存在,因为命运(moira)已经束缚了它,使其保持完整和不动"。将 dikē,ananke,以及 moira 刻画为"彼此相伴的女神们"是不够的。在帕默尼德斯的诗文中,她们表现得恰好并非如此。假如她们使人回想起传统的能力,而这些能力则被用来戏剧化地表现一种与传统极为不和同时又深奥的学说,那么对帕默尼德斯而言,提供这样的选择正好暗示了他对词语选择的毫不在意。"强力的必然女神"以及"命运已经束缚"这样的措辞是荷马式的,正如"环绕限制"一样,这三句措辞来自《伊利亚特》中不相干的诗句,这些诗句描述了强加给人(安德珞玛珂,赫克托尔)以及牛的限制,它们同宇宙论没有任何关系。⑭ 对它们的使用反映出帕默尼德斯诗法(poetic method)的基本习惯,此种方法先是收集从荷马到赫西俄德的大量格言和韵脚,然后对它们重新加工以便与荷马的诗风相区别。

此种寓言式的学说杂烩早已借由女神之口说出,这个在她的即时语境中不知姓名的(她是传统的缪斯女神吗?)女神通过下面的话使这位哲人理解了如上学说(1.26 – 28):

> 欢迎啊! 因为守护你向前穿越此路的并非邪恶的命运女神(moira):实际上它一直远远地伫立(estin)在男人的步伐之外。
>
> 不,它是法律(themis)和正义(dikē)。

此处,正义非但不是一位看守,实则是一位远游的护送者。这是典型的荷马式的。《奥德赛》的故事强调的是为旅者提供护送者的"正义",更确切一点则是强调恰当:这正是由佩涅洛佩所想起的奥德修斯的特殊品质。⑮ 此时,Dikē[正义女神]同 Themis[法律女神]联系在一起表明,[270]尽管帕默尼德斯的作诗方式极为新颖,却是为传统标准所认可的。另外,人们有可能在诗文的风格中发现超过两处的荷马式格言。⑯

此种由"宗教情感"激发的表述是不大可能的。相反,我们观察到,帕默尼德斯在诗中象征性使用的"正义"一词具有这样的意义,即它为荷马以及古希腊人思想中普遍运用"正义"一词的方法

---

⑭　参 6.458;13.706;22.5;亦参《神谱》751。

⑮　亦参《奥德赛》17.117(涅斯托尔对忒勒玛科斯的护送)。

⑯　《伊利亚特》1.418(然而,这位哲人将不会遭受阿基琉斯的宿命);《奥德赛》9.119(如同奥德修斯,他已经抵达了一处桃花源;亦参哈夫洛克:《帕默尼德斯》[Parmenides])。

提供了基础。正义,在其被拟人化后,就可以通过各种方式转变角色,恰如帕默尼德斯所主张的那样:存在不应[产生于不存在]。此种情况在诗中"她的"第一次出现时被毫无保留地加以运用。当那位哲人朝着即将为他陈述的学说前行在一条寓言式的旅途时,他的护送者乃是"少女赫利阿得斯"⑰(是他创造了她们吗?),她们"正抛弃黑夜的府邸迈向光明",从而到达某个地方(1.110-14):

> 昼夜的入口矗立此处,
> 上方的门楣环绕着入口和石质的门槛;
> 两处高耸入云的入口处大门紧闭;
> 常常施加惩罚的正义女神手握着昼夜交替的钥匙……

这些护送者们诱骗这位女神不要封锁昼夜的大门以便使他们通过,这样的方式将在恰当的时刻被那位不知姓名的女神所认可。上述加以援引的诗句融合了两部著名诗篇的描述,它们分别是《奥德赛》和《神谱》,其中尤以后者为主。帕默尼德斯补充说明了正义的作用;此时,那位顺从的守门人先于诗句后半部分中的无情的看守出现。然而很明显,"她"握有钥匙。赫西俄德曾经提到过黑夜和白昼,他们从相反的方向接近,在擦肩而过时彼此致以简单的问候,并且交替着穿过以及再次穿过他们共有的府邸入口,但是永不相聚一处。⑱ 此乃希腊语中极富诗意的一段。在那个神秘的房间里,莫名其妙地回荡着谈论帕默尼德斯学说的声音。但是现在,那个地方被两扇门护卫着(尽管在赫西俄德的诗中并非如此),它们轮流打开和关闭来确保昼夜进出。因为那个获得最根本知识的哲人需要两扇门同时开放,如同它们现在这样(1.19)。此刻正义扮演

---

⑰　[译按]太阳神三个女儿的合称。

⑱　《神谱》行748,它本身是对《伊利亚特》8.15以及《奥德赛》10.86的回忆。

着守门人的角色来行使此项功能:她通常的做法是放出一人再放进一人,以此贯彻着宇宙的相互性规则。就相互性规则与太阳的上下游移这样一个不同但相关的现象而言,赫拉克利特同样曾将此项规则赋予她。这就是为何她要"保持着惩罚"[271]——先是白天,然后是夜里——当她轮流管制着它们时。对赫西俄德的女神要求人类的惩罚的回忆被运用到白昼的自然规律上。

我们得出的结论如下:在前苏格拉底哲学思想中,正义并没有超越恰当性和规律性的逻辑限制,它是荷马时代社会的基本规则。此种新奇的事物在于它的应用,现在它被扩大到涵盖了外部世界的行为上。它的含义仍然是循环论证的;被保存之物就是始终(或者始终应当)完成之物;确切地说,用帕默尼德斯的话就是:什么始终是。一旦将这样的观念转变到一个人时——前苏格拉底的人总是试图以赫西俄德和梭伦的方式这样干,"她"往往消失在一个根据语境的便利被指派的角色混合体中。可是,仍然没有人告诉我们正义在形式上以及最终是什么。

第十六章　埃斯库罗斯的正义观

[272]现代印刷本的《阿伽门农》有 1673 行。其中,古希腊语动词 to be 的各种形式出现了 78 次,如果算上加了前缀 in、with、from 以及 on(en－,para－,apo－,epi－)的复合词的话,那就还有 8 次。① 单音节形式共有 19 个,其中的 10 个以第三人称单数过去时 ēn(外加 ep－ēn 以及 par－ēn 各一个)的形式呈现。而第三人称单数现在时(esti)出现了 23 次(不包括 3 处 par－esti)。与荷马相比,我们应当记住,肃剧(以印刷的形式呈现时)的一个"诗行"很少有六音步诗行那么长,它往往同歌队合唱部分一样,只包含六音步诗行三分之一的词。无论是否有用,这些统计数字在总体上能够表明,到公元前五世纪初,动词 to be 的使用量在不断增加——因此,很可能从动词的用法转变为系动词的用法也在增加,尤其当它用 esti 而非其他形式表示时——但是证据取决于不止一部著作和一位作家所使用的字数。

动词 to be 在戏剧中的句法

然而,上面的数字使我们注意到该动词所谓的听觉性能,正如在荷马的事例中所呈现的那样(在赫西俄德的事例中亦是如此),

---

① 作为三联剧中最重要的一部,《阿伽门农》由于它罕见的长度和作用在此处被选取来体现埃斯库罗斯对 einai 的使用。在该剧中,围绕 dikē 的象征手法发挥得淋漓尽致。

[273]此种情况也许同它的语义学意义有关,同时,它也提出了如下的问题:其在诗歌韵律方面的作用是否展现了任何独特之处? 一件与荷马相关的事是很清晰的。尽管这个动词通过悲剧的精湛用词广为传播,但却以不同的方式用于对话、合唱歌曲和圣歌中,在20个例子中,它把自己强加于由少数几个词(从2到8个不等)②分隔开的两行诗中,与此同时,它在4个诗行中出现了3次。③ 此种回声习惯(echo habit)——如果用语准确的话——止于549行,而在1203行又重新开始。在14个例子中(其中几个与前述20个例子存在重叠),使用了警言式的句法,这意味着 einai 作为动词出现在2到4个词所组成的句子中。④ 在其他5个例子中,从韵律上说它被置于一行的开始,从句法上说则被置于一句的末尾,这就使它表现为一种后置强调。⑤ 而在其他4个例子中,它使诗行与诗句同时结束。⑥ 此种单独排列的反常行为的意义似乎是微不足道的,但是从统计数字上看(如果我们将各个例子中偶尔出现的重叠部分计算在内),在总数为86个动词(包括复合词)中共有44种用法(23次以两个或三个一组出现,21次单独出现)。这些统计数字也许表明了一种在史诗中明显可见的对在发音上具有强调功能的该动词的持续性偏好,此种强调要么引起重复的习惯,要么引起孤立的习惯。同时,这样的强调和语义内容是相互兼容的,从而显得更加富有深意和趣味,绝非一种纯粹系词的使用功能。

事实上,一旦该动词被认为不是一个单独的词,而是同既定文字类型中的主词和谓词存在句法上的关联(或缺乏此种关联),那

---

② 67－68、272－273、378－381、511－512、547－549、1203－1206、1359－1360、1395－1396、1497－1499、1636－1637。

③ 1605－1608。

④ 67－68、170、217、269、273、904、958、1110、1231－1232、1249、1306、1354、1410、1426。

⑤ 68、1094、1099、1131、1232。

⑥ 989、1488、1608、1633。

么我们就有可能明白,尽管它的语义学用法超越了荷马式的规范,却仍然没有远离它们,如下的列表或许可以揭示这样的看法:

67 –68"(它)就是(其)现在之所是(esti…esti)"。一种帕默尼德斯式的独立用法,缺少主词和谓词,难以迻译;古希腊语缺少"它(it)"这个词。此种成对出现的例子是方位格的,正如状语连接词所表明的那样。

104"我要提到远航征战的统帅们,他们拥有至上权威(I prevail – with – authority)[kurios eimi]……"。这是一个用表明身份的词作谓词的例子。

160"宙斯,他一直就是这样一位(he stands – to – be)[hos tis pote estin]神,倘若这样称呼他的名字(这件事是)令他满意的话……"。estin 这个动词[274]隐含了一种身份,此种身份可被视为一个人的存在或真实本质,在当前的情况下它体现为一个名称:其含义更加贴近存在的事物。

168 –170"那位(who precisely)从前号称伟大的(waxed – great)神[hos tis…ēn megas],沉醉于所向披靡的战绩——如今再没人像[或"纵使"]先前那样[prin ōn]称颂(他)"。这是另外一个成对出现的例子,此处的两个谓词既指身份也指最终的处境。

217"(我但愿它)能够顺利(may – turn – out – well)[eu eiē]"。祈愿–将来时(the optative – future)由谓语性副词(the predicate adverb)表示,最终表达的是一件事,但这件事没有主语;在这些陈词滥调式的表述中,对"无人称独立格"(impersonal absolute)的使用看似很偶然。

259"尊敬统帅的妻子是正当得体的(just – propriety stand – firm [dikē esti] to honor a commander's wife)"。当具有普遍性质的行为的不定式用作谓词时,就预示了一种抽象定义的句法。然而,同其他的现代语言一样,英语的习惯用法是通过补充一个不存在的(nonexistent)主词从而将表示方位格 – 存在的(locative – existential)动词变成一个系动词用法,只是将这句话迻译为"尊敬……,这是正当的"([it] is justice to honor…)则有点过度翻译之嫌。

269"（我说）特洛伊已成为阿开奥斯人的囊中之物（Troy［as］being – in – possession – of – Achaeans）［Troian Achaiōn ousan］"。警句和方位格的。

272 – 273"何物（作为）担保？你有没有证据（Is – there – present – to – you – of – these evidence）［esti tōnde soi tekmar］？当然有［esti］"。第三个成对出现的例子，具有方位格含义。

325"分别听到被征服者与征服者的声音（diversely to – hear – the – voices – is – present – fact）［dicha phthongas akouein esti］"。对于这样的用法，语法书通过补充一个主词和谓词将其译成"听到……，（这）是（有可能的）［（it）is（possible）to hear］"，这就使得原本的方位格用法变成了一个系动词。实际上，真正的主词是一件事——听见不同的声音，当它被概括为不定式时也就"令它呈现在"耳朵前面。

367 – 383 行包含如下的诗行：

367"他们会说他们遭受了宙斯的打击；

368 是的，此事是（there – is – present）［par – esti］有迹可循的。

374 伤害在后代身上已经看得很清楚（?）……

376 他们傲慢自负……

378（对我而言），这将是无害的（let – it – prove nonpenalized）［estō a – pēmanton］。

380……因为财富是（there – is – present）［esti］无法保障的。

［275］381 当拥有过多财富（之人）

382 踢翻正义的祭坛。"

第一和第三个例子（368、380）都是方位格；第二个例子把将来时表示成一种由否定前缀表示的分离作用；par – esti，与行 325 中的 esti 的用法相同，通常被理解为"（……），（这）是（有可能的）［（it） is possible(that)…]"。上述诗行是歌队独特的冥思,在风格和思想上则是警句式的(但该文本不大可靠),它要求人们注意 einai 的无人称用法,如句中有不定式,不定式充当主词,非不定式则充当谓词,此刻,由于它出现在这样一些警句式的段落中,它似乎预感到它要从哲理性变成一种解释的工具。

412"看见……蒙羞者是(There – is – present)[par – esti]沉默不语的(?)"。此处的原文不可靠,虽然方位格隐匿其中,但它的含义是清楚的,行 368 亦是如此(上文)。

427–428"这些就是[发生]在那家中炉火旁的伤心事(are – these – lying – there)[tade esti]"。互补谓词(the complementary predicates)表示方位格用法,虽然这会使人情不自禁地按照系动词用法翻译成"这些是伤心事(the woes are these)"。

463–465"厄里倪厄斯终将使(render)那个很是侥幸(proving – successful)[tucheron onta](之人)……受尽折磨"。句中的分词具有表示时间和方位的谓词的作用:"终将(in time)"同时伴随着两个动词。

此刻,我们已经回顾了《阿伽门农》中前面 18 个与 einai 有关的例子。第 19 个例子采用了一种新的类型,我们将单独研究它。需要注意的是,前面 18 个例子中没有一个是系词的用法。它们几乎可以反映出该剧其他部分的用法情况(如果我们暂时性地忽略掉第 19 个例子所代表的那一类)。最基本以及最频繁出现的含义是方位格,而次要的类型则是最终的地位、人的身份,或者人的特性。这些用法是典型的荷马式的。但是该动词的句法同样表明了一种使用惯常表达的倾向,在这些惯常表达中,主词或谓词可能被视为一种"具有普遍性质的行为"的不定式;要不然就是,主词或谓词中的任何一个可能会完全地缺失;而且,该动词能够在没有任何限制的情况下单独出现。上述句法习惯——在荷马那里虽然出现过但很少见——也许指明了一种语言发展的前景,其中,einai 一方面代表了存在的观念,另一方面则起到了释义或求证的作用,它们都是以严格的系词用法加以表达的。因此,我们无需对如下的情况感到奇怪,倘若与这部戏剧同时代的哲人帕默尼德斯发现自己[276]正在用他智识上的活力探究由这些句法习惯所提出的问题。

一种"生成的"用法

文本中的第 19 个例子提供了一种值得单独划分的类型,虽然此种类型表达了这些相同的趋势。尽管它在诱导译者将 einai 作为系词加以处理方面是靠不住的,但我们发现,该动词实际上与描述各种行为举止的谓词相关,因此它被用来说明主词对行为的一种参与,例证如下:

472"(但愿我)既不会成为城邦的破坏者(become – a – city – destroyer)[eiēn ptoli – porthēs],也不会成为他人的囚徒,殆尽我的生命"。该句中的谓词实际上就是伪装成形容词的动词[porthō];"但愿我绝不会毁灭城邦"相当于习惯用语;通过 einai 与主词产生关联的谓词不是财产、品质,或等级,而是行动。将其称作 einai 的一种"生成"用法是吸引人的。无论这样的叫法是否恰当,这一用法在埃斯库罗斯的措辞中都起到了显著的作用。

542"你害了这种病(you – took – possession)[ēste ep – ēboloi tēsde nosou]"。地点同样暗含其中。

593"我被这些话弄得茫然无措(being – cast – adrift)[plank – tos ousa]"。再次表示方位格含义。

796"眼睛没有藏而不露(eyes – are – not – for – hiding – from)[ouk esti lathein ommata]"。这是一种"将不能够隐藏"的迂回表达,其中,"对于眼睛而言,……这是不可能"这样的译法变成了系动词用法。

869"如果他像成堆的谎言所说的那样死了(多次)(was – found – dead)[ēn tethnēkōs]"。同行 796 一样,句中的谓词其实是一个动词。相似的习惯用法被界定为"迂回式的(periphrastic)",动词充当"助动词"起时态和语态的作用,但是前者的效果要强于后者。

989"亲自作为见证人(acting – as – witness – in – person)[auto – martus ōn]"。此处的语境也是方位格的,这句话就等于"亲眼见证"。

1037"宙斯让你站在这里,得享一杯净化之水(to – be – present – as – participant)[koinōnon einai]"。此处的"分享"相当于谓词,方位格再次出现其中。

上述七个例子足以说明此种新的类型。但在《阿伽门农》中还有不下于 21 处的其他例证:行 1050(她站在那里……获得……);行 1060(不明就里地站着);行 1094(像一只狗一样嗅觉灵敏[277]……她仿佛在有所为);行 1099(我们有所获悉);行 1105(我不明白);行 1140(你被神迷住了);行 1179(将去看);行 1195(我是一个假先知,敲着门、说着胡话);行 1206(他揪着我不放);行 1121(你怎样做到毫发未伤的?);行 1232(杀死男人的女人);1302(精神力持久故能忍耐);行 1306(我也这样认为);行 1375([作为]表面上的朋友);行 1395 – 1396(如果[这件事]能被做得很恰切……那么[这件事]将被做得很正当,此处用副词代替了动名词或动形词);行 1421(作为听众……你是一位严厉的审判员);行 1488(其中哪一件事不是神所主宰的?);行 1505(你是无罪的);行 1561(他们难以评判);行 1571(尽管难以忍受);行 1637(对我是他的旧敌生疑)。

在上述诸种用法中,形容词、分词以及副词被译成谓词性动词,这些动词经 einai 与它们的主词产生关联。此种语言上的偏好反映出一种思想上的偏好,它宁愿看到一个与行为相分离的主词的形象,而非一个由主语实施的简单行为的形象,因为它将成为"他的"谓词。我认为,就像其他人已经指出的那样,einai 的此种作用表明了一种日益增长的趋势⑦,即用述谓结构语言要么补充要么代替动

---

⑦ 但是,此种"生成的"用法,如我一直这样称呼它,并非一种后荷马时代的发明。例如,领会一下在章四中援引的那一段,该段描述了奥德修斯对自己住宅的第一印象,其中包含了"可加识别的"以及"合适的"这样的习语。无论如何,言说者正注视着"呈现于"其视野中的物体。

态成像语言;它预测到语言和思想共同发展的方向,因为它们接着从具体变成抽象,从叙事变成分析,从形象变成概念,从特殊变成普遍。但是,这个方向仅仅是一个开始。由一个系动词表达的真实性陈述的实际口语原型,即两个相等事物在没有动词的情况下基于同位格的连接,在这部戏剧的措辞中仍然很普遍,正如在所有其他的戏剧中一样。⑧ 然而,迄今为止,当这个方向存在时,它能够被看作如下事实的征兆,即肃剧的句法习惯反映出书写言词对口头言词的不断侵入。

《俄瑞斯特亚》的神话

惟一一部流传至今的三部曲——《阿伽门农》是其中的第一部——的主题从表面上看是一场家族诅咒,说得更准确一点,是一场悲惨的家族命运,这一家族诅咒在男性直系亲属间传播了三代,从阿特柔斯(Atreus)和忒俄斯特斯(Thyestes)兄弟俩到彼此的儿子阿伽门农和埃吉斯托斯,又从阿伽门农到他的儿子奥瑞斯忒斯(O-restes)。阿特柔斯杀死了他兄弟的孩子们(除了一个以外),忒俄斯特斯则在不知情的情况下吃掉了自己的孩子们。这件事发生在[278]一栋建筑内,而这正是三部曲中第一部的情节所发生的地点。当忒俄斯特斯发现事情的真相后,诅咒了阿特柔斯和他的住所,并带着幸存的孩子埃吉斯托斯逃走了。随着诅咒的不断应验,女性直系亲属也卷入其中。阿伽门农用女儿伊菲格尼亚(Iphigenia)作为宗教献祭品;接着,她的母亲克吕泰墨斯特拉(Clytemnestra)与埃吉

---

⑧ "他希望并非显得是而就是(处于)最好的"(著名的一行),这一出现在埃斯库罗斯《七雄攻忒拜》行 592 中的警句式表达仍然保留了荷马文本语境中的 einai。在《阿伽门农》行 788 处"许多凡人给予似乎是以优先的重视"这一不同的表述中,einai 很明显是独立的,这预示了它将来在哲学上的作用。这些习语是否反映出帕默尼德斯及其追随者们日益增长的语言学影响力?

斯托斯合谋杀死了阿伽门农，并与埃吉斯托斯结为配偶；再后来，阿伽门农的另一个女儿，厄勒克特拉(Electra)在兄弟奥瑞斯忒斯的协助下杀死了埃吉斯托斯和克吕泰墨斯特拉。因为背负了弑母的罪名，奥瑞斯忒斯受到残酷无情、相貌狰狞的复仇女神的不断纠缠。复仇女神被描述成应克吕泰墨斯特拉鬼魂之邀杀死奥瑞斯忒斯的形象。因此，事件的进展被一系列谋杀案牢牢支配。然而，这个故事并不是在敌对家族之间展开的一场血亲复仇，而是一个家族内部或者说一个家族内部的两个旁系之间的自相残杀，这预示着家族的毁灭。

　　此种程式化表达并不能涵盖这个故事中的所有事实，尽管它足以说明三部曲中的后两部所发生的情况。《阿伽门农》作为第一乐章差不多是最长的，它使观众陷入对罪行及其结果的沉思中，但与该剧相关的家族惨剧相比，这些罪行和结果是次要的。墨涅拉奥斯是阿伽门农的弟弟，他的妻子则是海伦（她碰巧也是克吕泰墨斯特拉的妹妹）。由于没能抵挡住帕里斯(Paris)的诱惑，海伦不顾丈夫的爱意弃他而去，逃往帕里斯之父普里阿摩斯(Priam)的城邦特洛伊。由于这一罪行，特洛伊横遭阿伽门农报复性的毁灭，因为他要为弟报仇。为了推进戏剧的主题，阿伽门农杀死了自己的女儿，他这样做的目的是为了安抚神，因为神正打算暂时性地阻止征伐大军扬帆起航。因此，这次独特犯罪的动机与家族诅咒没有任何直接关系，犯罪的指令来自另外一方。⑨ 阿伽门农对特洛伊的胜利相应地促使自身权势增长，从他凯旋和妻子打招呼时就可以看出，而这也正是导致他葬身妻子之手的原因之一。同一个事件导致了又一个受害者的出现。普里阿摩斯的女儿卡珊德拉在国破家亡后被俘为奴。征服者将其带回家中作为妻妾。在阿伽门农回到王宫后，卡珊德拉受疯狂的预言驱使宣告了阿伽门农[279]以及她自己命中注定的厄运的来临，那就是死于愤怒的克吕泰墨斯特拉之手。这个厄运

---

　　⑨　这就难以将阿伽门农的"艰难困境"仅仅归因于他"是愧疚的阿特柔斯之子"这一事实（琼斯：《宙斯的正义》，页91）。

的确如期而至。

三部曲类似于大木偶剧院(Grand Guignol)中的活动,即为了恐怖而恐怖,在前两部戏中,当两具尸体呈现在舞台上时,预示着凶手报了血仇,但至少可以说,这样一种效果并没有被减轻。当然,尽管我们认为应当把绝大部分事件列为剧情的发展,但是从舞台的角度看,它并非情节。它只在记忆和思考、传闻和预言中发生,因为这些事物是由剧中的人物及歌队以不同方式加以呈现的,意在解释将要发生之事。因此,它们的感染力被削弱了:它们只可闻,不可见。这是所有古希腊肃剧所共有的戏剧的夸大手法,《阿伽门农》最为典型,它之所以被如此编排的原因在于,指明已经预先决定了现在和将来的历史背景。

一个不变的事实是,《俄瑞斯特亚》所传达的最具震撼力的效果之一是,人类被网在了一张遍布罪恶的大网中,难以挣脱。然而,挣脱的情况还是发生了。第三部戏一开始就被如此安排,以便提出这样一个问题:最近的谋杀者(奥瑞斯忒斯)能否被免除罪责,重回市民社会? 如果观众了解了完整的三部曲,必然会意识到,这个问题并非就奥瑞斯忒斯行为本身提出的。当行凶者本人恳请司法裁决时,他想到了一系列不可避免的事情,正如特洛伊之所以被洗劫那样,因此他说,"我因为父报仇而杀了我的母亲"(《复仇女神》457－464)。现在,这一系列事情能否停息?《复仇女神》这出戏剧正是致力于表达停息的可能性。解决之道在于创设一个机构⑩——它实际上是通过舞台创立起来的——即,一个合法的法庭,在这个法庭上,控辩双方的言语论辩以及司法裁决——由陪审团通过投票实现——取代了谋杀和被杀。⑪ 那个最近的谋杀案的行凶者是否将被杀死? 以最

---

⑩　关于《复仇女神》行391、484、571、615、618处的thesmos[法律、法令],参奥斯特瓦尔德,页12－13。

⑪　thesmos[法律、法令](这或许被用来回忆德拉古而非梭伦,参下文注释21)作为审判地点代替了荷马以及赫西俄德的广场,尽管公民团体在剧终时被重新引入。

微弱的优势,投票结果是反对票;系列事件终于停息了。

因此,戏剧在一次法律事件中达到高潮,我们差不多能够称其为一次控辩双方之间的协商,这次协商受一位仲裁者(女神雅典娜)管辖,她和全体陪审员(战神山法庭)一起承担了最终判决的职责。他们所主持的诉讼程序仍然是一场 agon,一场竞争者间的对抗(《复仇女神》667、744 等等),尽管实施该程序的方式用劝说[280]取代了前两部戏剧中的暴力(一个见诸戏剧本身的事实)。从本质上说,它既提供了过去所发生之事的相对物,又提供了相似物。如果我们将三部曲视作一个整体,就会觉察到一系列连续的和解,虽然是以暴力方式做出的,但却呈现出一种相互性规则。这些有着合理依据的连续杀戮被诉讼和审判程序代替了。《俄瑞斯特亚》不是一个纯粹的故事,更不仅仅是一个恐怖故事。剧中的人物似乎陷入绝境,但从另一个角度出发,他们则依次承受了重担,甚至是承受了那些他们认为强加于其身上的义务。每一次谋杀行为,都是尝试去纠正人类事务中的失衡状态,以便恢复一种平衡,我们甚至可以说一种公平,用《圣经》中的话说就是"以眼还眼";问题是,每一次这样的尝试都失败了,因为所实现的结果——遭受伤害以及承担罪责——很极端。作为生活的现实,对抗产生了遏制的问题。人类事务的节奏需要保持在一定的限度内,而不是倒向这边或那边。我们需要的是相互和解,而非互相屠戮。

"正义"的象征

此类故事可以被视作包括一系列达致某种被称为"正义"事物的尝试,人们通常认为"正义"就是在尝试过程中的任何阶段所强加的惩处或刑罚,但同样可以将这个过程视为一个整体。"正义"是许多古希腊肃剧赖以存在的主题,但《俄瑞斯特亚》对它尤为关注,这部戏剧的遣词造句充满了 dikē 的象征以及它的相关物,因为,将它们运用于大量不同的语境是为了说明发生了什么,正在发生什么,或将要发生什么。上述一切塑造了一类象征系统。[12] 在《阿伽门农》中,名词(dikē)出现了 17 次,形容词"公正的"(dikaios)出现了 3 次;副词"公正地"(dikaiōs)出现了 3 次,"不公正的"(adikos)以及"不公正地"(adikōs)各 1 次;"判决"的两个动词形式(dikazō、dikaiō)各 1 次;名词"判决者"(dikastēs)1 次;[13]以及各种各样的复合派生词(anti‑dikos、pro‑dikos、sun‑dikos、en‑dikos、euthu‑dikēs 各 1 次,dikē‑phoros 两次):出现于这部戏剧中的总数为 36 次。这还不包括如下 14 个例子,在这些例子中,diken 被用作副词前置词,表示属格,意指"就好像"。如同所呈现的那样,这个"系统"包括了意义领域,类似于赫西俄德诗歌中千篇一律的现象,而非对其加以模仿。它没有唯一的参照体系,因为那样会受制于满足概念化的行为规范。[14] 它也包括了法律程序[281]这一整体[15]及其诸种层面——法庭、申辩、聆讯、审理和宣判,无疑,在此方面,它反映了当时雅典法律程序的欣欣向荣。但是,为了指出"正义"的荷马式的以及传统的特征,我们可以稍后再提及雅典的法律程序,在荷马那里以及在传统中,"正义"被视为期待的得体举止或通过补偿性行为对"权利"的交换和矫正。可是,"正义"尤其强调报偿,也就是仅仅通过身体上的伤害和死亡施加的报复。

---

[12]　相比之下,"正义"在普罗米修斯三部曲中的作用(琼斯:《宙斯的正义》,页 95 及其以下)虽然无疑是重要的,但缺少了类似的文献学上的支持。

[13]　未能在较早的作家那里发现;实际上,它们在行 483 处就被安排妥当了。

[14]　关于埃斯库罗斯的正义的寓意是连贯和统一的这一截然不同的观点的概括,参佩奇对《阿伽门农》行 184 及其以下的注释(没有提及正义的一段):"埃斯库罗斯告诉我们,正义绝非人造的,它是宙斯在尘世推行的一项生活规则。"

[15]　参弗伦克尔关于 dikas[正义、审判](行 813)以及 dikēphorou[报复的](行 1577)的注释。

复仇女神：作为合法的正义

在三部曲的第三部剧中，⑯dikē 的法律维度理所当然地占据了主导地位（尽管依然存在竞争），在靠近戏剧的开始处展现得很清楚，阿波罗向精疲力竭的逃亡者许诺，他将在雅典找到"判决者"（dikastai，81）。⑰ 因此，当奥瑞斯忒斯抵达雅典娜神庙的庇护所时，他紧紧抱住雅典娜的塑像说，"我在此等待审判结果"（telos dikēs，243；在阿波罗许诺的语境中，使用的是术语 dikē）。恶魔般的歌队，一路追至神庙，抗议道，他正恳求"在因罪而起的诉讼中成为司法程序[hupo - dikos]管辖的对象"（260）。随后，雅典娜出场，询问这些人的身份。歌队的言辞就像诉讼当事人，她们陈述了控诉奥瑞斯忒斯的理由，以此证明其追捕行为的合理性。雅典娜答道，"双方都出席了，但只有一方说明了理由"（428），接着转而询问奥瑞斯忒斯："供述你的邦国、家世和境遇，针对控诉提出抗辩，假如你拥抱此尊塑像乃是因为信赖司法程序。"（dikē；437 - 440）奥瑞斯忒斯借机提出了自己的理由，并在最后恳请道："无论我所行公正抑或不公，全凭你裁决，因为在你面前我已做了该做的。"（praxas，与法律诉讼有关，469）至此，这个被诉诸的机构将权威授予一个唯一的法官，同时，它召集 basileus[王侯]到场，在赫西俄德那里，basileus[王侯]这个角色非常重要（尽管赫西俄德更喜欢用复数形式）。到了这里还不够，我们迄今目睹的只是初步的聆讯。雅典娜回答道："此事关乎重大，人类不可能加以裁决，甚至对我而言，也无权评定杀人案的'正义'（diairein…dikas），因为它受义愤的支配。"（472）同时，基于

---

⑯　琼斯最近的译本附有导言和注释，原文尚无令人满意的英译。

⑰　参上文注释13，以及章十七。或许在早些时候他已经面对过 ephetai[刑事法庭陪审团]或 basileis[王者执政官]？（斯特劳德[Stroud]，页 45 - 48）

如下观点,她提出了一个有趣的法律问题:当奥瑞斯忒斯在征得那个古老习俗的批准后⑱进入她的神庙时,庇护所就已是她的[282]领地,而一场非传统的司法审判则需要不同的权威(473－475)。即便如此,雅典娜最后还是参与了审判。于是,旧的和新的融合在了一起。在宣布组成一批常设的"审判员"后,雅典娜克服了上述难题,并因此实现了阿波罗此前的许诺,同时,她要求控辩双方递交"证据和宣誓后的证词来协助司法程序的进行"(dikē,486;区别也许是口头担保物和以可见方式呈现的证物,如同《伊利亚特》中的那样,尽管最好的"证物"就是阿波罗本身)。喇叭声一响,民众和"议事员"被召集到场(566－568),议事员落座(629)。阿波罗出庭"参加司法程序"(sun－dikein:他就像"全体审判员的朋友")。"开庭吧,"阿波罗对雅典娜说,"像你所熟知的那样公正[dikē]裁决"。接着,控方的歌队与辩方的奥瑞斯忒斯做了法庭辩论;阿波罗为辩方提供了证词,而歌队加以反驳。雅典娜将民众称作"对流血事件做出第一次审判[prōtas dikas]⑲"(681－682)的人,接着,她重申了当前"审判委员会"(dikastōn…bouleutērion)的永久性,这暗示了他们将在哪里开庭,以及他们通常拥有何种司法职责和权力(690－697)——权力的享用将依赖于城邦的持久威慑力,此种威慑力是法律程序的要素之一:"倘若无所畏惧,还有人会保持公正[en－dikos,即守法]吗? 因此,对法庭心存敬畏,才能保持公正[en－dikōs]。"(699－700)其后,雅典娜要求投票"公正地表决"(diagnōnai dikēn)。当票被投进两个瓮中时,歌队和阿波罗还在彼此争论;雅典娜拥有最后的"裁决"(krinai dikēn)权。她"向众人展示,将自己的票投给奥瑞斯忒斯"(tēnde egō,734－735),继而宣称,即便票数一样,奥瑞斯忒斯也会打赢官司。人们将瓮中的票倒出,

---

⑱　[译按]奥瑞斯忒斯身上的血污由阿波罗通过传统的宗教祭仪加以涤除。

⑲　参下文注释20([译按]即本章注释21)。

加以清点。随后,雅典娜宣判,奥瑞斯忒斯"免受谋杀的司法审判(ekpepheugen dikēn)"(752)。⑳ 对于歌队的抗议,她答道:"此项司法程序的最终结果是票数持平。"(795–795)

就上述与法律有关的用法来看,虽然对它的回顾算不上详尽(有些地方的文字错漏较多,难以引用),却揭示了它在法律范围内的频繁性和易变性。我所谈及的"正义"可能是作为整体的程序正义或用任何与其有关的特征所表示的正义,它确认了申诉和判决的程序,抑或[283]某种不可"须臾离也"的合法性的总体规则,只有在此种规则的范围内,上述活动才得以展开。"正义"和法律程序的此种关联性,能够很好地反映出对其处理方式在制度上的变迁,因为自口头的"程式化规定"被托付给书写后,这些变化就可能已经展开了。人们或许认为,法律的文献化促进了程序上更大的形式化以及对程序实施的日益增长的职业化。在 histōr[审判者]、dikas-polos[裁决者]、长者,或一类特指的 basileus[王侯](在口语社会,无论他们之间在角色上存在怎样的重合)被替代后,我们有了一批出席人数固定的 dikastai[陪审员](570)以及一位召集开庭和号召投票表决的主席。在厚厚一叠有力的证据面前,仅仅凭借口头上郑重声明的誓言已不足以使观众信服(429–432):誓言的权威性在于对着这堆证据发誓(483、680、710、749)。当我们有了沉默的投票表决(就投票人而言)和数学上的计数后,就不再使用口头做出的判决,因为它不过是在各种相互冲突的论辩中达成的一种共识。在这部戏剧中,雅典娜所建立的法庭位于战神山上。大约在戏剧上演之时,战神山法庭的职责和权力被"改革了",而对埃斯库罗斯在构思情节时是否关注了这件事,以及他是支持还是反对改革,人们仍然争论不休。他可能更加致力于用戏剧来表现日益增强的合法性的整体活动,他将此视为自德拉古和梭伦时代起雅典城邦的特有本

---

⑳　连同对先前见解的回顾,加加林在《雅典娜的投票》(*Vote of Athena*)一文中为票数相等的情况提供了一项解决方案。

质。德拉古法典保存下来的部分最近得以重新审视，㉑它可以用来支撑上述假设。

披着荷马外衣的正义

然而，撇开法律史中最细微的地方不论，当我们追问作为哲学概念的正义在场或不在场的问题时，我们同样需要注意到，在《复仇女神》的情节中仍然还有许多荷马式的惯常表述。歌队代表了与现在遭遇的过去，她们的事业就是"古老之神"的事业。这样的角色是最根本的，之所以如此设计它，似乎是为了满足观众的期望，无论增添的事物是否符合埃斯库罗斯本人所愿。㉒ 对她们资历的强调（参731、848、1027）——现在已为年轻一辈所忽视——暗示了她们"前辈"的身份，而不论其性别。在民风淳朴的早年，她们被自然而然地视为权威和劝诫的来源（参章七）。[284]第一首合唱描述了她们的本质和职责，一开始，她们就用传统的习语介绍了自己："我们是正直的。"（312）虽然她们可以对法律程序提出异议，但是，她们更愿意被告通过发誓来证实他的清白，或者干脆不让他说话。她们依赖于一套古老的在广场上实施的口头程序（oral procedures），关于这一点，荷马以及赫西俄德都可以证明。对歌队的话，雅典娜加以反驳："你们更喜欢公正地'听取'（别人所说之事），而不是公正地行使你们的职司。"这句话的言下之意就是，她们拒绝了具有一套证据和证词系统的法律程序，而赞成一种更加原始的方式。复仇女神感到很困惑："你是内行，请说明原因。"雅典娜回答道："我宣

㉑　可见于斯特劳德书中各处。

㉒　斯特劳德振振有词地主张，德拉古法典是对库隆（Cylon）密谋案引发的血亲复仇局面的回应。如果仍然残留着对此事的记忆，那么它将赋予俄瑞斯特斯的窘境及其解决方案些许现实主义的意蕴。

称,不义的(证词)不能凭借(微不足道的)誓言获胜。"此时的歌队显得急不可耐:"如此,证实他的过错,秉公断案。"于是乎,她们又重新恢复了古老的习惯性措辞,其中,法官在广场上说出的"正直的言辞"被认为代表了获胜一方(429–433)。随后,当她们在庭前貌似真实地陈述了案情后,她们声称"已经射完所有的箭羽,我们留待倾听如何判决"……"我们将在此等候,成为审判的口头见证人[epēkoos]"(676–677、732–733)。同样,这里还存在大量关于誓言的讨论,这些誓言来自诉讼当事人。一些被遵守的程序也很古老。尽管投票是被勒令的,但公民集会(566、681)也必须召开,这显然是为了见证此次事件。他们同样见证了双方当事人之间的修辞论辩。可以肯定的是,直到公元前4世纪,诉讼当事人仍然处理他们自己的案子,但是在戏剧中,至今还未提及一个指引诉讼程序的法律机构(这里所提到的法律仍然是 thesmos),也没有提及任何意图诉诸文本或反映在文本中的传统,而这在公元前4世纪变得很常见。虽然关注的焦点在于将投票视为实现判决的必要方式,但是,当此种方式发生时,修辞论辩却仍在进行(711–733),仿佛判决仍然受获胜一方所左右,或者受宣布"最正直的判决结果"之人的左右。甚至雅典娜似乎有些专断的投票也会令人想起某位 basileus[王侯]的权力,他要么具有主持广场前聆讯的权力,要么具有介入聆讯的权力。

更为普遍的是,人们多次指出,给予奥瑞斯忒斯的正义可能和《奥德赛》这则故事中所赞颂的正义相类似,即恰当得体地接纳和对待"陌生旅客"。[285]在谋杀案发生前,作为流亡者的奥瑞斯忒斯在福基斯(Phocis)当然是一个 xenos[异方人](202)。而在谋杀案发生后,他在雅典就具有了双重身份,"乞援者"以及"陌生旅客"。这就是为什么雅典娜在第一次看到他并询问他时就认出他的原因(409、436);而作为德尔斐的本地神,阿波罗称陪审团是他和奥瑞斯忒斯的"陌生人的主人"(680、748)。当阿波罗引导奥瑞斯忒斯去往雅典时,他已经特意向护卫者许诺,在《奥德赛》中,这个护卫者被视作正当对待旅者的标志(91、93)。这个许诺源自奥瑞斯忒斯的祈求:"你知不能行不义;现在,亦请不要冷眼观之。"上述对句简短而富韵律,差不多可以说语带双关,除非它的含义是将正义专门界定为对陌生旅者加以保护的规则,否则将会令人相当费解。阿波罗深知此项规则禁止对那些不受其城邦"正义"保护的旅者施加伤害。那么,眼下,他是否乐意运用这个规则呢? 实际上,他的回答是:我愿意。我们同样可以看到,在受审前,奥瑞斯忒斯提出阿尔戈斯要和雅典建立联盟,因为他自己就是一个阿尔戈斯人,这个联盟在审判后被确认了。事实上,这个联盟代表了一个 xenos[异方人]和另一个异方人之间的和解。

作为报偿的正义

迄今所描述的《复仇女神》中的"正义"有一个对手,它们处在激烈的竞争中。当奥瑞斯忒斯被派往雅典寻求正义的判决时,复仇女神便尾随而至,因为受到克吕泰墨斯特拉的指责,她们从睡梦中苏醒,发现阿波罗已经同意奥瑞斯忒斯启程。她们强烈抗议道:"谁人可称此举为公正?"(dikaiōs echein)"这些年轻的神负有责任,他们的职权完全置正义于不顾。"(dikas pleon, 163)阿波罗如此回应:"你属于……判处斫首、剜眼之刑的地方"(187),"我拒不承认你对奥瑞斯忒斯的迫害乃正义之举"(en – dikōs, 211;比较 669 – 670),"雅典娜将会监察负责这些事务的法官(即判决)"(224)。而她们回答道:"基于正义原则,我将追捕这个人。"(dikēi,倘若这样的校勘正确的话。)当在雅典逮住奥瑞斯忒斯时,她们继续维持此种主张:他可能想听命于司法程序(260);在冥府(Hades)中,他将注视着像他一样的罪人们"忍受应得的判决结果"(tēs dikēs epaxia)。当奥瑞斯忒斯祈求雅典娜出现并施以援手时(288),也就预示着复仇女神要声明她们的职责与[286]特权,她们声明如下:"我们是正直且公正的,我们就是这样认为的。"此外,这段冗长的"约束力之歌"
(307－396)避而不谈她们同正义的关联。当雅典娜宣布创建一个
陪审团制度来审理案件时,她们被迫表示公开的谴责,因为,如果在
这场"司法审判"期间,奥瑞斯忒斯被判无罪——他可能就是如
此——那么,她们自身的"司法"及其权威又去了哪里呢? 在一段
激昂的合唱中(490－565),她们宣称(490－493):"眼下,一切都被
颠覆了,倘若这个弑母者所带来的'正义'和伤害占了上风的话!"㉓
如今,双亲们没有必要因"遭受新的打击而哭喊:噢,正义女神! 噢,
复仇女神的王座! 正义的居所已然轰塌"(508－516)。不过,取而
代之的是法庭审议得以召开;法律程序接管了此项工作,歌队也参
与其中(583－586);当复仇女神诘问了被告后,她们甚至提醒被告
向"那些陪审员们"(dikazontas,610)做出解释。然而,当阿波罗加
入辩护的行列时,她们告诫他:"请慎重,否则你将因为他而滥用正
义。"(huper－dikeis,652)在投票结果公布后,奥瑞斯忒斯三呼万
岁,他现在可以回返家族和城邦了(754－761)。但是对于歌队而
言,这是失败的时刻。因此,她们将满腔的怒火烧向了雅典。尽管她
们参与了法庭的"审判",却只能求助于另一种正义:"树无枝叶、双亲
无子,这样的灾祸——啊,正义! ——将腐蚀大地!"伴随着诗节的重
复,这样的疾呼也一字不差地重复着(784－787＝814－817)。

因此,整部戏剧是正义与正义之间的对垒;毫无疑问,所采用的
文风保留了这样一种相互间的对立。情节的一部分——最主要的
一部分——对正义被运用于法律程序中予以歌颂,并渲染了它的诸
种效果。而次要的情节——通过歌队的言辞和行动加以表达——
则歌颂了一种在这些相同效果的过程中遭到损害、或许遭到毁灭的

㉓ 这样的译法避免了在属格的主语用法以及宾语用法之间的选择困
难。琼斯与多佛(Dover)在《埃斯库罗斯〈复仇女神〉的政治形态》(*The Politi-
cal Aspect of Aeschylus' Eumenides*)一文中的观点一致,参《宙斯的正义》,页92,
本书更倾向于后者。

正义。当然,这并非表明该部戏剧将上述区别视作一种分歧。它不是一部成问题的戏剧;人们差不多可以说得更有韵味些,更加如实地运用此种区别,就好像此种对立面是世间万物格局的一部分。这在好几处地方都有所体现,原文之所以这样编排,在于以双关语的次序(in punning sequences)使用"正义",这让我们想到了赫西俄德诗歌中的分组次序。能够编排这样一部戏剧的智识意识到 dikē 包含了意义领域,但是它的设计目的在于利用这一领域,而非将其束之高阁。

作为有礼有节的正义

与此种观点相一致的是,复仇女神最终妥协了,她们接受了城邦中的住所,[287]而这个城邦本是她们扬言要借正义之名摧毁的,同时,她们也接受了这些曾对其自身的正义产生威胁的司法程序。㉔ 为了将复仇女神引入合法性的领域,同时将她们变成"欧墨尼得斯"(Eumenides),或"善好者"(Kindly - Ones),有必要在这两种"正义"之间建立若干模糊的中间地带,或者有必要将复仇女神的正义赋予其对手。对于雅典娜建立正义法庭的决定,她们吟唱了四段恐怖预言予以回应:这也许意味着颠覆了那种对杀人罪施以报复性惩罚的正义观(490 - 525)。㉕ 接着,她们用四段更长的歌(526 - 565)将术语 dikē 及其形容词 dikaios 与更广泛的人类事务领域联系在一起,这些歌中包含了一系列格言和评论,我们可以将其总结如下:我们需要的既不是混乱也不是专制;中道总是更可取的;神的监管方式有所不同;我的话语是相称的;不敬神将会导致愤怒;兴旺出自健康的心灵;我建议对"正义的祭坛"保有绝对的敬畏;不要利

㉔ 琼斯强调他们在和解过程中的合作关系,参《宙斯的正义》,页 93 - 94。
㉕ 参上文注释 22([译按]即本章注释 23)。

令智昏从而傲慢地踢翻祭坛；惩罚终将降临；后者将以判决收场。如果留意到这些话语，那么，就国内而言，我们应当尊敬父母、保护陌生来客。因此，正义之举（除非在非常时刻）将享有大量的昌荣，或者至少可以避免灾祸。但是，我告知那个鲁莽的违背者，如果他"不义地"积累财富，终将遭受不幸；当他祈求援助时，将是徒劳无用的；daimōn[神灵]会嘲笑他缺乏远见；他先前的昌荣会被"正义的暗礁"击得粉碎，永沉海底。

毫无疑问，剧作家创作这些四段诗的目的在于，详述梭伦在其诗歌中赞扬的国家和公民的诸多品质。因此，此种语境下的"正义"乃是梭伦的正义（《阿伽门农》中的一个诗节也是如此，750 - 762）。㉖ 虽然它和谋杀没有任何关系，㉗但却与追求钱权过程中的节制密切相关。为了给观众呈现复仇女神从恶魔变为仁慈的精灵，作者将梭伦的情绪赋予抒情表达，同时给予复仇女神。复仇女神的正义观乃是一种相互谋杀的正义，此种正义观能够适用于和平的以及兴旺的雅典城中的公民秩序的正义。需要注意的是，随着对话的展开，在雅典娜的劝说下，她开始将正义的象征用于她们关于"得体"——表现为所"期望"之事，类似于事物的一种"固定"秩序——的广泛（或许是原初的）意义中。她指出，她们现在有机会[288]居住在条件最优渥的城邦中，虽然她们有可能拒绝，但果真如此的话，"你们就不可以理所当然地[dikaiōs]对城邦泄愤或抱怨"（888）。倘若她们接受此项建议的话，她说，"你们就能够理所当然地[dikaiōs]尊享荣耀，永远自由地掌管这片土地"（891），同时，她接

㉖ "dikē[正义]的祭坛"（《复仇女神》539，《阿伽门农》384）可能是对梭伦的 themethla dikēs[正义之根基]（参章十四）的回想。《阿伽门农》383 - 384 中令人困惑的说法，"将祭坛踢倒，直至消失"（参佩奇《阿伽门农》，页 103）指涉的是"梭伦的"，即与 dikē[正义]密切相关的口述传统的不复存在："踢倒"，融合着隐喻，使人想起"踢翻"不洁的餐桌（《阿伽门农》1601）。

㉗ 琼斯对此段的解释是，将厄里倪厄斯（Erinyes）说成是执行宙斯法律的行为主体，参《复仇女神》（*Eumenides*），页 43。

着说道,"就像一位园丁,我非常钟爱这些正直的人们"(911 - 912,此处一语双关,dikē 既作为介词,又作为形容词)。因为承担保护雅典男子的职责,命运三女神同样起到了作用:"她们的分配是恰当的,她们是每户家庭的成员,她们的影响力随时被人类感知,通过巡查使公正[en - dikois]至高无上并得享举世的荣光。"(963 - 967)当民众们对复仇女神表达了钟爱和尊敬后,"将会使国土和城邦处处充满公正"(ortho - dikaion,994)。在戏剧的结尾,当这些现在变得温和的神灵们打算离去时,雅典娜适时地召集护卫者们引导她们去往地下的居所,"这些侍从们看护我的塑像,她们举止公正得体(dikaiōs),因为忒修斯正注视着你走过的道路"。结尾处的声明(该剧中最后的 150 行)关于 dikē 的术语既非报偿性的(以及惩罚性的)也非法律上的。现在的雅典城俨然一派祥和、有序和兴旺的景象,这让我们想到了《荷马史诗》中具有指引意义的"正义",当人们生活在这样一个政治共同体中时,应当维护社会的各种准则,而实现它的方式只能通过相互间的恭谦礼让。

然而,在该剧的早期,当正义被拟人化时,情况就有所不同。随着她的形象变得更加明确,它也就变得具有惩罚性,这在合唱队(在她们变化以前)的歌中以及她们在人间的职责所传达的概念中表现得尤为明显。相互性规则变成了报复性规则;也就是说,dikē 没有将自身同进程的总体性规律联系起来,而是同它的某个特定时刻联系在一起。在诗歌中完成以暴制暴(retributive violence)是较为容易的,即通过谋杀或迫害加以反映。同样,埃斯库罗斯设法用仅仅作为"正当程序"的 dikē 来创作戏剧是艺术上的奇怪现象以及成功的典范。

《奠酒人》:作为相互性惩罚的正义

假如我们倒着看三部曲的话,dikē 的不同形式开始重复,但在比例上却有所不同。受篇幅所限,此处只能提供这样一个概要。

《奠酒人》处在《复仇女神》之前。㉘ 由于致力于描写克吕泰墨斯特拉老套的谋杀行为(the ritual murder),因此该剧的情节十分[289]简单,并为奥瑞斯忒斯后来的困境提供了解释。而实施的行为以及激发的情绪则根据它们各自的情况加以处理,它们并不神秘。舞台的中心背景是阿伽门农的坟冢,家仆组成的歌队、厄勒克特拉(Electra)以及奥瑞斯忒斯皆以各种方式共同对其加以陈述。这个坟墓被称作"祭坛",并被视为圣地:谋杀行为被表演成一种对它以及对居于其中的鬼魂的血祭,人们强烈地祈求这个鬼魂的援助,而祈求行为则表现为对它进行的宗教仪式。

正义一词在文中反复出现,而对这个术语的使用与故事的情节一样简单明了。当它第一次出现时,象征着惩罚性的报复,同时,当歌队要求厄勒克特拉等待一个复仇者出现时(任何一方都没有意识到他已经出现),此种狭隘的指代变得更加清晰。厄勒克特拉回答道:你是否意指一位正义的裁判者,抑或正义的执行者(dik - astēs 与 dikē - phoros 相对;从字面意思看,前者指一个 dikē 的管理者,而后者则指一个 dikē 的搬运者,这是一个译文难以表达的双关语)?歌队答道:"确切地说,(它将是)一名以血还血的杀手。"(120 - 121)厄勒克特拉的提问形成了两种 dikē 之间的对比,一种是作为正当程序模式使用的 dikē,如同《复仇女神》中的那样,另一种则是仅仅作为强加的惩罚的 dikē。而歌队的回答则明确了只有后一种 dikē 才是被提及的;因此,不存在试图追求合法性的问题,此种合法性将在《复仇女神》中加以呈现。然而,她所提出的这个问题暗示了,当具有选择的可能性时,它也许打算期盼那个法律上的可选物,而在这个事物按照常规发展后,将会被加以尝试。戏剧的结尾证实了如上的推测。谋杀终止了:俄瑞斯特斯展示了罪犯的尸首以及裹住他父亲的血衣;当他诉说了他们的犯罪行径以及对他们的惩罚

㉘ 《奠酒人》(*Libation Bearers*)虽然有琼斯附有导言和注释的译本,但同《复仇女神》(*Eumenides*)一样缺少一个易于理解的英译本。

后,开始为自己辩解。接着,他向目睹了整个事件经过的太阳呼告:"请在终将到来的审判程序(或法庭)上(en dikēi)支持我并为我作证,对我的母亲施以死亡的惩罚是正义之举(en‑dikōs)。至于埃吉斯托斯——死亡是命中注定;依照习俗(nomos),他只不过受到了一个通奸者应有的惩罚(dikē)。"(985‑990)实际上,他的话预言了司法"公正",这对他来说是幸运的,因为他将成为一名受益者,同时,此种正义将被要求解决由弑母所带来的困境。对埃吉斯托斯谋杀罪的"惩罚"则有所不同,它仅仅象征着一种对通奸行为的惩罚活动,因为这样的行为已为传统所制裁。

在该剧中,奥瑞斯忒斯所犯下的罪之所以"公正",在于他的行为是一种相互性的行为;公正这个词凸显了[290]这样的规则:"执行者"是一名"以血还血的杀手"(121)。厄勒克特拉在向其父呼告时断言,"将会出现一个复仇者为你报仇,杀人者终将被杀"(143),而歌队在随后的呼告中则承诺"用恶毒的话语还报恶毒的话语","以凶残的打击还报凶残的打击"(309、312)。在第三次呼告时,奥瑞斯忒斯向他的父亲祈求:"至少准许我们同样与他们争斗,击败他们,若果真如此,这不正是你之所想。"(498‑499)

相互性进程是一种表示事物具有规律性秩序的概念,它包含了以眼还眼这样一种总体性的交换,而非明确了单一性的报复行为,那么,在该剧中,正义是否象征着此种相互性进程本身?通过上下文,我们看到,这样的象征在上述两种情况中摇摆不定。当厄勒克特拉说杀人者将"反被杀"时,她补充道,后一种杀人行为是一种"正义"(144),好像dikē能够代表一种两项杀人行为全都包含其中的总体性进程。歌队恳求命运以[或"依照"]变换方向的公正(之举)[to dikaion]来实现这些事(306‑308),这似乎相当明显地承认克吕泰墨斯特拉此前杀死阿伽门农是"正义的",而现在她已经"失去了"正义,因为正义转移到奥瑞斯忒斯那里去了。但紧接着(309‑312),为了详细叙述他们刚才所表达的意思,歌队做了如下的补充,"用恶毒的话语还报恶毒的话语……以打击还报打击",他们将此说成是"合理地索取债务"(311)。从上下文看,这句话暗示了先前的借贷和偿还。而厄勒克特拉则将此说成"我要求从不义者那里偿还正义"(398);奥瑞斯忒斯表现得更加强烈,但也有点似是而非,他大呼,"正义与正义的碰撞"(461),接着,厄勒克特拉用了另一种表述(462):"诸神,请实现我们的祈祷,行使正义(的规则)[即相互性,en‐dikos]。"可比较上文行988。

正义的人格化

然而,一位"执行者"(上文,行120处)所"实施"的正义在一个重要的方面既类似于"正义女神,胜利的搬运者",厄勒克特拉将她连同诸神和大地从父亲的魂灵中唤醒(148),又类似于这样一种"正义",凭借它的作用,"剑插入肋骨",而它的"砧台被安放好,以便命运锻造利剑"(641‐646)。为了表明一个含蓄的词充当了"武器搬运者"(这是荷马式的表达)、"正义搬运者"以及"胜利搬运者"(三者在韵律上很接近)这三种角色,上述三处语境中都使用了正义的象征,以至于"正义女神"成了一名武士,她在一场一对一的[291]战斗中给予对手致命一击。而在行948处,一个隐喻被用在她的身上,她"在一场艰难的战斗中拼搏"(然而,此处的文本存疑)。简言之,如同在《复仇女神》中时而表现出的那样,现在的"她"不再象征着程序,而是象征着惩罚:"(没错)正义女神将重重的惩罚加诸普利阿姆之子们的头上。"(935‐936)在《奠酒人》中,这样的作用随处可见。

作为一个神,她和宙斯关系密切,她很明显地反映出赫西俄德努力赋予dikē鲜明的个性。从埃斯库罗斯一部早期戏剧《七雄攻忒拜》的一段中,可以预见到此种影响。兄弟俩(代替了父亲、妻子和孩子)在一场你死我活的争斗中相互较量。其中一方的盾牌上刻着一位战勇的武备,"这些武备由一位女人秘密护送,从铸刻的文字看,这个女

人说'我就是正义'"(《七雄攻忒拜》645 – 646)。这个剧中人就是
"宙斯之女,一位处女"(662),这句话在语言上同赫西俄德的六音步
诗行形成共鸣。这个剧中人同样是《奠酒人》中那个在索取债务时
"嚎啕大哭"的女神,她被"非法地践踏",她是"宙斯之女,千真万确"
(311、642、949)。同赫西俄德的 dikē 一样,她大概就端坐在奥林波斯
山。然而,首先是厄勒克特拉,接着是奥瑞斯忒斯,他们向父亲的魂灵
祈求正义女神的出现,仿佛她就是那个安提戈涅所言的"和下界诸神
同住"(索福克勒斯:《安提戈涅》451)的正义女神。这个剧中人很适
合成为复仇女神的同伴,但是,她是否拥有一个分离的人格?

同样,埃斯库罗斯为她挑选了一个新的同伴。[29] 她出现在两组
三联中,"诸神、大地和正义"(148)以及"强力、正义和宙斯"
(244),在后一组三联中,她占据了埃斯库罗斯另一部戏剧《被缚的
普罗米修斯》(*Prometheus Bound*)中"暴行"(bia)的位置。因为,她
同样具有报复的职责。

这些身份和行为的象征违背了赫西俄德诗歌中的连续性特征。
同样明显的是,拟人化本身促进了一种主要矛盾的发展,亦可见于
《复仇女神》。此种矛盾的程度可以被称作哲学上的;如果哲学是
成问题的,那么它就不能被称作哲学上的。在《复仇女神》中,有关
正义的戏剧情节变成了一种正当程序,它代替了纯粹报复性行为的
正义。而《奠酒人》则纯粹是一出反映报复性行为的戏剧。拟人化
很可能被看成是强调以及澄清由一种如同 dikē 这样含糊的象征所
传达的含义,因此,在使正义概念化的过程中,需要辅之以更大的精
确性。此种形象的确变得清晰起来,但是,为此却没有提供任何援
助;相反,对它的提及陷入几乎可以说糟糕透顶的含混中。因为正
义成了一个人,所以,它既没有象征着相互性调整的节奏和秩序,
[292]也没有象征着试图维持和恢复此种秩序的法律协商程序,而
是和它们完全分道扬镳了。

---

[29] 参第十五章注释 8(连同《阿伽门农》行 1535)。

《阿伽门农》中的"正义"

在《复仇女神》和《奠基人》之前的戏剧是《阿伽门农》。随着它巨大的报复结果的日益增强,正义的象征把对平等的坚持以及含混不清融入诗中。歌队的开场白(40–43)表明,墨涅拉奥斯乃是普利阿姆"最大的原告"(anti-dikos,这里的前缀很可能具有相互性的含义),而法律上的隐喻仍然反复出现(451、534、813、1412、1421、1535、1601)。㉚ 可是,克吕泰墨斯特拉却把阿伽门农所提议的凯旋仪式说成受"正义的指引",而余下的安排则要"恰当地"完成。从表面上看(关于那个双关语,参上文),她谈论的是在诸如此类的场合接待的礼节性与得体性,这样的含义在文中同样多次出现。然而,当埃吉斯托斯积极地为他作为父亲的复仇者的"正义"辩解时(1577–1611),他所谈到的则是纯粹的报复。dikē 的上述三种含义相互抗争,此种情况贯穿这部戏的始终。相应地,随着各方都参加到情节中,它们给自身所带来或已经带来的事物则为一种"正义"招致了相互矛盾的主张,而此种"正义"并没有持续或一贯的参照。在合唱队登场时歌队所说的一切中(40–256),正义及其象征物被安排到阿特柔斯(Atreidae)一边,从而对抗特洛伊(对阿伽门农决定杀死女儿的描写亦无例外)。在临近第一首合唱歌的结尾处,也许是为了表达一种反讽的暗示,即此种"正义"很可能是成问题的,这样的措辞只出现了两次(451、464)。从战场上回返的信使带来了前方得胜的消息,无疑,这再一次确认了讨伐特洛伊是一场"正义"之战。而在第二首合唱歌中,歌队则对它的(或"她的")诸多结果进行了些许沉思,但并没有表明他们是否意指特洛伊或阿伽门农成了这些结果的牺牲品(761、772、789)。阿伽门农的凯旋重申了对

㉚ 佩奇:《阿伽门农》,1.41。

特洛伊所行的正义。但是,克吕泰墨斯特拉的笑脸相迎则标志着象征性的转折点。通过表达阿伽门农理应享有此种礼遇,她继续将一种"正义"归于阿伽门农,但同时,她却用双关语向观众传达了已为他备好了一种应得的惩罚的意思,这在后来卡珊德拉的话中特别提到过(1229)。此次谋杀,[293]一旦实施完毕,就可以获得堂而皇之的辩护,因为正义已经颠倒了(或者,用《奠酒人》中歌队的话说,"转投他方")。现在,它对克吕泰墨斯特拉及其行为负责,也就是她做这件事的理由(1396、1406、1432)。而歌队则愤然地否认她有丝毫的正义(1535、1546)。此时,埃吉斯托斯登场,他宣称自己掌有正义[31],同时否认阿伽门农也有正义(1577、1601、1604、1607、1611)。最终,歌队设法揭穿埃吉斯托斯所谓的正义(1615、1669)。

现代读者总是希望在这些相互矛盾的主张中挑选说教的部分[32]。这种做法如果说不是歪曲了希腊肃剧的戏剧意图,也往往会令人费解,而这些戏剧意图通常依赖于运用一种涵盖意义场域而非指涉各种概念上的定义的语言。考虑到引文存在使用上的波动性,那么,我们说,在这部伟大的三部曲中正义居于何处呢? 答案似乎是无处不在。如果我们承认亚里士多德有关悲剧性缺陷(tragic flaw)的学说,那么,在这个人物陈列馆中,与不公正之人相比,谁才是(相对)公正之人? 无疑,我们在莎士比亚的一部戏剧中可以找到答案。但

---

[31]　参弗伦克尔关于《阿伽门农》1577 处的注释。

[32]　行 772 处"dikē 在烟熏雾绕的居所闪耀"的表述被翻译和诠释(琼斯:《阿伽门农》)为一种(纯正无邪的)正义使卑微的人类的住所熠熠生辉。然而,如同类似的复合词,duskapnos[不洁的烟雾]无疑带有贬义(比较行 818 - 820,特洛伊的 kapnos[烟雾]),而 lampei[火炬、光亮]则形容一束闪耀的光芒(参《希英大词典》该词条下列举的用法),即迅捷的报复;比较行 389 中的 ainolampes[异常闪亮]。居所即阿伽门农的宫殿(参行 469 - 470,为佩奇所校勘,以及行 1180 - 1182)。

是,当将同样的问题运用于古希腊戏剧中,还会是有解的吗?㉝

意义场域

因为这个问题是概念上的,那么同样,它也是语言学上的,而这个问题的产生则是由于在各种不同以及常常自相矛盾的情况下使用了相同的词语。可是,倘若我们用他好像有义务成为一名哲学家的眼光来对待一位诗人,还能说是公平合理的吗?难道埃斯库罗斯就不能通过逻辑上的不一致性来处理隐喻和意象,而非得通过诗意的效果吗?他当然可以,但是我们还是不得不问:这个时期的诗人仍旧不能起到荷马作为希腊人教师的作用吗?诗人的职责就是去虚构好的戏剧效果,而为此目的,在舞台上,对手们声称具备美德这样相冲突的主张就并非阻碍。但是,在《俄瑞斯特亚》中存在这样一种迹象,那就是,同一个诗人(在这方面,埃斯库罗斯具有代表性)没能意识到这些主张应当被纠正,而是意识到用来塑造它们的种种象征物具有它们本身所特有的品质,同时,它们是一些令人困惑的话语,意思含混,因为它们既要求定义也排斥定义。上述的迹象存在于将种种象征物按组排列的习惯,仿佛诗人正在把玩它们一样,关于这一点,我们已经在动词 to be 的变化中见到了。因此,通常情况下,该剧几乎就等于一个双关语,而在其他时候则等于一个双边或三方协议。在所有双关语中,最臭名昭著的要数[294]用来暗示报复性的正义具备神圣资格的那个。可以说,dikē 之所以得以维护是由于她是宙斯的女儿,因为她在语词上源于宙斯(di‒kē:di‒os;这个双关语是由赫西俄德"发明的",埃斯库罗斯则在《七雄攻

㉝ "在埃斯库罗斯的戏剧中,并无伊阿古";加加林:《埃斯库罗斯的戏剧》,页 137。

忒拜》[662]中加以完善,㉞并从词源上将其用于《奠酒人》949 中)。
这样一件巧夺天工的设计,尽管有点匪夷所思,却很可能反映出这样
一种意识,即通过一种诗意的想象将她置于需要支撑的奥林波斯山。

　　的确,新的词语,有时则是关键词,当它们恰巧在谈论的过程中
被引入时,往往会在相同的语境下自我重复;这是希腊诗歌的一种
习惯,也许是对口头创作中的回声原则的一种持续性回应。或许是
基于相同的原因,希腊韵文会重复一个平常的词,因为有那么几次,
当作者没有费心去改变它时反而觉得很实用。㉟ 如此一来,就可以
解释《俄瑞斯特亚》中 dikē 这个象征物的某些行为,当然,并非所有
的行为。在其宣布从战场上凯旋时,阿伽门农说出了如下这番话:
"首先,向阿尔戈斯及其诸神致敬乃是正当之举,是他们助我还家,
助我行了正义(之事)——摧毁普利阿姆的城邦。因为诸神对他们
所听到的(在其面前争辩的)司法事务不加理睬……"在这短短的
四行中,dikē 出现了两次,形容词 dikaios 出现了一次。第一次提及
是为了说明阿伽门农致敬的礼节,第二以及第三次提及则是为了对
他曾采用的一种司法程序(用来象征战争)加以说明。在此种程序
的范围内,第二次提及指涉诉讼程序的实施方式——审判——第三
次提及首先包含了提出的质疑——申诉——其次包含了执行的惩
罚——死亡。这些含义的使用是不是一种词语选择上的偶然?答
案是否定的,因为它不足以解释赫西俄德诗文中出现的类似现象。
此外,对煞费苦心地邀请阿伽门农脚踏紫毯之举,克吕泰墨斯特拉
总结道:"正义将引着你步入预料不到的宫殿。至于别的事情,警觉
将会恰当地安排。"在象征的使用中,成对的双关语增强了如上两句
表述的讽刺效果:对阿伽门农来说,(第一句)指的是他所受接待的
礼节,而对克吕泰墨斯特拉来说,(第二句)指的则是静待的报复。
当实施了残忍的行为后,克吕泰墨斯特拉以类似的口吻满怀自信地

㉞　参道森(Dawson)对行 661 处的注释。

㉟　佩奇在《阿伽门农》中以行 966 及其以下作为例子加以说明。

宣称:"我狂喜不止;假如能够以恰当的方式[prepontōs]将祭酒泼洒在这具尸体上,这些(迸发的诅咒)乃是应得的;不但如此,十足地应得。"此时,用来表示"礼节"(在先前的诗行中由 prepontōs 加以界定)的 dikaiōs 立刻变成某种比礼节更强有力的事物,即报复。㊱

[295]这些都是完全精心安排的例证。而在这部戏剧中还有 5 个更加松散随便的组类,两个在合唱的沉思中(376 – 398、761 – 772),1 个在信使的言辞中(525 – 534),1 个在克吕泰墨斯特拉与歌队间的争论中(1396 – 1432),还有 1 个在埃吉斯托斯的自我辩护中(1577 – 1611);在整部戏剧中,共有 36 个例证,这里就出现了 26 个。而在《奠酒人》以及《复仇女神》中,则分别存在 7 个集中㊲和 6 个松散的㊳例证以及 5 个集中㊴和 9 个松散的㊵例证。如果我们将《阿伽门农》扩大的篇幅计算在内,那么,与此种现象有关的次数将随着三部曲的推进得以不断增加,这可能是预料之中的,因为围绕着象征所产生的种种问题逐渐变得更加明确清晰。在《奠酒人》那些"密集"的例子中,有一个出现在行 120 中的例子可以特别提一下,它不仅区分了 dik – astēs 和 dikē – phoros,而且利用了"正当程序"和"强加的惩罚"之间的矛盾;另一个占据了两行的例子则出现在行 987 – 988 中,其中,"在审判中"(in justice)被复述为"在正义的范围内",前者意指"在我们的司法审判中",后者意指"报复性地"。此外,在《复仇女神》一个占据四行的例子中,"公正"和"公正地"被雅典娜限定在司法程序的适用这一意义上,而复仇女神在回

㊱ 纯粹的夸张法,例如"刚好,不,不止刚好"(琼斯《阿伽门农》)以及"理所当然,不止理所当然"(拉蒂摩尔[Lattimore]:《俄瑞斯特亚》),从文体上说对一个古希腊人而言是无力和无意义的,因为没有什么东西超越了 dikē[正义]。

㊲ 78(?)、120、398、461 – 462、935 – 936、949、987 – 988。

㊳ 144 – 148、241 – 244、308 – 311、639 – 646、805 – 812、987 – 990。

㊴ 430 – 433、468 – 472、699 – 700、804 – 805、911 – 912。

㊵ 217 – 231、511 – 516、483 – 486、579 – 582、610 – 619、682 – 684、719 – 734、749 – 752、888 – 891。

答中则将"正义"用于它的前司法意义上。这个例子是独特的策略,因为它运用重复的词语,不是利用矛盾,而是通过区别,来澄清矛盾,即使这些矛盾并没有在概念上被强调(参《复仇女神》468 – 472、699 – 700、804 – 805、911 – 912)。这就再一次同三部曲如下的进程相一致,即致力于解决前两部戏剧情节中似乎未能解决的问题。但是,戏剧化的解决方案是实践上的而非理论上的。这些不由自主出现重复的段落具有相互扶持着找出象征系统的不同意义的效果,就好像将它们固定在一个意思相互重叠的领域内。它仍旧是我们所端详的赫西俄德的"正义观",而非柏拉图的"正义观"。[41] 矛盾的界限仍然未受影响。当奥瑞斯忒斯呼喊"正义与正义的碰撞"(《奠酒人》461)时,他欣喜若狂的话语近乎对事实的公开承认。而在《七雄攻忒拜》中,厄特克勒斯的话同样如此,在对关于镌刻在其兄弟盾牌上的正义的主张攻击时,他提出了反驳:"的确,在所有的正义中,这个正义徒有虚名。"[42]在埃斯库罗斯的所有戏剧中,我们尚未发现"正义为何物"。从语法上说,考虑到他的语言规则并非完全不同于他的继任者这一事实,那么,我们应当等待一位哲人告诉我们想知道的一切或许就再正常不过了。

---

[41]　因此,从任何有意义的方面而言,埃斯库罗斯的正义都不能被描述成"宇宙的"或"普遍的",因为它们广受戏剧表演者们的喜爱。

[42]　《七雄攻忒拜》,670 – 671,道森在此处特别指出"三个强有力的并列词"。实际上,在行 598 – 610 与行 646 – 673 之间,该剧充分运用了两大类 dikē[正义]的象征物。

第十七章　希罗多德的正义观

[296]柏拉图欲以正义作为一篇冗长的哲学论文的主题,而这样的文风表明了与此前的习惯用法存在两方面的背离。除了使用一种使哲学上的定义成为可能的句法外,他改变了他正在讨论之事的名称。尽管偶尔也使用 dikē 这一传统术语,但他通常用延伸的称谓 dikaiosunē 指涉"正义"。相应地,此种在术语名称上的变化可能与句法上的变化有关,那么,它是否存在何种意义? 可以说,到目前为止,也没有人提出这个问题。① 研究古希腊的历史学家和学者们大体上假定,当柏拉图之前的作家们谈到 dikē 时,他们也未尝没有提及 dikaiosunē。② 表达它的另一种方式将会说,在古希腊作家那里,"正义"通常被设想为表现了古希腊思想中一种概念的永恒性。

事实上,柏拉图并没有创作出此种延伸的形式。它或许在历史学家希罗多德之前的两代人那里就出现了,③而它的出现方式引起了人们的评论。对希罗多德来说,这不正常;所发生的事皆属例外。

---

① 然而,基尔克在评论 dikē 的语义学历史时(《赫拉克利特》,页 127 – 128)说道:"由于 dike 意指一种抽象的原则,因而与后来的 dikaiosune 并非完全相同。"塞瑞(Cerri)则指出了 dikaiosune 的非古风(nonarchaic)起源(页 14 注释 13)。当耶格尔评论说"下一个时代创造了 dikaiosune 这样一个表示'正直(righteousness)'或'正义(justice)'的词"(页 105)时,他指的仍然是古风时期。在第四章题为"'正义':从荷马到五世纪"("'Justice':Homer to the Fifth Century")中,阿德金斯(Adkins)使用术语 dikaiosune,就好像它既是荷马式的,也是古体的。

② 也就是说,使用此概念本身当然不意味着柏拉图给予它详细的说明。

③ 或者相反,在柏拉图之前就非常罕见。参章十八。

他经常并频繁地使用传统的 dikē 及其关联词。也可能他是(迄今为我们所知的)第一位在理论上使用"非正义"名称的人[297](a‐dikia,a‐dikēma)。④ 无疑,城邦中不断增加的法律程序以及法律实践的日积月累的效果,体现在他有关"正义"的所有词汇中——这是某种可能被视作在他们的著作中增加的法和法律准则。到公元前 4 世纪,法律习语中包含 dikē 的情况变得稀松平常,而这些习语则首先使它们有规律地出现在希罗多德的文本中:如"偿还 dikē"和"给予 dikē",或者"把 dikē 视作对某事的(一种惩罚)"。⑤ 从传统上看,dikē 的意义场域已经包含了一种在所有方面的程序性过程:明确的指涉根据语境不断变化。现在,焦点趋于缩小,从而辨识出实施的惩罚或刑罚乃是过程的结果。对象征物进行拟人化处理的习惯一经在诗人们之间养成,就必然预示着上述的可能性。

　　Dikaiosunē 闯入这位历史学家的文本中,标志着一种与众不同的思想背离。这个词虽然只出现了 8 次,但却零星散布在 5 处地方,卷一、二、六各一处,卷七两处。每一处在讲述一个故事的同时,都要对其中的弦外之音做教谕式解释,这些弦外之音可以被视为一则寓言。概述如下。⑥

———————

　　④　参上文,第十五章注释 3;不管怎样,名词出现的顺序似乎是 dikē 与 eudikia(荷马),dikaiosunē,adikia,adikēma(希罗多德),dikaiotēs(柏拉图)。罗伯逊(D. S. Robertson)(在《古典学评论》里的一条注释中)主张 adikin 出现在品达的残篇中,但他却认为那位注释者使用 dikaiosunē 是为了阐释 dikē。对我而言,很可能就是那位注释者提供了柏拉图式的对照。

　　⑤　《古希腊‐英语大辞典》该词条 IV 下的条目表明了在希罗多德以及索福克勒斯作品中的共同用法,从其他的领域看,这或许并不出人意料;dounai dikēn[遭受惩罚]出现在《被俘的普罗米修斯》(P. V.)行 9(比较行 614)而非《俄瑞斯特亚》中,在此种情况下,如果公元前 4 世纪的法律惯用语是范例,那么任何人都期望找到它。

　　⑥　哈夫洛克的《正义:希腊学术史短评》(1969)一文为本章提供了依据。

希罗多德,1.95 及其以下:米提亚国王戴奥凯斯的故事

吕底亚的陷落成为希罗多德叙述波斯人居鲁士(Cyrus)的历史的原因,反过来,这又要求对米底 – 波斯(Media – Persia)的早期历史加以概述。米提亚人自摆脱了亚述帝国(the Assyrian Empire)的控制后,便"获得了自由"。整个亚洲大陆都以他们为榜样,纷纷效仿。他们的政治结构局限于村落。有一个叫戴奥凯斯(Deioces)的人,他不仅聪慧,而且拥有广泛的声誉。他雄心勃勃,希望构建一个帝国,为此,他全身心地"践行"dikaiosunē,因为他十分清楚,在当前无法无天的局面下,"正义"与"不义"(dikaion…adikon)之间充满抗争。于是,他被推举为他所在村落的"法官"。他"正直"、"公正",因此"断案清明"。这与其他村落的判决情况形成了鲜明的对比,因此,临近的村落纷纷将诉讼案件递交给他审理,直到他在司法程序上获得了垄断权。然而,戴奥凯斯最终婉言拒绝继续从事此职,这也是他计划的一部分。对此他解释道,疏于照管自己的事务对他而言"无利可图"。面对着日渐增加的"无序"(anomiēs,1.97.2 和 3)状况,米提亚人召开了一次集会,确定了政策并通过投票建立了君主政体,这次集会带来了法律和秩序,以及完成工作的良机。[298]第九十八章描写了他们如何挑选大名鼎鼎的戴奥凯斯成为君主,此后,戴奥凯斯要求他们为其提供一处国都(即后来的埃克巴塔纳[Ecbatana])和一个侍卫团。在描述了埃克巴塔纳的建筑后,希罗多德接着描写波斯的王宫礼仪,据这位史家说,礼仪乃是由戴奥凯斯本人发明的,而这样做的动机则是为了强调自己与臣民相比具有独一无二的地位。他在法律实施方面变得严苛且更具官僚作风,他要求诉状以书面形式呈递,并对所有傲慢自大(hubris)的行为施以相应的惩罚。他的密探和间谍遍布整个王国。

　　显然,在这个故事中,人物的各种特征和与 dikē 的实践密切相关的早先传统相一致。在事业的早期,这个(或许是虚构的)人物以荷马的方式并按照赫西俄德的规则在口头上实施正义。但是,当他登基成为君主后,他的施政要求法律程序变成书面上的。在这样的情况下,书面语(很可能是亚拉姆语[Aramaic]音节文字)成了一种专制统治的手段。⑦ 戴奥凯斯的"正义"是某种必须适用于一个政治问题的事物,这个政治问题就是,在一种无政府状态中生存的小型且独立的群体的孤立状态。通过独眼巨人的故事,《奥德赛》刻画了这样的范例,因为这些独眼巨人"不知有正义或礼法",而赫西俄德的诗歌则设想出了解决办法——作为宙斯的馈赠,dikē 可以阻止同类相残。戴奥凯斯的政策在梭伦的诗中得到过歌颂。A-nomia,即无法无天必须被 eunomia,即法律和良序代替(后者已经获得了赫西俄德的赞美)。"正义"的职责就是去实现和维持这样的状态,如同它出现在埃斯库罗斯戏剧结尾那个理想化的雅典城邦中一样。而它的敌人则是传统的 hubris[傲慢]。

　　正如到目前为止所阐明的,在对 dikaiosunē 的运用中,我们很难看见任何像 dikē 那样难以被恰当描述的东西。如果说有不同的迹象的话,那就是它存在于与作为宾语的 dikaiosunē 相关联的动词中。它是某种戴奥凯斯"全身心投入"和"践行"的事务。第一个表达将适合于一种私人承担的行为,而第二个表达则适用于某种——按照公元前 5 世纪晚期和公元前 4 世纪的语言——一个人自我培养的"德性"(aretē)的事物。也就是说,那个迹象指向将在正当程序中实施的正义看作同样要求一种"正义"的趋势,此种正义就是在一个想要去实施它的个体中存在的道德观。它标志着迈向正义观念的内在化的一步。

---

　　⑦　参哈夫洛克:《西方文化的起源》,页 37-38。

希罗多德,2. 141 – 152(存在大量的省略):
埃及十二帝王的故事

[299]希罗多德以高度概括的方式讲述了一段埃及的断代史,即便有些含混不清,这段历史以"赛托斯(Sethos),一位赫菲斯托斯的祭司"的统治收尾,赛托斯的政策不仅对埃及战士们的利益置若罔闻,甚至到了没收他们田产的程度。在其统治完结时,埃及人民获得了"解放"(2. 147. 2)。可是,由于很长一段时间没有一位王来安排他们的生活,因此他们将整个国家划分为 12 个地区,每一个地区都设立了自己的王。

这 12 个地区,除相互通婚外,凭借三项规则或章程管理各自的行政机构,这些规则禁止彼此之间的颠覆和扩张,从而保证了完全的和睦相处(2. 147. 3)。对于此项协定背后的动机,希罗多德给出了自己的理由。因为,在他们掌管了各自的王国时,神谕就预言其中一位将成为全埃及的君主。为了阻止此事的发生,他们制定了这三项规则,并小心谨慎地遵守。据神谕所言,未来的君主将会由如下的事实验明,他站在赫菲斯托斯的神庙中,从一个青桐杯中倒出祭酒。

因此,这 12 位王"实施了 dikaiosunē",并继续如此,直到某个特定的时刻,他们中的一位在不经意间实现了神谕。于是,为了力求万全,其余的 11 位王谨慎行事。通过调查,他们证实了他这样做确属无意,故而不能"判定公正地"杀死他,但他们却剥夺了他的权力并将其驱逐。史家补充道,实际上,他此前已经被驱逐过一次。由于现在成为 hubris[暴行]的受害者(2. 152. 3),他计划报复那些迫害他的人,在恰当的时刻,他依靠"那些海中出现的青铜人"(即希腊人)的帮助废黜了 11 位王,从而成为整个埃及的君主。这个建立了一个王朝的人就是菩萨麦提库斯(Psammetichus,158 及其以下)。

在这则寓言中,"正义"所适用的语境又一次是政治性的,而它的目标则同样是维持社会的秩序和稳定性。然而,实现这一目标的环境变得更加复杂。将中央集权作为解决方案是没有用的。和平以及良序必须依靠 12 位独立的当权者间势力的均衡,通过契约,这些当权者一致同意避免侵略行为、增进自然的和睦。正如柏拉图所言,每个人都郑重承诺"做自己的事"而不干预对方。因此,维持这一协定就是践行 dikaiosunē,也就意味着[300]按照社会准则——一种 dikē 的传统含义——调整自己的行为。通过不公正地使当事一方遵守契约来废除社会准则(无论什么原因)就是对其犯了 hubris [暴行]的罪名。当受害者报复时,这样的情况就得到了相反的纠正,而报复行为具有将此前因 12 位独立的当权者造成的多元化统一到惟一的君主政体的统治下的效果。然而,正如在戴奥凯斯的故事中那样,dikaiosunē 是用来确认这些先于君主制建立的实践或政策的标志。

戴奥凯斯已经"践行了"正义,12 位王也都"使用了它"。这第二个习语再一次暗示了,这样的 dikaiosunē 毕竟不仅仅等同于 dikē,一种从外部应用的诉讼程序,而是能够使用它的个体的所有物,简言之,一个人的属性,其性格特征的一部分。此种将正义的观念内在化的倾向同样反映在如下的事实中:在采取行动对抗第 12 位王时,其他的 11 位王们感到他们不能"正义地"杀死他,因为那个冒犯的行为,或者更确切地说它所产生的影响并不是有预谋的。此处,内在的动机或意图被说成一种评判正义或不义行为的标准,因为它早在雅典的德拉古法典中就已存在。

希罗多德,6. 73 以及 85 - 87: ## 斯巴达人格劳科斯的故事

斯巴达的两位国王克列奥门尼(Cleomenes)和列奥提奇德斯

(Leotychides)突袭了埃吉那(Aegina),却没有受到任何的抵抗,他们选出了10位有名望的埃吉那人,将其交给埃吉那的死对头雅典,在那里"将其收押看管"。直到克列奥门尼死去,这10位埃吉那人仍然作为人质滞留雅典。其间,由于埃吉那人对斯巴达提出控诉,因此斯巴达人开庭审理此案,并判决原告乃是 hubris[暴行]的受害者(6.85.1)。最终,人们一致同意,列奥提奇德斯陪同埃吉那人一起去雅典解救那些人质。于是,列奥提奇德斯来到雅典,要求收回"寄存物"。但雅典人却说,他们"不认为这样做是公正合理的":寄存物是两位王带来的,而非一位。对此,列奥提奇德斯做了一长串的回答:

交还他们是虔诚之举,反之亦然;当然,选择权在诸位手中(6.86a)。可是,我想告诉诸位一件发生在斯巴达的有关寄存物的"事情"。这是与格劳科斯(Glaucus)有关的一个斯巴达传说,发生在距今三代人之前。这个叫格劳科斯的人,除了各方面都极为杰出外,在斯巴达人中间享有 dikaiosunē 这样的独特声誉。传说提到,这段时间在他身上"发生了"如下的事情。一个米利都人来到斯巴达,对他说:"我想受益于你的 dikaiosunē,因为在伊奥尼亚,甚至在全希腊,你因 dikaiosunē 而广受称颂。[301]经过再三思量,我认为伊奥尼亚一直不太安全,金钱不断易手,而伯罗奔半岛则十分安全,局势稳定。所以,我决定将一半的资产变现成银币,存放于你处,因为我深知将钱交于你保管会非常安全。收下银币,也请务必保管好信物。倘若有人携带信物来找你,请将钱交还给他。"格劳科斯接受了上述条件,并收下寄存物。多年后,寄存者的子女们携带信物前来,请求归还寄存物。孰知,格劳科斯对其百般敷衍,"我的确记不清了",他说,"我想不起你们所说的任何细节。我希望回想起这件事以便'公正地'处理。如果这笔钱真在我手上,我当然会完璧归赵。但如果不在我手上,我将用通常的希腊规则来对付你们。请给我4个月的时间来处理此事"。

此刻,米利都人才明白,他们的钱已横遭侵占,于是便悻悻而归。而格劳科斯则前往德尔斐求问神谕：我能否起誓从而侵吞这笔钱财？女祭司以七音步诗歌的形式作答，大意是这样：通过起誓获胜来侵吞这笔钱财当然是有利可图的。毕竟，即便是忠于誓言之人也难逃一死。然而，誓言之神有一个可怕的后代，他能够使作伪誓者断子绝孙，而那个忠于誓言之人则会子孙满堂、人丁兴旺。

格劳科斯迅疾地请求女祭司的宽恕，但是她回绝了：试探神就等于发了誓。于是，格劳科斯归还了钱财。"雅典人啊，我为何将这个故事告知你们？因为现在，格劳科斯在斯巴达没有留下一个子孙后代。这个故事的寓意就是：不要心怀不轨，拒绝归还寄存物。"

然而，雅典人对这番话置若罔闻，于是，列奥提奇德斯便离开了。雅典人希望埃吉那人"为此前傲慢自大地给予雅典人的不义之举遭受惩罚"，因为埃吉那人为讨好底比斯人曾经伤害过雅典人。如今，轮到埃吉那人"声称他们是受害者，……因此打算报复"雅典人。

上述略带传说性质的故事所基于的历史背景向我们叙述了就政治实践的对与错所展开的争议，而这样的争议接着则扩大到城邦与城邦之间：对于何谓公正，雅典人和埃吉那人各执一词；实际上，每一种看法都受相互性规则的支配——据称，每一方都是 hubris［暴行］的受害者。到目前为止，所论述的正义都是以 dikē 为象征的传统正义。这个由斯巴达的斡旋者所说的故事突然呈现出了一种不同的解释。传说与背景之间的关联［302］通过"寄存物"这一概念加以呈现，在政治意义上它指代人质，而在私人背景中则指代钱财。正义变成了商业交易中的信托规则。在这则寓言中，我们看到了一种新兴的银行业的道德规范，这是伴随着希腊在商业上的扩张自然而然地出现的。商业交易仍然以口头誓言和承诺作为担保，尚未使用契约文书的交易方式。维持他们之间交易忠诚的制约因素依旧来自如下的威胁，那就是，即便违反者可以暂时性地得利，报应却终将落到其子孙后代的身上，这样的传统始自赫西俄德，后为梭伦所继受。然而，令人奇怪的是，这个故事却另有教诲（codicial)：即便没有做出违反交易规则的行为，只要心存不轨，也应予以谴责，并且遭受相同的惩罚。这就与德拉古法典，或者说与任何法典都相去甚远，因为它将思想与行为区别开来，实际上就是说思想也是一种应受约束的行为。

因此，格劳科斯所违反的正义是一种"内心的正义"，一种个体的正直诚实。据称，它是格劳科斯的某种私人物品，因为伊奥尼亚人告诉他，"我想受益于你的 dikaiosunē"；人们不能说"你的 dikē"，倘若他真的这样说了，也是意指"你的权利"或"主张"。中肯的说法是，使用（抑或未能使用，因为格劳科斯所享有的是名声而非实际的东西）此种内在德性的场合是一种私人的商业交易，而不是一种政治决议或司法判决。

希罗多德 7.44 – 52：薛西斯王与阿尔塔班努斯的故事

进军希腊时，薛西斯（Xerxes）在阿比多斯（Abydos）作了短暂停留，为的是登上一块高地检阅陆军和舰队。大军浩浩荡荡，蔚为壮观，眼观此情此景，薛西斯感到无比自豪，接着却又潸潸泪下。于是，他的叔父，最初进言反对远征者的阿尔塔班努斯（Artabanus）与他谈心，目的是为了助长某些与远征有关的次要想法。结论大体包含下列几项：

> 阿尔塔班努斯：因为可能已经没有什么能够阻挡你，所以请采纳一点点建议。伟大的事业相应地要求全盘的考量。居鲁士将伊奥尼亚变成附属国——除雅典以外的所有城邦。勿要——由此，我建议——无论如何，勿要率领伊奥尼亚人对抗他们的母邦。我们无需他们便可获胜。如果他们加入我们的远征军，那么，或者(1)他们将征服他们的母邦，从而背负十足的不义，或者(2)他们与母邦密谋，十分公正地护卫她的自由。

[303]在第一种情况下,他们于我们而言没有任何助益;而在第二种情况下,他们将有能力对你们的远征军造成重创。请谨记古话:你不可能在一开始就预见到所有的结果。

　　薛西斯:在迄今你所阐述的一切看法中,这最后的一点,即担心伊奥尼亚人倒戈,简直是大错特错。他们对我们的忠诚是显而易见的,不光是你,其他人也可以证明,因为在大流士(Darius)攻打西徐亚(Scythia)时,他们本可以一举击垮整个远征军,从而独享胜利的果实。但事实却是,他们报之以 dikaiosunē 和忠诚,每每表现出恭谦。此外,他们将妻儿、家财留在后方,以便时刻提醒自己不要背叛。是故,无需为此担心。我希望你竭力保护好我的王室和宝座。因为你是我唯一的摄政王。

此后,阿尔塔班努斯便被派遣回苏萨(Susa)。

我们看到,当这场讨论被如此改编时,它再一次揭示出作为 dikaion 的"正义"的各种主张与以 dikaiosunē 为表征的品德之间清晰的两分。对阿尔塔班努斯来说,完全的正义体现为兄弟助其兄弟的惯例。这是一种有关 dikē——即关于何谓"恰当的"的传统观点,而维持它必须求助于梭伦的智慧——"考虑最后的结果"。因为薛西斯的正义是 dikaiosunē,几乎就等于忠诚和感激———一种内心的品质,某种人们可以"放在手中"的其他人的东西,作为一份馈赠,在上面的故事中,令人感激的馈赠来自他的君主。

希罗多德,7.163 – 164:科斯的卡德摩斯王的故事

　　面对薛西斯的进犯,希腊请求叙拉古的统治者盖洛(Gelo)给予海陆两方面的援助,但拒绝了他提出的条件。在希腊使节走后,盖洛断定希腊人很可能会吃败仗;因此,见机行事最为稳妥。于是,他指派一位名叫卡德摩斯(Cadmus)的科斯(Cos)本地人携带一大笔

钱前往德尔斐。他的指示是,同各方维持良好的关系,并静待战事结果。倘若波斯人获胜了,就将钱交予薛西斯以示臣服;倘若希腊人获胜了,便携款而归。盖洛选派卡德摩斯是看中他此前的经历。当卡德摩斯从其父手中完好无损地接过科斯王国后,就将科斯的治权"寄托给"民众,只身前往西西里。他的行事全凭自愿,并受dikaiosunē 的驱使。(在西西里,他从萨摩斯得到赞克尔[Zankle],并在那里拓荒移民。其后,改名为麦塞纳[Messene]。)[304]盖洛充分意识到,在这样的情况下,抵达西西里只能是源于他的dikaiosunē。这就是为何他选任卡德摩斯作为使者的原因。卡德摩斯行事之正直无出其右者,以下便是最佳的明证:他完全掌管了大笔钱财后,本可以据为己有,但他没有这样做。萨拉米斯海战结束后,薛西斯败退,卡德摩斯又将钱悉数带回了西西里。

这个故事的主题仍然与托管有关,讲述了在政治以及私人语境中实施的一种正义。⑧ 但是,此处的两种"正义"是相同的,它们都体现了 dikaiosunē 的实践。出现此种情况的原因在于,政治正义不仅体现为一种表达了 dikē 和 dikaion 的传统规则程序,而且体现为,为了民主政体的利益,自愿交出个人的权力:他"将权力置于正中"。通过如上的描述,卡德摩斯就是梭伦转世,因为梭伦曾声称摒弃专制政体,并加强"中间"阶层的力量。德谟克利特学说持有如下的观念,即政治权力是一种由他暂时保管并行使(因此,必须在任期结束后交还)的寄存物。此处,寄存物则被以相反的方向实施。这样一种自愿的行为就等同于,原本可以找出各种借口不这样做,却又自愿将钱原封不动地交还给它的所有者。此种行为之所以感

---

⑧ 在 3.142 处,一则类似的故事讲述了萨摩斯(Samos)的统治者迈安多琉斯(Maeandrius)如何提议将他的权力移交"给民众",而他的动机就是"成为最公正之人"。然而这一次,该项提议夭折了;亦参 4.161,此段叙述了德谟那科斯(Demonax)在库列涅(Cyrene)的改革,此次改革"将国王的一切权力都交给民众"。

人,不在于社会准则或程序,而在于一个人的内在品德,这是强迫不来的。古希腊人将其说成一种"源自他本人的公正行为"的典范,此处使用了一个相当引人注目的反身代词,在苏格拉底的措辞中有许多类似的表述。⑨

希罗多德的风格是不着边际的,因为他不仅在叙述时频繁地离题,而且吸纳了从各种各样的原始资料中选取的描述性素材。因此,上面五处语境本身带给读者一种扰乱他的正常叙述的印象就再正常不过了。自然,它也就不会允许人们去推测一个共同的原始资料。但是,我的研究揭示出它们之间有着某类相似性,此种相似性使得上述的推测以及更进一步的结论变得有可能,即术语dikaiosunē 的 8 次出现也是由这个共同的原始资料加以提供的(鉴于它不是那么常见)。如上所言必然是推测性的。我们几乎不可能指望后来的柏拉图为此提供一条线索。最初,在他提出 dikaiosunē 的主题时,他将其与偿还债务联系在一起。如果读者注意到柏拉图后来的宏大理论,[305]或许会对以这样一种相当平凡的方式引入dikaiosunē 而稍感诧异,但是,它的确反映出在希罗多德那里正义与托管的金钱之间的关联。在同样的上下文稍后一点的位置,柏拉图的"苏格拉底"引用了一句格言,"扶友损敌实属公正",并将其称作五种最应当做的事情之首;奇怪的是,前面四种都是希腊人式的,但第五种却是薛西斯式的。我们是否听到了一种薛西斯就伊奥尼亚人对他的"公正的"态度的看法的回音? 基于这些线索,开始出现了一个模糊的假设。有人已经提出,《王制》卷一原是一部早期对话,同其他早期对话一样,卷一旨在讨论一种明确的"德性",但我们尚不清楚它是否曾单独出版。⑩ 卷一探讨的 dikaiosunē 乃是智术

---

⑨　参哈夫洛克:《在阿里斯托芬《云》中被模仿讽刺的苏格拉底式的自我》(*The Socratic Self as It is Parodied in Aristophanes' Clouds*)。

⑩　古思里回顾了在此问题上所持的诸多意见,参《希腊哲学史》,卷四,页 437。

师界所熟知的话题,柏拉图急于对其重新界定。如果这个词是智术师的发明,那么,它的原创者很可能不是忒拉旭马霍斯,而是普罗塔戈拉(Protagoras),希罗多德本可以与后者十分熟识。普罗塔戈拉关于 dikaiosunē 的论述促成了后来的传统,即柏拉图的《王制》受益于普罗塔戈拉以相同方式编写的一部著作。希罗多德讲述的故事揭露出对政制理论的关注:其中的四个故事都与王有关。它们的布局有利于这类对话的展开,而对话的情节则以相对的方式安排。然而,与此同时,它们都是带有一点演义(historical romance)色彩的故事,通过对实施 dikaiosunē 时所发生的事的叙述来阐明 dikaiosunē 的效果。这些特征与围绕着普罗塔戈拉著作的内容和叙事安排以及他的阐述方式的传统相一致,同时也与柏拉图对普罗塔戈拉的批评相一致。因为,它们同样强调如下的事实,即通过将柏拉图与他的所有前辈,包括智术师分隔开来的相同分界线——这是一种介于两种不同的句法系统的分界线,使得希罗多德的正义观与柏拉图的正义观相背离。希罗多德的散文——我们同样可以推测普罗塔戈拉的散文——可以引入一种新的术语:它不能够使用这类涉及此种被如此命名的"事物"的语言,它除了解释此种事物做了什么或者它被如何做之外,还将解释它实际上是什么。叙事句法需要不仅关涉正义,而且关涉任何其他的实体的讨论,但迄今与此种叙事句法的决裂尚未实现。

希罗多德著作中的动词 to be

在希罗多德的著作中,动词 to be 开始大量出现。[11] 我们能否说它绝非真正的系词,抑或说当它被用来表达各种观点时,这些观点

---

[11] 卡恩指出了"名词性句子的极端不足",页 442 注释 18(运用了吉诺[Giraud]的观点);参我的下一条注释。

的意义绝非完全真实?⑫　在绝对意义上而言,其有关存在的用法
[306]是明确的;虽然近来它成为受关注的话题,但是,却并没有帮
助我们超越先前的用法。为了展现动词在某种程度上正朝着柏拉
图式的用法前进,却尚未实现,著作的前32章提供了一个有用的例
证。在前31个章节中,esti(is)的现在时出现了3次。而仅在第32
章中就出现了9次。造成如此多数量的原因在于,希罗多德在叙事
中插入了一段梭伦与克洛索斯(Croesus)之间发人深省的交谈。梭
伦的言谈中包含了一系列箴言,这令我们想起他挽歌的风格以及其
中的一些主要内容。8处与esti相关的叙述的主题是"人"或"一个
人"或"一个人的尸体"——尽管是就一般意义而言的,但也仍然属
于个人。余下的一个则是动作的不定式。谓词表示地点或匮乏或
身份,要不就是动名词或形容词与esti一起表示一种常见于埃斯
库罗斯的风格中的活动。从荷马到埃斯库罗斯,这个词在用法上
的发展变化为我们提供了足够的比较。然而,与梭伦的挽歌相
比,希罗多德的文献显示出一种趋势,即填补这个在此之前受到
忽视的动词:"人完全是(is)巧合(的东西)";"富人并不是(is)比
仅能维持温饱的人更兴旺";"许多富人都是(are)不兴旺的";"没
有一个人体是(is)自足的"。口头箴言中受青睐的纯粹同位格对
等词(appositional equivalence)正在被主词和谓词之间的关系概念
所取代,通过在对等词中间插入一个动词,此种关系得以体现。
然而,对等词并没有完全被表达范畴、属性等等的谓词所取代,这
就在一定程度上使得分析性定义(analytic definitions)成为可能。
这一点可以从卷三展开的一场关于三种政体孰优孰劣的争辩中
得到明显的确证。这是整本书中最理论化的一段,但是,其中的3
章虽然界定了已经成为论述主题的三件"事物"的本质或特征,却
没有使用esti。

---

⑫　卡恩,页352及其以下。

内在化的正义

因此,我们并不能说,正义已经成了一种概念。但是,通过创造 dikaiosunē 这个词来表明不仅在人的内心中存在一种正义观,而且在人类社会中也存在一种正义观,当时的人们已经在意识到这样一种观念有多么复杂的道路上迈出了第一步。毕竟,这样的观念在荷马那里存在过少量的先例。Dikaiosunē 是某种受 dikaios 支配的东西,一个"正义之士"以及他的容貌,如同在《奥德赛》的神话中所刻画的那样,首先并非一位[307]诉讼当事人或仲裁者(如《伊利亚特》中那样),而是一位主人和朋友,他甚至对陌生人和赤贫者都以礼相待。实际的必要性行为指的是,当面对弱者时,强者放弃权力,尽管这样的行为一直以来被描述为一种对规则和规律性的回应,但是它含有自愿性以及与个人有关的意味(虽然荷马并不承认这一点)。这与希罗多德的三则故事中被(至少含蓄地)赞许为代表了"正义"的交易方式相当类似。⑬

柏拉图(正如我们将会看到的那样)起初并不对《奥德赛》式的 dikaios 模式感兴趣。但是,通过将正义作为一种灵魂中的"德性",并用这个词来象征人性,他完成了作为一种个人品质的正义的内在化⑭。灵魂是一个次要的概念,前苏格拉底作家难以界定它,直到苏格拉底的辩证法才使得其成为可能。

---

⑬ 倘若人们接受了琼斯《宙斯的正义》(页 102)如下富有吸引力的暗示,即《被缚的普罗米修斯》(*Prometheus Bound*)中的宙斯后来通过将 dikē[正义]赐予人类而放弃了他对 dikē[正义]的专权(参《被缚的普罗米修斯》186 – 192),那么,在此过程中也将包括正义女神。有没有可能,如果我们获得了该佚失戏剧的文本,我们将发现 dikaiosunē 履行首选象征物的功能,从而取代《俄瑞斯特亚》的 dikē[正义]?

⑭ 也可能会导向多兹(页 36 – 37)所言的"良知的内在化",即"它是一种在古希腊世界中迟迟并犹豫不决地出现的现象"。

第十八章　柏拉图的正义观

[308]古代晚期的编著者们认识到,柏拉图创作了许多对话,其中,每篇对话的主题都讨论一种德性。① 正义就是其中的一种,它所获得的殊荣体现为一部十卷篇幅的著作。当然,《王制》同样因其他各种原因获得青睐。此书涉及政治学、经济学、教育学、认识论、理念论、诗歌的技艺、灵魂的不朽等多个领域。但是如上的讨论乃是基于一种整齐有致的结构设计,从而显得更加清晰。第一卷是一段主题引导性的对话:什么是正义? 它能否被界定? 如同其他伦理性对话那样,论证以怀疑的方式收尾,并没有提供任何明确的答案。然而此刻,这样的困境必将得以解决。为了引发卷二所提出的质疑,如下的观点已经被提及:正义这一最高的德性本身必须被界定。著作的余下部分致力于谨慎地展开和完善正义的定义。到了卷4的中间部分,已准备好分别将正义置于城邦(432b 及其以下)和灵魂(442d 及其以下)中,而在不同的情况下,此种德性则被用来和相对的邪恶之定义进行权衡。进言之,在卷4结尾处,对正义有利性的论证具有形成一个次要的以及扩展性定义的效果[309],到了卷9(588b1 及其以下),在验证了相对的邪恶所造成的不幸之后

---

① 拉尔修(Diogenes Laertius)保存了对话的标题目录,该目录的一个英文版本出现在格罗特(Grote),卷一,页 162。而在现代印刷本中,这个目录常常被省略。提格斯泰德(Tigerstedt,页 110 – 111)认为,副标题是由柏拉图本人提供的;亦参古思里《希腊哲学史》(卷四,页 434 注释 1 援引了霍伯[Hoeber]的《柏拉图＜王制＞的主题》[Theme of Plato's Republic],提格斯泰德亦同样如此)。

(576b11 及其以下)，此种定义又一次正式形成：在正义与邪恶之间甚至确立了一种算术上的比例(587b4 及其以下)。为了结束对正义的说明，著作结尾处通过描绘正义在此世与彼世所获的报酬(10.608c1,612b 及其以下)引入了灵魂的不朽及其命运的学说。意图将文学的丰碑献给对正义(仅仅是正义)的颂扬是确定无疑的。② 正如此前特别指出的，这种方式是自赫西俄德以来首次正式出现的。一定程度上，正义可能被视作为埃斯库罗斯的三部曲提供了主题思想，然而，在为戏剧的目的使用(正义的)象征以及尝试系统性地构建正义的含义之间则存在着霄壤之别。

Dikē 与 Dikaiosunē

　　当老年的克法洛斯被问及是否"人们可以说正义仅仅就是说实话以及归还某人从他人那里拿到的东西，或者……"时，柏拉图开始引入正义的主题这一人们需要探究的事物。引入这个词的理由已经在不久前的交锋中说清楚了：克法洛斯，这位家财万贯的人已经被问及他所要说的就是财富的巨大优越性。他的回答虽然和善但有那么一点闪烁其词：任何人，只要在生命临近尾声的时候能够想起自己一直都在避免不公正地对待任何人，那将是巨大的慰藉。如果没有一件事害怕遭报应，他就能够想一想将来的存在。直到他进一步说，如果你有钱就可以永远确保你离世时不担心欺骗过任何人或欠任何人东西时，他才真正回答了刚才的问题。他的意思显然是，如果有钱，你就可以在死前结算账目和清偿债务。

　　这样的回答是现实的，但也是善为辞令的，以便将他所说的话置于被"正义"粉饰的语境中，正如通常所理解的那样：他说(330d7

---

　　② 哈夫洛克：《正义》，页 49 及注释 2。古思里《希腊哲学史》，卷四，页434 注释 2。

及其以下），人们记得有关冥府的 muthoi［神话］，作恶多端者如何在此处接受审判……同时人们想：我是否对任何人行过不义？如果一个人发现在生前行过诸多不义，就会万分惊恐；但如果发现没有行任何不义之事，愉快的期待就会伴随此人。正如诗人③所言：任何人，只要一生正直、虔诚，"甜蜜的希望将会永伴"。

此段中，名词 dikē 和副词 dikaiōs，以及三个带否定前缀的词——形容词 a‐dikos、名词 a‐dikēma、动词 a‐dikein，［310］全都依据荷马与赫西俄德原先采用的意思和原则翻译。有关冥府的 muthoi［神话］是对《奥德赛》中出现在米诺斯面前的鬼魂之描述的回忆。④ 在牛津本的柏拉图十三篇书信中，这些词总共出现了 6 次。如同在希罗多德的著作中，dikē 是在惩罚这一严格意义上被加以使用的；而名词 a‐dikēma 的使用同样是希罗多德式的。很明显，克法洛斯思考"正义"（1）在传统意义的范围内表现为相互性原则上；（2）当它尤其适用于欠债还钱，这在希罗多德的两则故事中加以体现；（3）在可能招致罚金或惩罚这一更为严格的意义上。

在称赞了上述表述的同时，苏格拉底问道："然而，这同一样东西，dik‐aiosunē，我们是否能称其为说实话和偿还某人接受的东西……？"提出这样的问题从而暗示一个已被提及的话题正在被重新开启。就 dik‐aiosunē 这个词本身来说，它并非完全准确；它甚至不同于克法洛斯在更加宽泛的意义上所使用的 dikē。人们可否留意到一处差别，一种新的维度，此时被加入了论证中？柏拉图为何不再使用 dikaion——"公正（之事）"作为其提问的主旨？因为（dik‐aiosunē）这样的术语可以和克法洛斯的风格保持一致。不考虑赫西俄德，在现存的文献中，前苏格拉底作家的著作中几乎没怎么出

---

③　［译按］此处的诗人指古希腊忒拜的抒情诗人品达（公元前 520‐公元前 440）。

④　参第十章。就我而言，在涉及 dikē 的语境中，似乎更有可能是对荷马的回忆，而不是对"俄耳甫斯"（Orphic）关于来世信念的提及。

现过 dikaiosunē：一次是修昔底德（Thucydides），颇不确定的一次是音乐理论家达蒙（Damon），还有一次可能是来自忒拉叙马库斯（Thrasymachus）本人的语录。⑤ 值得注意的是，它并没有出现在阿里斯托芬的《云》（Clouds）中（其在抑抑扬格［anapests］⑥的使用中并不受限制），因为上述"苏格拉底式的"喜剧上演了一场"正义的论证"与"不义的论证"之间的争辩；人们可能会想到，它在修昔底德著作中关于米提列涅（Mytilene）以及米洛斯（Melos）双方命运的争论中同样没有出现，而"正义"的概念却随处可见。

作为社会准则的正义

随着对话的深入，玻勒马霍斯（Polemarchus）得以接管过对话者的角色，而关于正义的各种"定义"也随之被不断尝试：（1）"它意味着说真（话）以及偿还某人所获之物"（331d2：同样的准则在331e4也被称作"dikaion"）；（2）"它是扶友损敌的技艺"（332d5；比较334b8）；（3）"它对契约有用"（333a12）；（4）它尤其在"钱被存起来并保护好"之时有用（33c7）；（5）最后（这一条要归功于苏格拉底，335d11－336a8）它指的是禁止伤害［311］任何人，包括敌人，而这个定义意味着对先前所引格言的否定。苏格拉底称这一格言为"谚语"（rhēma），并将其归为五位传统贤君的权威，其中就包括薛西斯。正如我们已经看到的，这一格言实际上融入梭伦关于幸福生活的哀歌中。上述五条"正义"的准则将格言置于其传统的程序语境中；在制定调整人或团体与他者相处时行事的规则方面，此格言是一条指导性方针，它强烈暗示了这些规则是具有相互性的。然而，

---

⑤　哈夫洛克：《正义：希腊学术史短评》，页64－65。

⑥　［译按］又称短短长格，它是一种在希腊语、拉丁语等诗歌中普遍使用的音步，由两短一长或两轻一重的三音节构成。

第五条准则在实际中却是非相互性的,用惯常术语来说就是一个悖论;但它也同样将自身表现为一种社会性的行为准则。

即便在忒拉叙马科斯接过话题并提出 dikaiosunē 就是强者的利益这一同样矛盾的观点时,也没用发生任何变化。按照先前的理解,尽管传统的 dikē 和 dikain 本应该回避任何形式的犬儒主义,这个词的引用也仍然是程序上的和外在的,此刻它正运用于政治权力的规则及其行使上,此种情况在如下的论证(338e1、341b5 以及 b8、342e7、343b5、344a7、345d6、346e4;在 351b1 处,这个词的范围扩大到包括由整个共同体,即城邦所行使的权力上)过程中也的确表现得十分清楚。本来,赫西俄德和梭伦应当拒绝此种悖论,但他们,包括埃斯库罗斯(Aeschylus)却认可了这样的政治语境,而在此种语境下,对正义这个词的使用也被认为相当自然;甚至埃斯库罗斯三部曲中的角色也都是政界人士,他们被迫服从王朝式的家族关系。忒拉叙马库斯所提出的"正义"概念是不是真的同阿伽门农强加给特洛伊以及克律泰墨斯特拉强加给阿伽门农的 dikē 有着本质差别呢?

作为灵魂德性的正义

然而,随着论证进入高潮,正义这个词被添加了新的本质。一个理论上完善的非正义与一个理论上完善的正义被置于彼此的对立面,前者被认为更加有利可图;于是苏格拉底说道:"关于它们还有另外一种情况,我希望你能告诉我。你称其中一个为 aretē[德性],另一个为 kakia[恶行]?"(348c2;亦参 353b2)这就使所引述的内容发生了改变;无论对它做出何种解释,此种"德性"明确了个人的事物而非人与人之间的事物;它独自具有一个人同他者的关系。正义将同样变得如此吗?此种可能性在希罗多德那里有着多处暗示。在剖析消极性——非正义——的各种结果,即当它们发生"在一个人身上"(351e6)时,主题也就变得更加突出。[312]这些结果(以此前考虑过的共同体为类比）表现为"内讧"（stasis）以及一个人"缺乏与自身的一致性"，他变成"自己以及正义者的敌人"（352a7）。后面一句兼具内在状态和外部关系这两种观念。其次，为了解决 dikaiosunē 的"内在化"（internalization），有人提出实际上这是一种"psychē［灵魂］的功能"（353d3、6，以及 e7）。尽管论证最终无解（aporetically），柏拉图实则已经阐明，在没有事先获得传统承认的情况下，正义必然会占据一个维度，而这个维度将给予正义一种双重（bifocal）含义：作为社会道德的共同体正义，以及作为个人道德的灵魂正义。

如果人们承认，在用 dikaiosunē 替换 dikē 的过程中"正义"的含义被放大了——在包含了城邦和个体的双重指涉时其内涵变得更加丰富和复杂，那么，他们或许会因此估算赫西俄德的正义观与柏拉图的正义观之间的差距。正义仍然是社会内部关系的象征——它总是表现得如此——但是此刻它同样刻画了一种人的个性中的关系；[7]对这唯一且共同术语的使用，使得在它们之间很可能存在一种共有的特性。在接连不断地将各种不同观点归在一类时，赫西俄德开创了这个主题，具有象征性的 dikē 及其相关的事物在其中出现了。柏拉图在《王制》卷一重新开始了此项工作，他的做法是整理这些被不断提出、拒斥或修改的观点中的另外一类，尽管这些观点是用来说明其主题的。

作为存在之实体的正义

估算差距的第二种方式是承认语言表达（linguistic behavior）的发展。首先，正义的象征现在呈现为一种语言上的恒定量，一种单一的"事物"以及唯一的"事物"，它绝不能被复数化。其次，它被反

---

⑦ 对"灵魂的"正义学说的阐述完成于 443c9 及其以下。参古思里《希腊哲学史》，卷四，页 475："探索结束了。"

复置于其否定词——adikia——而非其他"事物"如 hubris[暴行]或
bia[强力]的象征的形式上的对立面。第三,某些语言技巧的使用
产生如下效果,即暗示了正义的象征处于孤立状态,人们或许会说
这是它的"牢固性",作为一种自足的特征,甚或是一个"实体"。第
一个与此相关的提示出现在正义被首次引入交谈时:"(接受)这个
实际的(事物,即)正义;你说这是……?"实际上,这个中性代词被
要求在不断扩大的哲学词汇中扮演一项重要角色,⑧不论是作为同
位语还是作为谓语:"很好;既然正义很明显[313]不是这种(事
物)……其他(事物)又应该被称作什么呢?"(336a9)"我的问题是:
与不义相比,正义究竟是什么样的。"(351a1)在第二卷中,随着对
定义的探讨被重新提及并变得越来越强烈,习惯用法也显得更具说
服力:第一位对话者说,我渴望听到的是"它们各自(即,正义和不
义)是什么,当在灵魂中依靠自身表现(为一种事物)时具有何种力
量"(358b5)。第二位对话者再次提出了此项智力难题:"向我们展
示……两者各自依靠自身对拥有它的人产生何种影响(以至于)一
个是好的(事物)而另一个是坏的(事物)"(367b4);……"请赞颂
这种与正义有关的事物,并且只赞颂它,(即)依靠自身给拥有它的
人提供好处的事物"(367d3)。

　　对于此种语言风格,人们可以将其解释为对此前适用于叙事说
明的句法的回应和修正,那种句法将如 dikē 这样的一些象征物置于
千差万别以及自相矛盾的语境中,同时强迫它披上各式各样的外衣
去扮演众多角色,这样的情形在埃斯库罗斯那里并不亚于赫西俄
德;而柏拉图则认为有必要缩小其含义。对正义来说,成为一种主
题还不够,这个主题必须转变成一个被自始至终阐述一致的确定性
概念。柏拉图式的(很可能是苏格拉底式的)风格绝佳地适用于上
述目标,它表现为对希腊语的强义(autos)和反身(heauton)代词的

---

　　⑧　参斯奈尔(Snell),章十,关于希腊语冠词、人称代词以及形容词的哲
学潜能(philosophical potential)的研究。

综合使用;此种风格乃是辩证法的一项特征。⑨

　　为了以正规的概念形式出现,正义必须满足另一种要求;它的谓语必须像它自身那样抽象,以便开启一条凭借特征或属性、类型或关系——它们如同正义一样永恒不变,极少受制于条件的变化——对其加以识别的途径。为此,用动词 to be 作为一个纯粹的系动词很有必要。正如关于正义的第一次提问:"我们说正义就是说实话……?","既然正义很明显不是这种(事物)……","我的问题是:正义究竟是什么样的"。随着对话的进行,这些系词的用法变得很固定;忒拉绪马科斯和他的交谈者都这样使用过:"我说正义的(事物)无非 to be[就是]强者的利益。"(338c1)荷马在场所、时间和身份上的定位正在消失。

　　具备了这些语言上的方法,《王制》第二卷准备提出概念上的难题:"我渴望听到两者中的每一个(事物)是什么……它们各自产生何种影响……以至于一个是好的(事物)而另一个是坏的(事物)?"(358b5、367b4)然而,此项难题为如下的方式所克服,即恪守 dikaiosunē 的双重[314]维度。苏格拉底提出在城邦中(这是它传统的所在),进而在灵魂中审查正义。当一个合适的城邦业已准备好时,第四卷终于可以展开柏拉图对什么是正义之形式的描述。

定义的引言:《王制》427c6 – 428a10

　　　　因此(我们可以说),阿里斯通(Ariston)之子啊,你的城邦现在建立并开拓完毕了(stand[esti] – founded – and – colonized)。接下来的事就是:在从某处弄到充足的光亮后,你必须进去瞧一瞧,不(仅仅)是你,你必须号召你的兄弟和珀勒马科

---

⑨　哈夫洛克:《柏拉图序论》,页256。

斯以及其他人同去,若我们能够看清正义恰好会在(might－be
－present)[eiē]何处,不义又在何处,彼此之间又有何种差别,
那个想要变得(to be)幸福之人必须获得其中的哪一个,他能否
躲避一切神和人的注意。不行,不行,格劳孔说:你,就是你,曾
许诺过要探索,竭你所能、用尽一切办法来援助正义,(这)才
是(being)虔诚之举。的确,我说,你提醒得对,我必须这样去
做,可是,你们也须与我通力合作。我们会的。那好,我期望通
过如下的方式来探寻我们想要的东西。我想,我们的城邦,倘
若建造妥当,将是(to be)极其健康的。当然。这(是)很明显
的,它是(is)智慧的、勇敢的、节制的和正义的。的确如此。此
刻,(是不是真的)在发现了我们能够发现的上述事物中的任
何部分后,余下的将会是(will－prove－to－be)[estai]尚未被
发现的(事物)? 请说明。如同任何(别的)四种事物,倘使你
们寻找到了其中的任何一种,一旦你们直接辨认出它,你们将
感到十分满足,而一旦你们认出了其中的三种,就凭这一(事
实),我们也就辨认出了要寻找的那一种;因为很明显,除了余
下的那一种,也就没有哪个会是(turn－out－to－be)[ēn]了。
那么,这些亦同样如此,既然它们实际上是[onta]四种,也应当
以同样的方式去寻找。显然如此。

　　古希腊语不可能在不做意译的情况下转化为现代语言的句法,
这意味着需要在现代和古代语言之间植入一种元语言(metalan-
guage)。如有可能,尽量保持一种最低限度的意译:为使任何思维
模式的一致性不致被遮掩,相同的术语应当采用相同的译法,而不
要屈从诱惑去适应语境或者沉溺于文体上的变化,适用于赫西俄德
的规则同样适用于柏拉图。此外,当古希腊语被用来指涉具体的行
为、地点、颜色、声音以及相类似的事物,同时也指涉上述事物的整
体感觉时,人们应当避免将它们翻译成,更确切地说叫解释成好像
是其他事物的象征,例如抽象关系或心理过程。假如一个动词的直

接含义[315]是"看(to look at)",那么最好不要将其译作"认为(consider)";如果它的意思是"寻找(to seek out)",那么它并不必然等于"探查(inquire)"。如果说 X"内在于(inside)"Y,这并非意味着 X 是 Y 所"固有的(inherent)";又如果 Y 是 X 的一个"部分(part)"或"一份(portion)",这也不意味着它是 X 的一种属性或特征。

卷一提出的论证焦点正在增强,以及卷二提出难题的措辞将被克服,这些都在语言的作用下变得清晰起来。正义将被视作一种一致性的象征,和正义完全一类的事物,或许是一种概念上的一,被置于正义形式上的否定含义的绝对对立面。阐述和解释这个"实体"将是系统从事的工作———一项概念性的工作。

前哲学式的句法

在城邦建立之初,叙述性语言为何先于逻辑性语言?一个城邦已经被建立起来,举着灯朝里面看,为此召唤同伴一起(如同在史诗般的战役中),他们必须同我们正在从事的工作合作:苏格拉底忘了他所承诺的事,故而有必要提醒他。这就好像柏拉图感到一种本能的需要使用转折句法,以便给他的读者提供一次转换,帮助其将思维运用到一种抽象论证的非传统式句法——如果说柏拉图生活和创作于一个正在发生转折的时代,他为何不可以这样做呢?经过短短的拉拢,直到苏格拉底说出"我想我们的城邦将是极其健康的"这句话,柏拉图使分析论证取代叙述成为可能。

随着不断回归前哲学式的语言,认知活动表现为对物质的视觉行为。为了看清正义这样一位居民处在其中的什么地方,必须借助灯光来审视城邦(其真实存在于纸上和头脑中)。在城邦内部,四种德性有待发现。此时,认知语言占据上风:既然前三种德性能够被"识别",或者说被了解,那么第四种也同样可以。

动词"存在(to be)"变得很常见;在这个具有导言性质的段落

中,一共出现了9次。但是,传统的用法并没有摆脱掉:"建立起来
……这座城邦此刻是……正义恰好在何处? ……余下的将是尚未
被发现的……除了它也就没有哪一个是了。"在如上的表述中,存在
一种方位感,它体现在地点或时间,明确的[事物]或不明确的[事
物]中。"城邦是(处于)极其健康的[状态]"这一命题性陈述甚至
使人想起[316]为荷马所熟知的象征身份的用法(status usage)(当
然,人们也可以加上帕默尼德斯的与存在有关的用法),而声称"施以
援手是虔诚的(to help is pious)"——用动词不定式代替人称主
语——则完全是传统式的。然而,与此同时,正是在上述表达中,动
词正朝着系词的方向发展,此种情况在"城邦是智慧、勇敢、节制和正
义"的说法中表现得最为明显;谓词则没有对地点、时间和情况做出
具体说明。甚至那些具有局部含义或存在含义的例子也更加贴近系
动词,只要主词或谓词或者两者都遵循一种中性词语法形式,要不然
就是遵循一种数词的语法形式来翻译:"余下的将是未被发现的……
除了余下的那一种,也就没有哪个是……因为它们实际上是四种。"

在提出恰当获得对正义的规定的穷尽法后,《王制》接下来要
做的就是运用它。智慧、勇敢和节制以及它们各自在城邦中的位置
被相继确认(428a11 – 432b3)。正义就是那个"遗留物"———一种
引出最重要德性的非比寻常的方法。除了在正义与其他三种德性
之间建立密切的关系,我们有必要确认其本身。这就需要对它实际
上是什么做系统的阐述。

政治正义的定义:《王制》432b – 434a2

A

此刻,我们已在城邦中观察到了(四种事物中的)三种。
根据理念(eidos)仍然剩下的——这一个(必然)能使城邦享有
美德——请问它究竟是什么? 当然,(这是)很明显的,它就是

(is)正义。——的确。

B

格劳孔,我们此时要像狩猎者那样将灌木丛围成一圈,集中精力,以免正义溜走,进而消失。显然,它就是在(is present)这里的某处。因此,紧紧盯着,全神贯注,要是你碰巧先于我看见它,就指给我看。——但愿我能发现它;相反,倘若你像利用一个随从那样利用我去观察所能看见的事物,那么,你就会把我利用得相当好。——那么,跟着我,让我们一道祈求好运。——我会的。你且先行一步。——嗯,这里真是;此处看上去(将会是)难以穿行;这里黯淡无光,果真是昏暗一片(presents – itself – dark)[esti skoteinos],事实上是难以有所发现(scarcely – to – be – tracked – through)。无论如何,我们要进去。——的确,我们走。——其时,我瞥见某物,并大叫:"格劳孔,我们很可能(将会,are)发现一条线索;我想,(这个东西)完全没能成功逃脱。"——这真是个好消息。

C

[317]说实在的,我们做了一件蠢事。——你指什么?——我亲爱的伙伴,它看来一直在我们脚前闲逛,而我们却没有看见它;我们刚才真是荒唐可笑(fool – we – have – been)。有时人们四下观望某件他一直拿在手上的东西。我们就是如此,始终盯着远处,却不看我们应当看的地方;(这就必定)使我们没有注意到它。

D

请说明。——(它就是)像这样:我认为我们一直在提到它或听它被提起,却尚未意识到我们实际上正以某种方式提起它。——你能否掐掉这段前奏,因为你的听众正在此处?——好吧,倘若这样做有意义的话,请注意听并加以领悟。

E

当我们建造这座城邦时,我们一开始就假定有某种东西必须确认。我认为,(它就是)这个,或它的某种形式,(这就是)正义。我们的确指出这一点,并且反复提及,如果你还记得,(即)城邦中的每个人应当只"选定"一项最是(was)"适于"他本性的工作。——的确,我们说过。——现在,这样说:我们不仅自己时常提起,而且听到许多人说,做自己的事而非操心别的事就是(is)正义。——我同意。——这就是说,做自己的事,当它以某种方式出现时,这很有可能就是(to be)正义。

F

你知道我为何这样说?——不知道,请告知。——除了我们已经观察到的三样事物——节制、勇敢和智慧以外,这座城邦中还剩下一样(东西)。我相信,正是这件东西为(其他)所有三样事物的产生提供潜在的规范,并且保护它们,只要它也存在着(it is there)。你明白,我们曾说过,一旦我们找到了前三样事物,剩下的必然就是(would be)正义。——那是当然。

G

现在请注意这一点:假如我们必须从如下的事物中挑选一个,只要它在城邦中出现,就最有可能使城邦变得美好:(它)是不是使统治者与被统治者之间观点一致?或是基于习俗而在战士们心中产生的对哪些(事)是(are)令人畏惧的以及并不(令人畏惧的)看法?或是存在于(is present)统治者中的智谋和坚守职责?或是每一个(人),作为(being)一个(个体),[318]做好自己的事而非操心别的事。难道不正是这个东西,当它存在于(being present)儿童、妇女、奴隶、自由民、手艺人、统治者和被统治者心中时,最有可能使城邦变好?这么多的选择,真是难以挑选(would‑be‑hard‑to‑choose)。——是啊。——显然,(有)一种潜在的规范,那就是,每个人做自己的事情;这是与智慧、节制、勇敢三种城邦的品德相媲美的(事物)。——的确如此。——难道你不认为这一能与城邦的品德相媲美的事物(就是)正义?——确定无疑。

H

也请从如下的角度观察一下它,看你是否会同意:你打算让城邦的统治者"进行司法审判"(dikas dikazein)吗?——当然。——在审判时,他们唯一需要确保的就是,团体和个人既不能侵占属于他人的东西,也不能被别人剥夺属于他们自己的东西。——是的,别无其他。——这就是(being)公正(之举)?——是的。——就此而言,正义就意味着拥有自己的东西,并且做属于自己的事务。难道不是如此?——是的,就是如此。

形式与原则

段落 A、E、F 和 G 这四个部分的阐述,体现了沿着哲学的(或辩证法的)推理步骤做出的说明性论证:无论其论证是否具有说服力,词汇和句法都是解释性的。动词 to be 的句法和说明性的目的是普遍一致的:(A)请问这一形式究竟是什么? ……它显然是正义;(E)这个,或它的某种形式就是正义……做自己的事就是正义……正义也许就是这样;(F)剩下的东西提供了一项原则……我们说过,那些东西中剩下的一定是正义;(G)什么是可畏的事物……每个(人)成为一个(个体)。凭借对非人称名词或中性形容词的使用,主词和谓词全都满足了抽象化的要求。上述五句话中的主词或谓词其实就是正义本身。我们感受到将正义具体化为一种实体的压力正逐渐增强,尤其在用理念(eidos)一词来表述正义(在此之前,形式则作为一个专门术语来使用[402c]),以及当正义和"能力"或"潜能"(dunamis)这样的术语联系在一起时(正如我的翻译所暗示的,它表明正义上升到了"原则"这一抽象层次——某种被亚里士多德称为 archē[本原]的东西)。作为一种非特定的原则,它能"兼具"[319]其他三种特定的德性,无论它被视作遍布三者之中还是主导它们。

然而,这样的论证真的是分析性的? 它提出了一系列前提和假设来证明它们是紧密相连的,但是仍然有少量符合三段论要求的推理。当前所做的这类论证反映出了此种局限性。系动词用来连接相同或相等的事物;然而它尚未划分或归类,抑或做出限定;因此,这样的连接并不具有因果关系。有人持有如下一种看法,就柏拉图而言,在其哲学思维的这个阶段足以肯定正义就是一个完整的同一性,逻辑的或者基于存在的(有关这一选择的争论不大可能结束),这就必然始终存在一个永恒不变的参照物,同时又需要受统一调整的行为。这或许就是为什么分析哲学家们认为,和后来的批判性对话相比,《王制》不那么吸引人的原因。但至少可以说,在《王制》中,作为一项原则或一系列原则的道德理念开始显现,这些原则具有一种独立于其用途的存在方式。

尽管读者被迫去阅读说明性的论证,但人们同样看到安抚读者的不懈努力,那就是让对话重新进入一种句法规则,此种句法规则说明了正在使用的主语及宾语的活动。在 B 中,格劳孔被邀请参加林中狩猎,正义成了猎物。正义能否从灌木丛中溜走? 不可能,因为猎人们已经发现它了! 在 C 中,正义则是躺在地上、我们的脚趾已经碰到的东西,或是某种我们无意中握在手中却完全不清楚它是什么的事物。而在 D 中,它成了一种共同讨论的话题或者我们受邀倾听(但无须阅读)的广受欢迎的故事。以类似的方式,动词 to be 可以"陷入"要么是方位格(四个事例)要么是"生成的"(四个事例)这样的惯用法中。

传统伦理观

尽管存在一种叙述性句法试图缓和的概念化需要,但是,已经获得的定义究竟是什么呢？"做自己的事（或事情）"！此项准则在道德上显得很贫乏，这真令人惊讶。⑩ 无可否认的是，正如柏拉图所指出的，它源自城邦"建立并拓展"时加以规定的调整工匠间劳动分工的规则。"做自己的事"只是用来呈现一项支配技艺的原则巧妙地延伸到了政治领域。然而，这真是其来源吗？宣称这项原则证明了柏拉图将社会划分为三个等级[320]同时禁止他们彼此混同不是为了说明这项原则的灵感来源，而是为了说明它的功能。何谓"自己的事"？对此，似乎没有最合适的答案：除它自身外，此项准则看起来不具有解释性。它只是坚称公民恰当地做了他实际上正在做的事，我们可以说接受了指派给他的角色。除非这一角色是社会纽带的现存的生活方式，而他恰好生活其中，谁或者什么东西可以指定它呢？如果不是一种对行为的描述，此种行为乃是对保存和维护希腊社会现有的习俗与道德观这一传统礼节规范的积极回应，那么这又能是什么？既然它已经被概念化了，那么，柏拉图的 dikaiosunē 的内涵是否完全不同于 dikē——作为规律性的行为准则，它没有越出你被分派的部分（exaisima，anaisima），同时避免了过分或极端的行为（atasthala，schetlia），从荷马一直到埃斯库罗斯对正义的使用可以看出，这样一种行为准则一直萦绕着 dikē——的意义呢？⑪

以自身为参照物，柏拉图也许同样揭示了此项准则来自何处：它一直就在你跟前；我们一直将它握在手中；我们不仅一直在谈论它；而且，很久以前我们就一直听到人们谈起它。这些话虽然同柏

---

⑩　一种"如老鼠样的结果（mouse‐like result）"是古思里的短语（《希腊人和他们的诸神》[*The Greeks and Their Gods*]，页 126）。

⑪　古思里讨论了"做自己的（to do one's own）"这一语式的用法以及可能的来源，参《希腊哲学史》，卷四，页 166 – 167（连同注释）。弗拉斯托斯在《正义与幸福》（*Justice and Happiness*）一文中推断（我认为是错误的），那里没有与通常用法的可加识别的关联。

拉图著作中之前的观点无关,⑫但却与古希腊传统所塑造的态度有关,因为,在用荷马以及赫西俄德的 dikē 来表达这些话时,它们就已经在城邦的社会与个人的道德观念中根深蒂固了。⑬ 在那场交谈中,它们已经呈现出口头交流社会的典型特征,而这样的口头交流正在被迅速取代。相比之下,在一个有读写能力的民主制度中,日益增长的组织机构的影响却混乱至极,令人担忧:普遍认同的公民角色正遭改变;然而,人们或许会问,这样的影响是否真的深植其中。

　　一个关于正义的传统语境再次出现于结论(H)中:城邦希望拥有统治者,他们的责任之一就是"进行司法审判(justice the jus-tices)";复数形式的 dikai 以及动词 dikazein 就是其标志;这样的词语组合具有一种古风时期的韵味,让人想起了墨涅拉奥斯的语言风格(章七)。这些司法活动的目的是什么? 柏拉图在《王制》的其他地方否认了如下的观念,即在其乌托邦中会有任何诉讼的必要。因此,他关心的不是诉讼,而是对财产和权力的既有分配状态的维系,而这只有根据现状才能加以辨识。接下来的论证开始详细阐述公正之人的正义,它的影响通过同样传统的条款来加以说明:公正之人在成为保管人后不会想要剥夺所有者的财产;他将远离亵渎(sacrilege)、偷盗以及背信弃义;他的誓言和契约将完全可信;通奸、[321]不敬双亲以及疏于献祭的行为都不"属于(fit)"此类人;这就是由 dikaiosunē 塑造的城邦和人(442e4 – 443b6)。实际上,这些行为准则在历史上没有一样归于柏拉图所定义的新的道德规范。它们皆为传统的指令,正如荷马、赫西俄德、梭伦、埃斯库罗斯的神话和谚语所体现的,以及晚近出现在希罗多德著作中适用于商业道德那样。

---

⑫　《卡尔米德》(*Charmides*)161b。

⑬　因此,加加林在法律意义上的 dikē 以及道德意义上的 dikaiosunē 之间所作的区分是非常明显的(《埃斯库罗斯的戏剧》,页 14 – 16 以及页 26 – 28)。

但是,此处仍有所不同。柏拉图不打算保留 dikē 纯粹程序化的特征。尽管柏拉图乐于接受正义作为一种礼节规范,他却更加倾向于这样一种社会,在那里,要求保持或恢复礼节规范的调整没有存在的必要。他不愿意接受个性化的事实,正如我先前认为的那样,这甚至迫使本能的口语社会去制定和采纳一个被改造的自然界发出的指令——希腊语 dikē 是最主要的一个例证——当这些指令被加以运用时,它们将会恢复那些暂时遭受破坏的礼法和道德观。柏拉图的正义观,如同在城邦中显而易见的,成为恒久稳定性的象征。甚至,子孙后代从一个阶层转变成另一个阶层也只是为了防止稳定性受到破坏。当然,希腊人的观念总是以变化与安宁、运动与静止之间的对立为中心的。但是,柏拉图的正义观只选择了其中的一极,而在其晚年的著作中,为了承认超自然运动的必然性而做出的妥协也并没有从根本上改变他的政治和道德立场。这被解释为其保守的社会背景的影响。我们在如下的不懈追求中发现了第二种解释,即同时在语言上和理智上要求从传统中获取他对正义——作为一种可靠的概念性实体——的确认。此种智识的要求,包括将不断出现的一些命题中的主语和谓语结合在一起,柏拉图同样打算将其施加到人类的行为领域。

个人正义的界定

柏拉图的正义观中存在一些悖论,任何试图从哲学上系统阐述这样一个概念的努力都难以避开它们。它们使柏拉图在古希腊文化史上的媒介性角色以及他天才的调解能力——在快速消失的口语观念和正在获得承认的读写观念中保持平衡——更加光彩熠熠。这尤其适用于他的政治正义观。然而,当他接着打算将正义植入人的灵魂中时,却坚定地将传统抛之脑后。我们谈到过,试图将人的个性概念化为动机和理智的来源的一项智识运动已经在公元前 5

世纪下半叶同正义的概念化保持一致。[322]在结束了政治正义
（以及正义的否定性,非正义,434a3 – d1）的定义后,柏拉图转而研
究一个被普遍同意的命题:"此种形式同样适用于每个人,那里也存
在着正义。"（434d3 – 4）阐述此类正义首先需要描述其位置,即它
所居住的地方:灵魂。对称性规则要求如城邦这样的实体应当三分
（434d2 – 441c8）。此种结构准备好将个人的四主德接纳为城邦四
主德的类比物,这在此前已经经过详细分析。个人正义,被再次留
到最后一刻,认可了在接下来的段落中所确定的定义（443c9 及其
以下）:

> 实质上,正义并非关系到某人献身于自己的外界事业,而
> 是关系到他的内心事物,正如真正地关系到他本人、关系到他
> 自己的一切事务,既不会让自身中的每一个部分干任何不属于
> 它干的工作,也不会让灵魂中的三个阶层到处插手、相互干扰,
> 相反,他会处理好本质上真是他自己的事务,会自己统治自己,
> 会把一切安排得整齐得当,会成为自己的好友……使自己从多
> 元体完全转变为一元体……

灵魂的能力必须被如此安排,以便提供同样坚定、不可动摇的
稳定性,通过平等稳定地分配三个阶层的位置,城邦获得了此种稳
定性。在这样的总结中没有辩证的逻辑推理。然而,它明确地建立
了一种牢固的正义观,这样的正义观作为纯粹个体道德的象征一直
持续到马克思和弗洛伊德的时代。

我用了"纯粹个体";表面上看,这个最初的子句似乎意味着对
柏拉图此前大量观点的拒斥。如果正义不能适用于外界行为,那
么,它将变成一种内在的和私人的状态,一种自我的而非社会的道
德观。有人指出,《王制》最后几页的许多地方为此种观点增色,而
其他人则不这么认为;柏拉图的道德哲学既不可能摆脱掉悖论,也
不可能摆脱掉我们要求它应当有的需要。当前的观点似乎很极端,

但是我们或许可以解释它。鉴于柏拉图对政治正义的描述较为保守，因而在许多地方避免与传统观念决裂，所以，他的心理学同他希望使用的概念化语言一样激进：他想要彻底地阐述两者。前苏格拉底作家难以发现将一种纯粹私人的道德观描述为内在意识的语言风格，而柏拉图很轻松就做到了。但是，当我们[323]今天认为接受道德哲学的这一地位是理所应当时，柏拉图却并不这么看。他不得不使它铭刻在希腊人的意识中，这是它最重要之处。因为，正如《王制》最后几页所清晰表明的那样，个人的灵魂同样是理智的所在地，而理智自个儿便可以领会柏拉图哲学体系的形式。

第十九章　书面语的哲学

[324]当赫西俄德把正义作为主题化来讨论,并且,正如它看上去的那样,通过利用荷马的语境以及重新整理荷马的观点完成此项工作时,他的行动引发了如下的问题:为什么这样的突破性进展本应当在他活着并创作这一特定的历史时刻出现? 答案就是,荷马的诗歌出于教谕目的而采取对话形式,同时他的创作受听觉的支配,而赫西俄德则能够通过眼睛的功能补充听觉的不足。赫西俄德的做法具有双重优势:首先,因为说出和听到的语言如今能够作为一种人造物而继续存在,凭借记忆存活下来的某些压力得到了缓解,反过来,这又意味着,创作者感到可以自由运用如下的观点陈述,使得微不足道之人的名字作为陈述的主语和宾语;其次,另一种身体官能,即视觉,当它在创作的过程中为耳朵提供补充时,能够在某种程度上根据视觉原则而不是听觉原则———一种眼睛将其本身强加到耳朵的回声模式之上的一种结构———来重新安排短语和诗行。

作家柏拉图

问题是:柏拉图投身于一种更加详尽和严格的正义的主题化工作是否与这些相同的动机有关?① [325]过去的大段时间并不会使

① 本章的论述当与古蒂以及瓦特论文中题为《柏拉图与读写的影响》(*Plato and the Effects of Literacy*)以及《逻辑学与知性范畴》(*Logic and the Categories of Understanding*)的观点相比较,页49－55。他们特别提到了维拉莫维茨的评论(《柏拉图》[*Platon*]I. 389),即柏拉图式的"第一位真正的作者"。

它看起来非常有可能。毕竟,希腊使用文献语言已经有大约 250 年的历史了。可以肯定的是,在创作的听觉方法与视觉方法之间,任何一种调整的效果都已经任其自然发展了。然而,让我们提出这样的主张,在柏拉图的事例中,存在某种暂时作为一种受运用检验的假设的关联。如果这是真的,那么,其论述的某些特征就源自一种对语言的边看边听以及边读边记的习惯的结果;我们将会看到一种有文化修养地使用和排列字词的方法,在没有完全消除文盲的情况下,这样的做法侵犯了没有文化的人。这样的特征又将是什么? 有文化的用法的征兆看起来像什么? 它们肯定会被视为已由赫西俄德所采取的步骤进程,而这些步骤进程与荷马不太相干:(1)当作为一种存储器的测量仪被完全弃而不用,字词也就得免"平庸地"处理,这样的情况将最直接地传达它们的语义关联;(2)教谕式表述的主词变成抽象概念,以致超出了赫西俄德的表达能力的范围;(3)与主词相关的谓词也变得同样如此,造成此种结果的原因在于,优先选择打算表明这些关联要么是逻辑的、要么是因果的动词,取代象征行动或处境的动词;(4)由于 to be 具有方位或时间以及行动或存在这样的在场含义,因此,实现上述结果的受欢迎的方法是尽量使用动词 to be 来代替系动词,这样的情况将会在它被不断使用的过程中继续萦绕着它。在此给出一个简单的例子:赫西俄德会说,"上万个精灵守卫着正义以及人类鲁莽的行为";而柏拉图则会说,"正义是(is)不义的对立面,是(is)维护城邦统一的原则"。根据假设,后一种语言风格已经得到了与日俱增的文献资料的支持。

　　但可以肯定,倘若有可以获得的来源,那么柏拉图辩证法的句法来源就存在于苏格拉底的谈话中,因为,就我们所知,苏格拉底从来没有因为教谕的目的而采用过书面语。倘若如下的两件事是真实的,那就不可能提出任何怀疑:首先,我们现在所拥有的柏拉图对话集中的交谈不是口头的报告,而是为了符合抽象论证的语言规则而精心书写的作品;其次,即便如此,只要苏格拉底特有的方式运用了辩证的定义,就会充分利用因当时文献资料的大量出现而产生的一类词汇和句法,然而,他本人却成为传统的口述家(oral tradition-alist)。[326]那些他同时代的知识分子们都是作家,但绝大多数并非雅典人。此处不是思考苏格拉底问题的地方。然而,提及它是为了重新理解,作为作家的柏拉图如何在两种类型的交流中占据一个居中的位置。从他优先选取对话作为阐述的方式中,可以看得很清楚,而随着年龄的增大,这样一种偏好逐渐减弱。对话常被视作一种文学上的惯常风格,柏拉图运用对话的目的类似于其论证中的叙述部分的目的,这在前一章中曾提到过;它是一种拉拢和安抚公众的技巧,因为公众中有一半是听众、一半是读者。有人甚至认为,书面体对话是一种教学手段,它被用来在学园内高声诵读。[2] 这就使它成为一种在传统的口语式教学方法与书斋中的教学方法之间的折中办法。

柏拉图本人是否有任何想说的,从而使这一假设显得更为可信? 在他的书中,是否存在一些甚至很细微的迹象,即它在被编排时关注视觉价值,当他使用语言时,它就在某方面发生变化,与其说因为它被写出,不如说因为它能被看见? 对此,人们或许会以文本存在本身以及文本的大部分内容为例。因为这是现存最早的古希腊教谕体散文,这种散文在等级上类似于荷马史诗(而在长度上则超过它们)或任何确定的剧作家的诗歌产量(包括佚失的剧本)。希罗多德和修昔底德之前的历史直到公元前5世纪上半叶才被书写,且只有不那么重要的部分才用雅典方言创作。它们的布局仍旧迎合史诗的要求,即所说事物的句法就是叙述的句法,甚至在修昔底德那里还有许多,它预料到了柏拉图对抽象概念的处理能力。无论这个哲人希望表达怎么样一种更加偏爱口语而非书面语的印象,他作为柏拉图而存在只是因为他是一名作家以及了不起的行业的

---

② 下述观点,即对话皆是口头发表的,有些在游戏中,其他则在私人会议中(瑞尔[Ryle],章二)——这一观点与我自己的如下结论相一致,即识字甚至在公元前4世纪也是一项新近的成就(《柏拉图绪论》,页39-40)——并没有影响柏拉图对在创作中的一种视觉策略(visual strategy)的私人使用的问题。

发起者,他将其用于一种语言风格,即说明文,在此之前,说明文从未用希腊语或任何我们所知的语言尝试过,《旧约》也是如此。这是他的专业性定义,已经赋予他对思想史的巨大影响力,而用对话作为他大量作品的形式又必然不允许使它模糊不清。在《斐德若》这样一部包含了对他同时代人的部分著作的大量嘲讽和蔑视中,有一段详细叙述了他本人辩证法的优点,这项优点体现在它可以通过口头教导学生。[327]它读起来就像是一篇专业的辩护辞,为在学园内进行课堂练习加以辩护。但是,他的所言已被我恰当地放到了与它密切相关的语境中,这个语境敏锐地意识到他同代人的大量书面作品存于当下,意识到它是最新的,意识到它不囿于口头发表的演说的原文,以及意识到他不得不与它妥协;③尽管他仍旧喜欢人们将他视作一位口述教师,他也不得不勉为其难地从事写作。

读者柏拉图

到目前为止,一切都进展得很好。可是,对柏拉图作为一名作家的能力的强调,甚或对他就是一名作家的认知的强调,都缺少任何的证明,那就是,在他之前,他自己以及其他人的语言的实际的可见性仍然在其构成方式上显示出某种新颖的效果。下面将要提出的问题听起来有那么一点深奥,因为它取决于(turns on)读者而非作者的心理状态。倘若有一个答案存在的话,那么它一定在文本当中。那么,是否存在能够提供答案的表达形式、习语和独特风格(mannerisms)呢?

已经回顾并部分翻译了的段落将尤其适合检验如上的说法,因为在这样的段落中,对其他三种德性的首先定义为正义的定义做好了准备。如此安排的目的,是为了使论证集中关注智慧、勇敢、节制

---

③ 《斐德诺》(*Phaedrus*) 257b – 258e、274b – 275a、276d、277b – e、278b – 279a。

和正义这四个术语,每一段对话都以一个术语作为主题,从而描述了这个词指什么,或这个事物代表了什么。在实现这一目标时,柏拉图意识到,他正参与"命名"的过程,即将它们变成新的,我们可以说,给予它们新的名称,从而使它们现在成为概念同一性的象征物。这就好像他已经实现了最早由赫西俄德承担的工作,并打算对这项工作做出合理的解释,而赫西俄德实际上已经选定荷马的 dikē 作为诗歌的新主题。因此,柏拉图的文本使用并再次使用了象征命名行为的四个动词:"赋予称号"(pros‐erein),"取名"(kalein),"命名"(onomazein),"赋予术语"(pros‐agoreuein)。此处,没有什么事是意料之外的,文本用传统的口头习语来表达,人们被要求想起的事物是说出来给他听的。但是,在语言中既存在一种相互抵消的推动力,又存在一个更强大的推动力,后者引诱读者去相信想象的隐喻可以充当他在理解上的方法。他被一再地要求去看、找出,去瞧或注视或寻找,去端详,去审视,去发现。这一段致力于界定四种政治德性(427c6‐434a2),它包含了[328]大约 40 个与这些词有关的例子:"看"(horan 及其派生词)出现得最频繁,共 10 次;"找出"(zetein),6 次;"发现"(heuriskein),8 次;"瞧"(skopein 及其派生词),7 次;"审查"(apoblepein),4 次。对此,一般的读者很可能会不以为然,认为这不过是一种方便且流行的习惯用法——时至今日,它依然流行,它将我们对外界环境的想象作为一种认知的标志。但是,这里存在对此种效果的强化。在讨论勇敢这样一种要求习惯性训练的德性时,柏拉图用了一个明喻,将其与一种染料(a dyed color)做了详细比较。正义被描述为一只猎物,我们正在灌木丛中急切地寻找它。容纳德性的聚居地已经落成,以便为视觉上的审查做好准备。"到位"(put in place)意指某物被布置得井然有序,对它的三次使用同样体现出了某种重要性。这样的语言是柏拉图哲学所特有的,如同自柏拉图伊始的抽象论文所特有的一样。但是,它究竟能否成为荷马或埃斯库罗斯所特有的呢?在之前的章节中,我曾指出,大量用于文学、哲学或科学的批判性词汇(话题、主题、论点、纲要、代码、布局、结构等等)依赖于源自视觉或触觉而非听觉的隐喻;这甚至适用于文学这个词本身。我们能否在柏拉图那里发现上述词汇产生的根源,以及它的出现是否反映出柏拉图本人对领会了所思所想的主要内容——当它以书面字母的方式呈现在他面前时——的无意识回答?

如下两个隐喻非常独特,因为它们将自身归在一类当中。"聚居地已经落成",苏格拉底对他的交谈者说:"所以,从别处拿来一个火把,去瞧一瞧它。"此前,我们曾较为详细地以图示的方式描绘了这座城市的布局,可是,它仍然是一座以全景方式展现的真实的城邦,有着明确的地点以及确定的规模和人口。一盏观察上述场景的灯有什么作用呢? 就此而言,为什么需要一个火把? 为什么不能在白天观察城邦? 倘若此刻作者正在思考他的文献作品,即很多写在莎草纸上的字词或字行,那么,上述要求就是合理的,尤其是,如果人们认为它应当在室内、在昏暗的房间、或在夜里被注视。此外,当正义变成一只被猎人在灌木丛中追捕的动物时,我们被告诫道,猎物可能会"溜走";到目前为止,一切尚且进展得相当顺利。但是,那位希腊人接着说道,"将会消失得无影无踪",这就扰乱了之前的隐喻。在前柏拉图时期的希腊人看来,消失最合理的[329]解释是杀死或毁灭,那正是猎人们力图而非避免做的事,倘若他们成功了,猎物就不会消失,而是极易被看见。如果"消失"(希腊语意指从视野中移除)指的是著作的缺失,一种直到公元前5世纪末才出现的含义,那么,尽管上面的语言不那么连贯,却将继续具有意义。这就可以解释,为何目标一旦被消除就难以看清。柏拉图已经进入这样的状态,即将正义的定义想象成具体化了的文稿(script)。掌握和理解它意味着阅读文稿,没有领会它就是遗失了文稿,而远离它则意味着没有阅读文稿。

在对话中,一种相似性出现了好几次,它指向相同的方向;它就是那个使用了字母表中的字母的东西。卷二开篇就出现了一个很明显的例子,此处,对正义下定义的质疑被彻底接受了。"苏格拉底"说,接下来的方法将会扩大搜索的目标,从而人为地使它更加可见,"好像那些不能观看得很理想的人被指派从远处阅读这些非常小的字母,直到感受到这些相同的字母不仅在其他地方更大些,而且印刻的载体也很大。我想这真是意外的收获,让这些人(能够)先看看大的,再去观察稍小的字母"。在交谈者承认这样的说法是真的后,他接着问道:"为何在寻找正义时提出这样的看法(作为一个类比)?"苏格拉底给出了答案,从而解释了它是如何在一开始就被使用的。一段交谈的话题肯定会被认为是以书面形式存在的。柏拉图正在将自身与他的文稿联系在一起,虽然这样做是出于无意,而他的听众必然会承认这样一种关系。

因此,如果与此前的希腊著述相比,视觉的隐喻在柏拉图的文本中起到了透彻的作用,那么我认为,这反映出书面语对口头语以及可见的词对可听的词的支配力在与日俱增,即便这样的支配力是无意识的。此种情况并非柏拉图所特有:他享有一种在其生前变得普遍的处境。

同样的解释或许适用于他整个思想体系中最重要的隐喻上。因为,理念论就是一种用于精神客体的视觉隐喻,一种在我们称精神客体为"理念"时仍然运用的东西。它们是尚不能被看见的"型相"(eidos idea)。那么,怎样解释这样一种奇特的悖论呢?令人信服的说法是,一部文献已经支持它用"型相"作为一种几何图形[330]来表达理论上的关联,或者用它来描述一类或一种或一组客体,如同某些前苏格拉底思想家所做的那样。可是,假设它同样把它的一些原型归因于如下的事实,即柏拉图哲学中预先设定的表述和定义已经作为直观的表述存在了,或者更确切地说,它们已经在一种使得语言日渐轻松可见的历史进程中被建立起来了,又该如何是好?归根结底,理念就是一种抽象概念、一项原则、一个概念或本质,它在某种程度上依赖于语境。如果上述客体与背诵和记忆的言辞格格不入,并且如同在文献中是直观的那样在言辞中是可以接受和易于处理的,那么,称它们为型相难道不容易吗?

柏拉图哲学与诗术的对比

文献记录,尽管使柏拉图的哲学成为可能,却并没有在表面意义上为它的誊写提供一种工具,而是在更深层的意义上为它的形成提供了方法。④ 人们或许会卓有成效地比较铭文在大量法律的形成以及合理化的过程中必然扮演着的角色。但可以肯定,在柏拉图之前,诗歌形式的古希腊著述已经自我记载了 250 年之久。那么,为何书面语的作用突然间变得如此重要,甚至承认,这样的一些征兆在柏拉图之前就已经出现于公元前 5 世纪的前苏格拉底哲学家、史家以及智者的著作中? 如果它真的是一种流畅的哲学语言得以产生的最好的工具,为何直到现在才出现? 人们只能回答,至少就希腊本土而言(因为希罗多德并非雅典人),此前的文献记录实际上只属于诗歌。承认诗歌的格律具有使重要的表述难以忘记的原初功能,承认我们已有的古希腊早期文献可以证明此项功能,承认所有这些可能性被记载于公元前 7 世纪上半叶之后,而非之前——人们倾向于推断,如果后来的著作家继续将文献记录专门用于诗歌,那么,他们创作的主要对象仍将是倾听者和背诵者们,其次才是读者。即便他们的著作是对占支配地位的观众的书面回应,也仍然是各种艺术表演。柏拉图的作者身份(如同修昔底德一样)出现在支配地位大为削弱的时刻,尽管古代晚期此种支配地位从未完全消失。这样的情况为何在荷马之后很久才发生[331]的问题不在本书

---

④ 我在此处发现了与多佛的结论的某种关联(《古希腊语词的顺序》[*Greek Word Order*]),他的结论是,在晚近希腊,语词的顺序表明了如下的趋势,即从对修辞规则的依赖转变为由句法支配的型态(patterns)。卡恩试图拒绝 einai 这样一种惯用法,而他的此次尝试又与他关于系词用法在古希腊早期是普遍的观点相背离。

的讨论范围以内。⑤

这或许意味着,抛开赫西俄德的成就不论,古希腊文学的句法主要致力于叙述的口述规则,而非分析;致力于描述积极的表现,而非因果定义;致力于拟人化,而非抽象化。即便当讨论变为反思性的(reflective)时,此种句法也同样适用。例如,《俄瑞斯特亚》就不能以任何其他的方式来处理正义的主题。在这样的情况下,象征体系不能被一贯地预设。那么,正义能否意指报偿或仲裁、惩罚或礼节? 它是一位女神还是一种程序规则? 据称,它象征着阿伽门农对特洛伊所行的正当性,象征着克吕泰墨斯特拉与埃吉斯托斯对阿伽门农所行的正当性,象征着俄瑞斯特斯对克吕泰墨斯特拉以及埃吉斯托斯所行的正当性,同时象征着复仇女神对俄瑞斯特斯所行的正当性。它象征着竞争双方相互冲突的主张,象征着不能被调和的以及事实上彼此怀有敌意的主张。从逻辑而言,这是一种道德混乱的情况,它是许多希腊肃剧的主旋律。宙斯和普罗米修斯,安提戈涅和克瑞翁(列出两个众所周知的例子),每一方都分别声称自己享有正义,而谴责他对手的不义。

诸如此类的矛盾能够产生戏剧性的效果,当前的观众也能够平静地解释它们。歌队是否并不总是出现,围着它进行讨论,证实它公认的社会稳定性的观念? 但是,人们认为应当产生语言的需要和时机,以便使"正义本身"更加稳固,此种"正义本身"象征着一种统一基准,或至少应当"在理论上"具有这样的基准。现代批评家倾向于对希腊戏剧中的道德冲突做出评价,好像道德冲突早已发生过了,好像柏拉图业已完成了他的著作,好像 dikaiosunē 在希腊观众的头脑中成为至高无上的德性,一种个人内在的道德准则,以及他的外部社会的道德准则,此种准则超越了戏剧情节的范围,以致它能够作为一种对主人公进行道德评判的工具,而根据他们的言辞和行动是

---

⑤　哈夫洛克审查了某些它们可能引向的证据和答案,参《希腊人的前文化状态》。

否接近或远离此种准则,或者他们能否以某种方式和解并在此种准则之间消除纷争,这些戏剧的主人公被加以分类。因此,代表宙斯或安提戈涅的正义主张得到承认,而代表普罗米修斯或克瑞翁的正义主张由于具有欺骗性或不义而被摒弃。俄狄浦斯和阿波罗之间的正面冲突被理解为一种深刻的肃剧道德观的体现,此种道德观使得他们在一种共同的"意义"中统一起来。若想践行这样的道德教化,只能曲解[332]戏剧原文的意义,也就是戏剧实际上所表达的一切。

无论如何,倘若人们意识到古希腊戏剧的情节在一种公认的而非限定的文化类型的行为规范中被设计,意识到继续从事荷马的工作是戏剧的一种功能,即通过阐述当这些行为规范被违反时将会在人们身上发生什么来推举它们,意识到歌队的首要作用就是通过重复行为规范是什么来强调训诫,意识到正义和其他诸种德性的象征被称作行为的一部分,以此突出肃剧在相互冲突的道德主张中存在张力;倘若,人们最终认为,直到柏拉图时代,希腊语准备陈述正义一直以来实际上是什么东西的时机才成熟——那么,我们同样会明白柏拉图对诗、对荷马以及尤其对希腊戏剧难以置信的敌意的大概原因。⑥ 除了诗歌具有扰乱情感效果的原因外,他对诗歌最深层次的批判是认识论上的。在将正义确立为灵魂的一种状态时,他说,它与"外在的行为"无关。当他开始写作《王制》最后一卷时,他补充道(603c4 及以下):"模仿的(诗歌)模仿被强迫或自愿实施各种活动的人类,因为他们认为,(只有)行为才能导致他们的幸福或不幸,他们的悲伤和欣喜全都依赖于它。"在使用这类语言时,他描述了作为口头保存的言辞的本质特征:必须被加以叙述的是一连串的行动者及其行为,而非一连串概念上的关联。由于具备了后柏拉图时代的观念,我们能够通过批判和解释的方式来强行实现这些关联;这就是为何我们发现柏拉图对诗歌的排斥如此令人费解的原因;但是,上述关联并没有出现在古希腊的诗中。对他而言,所有作

---

⑥ 哈夫洛克:《柏拉图绪论》,章 1–3。

为诗歌的诗都具有此种普遍特征,他所说的也没有意外。因为它总是一种模仿。所以,他方才证明(596d8 及其以下),模仿所提供的转述可以被喻为在一面转动的镜子上随意反映出来的自然界的表象,这样的表象是一种视觉上的欺骗,它传达关于什么应当是完全相同的实体的自相矛盾的说法;经过对比,灵魂中精于计算的部分凭借测量和运算纠正了上面的失真状况,并由此避免了同种事物中的矛盾;而抱有违反测量科学的对立观点则是不可能的。

诗歌中的是与非(Is – and – Is – Not)

能否存在一种更好的方式,用来描述正义的象征在此前的诗歌传统中是如何表现的呢? 在柏拉图早期的[333]对话录《游叙弗伦》中,为了对交谈者试图界定虔诚的行为做出回应,柏拉图戏谑地控诉道:"很明显,你的言辞(logoi)将不会静止不动,而是变动不居的。你打算指责我像戴达罗斯(Daedalus)那样叫他们做此事;但是,在这件事上,你比戴达罗斯更富技巧。"

游叙弗伦不是诗人,但是他在讨论时提出作为德性定义的 logoi[言辞]与任何德性的象征在为柏拉图所知的古希腊诗歌中的表现方式具有一种家族相似性。就此而言,dikē 在赫西俄德诗歌中的作用是否有任何区别? 一种激进的句法的持续存在使得流动性不可避免,它是一种甚至游叙弗伦都持续使用的激进句法。苏格拉底恳请他说出什么是虔诚,他所能做的一切(11a)就是"说出某种发生在它(pathos)身上的事以及人们如何对待它,诸如,它为众神所喜爱,但是并没有说出当被喜爱时它是什么"。当柏拉图用 pathos——该词大体上等于影响和效果,与本质(ousia)相对——来描述游叙弗伦正在谈论的事物时,他也从他的立场出发描述了史诗和戏剧一直以来所讨论的事物。这样的关联出现于《王制》中。卷四给出的正义的定义将在卷九详细叙述并重新界定。为此,将需要一种认识论的基础,而只有通过阐明柏拉图哲学的一项基本原则才能揭示它。此种认识论的基础实际上是一种哲学,它使用一种交谈和思考的"方法",并且总是有着"何者是"这样的主语或主题。在交谈以及思维方式上,存在一种截然相反的类型,它的主题是"何者既是又不是"。一种被称作"知识",而另一种被称作"意见"。

"看来,我们发现,关于美和其他东西,大多数人的大多数习惯(nomima)总是在什么不是以及什么是之间徘徊……那些看到许多美的事物但看不到美本身的人,也不能跟随那些领着他们去那处的人,因为后者看到许多正义的事物,却看不到正义本身以及其他东西本身——我们称上述两种人为'意见者',对于他们'得自意见'的任何事物,他们却并不了解。"(479d3 及其以下)

将柏拉图的目标局限于任何如智术师这样的职业团体中是一种错误的理解。那些"观看者"们早已被看成是观看戏剧表演的观众(475d2 及其以下,476b4)。柏拉图正在回顾古希腊的诗歌传统,它[334]迄今一直培养和维护着柏拉图时代的礼法与道德观。他将哲学上的标准用于诗歌传统之上,同时借助这些标准来评判它的不足。因为阿伽门农的正义观异于克吕泰墨斯特拉的正义观,而奥瑞斯忒斯的正义观也异于追捕他的复仇女神的正义观;而在柏拉图看来,传统的 dikē 既是也不是(is – and – is – not)正义。

柏拉图之后的诗学

亚里士多德认为,他的老师对诗歌的拒斥是不公允的,因此,他打算对其加以修正,他的做法是,恢复柏拉图曾经否定过的戏剧的道德意图,并为此目的使用英雄的性情(ethos)以及英雄在性格上的缺陷。在他的时代,文字的交流和非文字的交流之间存在的紧张感正在逐渐消失。正如他的著作所证实的那样,实现一种概念性句法的努力完成了,在一种更加放松的心情下,努力的结果能够用作

一种工具,依据自身的特点来分析此前的诗学话语(poetic dis-
course)。但是,比之柏拉图,亚里士多德是否更配得上一位希腊诗
歌的评判者尚成问题,柏拉图意识到诗歌具有充当古希腊人的教师
这样的历史作用,它产生于古希腊社会的口语环境,而他所断定此
种作用正在变成一种时代错位,而且的的确确如此。毫不偶然的
是,当柏拉图哲学的影响力占据上风后,肃剧戛然而止——至少是
极端严肃风格的肃剧。当肃剧在后世重新出现并被塑造成一种完
全不同的风格时,剧中的人物在他或许可以接受的范围内容许对与
错、美德与恶行,而在舞台上饰演这些剧中人物的角色比在他之前
可能出现的情况要更加毫不隐晦。

后　记

[335]研究已近尾声,尽管通篇局限于某些古希腊"文学"著作,但是论证的风格与内容并没有被"文学化"。书中所论及的作家很少被看成自成一体的著者,而是文化的代言人,或者更确切点,他们是口述与书面这两种相互作用的文化的代言人。在序言中,我曾指出,此种方式涉及许多专业人士——口语教学家、人类学家、语言学和伦理学哲人——所关心的事,而这些专业人士通常对古典语文学并不感兴趣。接下来,或许可以简要地指出几点联系和区别。

在人类文化的发展史中,一方面是言语,另一方面是工具的发明,扮演了核心作用。在评价它们相对的重要性方面,当前的人们一致赞同,言语更加重要。① 我对希腊传统的重构受到一种更进一步的假设的影响:言语,为了再次使用而被储存起来的意义比它用于日常交流中更重要。② 对文化的控制在于被积累以及被唤起记忆的信息中,而用作此种目的的语言体现了与在人际交往中不经意间说出的事物之间的某些重要区别。③ 由此,我推断,在所有文体中,口述史诗被用作一个记忆的仓库,而并非一种方言上的[336]消

---

① 梅尔(Mayr),页634-635。看上去,马林诺夫斯基几乎同样重视人造物(《文化的科学理论》)和语言(《原始心理中的神话》[*Myth in Primitive Psychology*])。在对人类学的流行阐释中(比如,这些与里基[Leakey]以及布洛诺夫斯基[Bronowski]的名字联系在一起),语言无形中被忽略掉了。

② 舍弗勒(Scheffler)将交流及其规则视为列维-施特劳斯人类学的重要支柱。

③ 参第二章注释9。

遣,另外,它在文化上的继承者是散文,散文包含了大量的知识内容,既有人文主义的,也有科学的,此刻它们正堆在世界上的各大图书馆中——这样一堆资料很可能变得难以处置。

承认语言为文化提供了线索——然而,坚持认为语言作为一种储存机制的功能具有优先性——就等于进一步承认其他人所说的以及拒绝的大量事物。例如,甚至在荷马加以批判的有限的范围内,巴尔干人的口述诗歌,尽管提供了所有口头保存的民族语言所共有的一种诗化文体的经验性证据,也不再具有为了重新使用而记载文化信息的职责。巴尔干人的"商事"行为,意指权力政治,财产法规,历史和道德观念,全都依赖于两千多年来的文化记载。然而,在古风时期的希腊,正是口述者荷马担负起了此项职责。因此最终,这位"吟唱传说的歌者"没能成为荷马合格的对手。④

从美国的"口语教学"培训这一更大的文学视角出发,它是为了回应麦克卢汉的《古腾堡星系》(*Gutenberg Galaxy*)以及随后的一系列著作所带来的日益扩大的影响,评论家们近来一直被强迫更加严肃地对待"口语文化以及口语表演"⑤。我的读者们将会很快注意到我支持麦克卢汉的论据——用他的格言"媒介就是讯息"加以概括——中的一条准则,那就是一种确定的交流技术的特征在相当大的程度上会支配它的内容。但是,我更愿意注意到在朝着一种"线性的"读写能力的转变过程中储存方式的改进,它已经产生了大量思想解放的结果,而口语教学家或许更愿意强调心理上的制约因素。现代媒体并不要求精通它们的用法,除了形成一个具备读写能力的社会的组织机构外,现代媒体几乎不可能取代它,而从根本的意义上说,柏拉图则取代了荷马。

社会人类学,当它把"神话"视为最重要的一类口语体验,并且相应地为实地调研提供经验数据时,就已经从各个方面将神话的主

④　帕里(Adam Parry),页214–215。
⑤　新版的《新文学史》(*New Literary History*)使用了此标题。

要内容理解成一种对自然现象的描述(米勒[Max Mueller]),理解成一种仪式的再现(弗雷泽[Frazer],涂尔干,哈里森[Jane Harrison]),部落的历史(里夫斯[Rivers]),社会学系统(马林诺夫斯基),抑或理解成一种依据截然对立的事物为所经历的事进行分类的思维方式(施特劳斯[Levi - Strauss])。⑥ 我的读者将会推测,此处所提出的史诗功能的理论与马林诺夫斯基对于神话功能的观点极为相近,⑦同时,本书章六至十对《荷马史诗》主要内容的解释[337]是为了说明上述理论在两部史诗的创作中起到了作用。但是,我将解释,"史诗",作为一类更加全面和有用的术语,取代"神话"这个术语和概念的原因,这是因为,它是唯一一类保存下来的口语词,一部"部落的百科全书",而迄今所有可加辨识的神话都是它的变种。⑧ 一直以来,神话享有令人尊敬和特有的地位,⑨仿佛它体现了口语思维抑或所有思维的某种基本特征。但是,直至19世纪,

---

⑥　马利诺夫斯基回顾了他的一些前辈,《原始心理中的神话》(*Myth*),页11 - 19;亦参基尔克《神话:其在古代和其他文化中的意义与功能》[*Myth*:*Its Meaning and Funetions in Ancient and Other Caltures*],页3 - 7,以及德蒂安(Detienne)的概括总结。基尔克的折中法(但偏向于结构主义)很大程度上依赖于近东地区的文献记录。对用来重构口述著作(oral originals)的此类素材的显著价值的批评,见哈夫洛克:《西方文化的起源》。

⑦　与里奇(E. R. Leach)观点的关联性同样被注意到(参上文,章一注释15、章二注释3)。我已经提出荷马装扮成马林诺夫斯基(《原始心理中的神话》,页19)称作"一种原始信仰以及道德智慧的实用主义",尽管我更倾向于认为术语"原始的"不重要。

⑧　基尔克反对赋予神话任何"独特的功能"(《原始心理中的神话》,页22)。然而,在他书后的索引中,史诗(epic)一词并没有作为一个词条出现,这是一个或许会令帕里(Milman Parry)感到惊讶的遗漏(参上文,章一注释6)。

⑨　弗雷泽(Frazer)的《金枝》(*Golden Bough*)中的主要思想是通过哈里森(Jane Harrison)著作的影响力而传递给古典学术研究的。方腾罗斯(Fontenrose)的《神话的仪式化理论》(*A Ritual Theory*)提出了来自一位职业古典学家的强烈辩驳。

该名词似乎才进入英语语言中。它与宗教的关系,它所假定的宗教仪式本质,它的"信仰"的神圣化特征,以及它的"责任"寓意,全都体现出各种先进的而非原始的观念,难道所有这一切都不是真的?当然,将它们译成令人满意的古希腊语并非一件易事,我猜想,美洲印第安人或特洛布里安(Trobriand)⑩的岛民使用的语言也同样如此。它们是否不是由一种在前柏拉图以及犹太 - 基督教的历史体验过程中发展起来的欧洲人的识别力所使用的术语?⑪ 将文化信息保存在语言中是否并非出于对本质上世俗的社会需要的回应,如同荷马诗歌中所反映出的那样?⑫

结构主义的方法提供了一个特别的事例,因为物质的独有特征过去常常为其提供依据。在第一种情况下,它们已从对美国南北地区的印第安人的田野调查报告汇编中得出,这些汇编自本世纪之交开始由博厄斯(Franz Boas)首先着手实施。观察者自身的文化修养习惯在多大程度上促成了对所谈及之事的重塑,使其变成或许有助于人们对结构有所思考的形式? 这个问题很可能是没有答案的,可是,它至少应当被提出,而事实是,它已经被提出了。近来,它同样受到强烈的争辩,即唯有伴着各种语调和手势的真实表演的体验才能如实反映所说之事的本质特征。⑬ 虽然到目前为止我们都赞同这一点,因为表演的技巧并没有具体化为口头

---

⑩　[译按]特洛布里安,位于新几内亚东海岸的环状珊瑚礁岛屿群,英国著名的人类学家马林诺夫斯基曾在该岛上做过实证调查。

⑪　多佛在《诸多被忽略的型态》(*Some Neglected Aspects*)一文中认为,相同的情感在对古希腊戏剧更加流行的解释中起作用。

⑫　马林诺夫斯基关于究竟什么是文化行为的功能主义观点(《文化的科学理论》)同荷马著作的主要内容的特征是相符合的。在我看来,基尔克所强调的神话的"推理型态"(speculative aspects)(《神话:其在古代和其他文化中的意义与功能》,页 83、253)对古希腊人而言只能依附于一种"识字的"神话学。

⑬　泰德洛克(Tedlock),页 515 - 517。

讯息,从中,我将看到一种基于历史角度而言的分组印记(group imprinting)法和分组记忆(group memorization)法,而非一种个人的自我表现方式。

美洲印第安人的原始资料反映出一种更加强烈的局限性。由于这些印第安人的自主权在不同时期——某些情况下则是好几个世纪——被剥夺了,因此,他们的原始资料的内容限于对语言的夙愿。他们对政治与法律、宣战与议和权的有效管理、婚配与继承的规则,土地所有权与食物供给技术都不再属于[338]被说出以及想到的言语,而是长久地落入文质彬彬的征服者们的手中。被保存下来的字母艺术,由于被剥夺了上述职责,沦落到仅仅用来讲故事的境地,它具有非政治的特征,将注意力明显集中于纯粹的本地事务,因此只能悲哀地关心性交、消化和排泄;此处丝毫没有荷马式的印记。音乐记忆一开始是被用来支撑职责的,但随着职责的丧失,它也开始衰退,以致那个所谓的神话——远不及它的史诗祖辈——退变成一种杂乱无章的半节律散文。⑭

结构主义将一种适用于原始社会的人类学变成一种哲学上的复杂步骤。洞察口头保存的言辞中的对立和综合模式的领悟力(无论在列维·施特劳斯的人类学还是雅克布森的语言学中)⑮是确定无疑的,就本书而言,此种领悟力自身也因此被视为一种拼读能力的产物。只要两极化和对称性再现于口头保存的言辞中——它们也的确如此——我就宁愿认为它们的出现是基于对听觉的回应规

---

⑭ 因此,泰德洛克否认在昂(Ong)称作"原初的口述文化"中出现了韵律史诗(verse epic),同时他认为,在原初的口述文化中,叙述者们是在讲(*speak*)故事而非诵读(sing)故事。口述史诗的形式主义在定居社会中能够比在游牧社会中变得更加复杂(页507)。

⑮ 舍弗勒(Scheffler)回顾了列维-施特劳斯的结构主义与雅克布森(Jacobson)的"二元对立(binary opposition)"间的相互关系(页72-74)。

则的遵守,这项规则在本质上是记忆性的,而非表达了大脑的任何深层结构,简言之就是 echo[回声、再现]。

　　如同在上一章所指出的,如果柏拉图真的是第一位流畅自如地使用命题式语言记录的著作家,那么在哲学领域,对此的重新斟酌或许将变成如下两个相关问题:这些各式各样的表述的状态,在一般意义上这些表述被描述为某种形式上的概念(真实的,或存在主义的,抑或命题式的,无论它们是综合的还是分析的);以及伦理准则(ethics)的状态,它们被认为是一系列的规则或原则,支配着我们称作"道德(morality)"的事物。⑯　就前者而言,奥斯丁(J. L. Austin)认为,一种自然语言的句法以言语 - 行为(speech - acts)的运用为导向,这样的观点与我业已极力阐明的前柏拉图式句法的特征有着明显的关联。就伦理准则而言,它显然就是康德的道德形而上学,它依赖于绝对命令的学说,而它自身也是近两千年来在基督教熏陶下的哲学成果,它已经普遍存在于宽泛意义上的"西方"的意识中,一直到它近乎成为一种意料之中的以及必然的思维模式。有没有可能,此种"灵魂的道德观"非但没有植根于我们人类的天性中,反而产生自柏拉图提出什么将成为诸多正义学说中的首要学说之时,这些关于正义的学说直到今天还在被不断提出,它们已经助长了一种更加难以抑制的意识的发展,此种意识[339]与尚无文字的社会中的性情恬淡以及行为的务实相当不同?⑰

　　实际上,古典研究近来已经意识到,希腊古风时期的思维意识

---

　　⑯　参黑尔(R. M. Hare),尤其第一部分第 4 节,"道德原则的决议"(*Decisions of Principle*);亦参史文斯(Charles Stevenson)的《伦理与语言》(*Ethics and Language*),此书受惠于三十年前在耶鲁大学举办的会谈。正如标题所表明的,罗尔斯(John Rawls)的《正义论》(*A Theory of Justice*)致力于该术语的概念上的各种可能性,以期达到它们的极限。

　　⑰　多佛的《柏拉图与亚里士多德时代的古希腊流行道德观》(*Greek Popular Morality in the time of Plato and Aristotle*)一书似乎专门针对此问题。

与我们极为不同,它尤其意识到我们文化中所熟悉的道德责任观念在古希腊要么不存在,要么至少有着相异的表达。⑱ 这样的看法不可避免地会招致反驳,因为它一再断定,一种普遍的正义法则在古希腊思想中占有首要的地位。⑲ 争辩双方或许都从各自的立场假设了与那个时代不相宜的问题。我们难以摆脱如下的习惯:寻找我们习惯了的事物消失的地方,或者相反,重申它必定存在于那些地方。

最近有人指出,"如果我们从一开始就诵读《荷马史诗》,那我们将绝不会发展出一种令人印象深刻的口语诗学。经过难以数计的编校和抄录,《伊利亚特》和《奥德赛》传到我们时早已成为书面式的了"⑳。这样一种表达方式,尽管承认诗歌已经成为欧洲文学的一种独特现象,但它却彻底改变了原貌,并将《荷马史诗》弄得面目全非。"原初的口头文化"根本就不是原生态的,其中的故事被

---

⑱ 多兹:《希腊人与非理性》(*The Greeks and the Irrational*),阿德金斯:《美德与责任感》(*Merit and Responsibility*)(包括了朗[Long]在《希腊研究杂志》[*Journal of Hellenic Studies*,1970]中发表的评论文章,以及阿德金斯在《希腊研究杂志》[*Journal of Hellenic Studies*,1971]中所做的回应;以及加加林最近出版的《埃斯库罗斯的戏剧》的第一章("早期希腊的世界观"[The Early Greek World View])。在古希腊早期文化的学术研究中,此种"修正主义"的推动力来自斯奈尔(Bruno Snell)的先驱性著作《精神的发现》(*The Discovery of Mind* [*Die Entdeckung des Geistes*])中所采用的发展的或遗传的方法,以及弗兰克尔(Hermann Fraenkel)对被用来描述时间概念(《道路与形式》[*Wege und Formen*],页1－22)与自主性(《诗与哲学》[*Dichtung und Philosophie*],页83及其以下)的古代语言的细致研究(克劳斯[David Claus]:《朝向灵魂》[*Toward the Soul*,Yale],将于1978年出版)。在法兰克福(Frankfort)的《哲学之前》(*Before Philosophy*)一书中,人们能够观察到稍显类似的方法,此种方法被用于埃及以及近东地区的思想史。

⑲ 正如在琼斯的《宙斯的正义》,此书受到奥托(Walter F. Otto)《希腊诸神》(*Die Goetter Griechenlands*)的影响。

⑳ 泰德洛克(Tedlock),页507。

人类学家作为偏爱的素材加以提供。作为口头保存语言的记录,无论我们是否将其称为"神话式的",荷马史诗都满足了如下的真实性标准:(1)它们已经在一个远离了任何拼写接触或污染(literate contact or contamination)的社会中被表达出来了;(2)这个社会在政治和社交领域都是自主的,都经历了口语和读写时代,并最终对它自身的特征拥有了一个牢固的意识;(3)只要维系上述意识的责任寄托在语言之上,那么毫无例外,语言最初就必须成为一件口头记录的事务;(4)在此种语言开始被抄录时,为此目标所必备的发明创造将由在该社会内部的说此种语言之人提供;(5)这一被用来抄录一切既能被说出也能相信可以保存的事物的发明创造将继续为说古希腊语之人所掌握。

　　此刻,我并没有注意到任何为人类学家所使用的能同时满足所有上述要求的素材。倘若我敢于援引在太平洋上的早期航海家的天真幼稚的传闻(库克[Cook]),记录下苏格兰高地的往事(斯莫特[Smout])以及西非部落的"神话"(古蒂[Goody]),那也是因为它们分别满足了标准1、2、3,标准2、4以及标准2、3。然而,我已经引用了它们[340],为的是引起所有人类文化的研究者对这两部古希腊史诗的关注,至少早在基督之前的第六个世纪,诵读《荷马史诗》就被认定为一个名为"荷马之子(The Sons of Homer)"——或者更准确点,"荷马的子民(Homer's Men")——的协会或社团的职责。

参考文献

Adam, James. *The Republic of Plato.* 2 vols. Cambridge, 1920.

Adkins, A. W. H. *Merit and Responsibility: A Study in Greek Values.* Oxford, 1962.

——"Homeric Values and Homeric Society. "*Journal of Hellenic Studies*, 91 (1971) 1 - 14.

Andrewes, A. *The Greeks.* New York, 1971.

Austin, J. L. *Philosophical Papers.* Oxford, 1961.

Austin, N. "Name Magic in the Odyssey. "*California Studies* in *Classical Antiquity*, 5 (1972), 1 - 19.

Bartok, Bela. *Essays.* Selected and edited by Benjamin Suchoff. New York, 1976.

Beaglehole, J. C. *Life of Captain James Cook.* Stanford, Calif. , 1974.

Benveniste, E. *Le vocabulaire des institutions indo - europeennes.* Paris, 1969.

Beye, C. R. "HomericBattle Narrative and Catalogues. " *Harvard Studies in Classical Philology*, 68 (1964), 345 - 373.

——"The Rhythm of Hesiod's Works and Days. "*Harvard Studies in Classical Philology*, 76 (1972), 23 - 43.

Bibikov, Sergei. *The Courier.* UNESCO Publications. New York, 1975.

Bowra, Maurice. *Homer.* New York, 1972.

Buchan, David. *The Ballad and the Folk.* London and Boston, 1972.

Burkert, Walter. *Homo Necans: Interpretationen altgriechischer Opfer*riten *and Mythen.* Berlin, 1972.

Butcher, S. H. , and A. Lang. *The Odyssey of Homer*. London, 1921.

Carpenter, Rhys. "The Antiquity of the Greek Alphabet. "*American Journal of Archaeology*, 37 (1933) , 8 – 29.

——"The Greek Alphabet Again. "*American Journal of Archaeology*, 42 (1938) , 58 – 69.

Cerri, G. "La terminologiaociopolitical di Teognide. "*Quaderni Urbinati di Cu' tura Classic*; 6 (1968) , 7 – 32.

Chadwick, John. *The Mycenaean World*. Cambridge, 1976.

Claus, D. B. "Aides in the Language of Achilles. "*Transactions of the American Philological Association*, 105 (1975) , 13 – 28.

——"Defining Moral Terms in Works and Days. "*Transactions of the American Philological Association*, 107 (1977).

Combellack, F. M. "Milman Parry and Homeric Artistry. "*Comparative Literature*, 11 (1959) , 193 – 208.

——"Some Formulary Illogicalities in Homer. "*Transactions of the American Philological Association*, 96 (1965) , 4 – 56.

A Companion to Homer. Ed. A. J. B. Wace and F. H. Stubbings. New York, 1936.

Cook, J. M. "Two Notes on the Homeric Catalogue. "*Studi Miceni ed Egeo – Anatolici* (Rome) , 2nd ser. 1967, pp. 103 – 109.

Cook, R. M. *Greek Painted Pottery*. 2nd ed. London, 1960.

Dawson, C. M. *The Seven against Thebes*. Translation with commentary. Englewood Cliffs, N. J. , 1970.

Detienne, M. "Introduzione. "*Il Mito: Guide: Storica e Critica*. Rome, 1975.

Dinsmoor, W. B. *The Architecture of Ancient Greece*. 3rd ed. London, 1950.

Dodds, E. R. *The Greeks and the Irrational*. Berkeley, Calif. , 1956.

Dover, K. J. "The Political Aspect of Aeschylus' *Eumenides*. "*Journal of*

Hellenic Studies,77 (1957),230 – 237.

——*Greek Word Order*. Cambridge,1960.

——"Some Neglected Aspects of Agamemnon's Dilemna. "*Journal of Hellenic Studies*,93 (1973),3 – 19.

——*Greek Popular Morality in the Time of Plato and Aristotle*. Oxford, 1974.

Edwards, G. P. *The Language of Hesiod in* its *Traditional Context*. Oxford,1971.

Ehrenberg, V. *Die Rechtsidee im fruehen Griechentum*. Leipzig,1921.

——*Aspects of the Ancient World*. Oxford,1946.

Finley, M. I. *The World of Odysseus*. London,1956.

——"Homer andMycenae:Property and Tenure. "*Historia*,6 (1957), 133 – 159.

Fitton, J. W. " Greek Dance. " *Classical Quarterly*, 23 (1973), 254 – 274.

Fontenrose,J. *The Ritual Theory of Myth*. Berkeley,Calif. ,1971.

Frankfort, H. , and H. A. Frankfort. *Before Philosophy*. London,1949.

Fraenkel, E. Aeschylus:" Agamemnon. "Edition and commentary. 3vols. Oxford,1950.

Fraenkel, H. *Dichtung und Philosophic des fruehen* Griechent-ums. American Philological Association Monograph 13. New York,1951.

——*Wege und Formen fruehgriechischen Denkens*. Munich, 1955. *Die Fragmente der Vorsokratiker* (*FVS*) . Ed. H. Diels, rev. W. Kranz. 5th ed. 3 vols. Berlin,1934 – 1937.

Gagarin,M. " Dike in the Works and Days. " *Classical Philology*, 68 (1973),81 – 94.

——"Dike in Archaic Greek Thought. "*Classical Philology*,69 (1974), 186 – 197.

——"Hesiod's Dispute with Perses. " *Transactions of the American*

Philological Association, 104 (1974), 103 – 111.

——"The Vote of Athena. "*American Journal of Philology*, 96 (1975), 121 – 127.

——*Aeschylean Drama*. Berkeley, Calif. , 1976.

Gentili, B. "La giustiziadel mare: Solone fr. 11 D. "*Quaderni Urbinati*, no. 20 (1975), 159 – 162.

Gernet, L. *Racherches sur le demloppement de la pensee juridique et morale en Grece* (*etude semantique*). Paris, 1917.

Goody, J. *The Myth of the Bagre*. Oxford, 1972.

——*The Domestication of the Savage Mind*. Cambridge, 1977.

——andI. Watt. "The Consequences of Literacy. "In *Literacy in Traditional Societies*, ed. J. Goody, pp. 27 – 68. Cambridge, 1968.

Gray, D. H. F. "Houses in the Odyssey. "*Classical Quarterly*, n. s. 5 (1955), 1 – 12.

Grote, George. *Plato*. 3 vols. London, 1875.

Guthrie, W. K. C. *The Greeks and Their Gods*. Boston, 1950.

——*A History of Greek Philosophy*. Vols. 1 – 4. Cambridge, 1962 – 1975.

Hanfmann, G. M. A. "Ionia, Leader or Follower. "*Harvard Studies in Classical Philology*, 61 (1953), 1 – 37.

Harding, D. W. Review of A. R. Luria, *The Mind of a Mnemonist. New York Review of Books*, April 9, 1968, pp. 10 – 12.

Hare, R. M. *The Language of Morals*. Oxford, 1952.

Harrison, J. *Theinis*. Cambridge, 1911.

Havelock, E. A. *Liberal Temper in Creek Politics*. New Haven, 1957.

——"Parmenides and Odysseus. "*Harvard Studies in Classical Philology*, 63 (1958), 133 – 143.

——*Preface to Plato*. Cambridge, Mass. , 1963.

——"Preliteracy and the Presocratics. "*University of London Institute of*

Classical Studies Bulletin , no. 13 (1966) ,44 – 67.

——"Thoughtful Hesiod. " *Yale Classical Studies* ,20 (1966) ,61 – 72.

——" *Dikaiosune* : An Essay in Greek Intellectual History. " *Phoenix* ,23 (1969) ,49 – 70.

——"The Socratic Self as It Is Parodied in Aristophanes' *Clouds.* " *Yale Classical Studies* ,22 (1972) ,1 – 18.

——"War as a Way of Life in Classical Culture. " In *Classical Values and the Modern World* , ed. E. Gareau , pp. 19 – 78. Ottawa ,1972.

—— *Origins of Western Literacy.* Ontario Institute for Studies in Education Monograph Series ,14. Toronto ,1976.

——"The Preliteracy of the Greeks. " *New Literary history* ,8 (1977) , 369 – 391.

Heike , *The Tale of.* Trans H. Kitagawa and B. Tsuchida. Tokyo ,1975.

Hirzel , R. *Themis Dike und Venvandtes.* Leipzig ,1907.

Jacoby , F. *Atthis.* Oxford ,1949.

Jaeger , W. *Paideia* : *The Ideals of Greek Culture.* Vol. I : *Archaic Greece* : *The Mind of Athens* , trans. Gilbert Highet. Oxford ,1939.

Jeffery , L. A. "The Courts of Justice of Archaic Chios. " *British School at Athens* , *Annual* ,51 (1956) ,157 – 167.

Johnson , David. *Music and Society in Lowland Scotland in the Eighteenth Century.* Oxford ,1972.

Kahn , C. IL *The Verb "Be" in Ancient Greek.* Foundations of Language Supplementary Series ,16. Dordrecht , Holland ,1973.

Kells , J. H. " Euripides , *Electra* 1093 – 5 and some uses of dikazein. " *Classical Quarterly* ,10 (1960) ,129 – 134.

Kerferd , G. B. Review of A. P. D. Mourelatos , *The Route of Parmenides. Archiv für Geschichte der Philosophic* ,54 (1972) ,89 – 92.

Kermode , F. Review of W. Ong , *The Presence of the Word. New* York. *Review of Books* , March 14 ,1968 , pp. 22 – 24.

Kirk, G. S. *Heraclitus: The* Cosmic *Fragments.* Cambridge, 1954.

——*The Songs of Homer.* Cambridge, 1962.

——*Myth: Its Meaning and Functions in Ancient and Other Cultures.* Berkeley, Calif. , 1970.

Kirk, G. S. , and J. E. Raven. *The Presocratic Philosophers.* Cambridge, 1957.

Krafft, Fritz. *Vergleichende Untersuchungen zu Homer und Hesiod.* Hypomnemata 6. Gottingen, 1963.

Lacan, J. "The Insistence of the Letter in the Unconscious. "*Yale French Studies*, 36 and 37 (1966), 112 – 147.

Lattimore, R. *The Iliad of Homer.* Translated with an Introduction. Chicago, 1951.

——*Aeschylus:* "*The Oresteia.* " Translated with an Introduction. Chicago, 1953.

Lawler, L B. *The Dance in Ancient Greece.* Middletown, Conn. , 1964.

Lawrence, A. W. *Greek Architecture.* Baltimore, 1957.

Leach, E. R. "Culture and Social Cohesion. "*Daedalus*, Winter 1965, pp. 24 – 38.

——*Claude Uvi – Strauss.* New York, 1970.

——"Ourselves and Others. "*Times Literary* Supplement, July 6, 1973, pp. 771 – 772.

Lesky, A. *A History of Greek Literature.* Trans. J. A. Willis and C. de Heer. London, 1966.

Liddell, H. G. , R. Scott, and H. S. Jones. *A Greek Lexicon* (LSJ). 9th ed. Oxford, 1940.

Lloyd – Jones, 11. *Agamemnon, Libation Bearers, Eumenides.* Translations with commentary. 3 vols. Fnglcwood Cliffs, N. J. , 1970.

——*The Justice of Zeus.* Berkeley, Calif. , 1971.

Lohmann, D. *Die Komposition der Peden in tier llias.* Berlin, 1970.

Long, A. A. "Morals and Values in I lomer." *Journal of Hellenic Studies*, 90 (1970), 121 – 39.

Lord, A. *A Singer of Tales*. Harvard Studies in Comparative Literature, 24. Cambridge, Mass. , 1960.

——"Homer as Oral Poet. " *Harvard Studies in Classical Philology*, 72 (1967), 1 – 46.

Luria, A. R. *The Mind of a Mnemonist*. New York, 1965.

Malinowski, B. *Myth in Primitive Psychology*. New York, 1926.

——*A Scientific Theory of Culture*. Chapel Hill, 1944.

Mayr, Ernst. *Animal Species and Evolution*. Cambridge, Mass. , 1963.

McDiarmid, J. B. "Thcophrastus on the Presocratic Causes. " *Harvard Studies in Classical Philology*, 61 (1953), 85 – 156.

McLuhan, Marshall. *The Gutenberg Galaxy: The Making of Typographic Man*. Toronto, 1962.

——*Understanding Media*. New York, 1964.

Morris, Ivan. Review of H. Kitagawa and 13. Tsuchida, trans. , *The Tale of Heike*. *New York Times Book Review*, Feb. 8, 1976, pp. 23 – 24.

Mourelatos, A. P. D. *The Route of Parmenides*. New Haven, 1970.

Newton, B. E. "Meter and Stress in Greek. " *Phoenix*, 23 (1969), pp. 359 – 371.

Nilsson, M. P. "Kataploi. " *Rheinisches Museum für Philologie*, 60 (1905), 161 – 189.

——*Homer and Mycenne*. London, 1933.

Notopoulos, J. A. "Homer, Hesiod, and the Achaean Heritage of Oral Poetry. " *Hesperia*, 29 (1960), 177 – 197.

Ong, W. J. *The Presence of the Word*. New Haven, 1967.

——"African Talking Drums and Oral Noetics. " *New Literary History*, 8 (1977), 411 – 429.

Ostwald, M. *Nomos and the Beginnings of the Athenian Democracy*.

Oxford, 1969.

Page, Denys. *Aeschylus*: "*Agamemnon.* " Edited with J. D. Denniston. Oxford, 1957.

——*History and the Homeric Iliad*. Berkeley, Calif. ,1959.

——"Archilochus and the Oral Tradition. " *Fondation Hart Entretiens X Vandoeuvres – Geneve*, 1963, pp. 119 – 163.

Palmer, L. R. "The Indo – European Origins of Greek Justice. " *Transactions of the Philological Society* (Oxford) , 1950, pp. 149 – 168.

Parry, Adam. "Have We Homer' s *Iliad?*" *Yale Classical Studies*, 20 (1966) , 177 – 216.

Parry, Anne. "Homer as Artist. " *Classical Qttat terly*, 21 (1971) , 1 – 15.

Parry, Milman. *The Making of Homeric Verse*: *Collected Papers*. Ed. Adam Parry. Oxford, 1971.

Pertusi, A. *Scholia Vetera in Hesiodi Opera et Dies. Milan*, 1955.

Pfeiffer, R. H. *Introduction to the Old Testament*. New York, 1941.

——*The Hebrew Iliad*: *The History of the Rise of Israel under Saul and David*. Trans. from Greek and Hebrew. New York, 1957.

Phillipson, C. *The International Lau and Custom of Ancient Greece and Rome*. 2 vols. London, 1911.

Radin, Paul. *Primitive Man as Philosopher*. New York, 1957.

Rawls, John. *A Theory of Justice*. Cambridge, Mass. ,1971.

Richards, I. A. *Principles of Literary Criticism*. London, 1924.

——"The Future of Reading. " *American Academy of Arts and Sciences Bulletin*, 24 (1970) , 2 – 12.

Richardson, N. J. "Homeric Professors in the Age of the Sophists. " *Cambridge Philological Society Proceedings*, 201 (n. s. 21) (1975) , 65 – 81.

Robertson, D. S. "An Unnoticed Pindaric Fragment. " *Classical Review*,

2nd ser. 9 (1959),11 – 12.

Rodgers, V. A. "Some Thoughts on Dike." *Classical Quarterly*, 21 (1971),289 – 301.

Roebuck, C. "The Economic Development ofIonia. "*Classical Philology*, 48 (1953),9 – 16.

——*Ionian Trade and Colonisation.* Archaeological Institute of America Monograph 9. New York,1959.

Roth, C. P. "Kings and Muses in Hesiod's Theogony. "*Transactions of the American Philological Association*,106 (1976),331 – 338.

Ruschenbusch, E. *Solonos Nomoi:die Fragmente.* Wiesbaden,1966.

Russell, Bertrand. *A History of Western Philosophy.* New York,1945.

Russo, J. A. "Homer against His Tradition. "*Anion*, Summer 1968, pp. 275 – 295.

——"How and What Does Homer Communicate?"*Classical Journal*,71 (1976),289 – 299.

Rvle, G. *Plato's Progress.* Cambridge,1966.

Scheifier, H. W. "Structuralism in Anthropology. "*Yale French Studies*, 36 and 37 (1966),66 – 88.

Sellschopp, I. *Stilistische Untersuchungen zu Hesiod.* Hamburg,1934.

Shipp, G. P. *Studies in the Language of Homer.* 1st and 2nd eds. Cambridge,1972.

Smout, T. C. *A History of the Scottish People*, 1560 – 1830. London, 1972.

Snell, B. *The Discovery of Mind.* Oxford,1953.

Snodgrass, A. M. *The Dark Ages of Greece.* Edinburgh,1971.

Solmsen, F. *Hesiod and Aeschylus.* Ithaca,1949.

Stanford, W. B. *Ambiguity in Greek Literature.* Oxford,1939.

Stevenson, C. *Ethics and Language.* New Haven,1944.

Stroud, R. S. *Drakon's Lain on Homicide.* Berkeley, Calif. ,1968.

Tedlock, D. "Toward an Oral Poetics. " *New Literary History*, 8 (1977), 507 – 519.

Teeter, K. V. "Linguistics and Anthropology. " *Daedalus*, Summer 1973, 87 – 98.

Teggart, F. "The Argument of Hesiod's *Works and Days.* " *Journal of I lellenic Studies*, 8 (1947), 45 – 77.

Tigerstedt, E. N. Interpreting *Plato.* Stockholm, 1977.

Van Gronigen, B. A. *La composition litteraire archaique Grecque.* Amsterdam, 1958.

Vlastos, G. "Solonian Justice. " *Classical Philology*, 41 (1946), 65 – 83.

——"Equality and Justice in the Early Greek Cosmologies. " *Classical Philology*, 42 (1947), 156 – 178.

——"Justice and Happiness in the Republic. " *Platonic Studies* (Princeton), 1973, pp. 114 – 123.

Wade – Ciery, H. T. *The Poet of the Iliad.* Cambridge, 1952.

Webster, T. B. L. *From Mycenae to Homer.* London, 1960.

West, M. L. *Hesiod*: "*Theogony.* "Oxford, 1966.

——Review of G. P. Edwards, *The Language of Hesiod in its Traditional Context. Classical Review*, 23 (1972), 19 – 20.

Wilamowitz – Moellendorff, U. von. *Hesiodos Ergo.* 2nd ed. Berlin, 1962.

Wolff, H. J. "Judicial Legislation among the Greeks. " *Traditio*, 4 (1946), 71 – 78.

Woodhouse, W. J. *Solon the Liberator.* Oxford, 1938.

索引

（索引中的页码为原书页码）

图书在版编目（CIP）数据

希腊人的正义观：从荷马史诗的影子到柏拉图的要旨/（英）哈夫洛克著；邹丽等译. --北京：华夏出版社，2016.7
（西方传统：经典与解释）
书名原文：The Greek Concept of Justice:From its Shadow in Homer to its Substance in Plato
ISBN 978-7-5080-8843-3

Ⅰ.①希⋯ Ⅱ.①哈⋯ ②邹⋯ Ⅲ.①古希腊罗马哲学—研究
Ⅳ.①B502.49

中国版本图书馆 CIP 数据核字(2016)第 124759 号

THE GREEK CONCEPT OF JUSTICE
by Eric Havelock
Published by arrangement with Harvard University Press
through Bardon-Chinese Media Agency
Simplified Chinese translation copyright ©2016
by Huaxia Publishing House
ALL RIGHTS RESERVED

希腊人的正义观——从荷马史诗的影子到柏拉图的要旨

作　　者	[英]哈夫洛克	责任编辑	陈希米　倪友葵
译　　者	邹丽　何为等	责任印制	刘　洋

出版发行	华夏出版社
经　　销	新华书店
印　　刷	三河市少明印务有限公司
装　　订	三河市少明印务有限公司
版　　次	2016 年 7 月北京第 1 版　　2016 年 9 月北京第 1 次印刷
开　　本	880×1230　　1/32
印　　张	15.25
字　　数	239 千字
定　　价	78.00 元

华夏出版社　　地址：北京市东直门外香河园北里 4 号　　　邮编：100028
　　　　　　　　网址：www.hxph.com.cn　　　　　电话：(010)64663331(转)
若发现本版图书有印装质量问题，请与我社营销中心联系调换。

中国传统：经典与解释
Classici et Commentarii
经典与解释
刘小枫 陈少明◎主编